本书出版的支持单位

汉语海外传播河南省协同创新中心

河南省甲骨文信息处理重点实验室

安阳师范学院汉字文化研究中心

安阳师范学院校级优秀基层教学组织·文学院语言学教研室

李学军 ◎ 著

河南内黄民谚汇释

中国社会科学出版社

图书在版编目(CIP)数据

河南内黄民谚汇释 / 李学军著. —北京：中国社会科学出版社，2018.12
(2019.7 重印)
ISBN 978-7-5203-3483-9

Ⅰ.①河⋯ Ⅱ.①李⋯ Ⅲ.①汉语-谚语-研究-内黄县 Ⅳ.①H136.3

中国版本图书馆 CIP 数据核字(2018)第 251566 号

出 版 人	赵剑英
责任编辑	任　明
责任校对	韩天炜
责任印制	李寡寡

出　　版	中国社会科学出版社
社　　址	北京鼓楼西大街甲 158 号
邮　　编	100720
网　　址	http://www.csspw.cn
发 行 部	010-84083685
门 市 部	010-84029450
经　　销	新华书店及其他书店

印刷装订	北京君升印刷有限公司
版　　次	2018 年 12 月第 1 版
印　　次	2019 年 7 月第 2 次印刷

开　　本	710×1000　1/16
印　　张	20.75
插　　页	2
字　　数	355 千字
定　　价	105.00 元

凡购买中国社会科学出版社图书，如有质量问题请与本社营销中心联系调换
电话：010-84083683
版权所有　侵权必究

序

2007年，首届汉语语汇学学术研讨会在山西省太原市召开时，中国语言学会贺辞里曾说：

特别应该指出的是，分布在黄河流域、长江流域以及其他流域的广大汉语方言语汇记载了极其丰富的汉民族文化，汉语方言语汇作为一种非物质文化遗产是汉民族地域文化的重要载体，它的深厚内涵值得语言学者去挖掘、去描写及进行广泛深入研究。可以预料，在汉语语汇学科的发展进程中，汉民族的地域文化必将得到更多的展示和更好的发扬！

事实正是这样，近几年来，汉语方言语汇调查研究有了很大的发展。不仅发表了多篇论文，还出版了多部专书。2009年9月，书海出版社出版了吴建生、李淑珍合著的《三晋俗语研究》；2011年10月，人民出版社出版了盛爱萍所著的《瓯越语语汇研究》。忻州师范学院张光明等合作，除了2006年12月由上海辞书出版社出版的《忻州歇后语词典》之外，还有由上海大学出版社于2012年4月出版了系列性的忻州方言语汇辞书，其中包括《忻州成语词典》《忻州谚语词典》《忻州惯用语词典》。事实证明，汉语方言语汇调查研究，大有可为。

使人感到高兴的是，安阳师范学院李学军教授的《河南内黄民谚汇释》一书即将由中国社会科学出版社出版。我有幸提前读到此书，觉得有以下几点值得称道：

一是方言味浓。换句话说，就是方言特色突出。所收条目都具有浓厚的内黄方言色彩。如："挨住化村边儿，一口黄牙尖儿""'安'字儿要写好，宝盖儿头得小""㨄ᴰ里头苗儿逗有想儿""八岁八，掉狗牙；九岁九，跟ᴰ狗走""八月初八花见花"等，都是内黄方言所特有的，其他方言很少见到。

二是注释精细。每条都用普通话注释。有不少条目，不仅进行通释，串讲语目的整体含义，还对语目中的疑难字词进行分注。这样就能更好地帮助外地读者透彻理解所收民谚的语义。如：

傍黑儿动针线，老喽瞧不见天

指女子常在傍晚做针线活会伤害眼睛，到老年时甚至会失明。傍黑儿：傍晚。喽：大致相当于普通话中的"了$_1$"，但一般只能用于非现实句（疑问、否定句）中。

白云彩黑云彩怼^{D}头儿跑，一场冷得小不了

白云与黑云相向而来，定会下一场大冰雹。怼^{D}头儿：头顶着头，动词变韵表示"持续"义。冷得：冰雹。

三是除了注释外，还给所收语目全部标注国际音标，这就使读者不仅知其义，而且知其音，增加了全书的科学性和实用性。如：

本地姜不辣 pɤn^{55} ti^{312} tɕiaŋ^{24} pu^{24} la^{24}

剥葱剥蒜甭剥人 po^{24} ts'uɤn^{24} po^{24} suan^{312} piŋ^{42} po^{42} zɤn^{42}

民谚是语汇的重要组成部分，是民众智慧的结晶，是地域文化的宝库。《河南内黄民谚汇释》一书把方言调查和语汇研究结合起来，具有创新意义和推广价值。希望有更多的像《河南内黄民谚汇释》这样的著作问世。

温端政

2018 年 3 月 30 日

凡　　例

一　立目

1. 本书收内黄民谚近2700条（含副条）。

2. 主条选用常见的形式，副条用"也作"表示。副条与主条差别不大的，原则上不再另立条目。

二　排列

条目按字母顺序排列（见语目首字音序目录）。

1. 首字声韵相同而声调不同的，按阴平、阳平、上声、去声的顺序排列。首字是同一个字同一个音节的，按第二个字、第三个字的音序排列。

2. 首字读音相同而字不同的，以笔画多少为序，少者在前，多者在后；笔画相同的，以第二个字的音序来排。

3. 首字变韵的，排列在原韵母之后。首字只有变韵形式的，按其原韵母顺序排列。不清楚本字又无同音字代替的，用"□"表示，并加注国际音标。

4. 条目排列在上（空两格），注音、释义分别排在条目下面。条目使用小四黑体字，注音使用五号字母，释义使用五号宋体字。

三　注音

1. 本书对每个条目注音，且一律采用国际音标。为节省篇幅，音标外不再添加［ ］。

2. 四声的调值一般用数字标注在音标的右上角，轻声音节不标调值，只用圆点标在音节的后面。如：麦得 mɛ^{24}tɛ・｜挨住 ai^{24}tɕ'y・。

3. 变调标注在原调值之后，中间用"｜"隔开。主要包括上声字及阴平字"一、三、七、八、不"的变调。如：洗澡 ɕi$^{55|42}$tsau^{55}、不胜 pu$^{24|42}$sɤŋ^{312}。

4. 条目中的合音、弱化、增音、D变韵等音变现象一般只标注实际读音。带D变韵的条目，在变韵词语后标示"^{D}"或"^{0}"（变韵的零形式），如：淹死嘞都^D会水嘞，打死嘞都^D犟嘴嘞。

四 释义

1. 释义分"通释"和"分注"。通释多针对引申义和比喻义，采用叙述性语句加以描写，并力求做到准确、简明。提示词分别使用"指"和"喻指"。不只一个意思的，用"也指"或"也喻指"表示。

2. 分注主要针对内黄方言中较难懂的词、当地风俗以及历法中的节气词等。对于重复出现的以上各类词语，一般只解释条目中首次出现的，并放在通释之后。

3. 对条目中动词、形容词涉及的动态 D 变韵现象全部加以说明，对介词、副词、名词涉及的静态 D 变韵现象，一般只在条目中首次出现时加以说明。

另外说明两点：①为了方便检索，正文后附有《语目首字笔画索引》。②为了便于理解，书末有附录，内容包括："内黄民谚故事三则""内黄方言常用虚词注释""汉语拼音—国际音标北京记音—国际音标内黄记音对照表"。

目 录

A

挨 …… (1)
安 …… (1)
揞 …… (1)
岸 …… (1)
爊 …… (1)
熬 …… (2)

B

八 …… (3)
疤 …… (4)
拔 …… (4)
拜 …… (4)
扳 …… (4)
搬 …… (5)
半 …… (5)
绊 …… (5)
帮 …… (5)
傍 …… (5)
包 …… (6)
饱 …… (6)
保 …… (6)
白 …… (6)
北 …… (9)
背 …… (9)
本 …… (9)

蹦 …… (9)
鼻 …… (10)
比 …… (10)
编 …… (10)
兵 …… (10)
甭 …… (10)
病 …… (11)
剥 …… (11)
不 …… (12)
抱 …… (24)

C

权 …… (25)
财 …… (25)
残 …… (25)
馋 …… (25)
铲 …… (25)
长 …… (25)
常 …… (26)
唱 …… (26)
朝 …… (26)
曹 …… (27)
草 …… (27)
炒 …… (27)
车 …… (27)
吃 …… (27)
深 …… (30)

撑 …… (31)
成 …… (31)
秤 …… (31)
葱 …… (31)
从 …… (31)
虫 …… (32)
重 …… (32)
抽 …… (32)
稠 …… (32)
丑 …… (32)
臭 …… (32)
初 …… (33)
粗 …… (33)
锄 …… (34)
楚 …… (35)
处 …… (35)
穿 …… (35)
船 …… (35)
疮 …… (36)
床 …… (36)
吹 …… (36)
催 …… (36)
村 …… (37)
春 …… (37)
椿 …… (40)
寸 …… (40)

D

打 ………… (41)
大 ………… (43)
在 ………… (47)
待 ………… (48)
单 ………… (48)
胆 ………… (48)
当 ………… (49)
耽 ………… (50)
刀 ………… (51)
叨 ………… (51)
倒 ………… (51)
到 ………… (51)
得 ………… (51)
灯 ………… (52)
堤 ………… (52)
滴 ………… (53)
底 ………… (53)
地 ………… (53)
弟 ………… (54)
点 ………… (54)
店 ………… (54)
钓 ………… (54)
掉 ………… (54)
爹 ………… (55)
丢 ………… (55)
冬 ………… (55)
东 ………… (56)
冻 ………… (57)
豆 ………… (58)
赌 ………… (58)
肚 ………… (59)
对 ………… (59)
钝 ………… (59)
砘 ………… (59)
顿 ………… (60)
多 ………… (60)
躲 ………… (61)

E

恶 ………… (62)
屙 ………… (62)
饿 ………… (62)
儿 ………… (63)
耳 ………… (64)
二 ………… (64)

F

发 ………… (67)
翻 ………… (67)
凡 ………… (67)
犯 ………… (67)
饭 ………… (67)
防 ………… (68)
放 ………… (68)
肥 ………… (69)
粪 ………… (69)
风 ………… (70)
夫 ………… (70)
伏 ………… (70)
扶 ………… (71)
富 ………… (71)

G

该 ………… (73)
盖 ………… (73)
干 ………… (74)
赶 ………… (75)
缸 ………… (75)
高 ………… (75)
告 ………… (76)
各 ………… (76)
割 ………… (77)
个 ………… (77)
根 ………… (77)
隔 ………… (77)
胳 ………… (78)
弓 ………… (78)
公 ………… (78)
功 ………… (79)
拱 ………… (79)
狗 ………… (80)
谷 ………… (82)
骨 ………… (83)
鼓 ………… (83)
瓜 ………… (84)
刮 ………… (84)
寡 ………… (84)
关 ………… (85)
官 ………… (85)
管 ………… (86)
惯 ………… (86)
光 ………… (86)
国 ………… (86)
闺 ………… (86)
鬼 ………… (87)
贵 ………… (88)
棍 ………… (88)

锅	(88)	昏	(103)	敬	(114)
果	(88)	活	(103)	镜	(115)
过	(88)	火	(104)	九	(115)
		货	(104)	酒	(115)
H				救	(116)
孩	(90)	**J**		车	(116)
憨	(91)	鸡	(106)	猪	(116)
寒	(91)	挤	(107)	锯	(117)
喊	(91)	自	(107)	圈	(117)
旱	(91)	季	(107)	君	(117)
行	(92)	家	(107)	脚	(117)
好	(93)	嫁	(109)		
喝	(97)	肩	(109)	**K**	
河	(97)	见	(109)	开	(119)
横	(98)	贱	(110)	看	(120)
黑	(98)	姜	(110)	糠	(120)
蛤	(98)	犟	(110)	靠	(120)
红	(98)	娇	(110)	瞌	(120)
猴	(98)	浇	(111)	可	(120)
后	(99)	胶	(111)	客	(121)
狐	(99)	教	(111)	空	(121)
胡	(99)	饺	(111)	口	(121)
囫	(99)	叫	(111)	哭	(121)
糊	(99)	结	(112)	窟	(121)
花	(99)	疥	(112)	苦	(122)
话	(100)	借	(112)	快	(122)
画	(102)	今	(112)	捆	(122)
槐	(102)	金	(112)		
坏	(102)	尽	(113)	**L**	
黄	(102)	进	(113)	拉	(123)
灰	(102)	经	(113)	蜡	(123)
回	(103)	精	(114)	来	(123)
会	(103)	井	(114)	懒	(123)

烂 …… (124)	驴 …… (136)	灭 …… (150)
狼 …… (124)	乱 …… (137)	面 …… (150)
浪 …… (125)	雷 …… (137)	民 …… (150)
老 …… (125)	淋 …… (138)	名 …… (150)
姥 …… (128)	论 …… (138)	明 …… (151)
涝 …… (128)	萝 …… (138)	命 …… (151)
蝼 …… (128)	锣 …… (139)	摸 …… (151)
冷 …… (128)		馍 …… (152)
立 …… (128)	**M**	魔 …… (152)
狸 …… (130)	蚂 …… (140)	磨 …… (152)
犁 …… (130)	麻 …… (140)	冇 …… (153)
梨 …… (131)	马 …… (140)	木 …… (157)
礼 …… (131)	买 …… (142)	
理 …… (131)	卖 …… (143)	**N**
鲤 …… (132)	瞒 …… (143)	哪 …… (158)
利 …… (132)	满 …… (144)	奶 …… (158)
离 …… (132)	慢 …… (144)	男 …… (158)
俩 …… (132)	忙 …… (144)	南 …… (160)
脸 …… (132)	芒 …… (144)	难 …… (160)
楝 …… (132)	茅 …… (145)	孬 …… (160)
凉 …… (132)	猫 …… (145)	脑 …… (160)
两 …… (133)	麦 …… (145)	能 …… (161)
量 …… (133)	媒 …… (148)	弄 …… (161)
临 …… (133)	煤 …… (148)	妮 …… (162)
零 …… (133)	闷 …… (148)	你 …… (162)
□ …… (133)	门 …… (148)	年 …… (162)
流 …… (133)	蠓 …… (148)	娘 …… (163)
柳 …… (133)	猛 …… (149)	鸟 …… (163)
六 …… (134)	梦 …… (149)	宁 …… (163)
龙 …… (135)	密 …… (149)	牛 …… (165)
露 …… (135)	米 …… (149)	农 …… (166)
卤 …… (135)	苗 …… (149)	女 …… (166)
路 …… (135)	庙 …… (150)	内 …… (167)

P

爬 …………（168）
怕 …………（168）
旁 …………（169）
刨 …………（169）
跑 …………（169）
培 …………（169）
赔 …………（169）
朋 …………（169）
劈 …………（170）
偏 …………（170）
平 …………（170）
婆 …………（171）
破 …………（171）
铺 …………（171）
葡 …………（171）

Q

七 …………（172）
妻 …………（173）
齐 …………（173）
骑 …………（173）
棋 …………（173）
起 …………（174）
气 …………（174）
千 …………（174）
牵 …………（175）
钱 …………（176）
浅 …………（177）
枪 …………（177）
墙 …………（177）
抢 …………（177）

强 …………（178）
敲 …………（178）
瞧 …………（178）
巧 …………（178）
茄 …………（179）
亲 …………（179）
秦 …………（180）
清 …………（181）
情 …………（182）
晴 …………（182）
请 …………（182）
穷 …………（182）
秋 …………（186）
求 …………（187）
出 …………（187）
囗 …………（188）
娶 …………（188）
劝 …………（189）
缺 …………（189）
瘸 …………（189）

R

热 …………（190）
惹 …………（191）
人 …………（191）
肉 …………（206）
瑞 …………（206）

S

仨 …………（207）
杀 …………（207）
啥 …………（207）
晒 …………（208）

三 …………（208）
山 …………（211）
善 …………（212）
伤 …………（212）
墒 …………（213）
上 …………（213）
捎 …………（214）
烧 …………（214）
少 …………（214）
扫 …………（214）
赊 …………（214）
舍 …………（214）
谁 …………（215）
睡 …………（217）
神 …………（217）
婶 …………（217）
生 …………（218）
声 …………（218）
胜 …………（219）
师 …………（219）
湿 …………（219）
虱 …………（219）
十 …………（220）
时 …………（222）
拾 …………（222）
识 …………（222）
死 …………（222）
使 …………（222）
屎 …………（222）
四 …………（223）
市 …………（223）
事 …………（223）
柿 …………（224）

是	(224)	唾	(240)	稀	(246)
势	(224)	推	(240)	习	(246)
手	(225)	腿	(240)	席	(246)
守	(225)			媳	(247)
受	(225)	**W**		洗	(247)
瘦	(225)	挖	(241)	喜	(247)
数	(225)	娃	(241)	戏	(247)
熟	(226)	瓦	(241)	细	(247)
蒜	(226)	歪	(241)	瞎	(248)
霜	(226)	外	(241)	下	(248)
水	(227)	弯	(242)	夏	(249)
穗	(228)	剜	(242)	先	(249)
孙	(228)	豌	(242)	闲	(251)
		玩	(242)	县	(251)
T		晚	(242)	向	(251)
台	(229)	万	(242)	响	(252)
太	(229)	王	(243)	想	(252)
贪	(229)	望	(243)	小	(254)
桃	(230)	为	(243)	歇	(258)
剔	(231)	喂	(243)	心	(258)
天	(231)	温	(244)	新	(259)
添	(235)	文	(244)	信	(259)
挑	(235)	稳	(244)	星	(259)
条	(235)	问	(244)	性	(260)
铁	(235)	屋	(244)	秀	(260)
忎	(235)	无	(244)	书	(260)
听	(236)	五	(244)	许	(261)
同	(236)	武	(245)	树	(261)
偷	(236)	物	(245)	选	(262)
头	(236)	雾	(245)	说	(263)
秃	(239)			雪	(264)
图	(239)	**X**		松	(264)
兔	(239)	西	(246)	学	(264)

Y

牙 …………（266）
衙 …………（266）
哑 …………（266）
烟 …………（266）
淹 …………（266）
严 …………（267）
盐 …………（267）
阎 …………（267）
眼 …………（267）
雁 …………（268）
秧 …………（268）
羊 …………（268）
杨 …………（268）
养 …………（268）
腰 …………（269）
咬 …………（269）
要 …………（269）
爷 …………（271）
夜 …………（272）
一 …………（272）
衣 …………（280）
艺 …………（280）
阴 …………（280）
蝇 …………（280）
赢 …………（281）
油 …………（281）
有 …………（281）
玉 …………（292）
输 …………（292）
鱼 …………（293）

榆 …………（293）
雨 …………（293）
遇 …………（294）
冤 …………（294）
原 …………（295）
圆 …………（295）
远 …………（295）
院 …………（295）
愿 …………（295）
月 …………（295）
越 …………（296）
移 …………（297）
云 …………（297）
药 …………（297）

Z

扎 …………（299）
灾 …………（299）
栽 …………（299）
宰 …………（300）
再 …………（300）
债 …………（301）
咱 …………（301）
占 …………（301）
站 …………（301）
长 …………（301）
掌 …………（301）
丈 …………（301）
账 …………（301）
糟 …………（302）
早 …………（302）
找 …………（303）

摘 …………（303）
这 …………（303）
贼 …………（304）
针 …………（304）
真 …………（304）
正 …………（305）
争 …………（305）
芝 …………（305）
知 …………（305）
蜘 …………（305）
只 …………（306）
纸 …………（306）
字 …………（306）
中 …………（306）
忠 …………（306）
钟 …………（307）
种 …………（307）
走 …………（308）
"卒" …………（308）
妯 …………（309）
做 …………（309）
砖 …………（309）
庄 …………（309）
装 …………（310）
嘴 …………（310）
左 …………（310）
坐 …………（310）

语目首字笔画索引
　　…………（311）
主要参考文献
　　…………（316）
后记 …………（317）

A

挨住化村边儿，一口黄牙尖儿。

ai²⁴tɕ'y·xua³¹²ts'uɤn·piar²⁴ i²⁴ k'ou⁵⁵xuaŋ⁴² ia⁴² tɕiar²⁴

指旧时化村及其周边几个村的村民，牙齿都是黄色的。住：着。化村：位于内黄县六［lu²⁴］村乡北部，这一带因地下水含氟元素而高易导致牙齿病。

挨住啥人学啥人。

ai²⁴tɕ'y·sa⁵⁵zɤn⁴² ɕyo⁴² sa⁵⁵zɤn⁴²

见："守ᴅ啥人，学啥人，守住师婆得跳大神。"

"安"字儿要写好，宝盖儿头得小。

an²⁴tsər³¹²iau³¹²ɕiɛ⁵⁵ˈ⁴²xau⁵⁵ pau⁵⁵kar³¹²t'ou⁴²tɛ²⁴ɕiau⁵⁵

要写好"安"字，上面的部件不能比下边的大。得：表示事实或情理上需要，相当于普通话中的"必须""应该"。

揞ᴅ里头苗儿逗有想儿。

ɛ⁵⁵liou·mior⁴²tou³¹²iou⁵⁵ˈ⁴²ɕiɛr⁵⁵

只要按季节栽上苗，就会有盼头。动词变韵表示"终点"义，"揞ᴅ"可以替换为"揞到"。"里头"既可以合音，也可以读作两个音节。逗：就。想儿：想头儿。

岸上不刮风，河嘞不起浪。

an³¹²saŋ·pu²⁴kua²⁴fɤŋ²⁴ xɤ⁴²lɛ·pu²⁴tɕ'i⁵⁵laŋ³¹²

喻指事情的发生总是有一定的原因。嘞：里。

熬一年，逗ᴅ盼过年下嘞。

au²⁴ˈi²⁴nian⁴² to³¹²p'an³¹²kuo³¹²nian⁴²ɕia·lɛ·

指旧时人们辛苦了一年，就盼春节轻松、享受一下。逗ᴅ：就是，可以替换为"逗是"。

熬饭得有米，说话得有理。

au⁴²fan³¹²tɛ²⁴iou⁵⁵ | ⁴² mi⁵⁵　　ɕyɛ²⁴xua³¹²tɛ²⁴iou⁵⁵ | ⁴² li⁵⁵

说话要讲道理就像熬粥必须有米一样。饭：稀饭，粥。

熬过去冬天逗来ᴰ热天了。

au⁴²kuo·tɕ'y·tuɤŋ²⁴t'ian·tou³¹²lɛ⁴²zɛ²⁴t'ian·na·

北方春天短，只要支撑过冬天，到夏天就好过了。喻指只要经受住困苦，就会迎来转机。

B

八两对半斤，人心换人心。

pa²⁴liaŋ⁵⁵ tuei³¹²pan³¹²tɕin²⁴　zɤn⁴²ɕin²⁴xuan³¹²zɤn⁴²ɕin²⁴

指情谊是双方面的。你诚恳待人，才能赢得别人的诚恳相待。八两：旧制一斤是十六两，八两即半斤。

八岁八，掉狗牙；九岁九，跟ᴰ狗走。

pa²⁴ⁱ⁴² suei³¹² pa²⁴ⁱ⁴²　tiau³¹² kou⁵⁵ ia⁴²　tɕiou⁵⁵ suei³¹² tɕiou⁵⁵　kɛ²⁴kou⁵⁵ⁱ⁴² tsou⁵⁵

指八九岁的孩子正是换牙、最淘气的阶段。跟ᴰ：跟着，动词变韵表示"持续"义。

八月初八花见花。

pa²⁴yɛ²⁴tsʻu²⁴pa²⁴xua²⁴tɕian³¹²xua²⁴

指农历八月是棉花开得最好的时候。花：在内黄方言中专指棉花。见花：花开。

八月白露又秋分，收罢高粱收拉伸。

pa²⁴yɛ²⁴pɛ⁴²lu³¹²iou³¹²tɕʻiou²⁴fɤn·sou²⁴pa³¹²kau²⁴liaŋ·sou²⁴la⁵⁵sɤn²⁴

白露和秋分到，就该收高粱和花生了。白露：节气中的第 15 个（公历每年 9 月 7—9 日之间）。此时天气逐渐转凉，夜晚水汽凝结会形成露水，故得名。秋分：节气中的第 16 个（公历每年 9 月 22—23 日之间），位于秋季的正中间，昼夜均分。拉伸：花生。

八月滴滴拉，必定不收花。

pa²⁴yɛ²⁴ti²⁴ti·la²⁴　pi⁵⁵tiŋ³¹²pu²⁴sou²⁴xua²⁴

指农历八月阴雨天多，肯定会影响棉花的收成。滴滴拉：小雨不停地下，是"滴拉拉"的逆向重叠形式。

八月嘞栽菜，有吃有卖。

pa²⁴yɛ²⁴lɛ·tsai²⁴tsʻai³¹²　iou⁵⁵tsʻʅ²⁴iou⁵⁵mai³¹²

指农历八月初适合移栽大白菜。菜：白菜。

八月秋风儿凉，谷得早上场。

pa²⁴yɛ²⁴tɕ'iou²⁴fɐr²⁴liaŋ⁴²　ku²⁴tɛ·tsau⁵⁵saŋ³¹²ts'aŋ⁴²

指农历八月天气转凉，谷子要及早收割打碾。得：名词后缀，与普通话的"子"大致对应。场：辗轧谷物的平坦空地。

八月十五吃月饼。

pa²⁴yɛ²⁴sʅ⁴²u⁵⁵ts'ʅ²⁴yɛ²⁴piŋ·

农历八月十五中秋节家家户户买月饼吃。

疤癞痒，雨声儿响。

pa²⁴la·iaŋ⁵⁵　y⁵⁵sɐr²⁴ɕiaŋ⁵⁵

指伤疤发痒，预示天要下雨。疤癞：伤疤。

拔掉ᴰ来毛嘞凤凰还不胜个鸡得嘞。

pa⁴²tio³¹²lai·mau⁴²lɛ·fɤŋ³¹²xuaŋ·xan⁴²pu²⁴⁼⁴²sʅŋ³¹²kɤ·tɕi²⁴tɛ·lɛ·

喻指失去权势之人，其处境还不如平常的人。凤凰：古代传说中的百鸟之王。不胜：不如，可以与"不递"自由替换。嘞₁：的，结构助词。嘞₂：语气词。动词变韵仅作为单趋式"掉ᴰ来"中的一个强制性形式成分，不表示实际意义。

拔出来萝卜带出来泥。

pa⁴²tɕ'y·lai·luo⁴²pu·　tai³¹²tɕ'y·lai·ni⁴²

喻指查处某人或某团伙时，往往会牵扯出与之相关的人和事。

拜佛不胜求自己。

pai³¹²fu⁴²pu²⁴⁼⁴²sʅŋ³¹²tɕ'iou⁴²tɕi³¹²tɕi·

喻指与其求人办事不如自己努力去做。拜佛：向佛像行礼。

拜师像投胎。

pai³¹²sʅ²⁴ɕiaŋ³¹²t'ou⁴²t'ai²⁴

指拜师学艺就像投胎一样能决定人的命运，关系到能否成才，应当慎重。投胎：旧时迷信认为人和动物死后，灵魂又投入另一母胎，再次转生世间。拜师：认老师，认师傅。

扳扳罐得，病好一半得。

pan²⁴pan·kuan³¹²tɛ·　piŋ³¹²xau⁵⁵⁼²⁴⁼⁴²pan³¹²tɛ·

指拔罐子具有很高的疗效。扳罐得：中医治病时在小罐内燃烧纸片或酒精等物，然后迅速将罐口紧扣在一定的穴位上，拔出体内风寒，即普通话中的"拔罐子"。一半得：一半。

搬一回家穷三年。

pan²⁴ i²⁴ xuei⁴² tɕia²⁴ tɕʻyŋ⁴² san²⁴ nian⁴²

指搬家要丢弃很多旧东西，同时又要添置许多新东西，花费大。也作："一搬三年穷。"

半大小得能装货儿。

pan³¹² ta³¹² ɕiau⁵⁵ tɛ·nɤŋ⁴² tsuaŋ²⁴ xuor³¹²

指十几岁的男孩子饭量很大。装货儿：这里表示能吃。

半湿不干，逗ᴰ那两天。

pan³¹² sʅ²⁴ pu²⁴ kan²⁴ to³¹² na·liaŋ⁵⁵ tʻian²⁴

指内黄北部的淤泥地不干不湿容易干活的时间短。

半月不锄草，草比ᴰ庄稼高。

pan³¹² yɛ²⁴ pu²⁴ tsʻu⁴² tsʻau⁵⁵⁻⁴² tsʻau⁵⁵ piɛ⁵⁵ tsuaŋ²⁴ tɕia·kau²⁴

指草比庄稼长得快，除草要勤。比ᴰ：比，介词。值得注意的是，内黄越来越多的年轻人倾向于都"比"原韵形式。

绊人嘞桩得不一定高，咬人嘞狗不一定叫。

pan³¹² zɤn⁴² nɛ·tsuaŋ²⁴ tɛ·pu²⁴ i²⁴⁻⁴² tiŋ³¹² kau²⁴ iau⁵⁵ zɤn⁴² nɛ·kou⁵⁵ pu²⁴ i²⁴⁻⁴² tiŋ³¹² tɕiau³¹²

喻指做坏事的人往往采取隐蔽的手段，令人防不胜防。

帮人帮到底儿。

paŋ²⁴ zɤn⁴² paŋ²⁴ tau³¹² tiər⁵⁵

指帮忙就帮人彻底解决问题。

傍黑儿动针线，老喽瞧不着天。

paŋ²⁴ xior²⁴ tuɤŋ³¹² tsɤn²⁴ ɕian³¹² lau⁵⁵ lou·tɕʻiau⁴² pu·tsuo⁴² tʻian²⁴

指女子常在傍晚做针线活会伤害眼睛，到老年时甚至会失明。傍黑儿：傍晚。喽：大致相当于普通话中的"了₁"，但一般只能用于非现实句（疑问句、否定句）中。

包得好吃不在撮得上。

pau²⁴tɛ·xau⁵⁵tsʅ‘ŋ²⁴pu²⁴⁻⁴²tai³¹²tsuo⁵⁵tɛ·saŋ·

包子好吃，并不是因为好看的褶子。喻指看待事物不能只看表面现象。撮得：褶子。

包工包产，治穷治懒。

pau²⁴kuɤŋ²⁴pau²⁴tsʅ‘an⁵⁵ tsʅ³¹²tɕ‘yŋ⁴²tsʅ³¹²lan⁵⁵

指联产责任制可以改变贫穷的状况，可以根治懒散的现象。

饱不剃头，饥不洗澡。

pau⁵⁵pu²⁴t‘i³¹²t‘ou⁴² tɕi²⁴pu²⁴ɕi⁵⁵⁻⁴²tsau⁵⁵

指养生之道：吃饱时不理发，饥饿时不洗澡。此说有道理，因为理发易使人进入半睡眠状态，刚吃过饭理发不利于消化，且因饭后血管张开而容易刮破头皮。饿着洗澡会因体力耗费而形成低血糖，使身体不适甚至晕倒。

饱汉得不知道饿汉得饥。

pau⁵⁵xan³¹²tɛ·pu²⁴tsʅ⁴²tau·ɤ³¹²xan³¹²tɛ·tɕi²⁴

吃饱的汉子不知道饥饿的滋味儿。指生活条件优越的人不能理解生活处于困境中的人的苦痛。喻指局外人不知当事人的苦衷。

饱嘞时候儿给一斗，不递饥嘞时候儿给一口。

pau⁵⁵lɛ·sʅ⁴²xor·ki⁵⁵i²⁴tou⁵⁵ pu²⁴⁻⁴²ti³¹²tɕi²⁴lɛ·sʅ⁴²xor·ki⁵⁵⁻²⁴k‘ou⁵⁵

别人不缺粮食的时候给一斗，不如别人吃不饱的时候给一口。指人在急需之时给予帮助最好。

保苗儿像保命，冇苗儿一场空。

pau⁵⁵mior⁴²ɕiaŋ³¹²pau⁵⁵miŋ³¹² mou³¹²mior⁴²i²⁴tsʅ‘aŋ⁵⁵k‘uɤŋ²⁴

指庄稼苗对于农民而言非常重要，没有苗就什么也收获不了。冇：既可作动词，也可作否定副词，可能源于"没有"的合音，与普通话中的"没有"基本对应。

白菜老喽筋多，人老喽心多。

pɛ⁴²tsʅ‘ai³¹²lau⁵⁵lou·tɕin²⁴tuo²⁴ zɤn⁴²lau⁵⁵lou·ɕin²⁴tuo²⁴

指年纪大的人心眼多、疑心重，就像那老白菜筋多一样。

白给嘞东西甭嫌孬。

pɛ⁴²ki⁵⁵lɛ·tuɤŋ²⁴ɕi·piŋ⁴²ɕian⁵⁵nau²⁴

指不付出代价得到的好处，不宜再挑剔。孬：不好。

白儿嘞点灯灯不明，黑价走路儿路儿不平。

pɛ⁴² ər³¹²lɛ·tian⁵⁵ tɤŋ²⁴ tɤŋ²⁴ pu²⁴ miŋ⁴² xiɛ²⁴tɕia·tsou⁵⁵lur³¹²lur³¹² pu²⁴ p'iŋ⁴²

白天点灯总觉得不够亮，夜里走路总觉得不是很平。喻指做事情选择的时机不对，就不会取得良好的效果。白儿嘞：白日里，即白天。黑价：夜里，晚上。

白儿嘞多动动，黑价少做梦。

pɛ⁴²ər³¹²lɛ·tuo²⁴tuɤŋ³¹²tuɤŋ· xiɛ²⁴tɕia·sau⁵⁵tsu³¹²mɤŋ³¹²

指白天多活动，晚上睡得香。

白嘞黑不唠，黑嘞白不唠。

pɛ⁴²lɛ·xiɛ²⁴pu·lau· xiɛ²⁴lɛ·pɛ⁴²pu·lau·

喻指事物的本质属性不会改变。也喻指黑白不容混淆。唠：助词，用于动词、形容词之后常构成"V/A不唠"表示没有能力或不愿做某事，其肯定形式"V/A唠"多用于问句。

白嘞说不成黑嘞，黑嘞说不成白嘞。

pɛ⁴²lɛ·ɕyɛ²⁴pu·tsʻɤŋ⁴²xiɛ²⁴lɛ· xiɛ²⁴lɛ·ɕyɛ²⁴pu·tsʻɤŋ⁴²pɛ⁴²lɛ·

指是非标准是客观的，不会随人的主观意愿而改变。也作："白嘞成不唠黑嘞，黑嘞成不唠白嘞。"

白嘞容易黑，黑嘞不好白。

pɛ⁴²lɛ·yŋ⁴²i·xiɛ²⁴ xiɛ⁴²lɛ·pu²⁴xau⁵⁵pɛ⁴²

喻指纯洁的人容易受到玷污，但本质坏的人不太容易变好。

白露到，够核桃。

pɛ⁴²lu³¹²tau³¹² kou³¹²xiɛ⁴²t'au·

指白露时节就该收核桃了。白露：节气中的第15个（公历每年9月7—9日之间）。白露时天气渐凉，地面和叶子上开始出现露珠，故得名。够：摘。

白露节，快种麦。

pɛ⁴²lu³¹²tɕiɛ²⁴　k'uai³¹²tsuɤŋ³¹²mɛ²⁴

白露到意味着夏天已过，秋天已来临。指秋天到了，天气凉了，也就应该准备种麦子了。白露：节气中的第 15 个（公历每年 9 月 7—9 日之间）。白露时节天气渐凉，地面和叶子上开始出现露珠，故得名。

白露冇雨，百日冇霜。

pɛ⁴²lu³¹²mou³¹²y⁵⁵　pɛ²⁴zʅ³¹²mou³¹²suaŋ²⁴

白露没有雨，预示很长时间内不会有霜。

白露起东风，不冷也进冬。

pɛ⁴²lu³¹²tɕ'i⁵⁵tuɤŋ²⁴fɤŋ²⁴　pu²⁴lɤŋ⁵⁵iɛ⁵⁵tɕin³¹²tuɤŋ²⁴

白露时刮起东风，天气就很凉了。

白露晴天白云多，过年必定吃好馍。

pɛ⁴²lu³¹²tɕ'iŋ⁴²t'ian²⁴pɛ⁴²yn⁴²tuo²⁴　kuo³¹²nian·pi⁵⁵tiŋ³¹²tsʅ²⁴xau⁵⁵mo⁴²

白露晴天预示明年是好收成。过年：明年。好馍：白面馒头。

白露有雨霜冻早。

pɛ⁴²lu³¹²iou⁵⁵⁻⁴²y⁵⁵suaŋ²⁴　tuɤŋ³¹²tsau⁵⁵

白露时节下雨，霜冻就会来得较早。

白露栽葱，寒露栽蒜。

pɛ⁴²lu³¹²tsai²⁴ts'uɤŋ²⁴　xan⁴²lu³¹²tsai²⁴suan³¹²

指白露前后适宜栽种大葱，寒露前后适宜栽种大蒜。寒露：节气中的第 17 个（公历每年 10 月 8—9 日之间）。寒露时节，气温比白露时更低，华北广大地区已进入秋季。

白露早，寒露迟，秋分种麦得正合适。

pɛ⁴²lu³¹² tsau⁵⁵　xan⁴²lu³¹² tsʅ⁴²　tɕ'iou²⁴fɤn·tsuɤŋ³¹²mɛ²⁴tɛ·tsɤŋ³¹²xɤ⁴²sʅ²⁴

指秋分前后适宜播种小麦。秋分：节气中的第 16 个（公历每年 9 月 22 日—23 日之间）。秋分日居于秋季三个月中的正中间，这一天 24 小时昼夜均分。

白事儿到，红事儿叫。

pɛ⁴²sər³¹²tau³¹²　xuɤŋ⁴²sər³¹²tɕiau³¹²

办丧事时外人要主动去主家帮忙，办喜事时主家要邀请别人到家里来做客。白事儿：丧事。红事儿：喜事。

白云彩黑云彩怼ᴰ头儿跑，一场冷得小不了。

pɛ⁴² yn⁴² tsʻai · xiɛ²⁴ yn⁴² tsʻai · tuɛ⁵⁵ tʻor⁴² pʻau⁵⁵   i²⁴ tsʻaŋ⁵⁵ lyŋ⁵⁵ tɛ · ɕiau⁵⁵ pu · liau⁵⁵

白云与黑云相向而来，定会下一场大冰雹。怼ᴰ头儿：头顶着头，动词变韵表示"持续"义。冷得：冰雹。

北风头大，南风腰粗。

pei²⁴ fɤŋ²⁴ tʻou⁴² ta³¹²   nan⁴² fɤŋ²⁴ iau²⁴ tsʻu²⁴

指北风开始时风力大尔后逐渐减弱，南风是中间风力大，开头儿和结尾风力较小。

背人冇好话儿，好话儿不背人。

pei⁵⁵ zɤn⁴² mou³¹² xau⁵⁵ xuɐr³¹²   xau⁵⁵ xuɐr³¹² pu²⁴ pei⁵⁵ zɤn⁴²

指好话不会隐瞒真情，隐瞒真情的肯定不是好话。

背人冇好事儿，好事儿不背人。

pei⁵⁵ zɤn⁴² mou³¹² xau⁵⁵ sər³¹²   xau⁵⁵ sər³¹² pu²⁴ pei⁵⁵ zɤn⁴²

瞒着人干的事肯定是见不得人的事，做好事用不着偷偷摸摸。

背会唐诗三百首，不会写诗也会偷。

pei³¹² xuei³¹² tʻaŋ⁴² sɿ²⁴ san²⁴ pɛ²⁴ sou⁵⁵   pu²⁴ ⁴² xuei³¹² ɕiɛ⁵⁵ sɿ²⁴ iɛ⁵⁵ xuei³¹² tʻou²⁴

指多读多背唐诗，自然能够提高写诗的能力。三百：概数，表示多。

本地姜不辣。

pɤn⁵⁵ ti³¹² tɕiaŋ²⁴ pu²⁴ la²⁴

喻指人们对本地即使很棒的人或事物也不重视。

本事小嘞架得□大。

pɤn⁵⁵ sɿ · ɕiau⁵⁵ lɛ · tɕia³¹² tɛ · kʻɛ³¹² ta³¹²

指本领小的人往往喜欢装腔作势。□：反而。

蹦嘞高，不怕摔嘞狠哦。

pɤŋ³¹² lɛ · kau²⁴   pu²⁴ ⁴² pʻa³¹² suai²⁴ lɛ · xɤn⁵⁵ no ·

跳得越高，摔得越重。喻指权势越大，最后的下场越惨。嘞：结构助词，与普通话中"得"相当。也作："爬嘞高，摔嘞狠。"或"爬嘞高，板嘞狠"。

鼻得不通，吃点儿大葱。

pi^{42}tɛ・pu^{24}t'uɤŋ^{24}　ts'ɿ^{24}tiar・ta^{312}ts'uɤŋ^{24}

指大葱可以治疗伤风而引起的鼻塞。

鼻得底下有嘴，嘴底下有腿。

pi^{42} tɛ・ti^{55} ɕia・iou$^{55|42}$ tsuei^{55}　　tsuei$^{55|42}$ ti^{55} ɕia・iou$^{55|42}$ t'uei^{55}

指出门多问路，自会找到目的地。

比咱强嘞千千万，不递咱嘞万万千。

pi^{55} tsan^{42} tɕ'iaŋ^{42} lɛ・tɕ'ian^{24} tɕ'ian^{24} uan^{312}　　pu$^{24|42}$ ti^{312} tsan^{42} nɛ・uan^{312} uan^{312} tɕ'ian^{24}

比自己好的人很多，不如自己的人更多。指做人要知足。

编筐编篓得，关键是收口得。

pian^{24} k'uaŋ^{24} pian^{24} lou^{55} tɛ・　kuan^{24} tɕian・sɿ^{312} sou^{24} k'ou^{24} tɛ・

编筐、篓子等时，最重要的是要收好口子。只有收好口子，才能使编的东西美观、结实。

兵败如山倒。

piŋ^{24} pai^{312} zu^{42} san^{24} tau^{55}

指军队一旦溃败，局面难以收拾。

甭瞧^{D}谷穗儿小，种点儿逗吃不了。

piŋ^{42} tɕ'io^{42} ku^{24} suə r^{312} ɕiau^{55}　tsuɤŋ^{312} tiar・tou^{312} ts'ɿ^{24} pu・liau^{55}

别看着谷穗不大，稍微种点儿都吃不完。指谷子的亩产量不低。甭：别。瞧^D：看着，动词变韵表示"持续"义。

甭瞧^{D}蛤蟆冇牙，地嘞虫得都怕。

piŋ^{42} tɕ'io^{42} xiɛ^{42} ma・mou^{312} ia^{54}　ti^{312} lɛ・ts'uɤŋ^{42} tɛ・tou^{55} p'a^{312}

指蛤蟆是田间害虫的克星。动词变韵表示"持续"义。

甭嫌本儿小利薄，赚点儿逗比^{D}花点儿强。

piŋ^{42} ɕian^{55} pər^{42} ɕiau^{55} liər^{312} po^{42}　tsuan^{312} tiar・tou^{312} piɛ^{55} xua^{24}

tiar・tɕ'iaŋ⁴²

做生意不能嫌赚得少，赚多赚少都比花费要好。

甭怨天，甭怨地，要怨逗该ᴰ怨自己。

piŋ⁴² yan³¹² t'ian²⁴　piŋ⁴² yan³¹² ti³¹²　iau³¹² yan³¹² tou³¹² kɛ²⁴ yan³¹² tɕi³¹² tɕi・

遇事不应一味地埋怨客观事物，要多找自身的原因。"该"作为能愿动词读本韵与变韵形式均可，变韵不表示实际意义。

甭怨偷家儿冇良心，都怪自家不应心。

piŋ⁴² yan³¹² t'ou²⁴ tɕiɐr・mou³¹² liaŋ⁴² ɕin・　tou⁵⁵ kuai³¹² tɕi³¹² tɕia・pu²⁴ iŋ²⁴ ɕin²⁴

指东西被盗不要怨天尤人，要怪只能怪自己没有做好防范措施。偷家儿：小偷儿。应心：操心。

病得早瞧，地得早锄。

piŋ³¹² tɛ²⁴ tsau⁵⁵ tɕ'iau⁴²　ti³¹² tɛ²⁴ tsau⁵⁵ ts'u⁴²

生病要及早治疗以免延误病情，田里的草要早锄以免荒了苗。

病逗冇好病。

piŋ³¹² tou・mou³¹² xau⁵⁵ piŋ³¹²

疾病无论大小、轻重对人来说都是不利的。

病嘞时候儿想近人儿。

piŋ³¹² lɛ・sɿ⁴² xor・ɕiaŋ⁵⁵ tɕin³¹² zər⁴²

人在生病的时候想念亲人、近人。

病人不好伺候。

piŋ³¹² zɤn⁴² pu²⁴ xau⁵⁵ ts'ɿ³¹² xou・

指病人因身体不舒服容易烦躁，因此难以伺候。

病秧得结不唠瓜儿。

piŋ³¹² iaŋ²⁴ tɛ・tɕiɛ²⁴ pu・lau・kuɐr²⁴

喻指自身存在问题，难以成事。

剥葱剥蒜甭剥人。

po²⁴ ts'uɤŋ²⁴ po²⁴ suan³¹² piŋ⁴² po⁴² zɤn⁴²

指人不应该盘剥别人。

不挨打，长不大。

pu²⁴ai⁴²ta⁵⁵　tsaŋ⁵⁵pu·ta³¹²

旧指小孩儿不受体罚，就不长记性，挨打能促使其成长。今多作戏谑之言。

不比不知道，一比吓一跳。

pu²⁴pi⁵⁵pu²⁴tsʅ⁴²tau·　i²⁴pi⁵⁵ɕia³¹²˙i²⁴⁴²t'iau³¹²

指只有通过对比较才能发现双方差距之大。

不□裤得不过河，不摸底细不搭腔。

pu²⁴pian⁵⁵k'u²⁴tɛ·pu²⁴⁴²kuo³¹²xɤ⁴²　pu²⁴mo²⁴ti⁵⁵ɕi·pu²⁴ta⁵⁵tɕ'iaŋ²⁴

喻指做任何事情都应该有所准备。□：向上卷起。搭腔：说话，多用于否定句中。

不吃灌肠，你不懂内黄。

pu²⁴ts'ʅ²⁴kuan³¹²ts'aŋ·　ni⁵⁵pu²⁴tuɤŋ⁵⁵nuei³¹²xuaŋ·

指灌肠作为小吃在内黄十分流行，男女老少都喜欢吃。灌肠：以猪血、猪肠、面粉、香油、五香料为主要原料精制而成。凉调的叫"烧灌肠"，油煎的叫煎灌肠。内黄灌肠作为内黄县特有的汉族传统小吃，2015年已列入安阳市非物质文化遗产名录。

不吃黄连，不知道蜜甜。

pu²⁴ts'ʅ²⁴xuaŋ⁴²lian⁴²　pu²⁴tsʅ⁴²tau·mi²⁴t'ian⁴²

喻指人只有吃点苦头，才懂得珍惜。黄连：多年草本植物，根茎味苦，可以做药材。

不吃煎灌肠，你冇来内黄。

pu²⁴ts'ʅ²⁴tɕian²⁴kuan³¹²ts'aŋ·　ni⁵⁵mau³¹²lai⁴²nuei³¹²xuaŋ·

指内黄县的煎灌肠久负盛名。

不吃苦中苦，难得甜上甜。

pu²⁴ts'ʅ²⁴k'u⁵⁵tsuɤŋ²⁴k'u⁵⁵　nan⁴²tɛ²⁴t'ian⁴²saŋ·t'ian⁴²

指不经过艰苦磨炼，就不会得到幸福和快乐。

不吃秦椒油，心嘞不烧嘞荒。

pu²⁴ts'ʅ²⁴tɕin⁴²tɕiau·iou⁴²　ɕin²⁴nɛ·pu²⁴sau²⁴lɛ·xuaŋ·

不吃辣椒油，心里不会觉得发烧。喻指做了坏事才会心里不安宁。秦椒：辣椒。

不吃谁家嘞饭，逗不操谁家嘞心。

pu²⁴ tsʻɿ²⁴ sei⁴² tɕia²⁴ lɛ·fan³¹² tou³¹² pu²⁴ tsʻau²⁴ sei⁴² tɕia²⁴ lɛ·ɕin²⁴

指各人吃各人的饭，各人操各人的心。也作："各吃各嘞饭，各操各嘞心。"

不稠不稀，三千六七。

pu²⁴ tsʻou⁴² pu²⁴ ɕi²⁴ san²⁴ tɕʻian²⁴ liou³¹² tɕʻi²⁴

指每亩棉花留苗的棵数。

不打不相识。

pu²⁴ ta⁵⁵ pu²⁴⁼⁴² ɕiaŋ³¹² sɿ²⁴

指经过冲突才相互了解，并成为朋友。

不打勤，不打懒，专打不长眼。

pu²⁴ ta⁵⁵ tɕʻin⁴² pu²⁴ ta⁵⁵ lan⁵⁵ tsuan²⁴ ta⁵⁵ pu²⁴ tsaŋ⁵⁵⁼⁴² ian⁵⁵

指一贯勤快的人不会受到责罚，偷懒能瞒过监管的也不会受到责罚，只有不提防监管的人容易受到责罚。

不戴帽得，不知道头大小。

pu²⁴⁼⁴² tai³¹² mau³¹² tɛ· pu²⁴ tsɿ⁴² tau·tʻou⁴² ta³¹² ɕiau⁵⁵

喻指只有通过调查、实践，才能了解真实的情况。

不担几分险，难练出来胆。

pu²⁴ tan²⁴ tɕi⁵⁵ fɤn²⁴ ɕian⁵⁵ nan⁴² lian³¹² tɕʻy·lai·tan⁵⁵

指人的胆量是在承担风险中锻炼出来的。

不当官儿不操恁大心。

pu²⁴ taŋ²⁴ kuar²⁴ pu²⁴ tsʻau²⁴ nɤn³¹² ta³¹² ɕin²⁴

不做官就用不着那么操心。恁：那么。

不当官儿不受管。

pu²⁴ taŋ²⁴ kuar²⁴ pu²⁴⁼⁴² sou³¹² kuan⁵⁵

不当官就不会受到长官、公事的约束。

不当家不知道柴米贵，不生儿不知道娘受罪。

pu²⁴ taŋ²⁴ tɕia²⁴ pu²⁴ tsɿ⁴² tau·tsʻai⁴² mi⁵⁵ kuei³¹² pu²⁴ sɤŋ²⁴ ər⁴² pu²⁴ tsɿ⁴² tau·niaŋ⁴²sou³¹²tsuei³¹²

不亲自当家，就不会知道操持一家的生活有多么不容易；不亲自生儿育女就不能体会娘遭受了多少苦痛。

不到长城非好汉。

pu²⁴⁻⁴²tau³¹²tsʻaŋ⁴²tsˠŋ⁴²fei²⁴xau⁵⁵xan³¹²

不登上长城就不算是勇敢的男子。指做事需要有坚持到底的决心。

不到黄河心不死。

pu²⁴⁻⁴²tau³¹²xuaŋ⁴²xˠ⁴²ɕin²⁴pu²⁴sʅ⁵⁵

喻指不到走头无路之时不死心。也喻指不达到目的决不罢休。

不到西天取不着真经。

pu²⁴⁻⁴²tau³¹²ɕi²⁴tʻian²⁴tɕʻy⁵⁵pu·tsuo⁴²tsˠn²⁴tɕiŋ²⁴

喻指到不了目的地，就实现不了自己的愿望。西天：我国古代佛教徒对印度的称谓。

不懂生意经，买卖做不成。

pu²⁴tuˠŋ⁵⁵sˠŋ²⁴i·tɕiŋ²⁴　mai⁵⁵mai·tsu³¹²pu·tsʻˠŋ⁴²

指不懂做生意的门道就不会做买卖。生意经：做生意的门路和方法。

不懂装懂，一辈得饭桶。

pu²⁴tuˠŋ⁵⁵tsuaŋ²⁴tuˠŋ⁵⁵　i²⁴⁻⁴²pei³¹²tɛ·fan³¹²tʻuˠŋ⁵⁵

自己不懂却装作精通的样子，一辈子都做不好事情。饭桶：盛饭的桶，喻指只会吃饭不会做事的人。

不动锅台得打不唠碗。

pu²⁴⁻⁴²tuˠŋ³¹²kuo²⁴tʻai⁴²tɛ·ta⁵⁵pu·lau·uan⁵⁵

喻指做事情难免出错，不应顾虑太多，尽管大胆地往前闯。打：打碎，打破。

不肚嘞疼，能生下来孩得哟？

pu²⁴⁻⁴²tu³¹²lɛ·tʻˠŋ⁴²　nˠŋ⁴²sˠŋ²⁴ɕia·lai·xai⁴²tɛ·io·

指生孩子必须经历肚子的阵痛期。喻指只有经受一番痛苦和折磨，才会收获成功的喜悦。

不纺不做，难穿棉袄棉裤。

pu²⁴faŋ⁵⁵pu²⁴⁻⁴²tsu³¹²　nan⁴²tsʻuan²⁴mian⁴²au⁵⁵mian⁴²kʻu³¹²

指只有勤劳才能丰衣足食。

不干不净，吃喽冇病。

pu^{24} kan^{24} pu$^{24|42}$tɕiŋ^{312}　tsʻʅ^{24} lou·mou^{312} piŋ^{312}

吃东西时不必过于讲究卫生，这样身体保持抵抗力，反而不易生病。此语用于食物脏了而又无法彻底弄干净之时，表达美好的祝愿。

不干不净，喝喽冇病。

pu^{24} kan^{24} pu$^{24|42}$tɕiŋ^{312}　xɤ^{24} lou·mou^{312} piŋ^{312}

喝水时不必太讲究卫生，这样身体保持抵抗力，反而不易生病。旧时夏天、秋天到离家远的地里干活、割草时，半晌渴了要喝坑水或河水之前，先要说这一句，表达美好的祝愿。

不管黑猫白猫，抓住老鼠嘞逗是好猫。

pu^{24} kuan^{55} xiɛ^{24} mau^{42} pɛ^{42} mau^{42}　tsua^{24} tɕʻy·lau^{55} ɕy·lɛ·tou^{312} sʅ^{312} xau^{55} mau^{42}

喻指不管采取什么办法，能达到目的的就是好办法。

不过二月二，锄头不下地。

pu$^{24|42}$ kuo^{312} ər^{312} yɛ^{24} ər^{312}　tsʻu^{42} tʻou^{42} pu$^{24|42}$ ɕia^{312} ti^{312}

指过了农历二月初二天气逐渐暖和起来，农民开始到田间劳作。

不喝几口水，能学会凫水哟？

pu^{24}xɤ^{24}tɕi$^{55|42}$kʻou^{55} suei^{55}　nɤŋ^{42}ɕyo^{42}xuei^{312}fu^{312}suei^{55}io·

指不经过一番努力，就学不到真本事。凫水：游泳。也作："学凫水逗得喝几口水。"

不会俭省，窟窿等^{D}嘞。

pu$^{24|42}$ xuei^{312} tɕian$^{55|42}$ sɤŋ^{55}　kʻu^{24} luɤŋ·to^{55} lɛ·

不会勤俭节约就一定会有外债。俭省：节俭。窟窿：债务。等^{D}：等着，动词变韵表示"持续"义。

不会走嘞，逗甭想跑。

pu$^{24|42}$xuei^{312}tsou^{55}lɛ·　tou^{312}piŋ^{42}ɕian$^{55|42}$pʻau^{55}

不会走的时候，不要想跑。喻指做事必须从基础做起。

不见神灵儿不供香。

pu$^{24|42}$tɕian^{312}sɤn^{42}liɐr·pu$^{24|42}$kuɤŋ^{312}ɕiaŋ·

喻指没有明确的目标不能轻易采取行动。神灵儿：神仙。供香：上供。

不见兔得不撒鹰。

pu²⁴⁻⁴² tɕian³¹² tʻu³¹² tɛ·pu²⁴ sa⁵⁵ iŋ²⁴

喻指没有充分的把握不要轻易下手。

不见小孩儿长，光见衣裳小。

pu²⁴⁻⁴² tɕian³¹² ɕiau⁵⁵ xar⁴² tsaŋ⁵⁵　kuaŋ⁵⁵ tɕian³¹² i²⁴ saŋ·ɕiau⁵⁵

指小孩的个头在不知不觉中长得很快。

不经冬天寒，不知道春天暖。

pu²⁴ tɕiŋ²⁴ tuɤŋ²⁴ tʻian·xan⁴²　pu²⁴ tsʅ⁴² tau·tsʻuɤn²⁴ tʻian·nuan⁵⁵

指经历了冬天的寒冷，才知道春天的温暖。喻指经历了苦难，才知道幸福的甜蜜。

不看僧面看佛面。

pu²⁴⁻⁴² kʻan³¹² sɤŋ²⁴ mian³¹² kʻan³¹² fu⁴² mian³¹²

喻指处理问题不看当事人的情面，也应该顾及相关人的情面。僧：和尚。佛：佛教指佛祖释迦牟尼佛。多用于替人求情之时，指看在第三者的面子上，给予适当的照顾。

不冷不热，五谷不结。

pu²⁴ lɤŋ⁵⁵ pu²⁴ zɛ²⁴　u⁵⁵ ku²⁴ pu²⁴ tɕiɛ²⁴

指没有四季气候的冷暖变化，庄稼就不会生长成熟。五谷：指稻、黍（小米）、稷（高粱）、麦、菽（豆）五种谷物，这里泛指粮食作物。

不摸锅底得手不黑，不拿油瓶得手不腻。

pu²⁴ mo²⁴ kuo²⁴ ti⁵⁵ tɛ·sou⁵⁵ pu²⁴ xiɛ²⁴　pu²⁴ na⁴² iou⁴² pʻiŋ⁴² tɛ·sou⁵⁵ pu²⁴⁻⁴² ni³¹²

喻指做任何事情都要付出一定的代价。

不摸庄稼嘞脾气，白费一年气力。

pu²⁴ mo²⁴ tsuaŋ²⁴ tɕia·lɛ·pʻi⁴² tɕʻi　pɛ⁴² fei³¹² i²⁴ nian⁴² tɕʻi³¹² li·

指不掌握庄稼的生长习性就种不好庄稼。气力：力气。

不怕蹦嘞欢，逗ᴰ怕拉清单。

pu²⁴⁻⁴² pʻa³¹² pɤŋ³¹² lɛ·xuan²⁴　to³¹² pʻa³¹² la²⁴ tɕʻiŋ²⁴ tan²⁴

指现在闹腾，将来都要算账，都要偿还。拉清单：算总账。

不怕不懂，逗ᴰ怕不问。
pu²⁴⁺⁴² pʻa³¹² pu²⁴tuɤŋ⁵⁵   to³¹² pʻa³¹²pu²⁴⁺⁴²uɤn³¹²
指不懂没有关系，只要勤学好问就一定会取得进步。

不怕不懂理，逗ᴰ怕不论理。
pu²⁴⁺⁴² pʻa³¹² pu²⁴tuɤŋ⁵⁵⁺⁴²li⁵⁵   to³¹² pʻa³¹²pu²⁴⁺⁴²luɤn³¹²li⁵⁵
不懂道理不要紧，就怕不讲理。指不讲道理的人很难对付。

不怕不会干，逗ᴰ怕不愿意干。
pu²⁴⁺⁴² pʻa³¹² pu²⁴⁺⁴² xuei³¹²kan³¹²   to³¹² pʻa³¹²pu²⁴⁺⁴²yan³¹²i·kan³¹²
指不会干没有关系，只要乐意干就一定能学会。

不怕不卖钱，逗ᴰ怕货不全。
pu²⁴⁺⁴² pʻa³¹² pu²⁴⁺⁴² mai³¹²tɕʻian⁴²   to³¹² pʻa³¹²xuo³¹²pu²⁴tɕʻyan⁴²
指只有商品齐全，才能吸引更多的顾客，效益也才会更好。

不怕不识货，逗ᴰ怕货比货。
pu²⁴⁺⁴² pʻa³¹² pu²⁴sʅ⁵⁵ xuo³¹²   to³¹² pʻa³¹²xuo³¹²pi⁵⁵xuo³¹²
指不会鉴别货物的好坏不要紧，比较一下就知道了。

不怕不长，逗ᴰ怕不吃。
pu²⁴⁺⁴² pʻa³¹² pu²⁴tsaŋ⁵⁵   to³¹² pʻa³¹²pu²⁴tsʻʅ²⁴
指家畜只要能吃，就一定会长膘。

不怕穿嘞迟，逗ᴰ怕脱嘞早。
pu²⁴⁺⁴² pʻa³¹² tsʻuan²⁴ nɛ·tsʻʅ⁴²   to³¹² pʻa³¹²tʻuo²⁴lɛ·tsau⁵⁵
指天气转凉时推后几天加衣服没事儿，但天气转热时厚衣服脱得太早容易受风寒。

不怕二月嘞雨，逗ᴰ怕三月嘞雪。
pu²⁴⁺⁴² pʻa³¹² ər³¹²yɛ²⁴y⁵⁵   to³¹² pʻa³¹²san²⁴yɛ²⁴ɕyɛ²⁴
农历二月份下雨不要紧，但三月份还下雪，麦苗就会冻死。

不怕犯错儿，逗ᴰ怕不改。
pu²⁴⁺⁴² pʻa³¹²fan³¹²tsʻuor³¹²   to³¹² pʻa³¹²pu²⁴kai⁵⁵

指犯错误是难免的，及时改正就好。

不怕家嘞穷，逗ᴰ怕出懒汉。

pu²⁴⁼⁴² pʻa³¹²tɕia²⁴lɛ·tɕʻyŋ⁴²　to³¹²pʻa³¹²tɕʻy²⁴lan⁵⁵xan³¹²

见："不怕穷，逗ᴰ怕懒"。

不怕路儿远，逗ᴰ怕人懒。

pu⁴² pʻa³¹²lur³¹²yan⁵⁵　to³¹² pʻa³¹²zɤn⁴²lan⁵⁵

指不管目标多么遥远，只要勤奋总能实现。

不怕马王爷三只眼，逗ᴰ怕人跟ᴰ你不一心儿。

pu⁴² pʻa³¹² ma⁵⁵ uaŋ⁴² iɛ·san²⁴ tsʅ²⁴ ian⁵⁵　to³¹² pʻa³¹² zɤn⁴² kɛ²⁴ ni⁵⁵ pu²⁴ i·ɕiər²⁴

指人不团结最可怕。马王爷：即马神，全名叫"水草马明王"，道教的神明。民间关于马王爷的传说很多，因长有三只眼，又称"三眼灵光"等。

不怕卖不唠，逗ᴰ怕货不好。

pu⁴² pʻa³¹²mai³¹²pu·lau·　to³¹² pʻa³¹²xuo³¹²pu²⁴xau⁵⁵

指只要货品质量好就会卖出去。

不怕苗儿小，逗ᴰ怕坷垃咬。

pu⁴² pʻa³¹²mior⁴²ɕiau⁵⁵　to³¹² pʻa³¹²kʻiɛ⁵⁵la·iau⁵⁵

指庄稼苗儿小没有关系，就怕土坷垃把苗压断。

不怕苗儿小，逗ᴰ怕蝼蛄咬。

pu⁴² pʻa³¹²mior⁴²ɕiau⁵⁵　to³¹² pʻa³¹²lɛ²⁴ku·iau⁵⁵

指种庄稼要谨防虫害。蝼蛄：昆虫名，通称拉拉蛄。背部茶褐色，腹部灰黄色，前足呈铲状，善于掘土，并能切断植物的根、嫩茎、幼苗等。生活在泥土中，昼伏夜出，危害农作物。也作："不怕苗儿小，逗ᴰ怕虫得咬。"

不怕冇媳妇儿，逗ᴰ怕冇本事。

pu²⁴⁼⁴² pʻa³¹²mou³¹²ɕi⁴²fur·　to³¹² pʻa³¹²mou³¹²pɤn⁵⁵sʅ·

指只要人有本事，就不愁娶不到媳妇。

不怕你笨，逗ᴰ怕你混天儿。

pu²⁴⁼⁴² pʻa³¹² ni⁵⁵ pɤn³¹²　to³¹² pʻa³¹² ni⁵⁵ xuɤn³¹² tʻiar²⁴

指笨拙一点并不可怕，怕的是得过且过不思进取。混天儿：得过且过浪费时间。

不怕你不会，逗[D]怕你不学。

pu$^{24|42}$ p'a^{312} ni^{55} pu$^{24|42}$ xuei^{312}　to^{312} p'a^{312} ni^{55} pu^{24} ɕyo^{42}

指不会不要紧，只要肯学就一定能学会。

不怕你得子晚，逗[D]怕你寿限短。

pu$^{24|42}$ p'a^{312} ni^{55} tɛ^{24} tsʅ^{55} uan^{55}　to^{312} p'a^{312} ni^{55} sou^{312} ian·tuan^{55}

指只要寿命足够长，得子晚点其实也没有什么大不了。寿限：（人的）寿命。

不怕年老，逗[D]怕躺倒。

pu$^{24|42}$ p'a^{312} nian^{42} lau^{55}　to^{312} p'a^{312} t'aŋ$^{55|42}$ tau^{55}

年老的人一躺倒，就不容易再站起来。

不怕□笑话，逗[D]怕自家夸。

pu$^{24|42}$ p'a^{312} niɛ^{312} ɕiau^{312} xua·　to^{312} p'a^{312} tɕi^{312} tɕia·k'ua^{24}

劝诫人不要夸夸其谈。

不怕歉年，逗[D]怕靠天。

pu$^{24|42}$ p'a^{312} tɕ'ian^{312} nian^{42}　to^{312} p'a^{312} k'au^{312} t'ian^{24}

指人只要辛勤劳作，即使是歉年也并不可怕。歉年：收成不好的年份。

不怕穷，逗[D]怕懒。

pu$^{24|42}$ p'a^{312} tɕ'yŋ^{42}　to^{312} p'a^{312} lan^{55}

贫穷不可怕，可怕的是懒惰。指人只要勤快就可以改变贫困的生活。也作："不怕家嘞穷，就怕出懒汉。"

不怕人家瞧不起，逗[D]怕自家不争气。

pu$^{24|42}$ p'a^{312} zɤn^{42} tɕia·tɕ'iau^{42} pu·tɕ'i^{55}　to^{312} p'a^{312} tɕi^{312} tɕia·pu^{24} tsɤŋ^{24} tɕ'i^{312}

指不用顾及别人的态度，只要自己肯努力就会取得成功。

不怕人老，逗[D]怕心老。

pu$^{24|42}$ p'a^{312} zɤn^{42} lau^{55}　to^{312} p'a^{312} ɕin^{24} lau^{55}

指身体衰老并不可怕，可怕的是心态衰老。

不怕少年苦，逗ᴰ怕老来穷。

pu²⁴⁻⁴² pʻa³¹² sau³¹² nian⁴² kʻu⁴²　to³¹² pʻa³¹² lau⁵⁵ lai⁴² tɕʻyŋ⁴²

年轻时吃点苦头不要紧，老年时贫困就生活无靠了。

不怕使十天，逗ᴰ怕猛三鞭。

pu²⁴⁻⁴² pʻa³¹² sʅ⁵⁵ sʅ⁴² tʻian²⁴　to³¹² pʻa³¹² mɤŋ⁵⁵ san²⁴ pian²⁴

指牲口不怕使唤，就怕受到惊吓。

不怕事股头儿多，逗ᴰ怕你脑得乱。

pu²⁴⁻⁴² pʻa³¹² sʅ³¹² ku·tʻor⁴² tuo²⁴　to³¹² pʻa³¹² ni⁵⁵ nau⁵⁵ tɛ·luan³¹²

指事情头绪多没有关系，只要头脑不乱就能理清楚。事股头儿：头绪。

不怕事儿不成，逗ᴰ怕心不诚。

pu²⁴⁻⁴² pʻa³¹² sər³¹² pu²⁴ tsʻɤŋ⁴²　to³¹² pʻa³¹² ɕin²⁴ pu²⁴ tsʻɤŋ⁴²

指只要诚心做事总能成功。

不怕他厉害，逗ᴰ怕他不说理。

pu²⁴⁻⁴² pʻa³¹² tʻa⁵⁵ li³¹² xai·　to³¹² pʻa³¹² tʻa⁵⁵ pu²⁴ ɕyɛ²⁴ liər⁵⁵

指蛮横不讲理的人最难对付。

不怕他不懂事儿，逗ᴰ怕他不说事儿。

pu²⁴⁻⁴² pʻa³¹² tʻa⁵⁵ pu²⁴ tuɤŋ⁵⁵ sər³¹²　to³¹² pʻa³¹² tʻa·pu²⁴ ɕyɛ²⁴ sər³¹²

指不懂事儿可以教育，但不说事则什么也做不成。不说事儿：不考虑正事儿。

不怕秃角叫，逗ᴰ怕秃角笑。

pu²⁴⁻⁴² pʻa³¹² tʻu²⁴ tɕyo·ɕiau³¹²　to³¹² pʻa³¹² tʻu²⁴ tɕyo·ɕiau³¹²

指猫头鹰夜里叫声如人的笑声，第二天附近就会死人，不吉利。秃角：猫头鹰的旧称。现已不大使用，仅留存于人的外号或熟语中。据说猫头鹰能闻到人即将死去的气味。

不怕学问深，逗ᴰ怕不应心。

pu²⁴⁻⁴² pʻa³¹² ɕyo⁴² uɤn·tsʻɤn²⁴　to³¹² pʻa³¹² pu²⁴ iŋ²⁴ ɕin²⁴

指不管多深的学问，只要用心学总能学会。应心：操心。

不怕一万，逗ᴰ怕万一。

pu²⁴⁻⁴² pʻa³¹² i²⁴⁻⁴² uan³¹²　to³¹² pʻa³¹² uan³¹² i²⁴

指做事必须预防可能性极小的意外情况发生。一万：形容很多。万一：形容可能性极小。

不怕输嘞苦，只要戒喽赌。

pu²⁴⁻⁴² pʻa³¹² ʅ²⁴ lɛ·kʻu⁵⁵　tsʅ⁴² iau³¹² tɕiɛ³¹² lou·tu⁵⁵

只要戒了赌，即使以前赌博输得很惨，也不会再重蹈覆辙。劝人戒赌。

不怕栽跟头，逗ᴰ怕不回头。

pu²⁴⁻⁴² pʻa³¹² tsai²⁴ kɤn²⁴ tʻou·　to³¹² pʻa³¹² pu²⁴ xuei⁴² tʻou⁴²

指犯一次错不可怕，怕的是明知有错还要一意孤行。

不怕枣树老，逗ᴰ怕管不好。

pu²⁴⁻⁴² pʻa³¹² tsau⁵⁵ ɕy·lau⁵⁵　to³¹² pʻa³¹² kuan⁵⁵ pu·xau⁵⁵

指如果管理不善，老枣树不会结枣。

不怕贼偷，逗ᴰ怕贼想。

pu²⁴⁻⁴² pʻa³¹² tsei⁴² tʻou²⁴　to³¹² pʻa³¹² tsei⁴² ɕiaŋ⁵⁵

指贼要是盯上谁的东西，迟早都会下手。

不巧不成书。

pu²⁴ tɕʻiau⁵⁵ pu²⁴ tsʻɤŋ⁴² ɕy²⁴

没有巧合，就不会有说书的故事情节。这是旧时说书人的一句口头语，后指事情往往很凑巧。

不去阎王殿，不知道鬼门关。

pu²⁴⁻⁴² tɕʻy³¹² ian⁴² uaŋ·tian³¹²　pu²⁴ tsʅ⁴² tau·kuei⁵⁵ mɤn⁴² kuan²⁴

喻指不身临险地，就不可能知道凶险所在。阎王：阎罗，道教中指掌握地域的神。鬼门关：阴阳交界的关口。

不生孩得不知道肚嘞疼。

pu²⁴ sɤŋ²⁴ xai⁴² tɛ·pu²⁴ tsʅ⁴² tau·tu³¹² lɛ·tʻɤŋ⁴²

喻指没有亲身经历过的事情，就体会不到其中的艰难。

不识字儿，不明理儿。

pu²⁴ sʅ⁵⁵ tsər³¹² pu²⁴ miŋ⁴² liər⁵⁵

指没有文化就不会明白事理。

不使空城计，退不唠司马懿。

pu²⁴ sʅ⁵⁵ k'uɤŋ²⁴ ts'ɤŋ⁴² tɕi³¹² t'uei³¹² pu·lau·sʅ²⁴ ma⁴² i³¹²

指没有过人的智慧和胆量就战胜不了强敌。空城计：三国时诸葛亮使用的妙计。司马懿：三国时期魏国名将。

不是一家人，不上一家坟。

pu²⁴ ⁴² sʅ³¹² i²⁴ tɕia²⁴ zɤn⁴² pu²⁴ ⁴² saŋ³¹² i²⁴ tɕia²⁴ fɤn⁴²

指有缘分的人才能成为一家人。也指只有意趣相投的人才会聚在一起。也作："不是一家人，不进一家门。"

不是冤家不碰头。

pu²⁴ ⁴² sʅ³¹² yan²⁴ tɕia·pu²⁴ ⁴² p'ɤŋ³¹² t'ou⁴²

指越是仇人越是容易相逢。也指有情之人才容易相逢。冤家：仇人；似恨而实爱的人。

不受荣华不担惊。

pu²⁴ ⁴² sou³¹² yŋ⁴² xua·pu²⁴ tan²⁴ tɕiŋ²⁴

指拥有荣华富贵的人总担心自己所获得的一切会突然消失。

不贪财，祸不来。

pu²⁴ t'an²⁴ ts'ai⁴² xuo³¹² pu²⁴ lai⁴²

指贪图钱财容易招致灾祸。

不逃荒不知道出门儿难。

pu²⁴ t'au⁴² xuaŋ²⁴ pu²⁴ tsʅ⁴² tau·tɕ'y²⁴ mər⁴² nan⁴²

指只有逃过荒的人才能真正理解出门在外的艰难。

不听老人言，吃亏在眼前。

pu²⁴ t'iŋ²⁴ lau⁵⁵ zɤn⁴² ian⁴² ts'ʅ²⁴ k'uei²⁴ tai³¹² ian⁵⁵ tɕ'ian⁴²

不听有经验人的话，马上就会倒霉。

不听闲话，免生闲气。

pu²⁴ t'iŋ²⁴ ɕian⁴² xua³¹² mian⁵⁵ sɤŋ²⁴ ɕian⁴² tɕ'i³¹²

指不听与正事无关的话，就不会因此而生气。

不笑补，不笑破，只笑时光不会过。

pu²⁴⁺⁴² ɕiau³¹² pu⁵⁵　pu²⁴⁺⁴² ɕiau³¹² pʻo³¹²　tsʅ²⁴ ɕiau³¹² sʅ⁴² kuaŋ · pu²⁴⁺⁴² xuei³¹² kuo³¹²

不笑贫穷，但笑不会过日子的。

不信神，不信鬼，好时光全靠胳膊腿。

pu²⁴⁺⁴² ɕin³¹² sɤn⁴²　pu²⁴⁺⁴² ɕin³¹² kuei⁵⁵　xau⁵⁵ sʅ⁴² kuaŋ · tɕʻyan⁴² kʻau³¹² kiɛ⁴² pau · tʻuei⁵⁵

指幸福生活不会从天而降，只有靠辛勤劳动才能得到。

不说不笑不热闹。

pu²⁴ ɕyɛ²⁴ pu²⁴⁺⁴² ɕiau³¹² pu²⁴ zɛ²⁴ nau ·

指大伙在一起说说笑笑才有情趣，才更为融洽。

不说话能成ᴰ哑巴哟？

pu²⁴ ɕyɛ²⁴ xua³¹² nɤŋ⁴² tsʻo⁴² ia⁵⁵ pa · io ·

劝诫人不要轻易发言。动词变韵表示"完成"义，"成ᴰ"可以替换为"成喽"。也作："不说话当不唠哑巴卖ᴰ你。"

不遇事儿，瞧不出来谁中。

pu²⁴⁺⁴² y³¹² sər³¹²　tɕʻiau⁴² pu · tɕʻy²⁴ lai⁴² sei⁴² tsuɤŋ²⁴

指遇到难事才能显出英雄本色。中：行。

不知道高低甭爬坡，不知道深浅甭过河。

pu²⁴ tsʅ⁴² tau · kau²⁴ ti²⁴ piŋ⁴² pʻa⁴² pʻo²⁴　pu²⁴ tsʅ⁴² tau · tsʻɤn²⁴ tɕʻian⁵⁵ piŋ⁴² kuo³¹² xɤ⁴²

喻指不熟悉情况不要轻易行动。

不知道敬老得儿，也逗不知道护小得儿。

pu²⁴ tsʅ⁴² tau · tɕiŋ³¹² lau⁵⁵ tər ·　iɛ⁵⁵ tou³¹² pu²⁴ tsʅ⁴² tau · xu³¹² ɕiau⁵⁵ tər ·

不知道尊敬老人，也就不知道爱护晚辈。老得儿：老人。

不走长路儿，不知道路儿远。

pu²⁴ tsou⁵⁵ tsʻaŋ⁴² lur³¹²　pu²⁴ tsʅ⁴² tau · lur³¹² yan⁵⁵

喻指只有亲身体验了，才能获得正确的认识。

不做亏心事，不怕鬼敲门。

pu²⁴⁻⁴² tsu³¹² kʻuei²⁴ ɕin²⁴ sʅ³¹²　pu²⁴⁻⁴² pʻa³¹² kuei⁵⁵ tɕʻiau²⁴ mɤn⁴²

指没有做昧良心的事，心里就不必担惊受怕。亏心：违背良心。也作："冇做亏心事儿，不怕鬼敲门儿。"

抱起来小得儿，才想起来老得儿。

pu³¹² tɕʻi·lai ɕiau⁵⁵ tə r·　tsʻai⁴² ɕiaŋ⁵⁵ tɕʻi·lai lau⁵⁵ tə r·

指只有为人父母之后，才能充分理解父母养育儿女的不易。"抱"的读音特殊。

抱住粗腿有饭吃。

pu³¹² tɕʻy·tsʻu²⁴ tʻuei⁵⁵ iou⁵⁵ fan³¹² tsʻʅ²⁴

喻指依仗有权势的人就有了生路。

C

杈头上有火，锄头上有水。

ts'a²⁴t'ou⁴²saŋ·iou⁵⁵⁴²xuo⁵⁵   ts'u⁴²t'ou⁴²saŋ·iou⁵⁵⁴²suei⁵⁵

指碾场用杈翻晒作物容易干，锄地可以起到保墒作用。杈：用桑树杈加工成的农具，长柄的一端一般有三个长齿（也有铁齿的）用来叉取柴草等。

财主门前孝子多。

ts'ai⁴²tsu⁵⁵mɤn⁴²tɕ'ian⁴²ɕiau³¹²tsʅ⁵⁵tuo²⁴

指旧时为财主效劳的人多。孝子：这里指效劳之人。

残棋马胜炮。

ts'an⁴²tɕ'i⁴²ma⁵⁵sɤŋ³¹²p'au³¹²

指下象棋到残局时，"马"的战力要胜过"炮"。

馋爷们儿，好赶集；馋娘们儿，串亲戚。

ts'an⁴²iɛ⁴²mər·   xau³¹²kan²⁴tɕi⁴²   ts'an⁴²nia⁴²mər·   ts'uan³¹²tɕ'in²⁴tɕ'i·

指好吃懒做的人当中，男的喜欢赶集买好吃的，女的喜欢走亲戚混饭吃。爷们儿：男人。娘们儿：女人。串亲戚：走亲戚。

铲草得除根，栽树坑得深。

ts'an⁵⁵⁴²ts'au⁵⁵tɛ²⁴ts'u⁴²kɤn²⁴   tsai⁴²ɕy³¹²k'ɤŋ²⁴tɛ²⁴ts'ɤn²⁴

喻指做什么事情得抓住关键问题。

长虫得打七寸。

ts'aŋ⁴²ts'uɣŋ·tɛ²⁴ta⁵⁵tɕ'i²⁴⁴²ts'uɤn³¹²

喻指对于敌人要瞅准要害处打击。长虫：蛇。七寸：蛇嘴后约七寸的部位，是蛇的致命之处。

长江后浪推前浪，一代更比ᴰ一代强。

tsʻaŋ⁴² tɕiaŋ²⁴ xou³¹² laŋ³¹² tʻuei²⁴ tɕʻian⁴² laŋ⁴²　i²⁴⁻⁴² tai³¹² kɤŋ³¹² piɛ⁵⁵ i²⁴⁻⁴² tai³¹² tɕʻiaŋ⁴²

指历史在前进，一代胜过一代。

长痛不递短痛。

tsʻaŋ⁴² tʻuɤŋ³¹² pu²⁴⁻⁴² ti³¹² tuan⁵⁵ tʻuɤŋ³¹²

指长期被痛苦折磨，倒不如忍受一时的剧痛而彻底解决。喻指问题一直拖下去，不如痛下决心彻底解决。

常在河边儿嘞走，哪儿能不湿鞋？

tsʻaŋ⁴² tai³¹² xɤ⁴² piar²⁴ lɛ·tsou⁵⁵　nɐr⁴² nɤŋ⁴² pu²⁴ sɿ²⁴ ɕiɛ⁴²

喻指长期在不良环境中生活，免不了要染上恶习；或长期干危险营生，免不了要惹灾祸。

常垫猪圈挖鸡窝，腿勤手快攒嘞粪多。

tsʻaŋ⁴² tian³¹² tɕy²⁴ tɕyan³¹² ua²⁴ tɕi²⁴ uo²⁴　tʻuei⁵⁵ tɕʻin⁴² sou⁵⁵ kʻuai³¹² tsan⁵⁵ nɛ·fɤn³¹² tuo²⁴

指人勤快就能多积肥。攒：积攒。

唱不好，字儿上找。

tsʻaŋ³¹² pu·xau⁵⁵　tsər³¹² saŋ·tsau⁵⁵

指吐字发音是演唱的基础。字儿：吐字发音。

唱戏嘞都ᴰ疯得，瞧戏嘞都ᴰ憨得。

tsʻaŋ³¹² ɕi³¹² lɛ·to⁴² fɤŋ³¹² tɛ·　tɕiau⁴² ɕi³¹² lɛ·to⁴² xan²⁴ tɛ·

指唱戏的演员和听戏的观众往往会很投入。"都ᴰ"可替换为"都是"。

唱戏嘞瞒不唠敲锣嘞。

tsʻaŋ³¹² ɕi³¹² lɛ·man⁴² pu·lau·tɕiau²⁴ luo⁴² lɛ·

指做事瞒哄不过关系亲密、利害相连的人。

朝嘞有人儿好当官儿。

tsʻau⁴² lɛ·iou⁵⁵ zər⁴² xau⁵⁵ taŋ²⁴ kuar²⁴

指旧时官府里有自己依靠的人，做官就容易。

曹操诸葛亮，脾气不一样。
ts'au⁴² ts'au²⁴ tsu²⁴kɤ·liaŋ³¹² p'i⁴²tɕ'i·pu²⁴⁺⁴²iaŋ³¹²
指不同的人在脾气、性格等方面存在较大的差异。

草鸡打架，不阴逗下。
ts'au⁵⁵tɕi·ta⁵⁵tɕia³¹² pu²⁴in²⁴tou³¹²ɕia³¹²
母鸡争斗，预示天气将变为阴天，甚至可能下雨。草鸡：母鸡。

草冇泥不烂，泥冇草不肥。
ts'au⁵⁵mou³¹²ni⁴²pu²⁴⁺⁴²lan³¹² ni⁴²mou³¹²ts'au⁵⁵pu²⁴fei⁴²
用草和土置于粪圈中发酵，才能变成粪肥。

草压草，吃不好。
ts'au⁵⁵ia²⁴ts'au⁵⁵ ts'ʅ²⁴pu·xau⁵⁵
指喂养牲口时，草和料宜分次添加。

草长膘，料长力，头牲饮水劲头儿足。
ts'au⁵⁵⁺⁴²tsaŋ⁵⁵piau²⁴ liau³¹²tsaŋ⁵⁵li²⁴ t'ou⁴²ku·in³¹²suei⁵⁵tɕin³¹² t'or⁴²tɕy²⁴
指喂养牲口既要喂草料，还得注意饮水。饮：使（家畜）喝水。

草足三分料，吃饱逗能套。
ts'au⁵⁵tɕy²⁴san²⁴fɤn²⁴liau³¹² ts'ʅ²⁴pau⁵⁵tou³¹²nɤŋ⁴²t'au³¹²
指牲口吃饱吃好才能拉套。料：喂牲口的玉米、豆饼等。

炒菜得尝尝，遇事儿得想想。
ts'au⁵⁵ts'ai³¹²tɛ²⁴ts'aŋ⁴²ts'aŋ· y³¹²sər³¹²tɛ²⁴ɕiaŋ⁵⁵⁺⁴²ɕiaŋ·
指遇到事情要多思考，就像炒菜必须尝尝一样。

车到山前必有路。
ts'ɛ²⁴tau³¹²san²⁴tɕ'ian⁴²pi⁵⁵⁺⁴²iou⁵⁵lu³¹²
喻指时候到了，事情自然有解决的办法。

吃罢冬至饭儿，一天长一线儿。
ts'ʅ²⁴pa³¹²tuɤŋ²⁴tsʅ far⁴¹² i²⁴t'ian²⁴ts'aŋ⁵⁵⁺⁴²ɕiar³¹²
指过了冬至节，白天的时长每天要延长一点。冬至：节气中的第 22 个（公历每年 12 月 21—23 日之间）。这一天太阳直射地面的位置到达一年的最南端。冬至也是一个传统节日，北方大多数地区都有过冬至节吃饺子的习俗。

吃罢夏至饭儿，一天短一线儿。

ts'ʅ^{24} pa^{312} ɕia^{312} tsʅ·far^{312}　iɛ^{24}t'ian^{24} tuan^{55} i$^{24|42}$ ɕiar^{312}

指过了夏至，白天的时长每天要缩短一点。夏至：节气中的第 10 个（公历每年 6 月 20—22 日之间）。这一天太阳直射地面的位置到达一年的最北端，是一年中正午太阳高度最高的一天。

吃不穷，喝不穷，不会打算得受穷。

ts'ʅ^{24} pu·tɕ'yŋ^{42}　xɤ^{24} pu·tɕ'yŋ^{42}　pu$^{24|42}$ xuei^{312} ta^{55} suan·tɛ^{24} sou^{312} tɕ'yŋ^{42}

过日子要精打细算，长远计划，否则就会一辈子受穷。

吃豆腐也有噎住嘞时候儿。

ts'ʅ^{24} tou^{312} fu·iɛ$^{55|42}$ iou^{55} iɛ^{24} tɕ'y·lɛ·sʅ^{42} xor·

喻指做什么事情都可能会遇到困难和阻力。

吃饭穿衣量家当。

ts'ʅ^{24} fan^{312} ts'uan^{24} i^{24} liaŋ^{42} tɕia^{24} taŋ·

从吃、穿两方面可看出家庭生活水平。也喻指做事要量力而行。量：测定。

吃饭给饭钱，住店给店钱。

ts'ʅ^{24} fan^{312} ki^{55} fan^{312} tɕ'ian·　tɕy^{312} tian^{312} ki^{55} tian^{312} tɕ'ian·

指得到产品或服务付钱理所应当。多用于要求对方付钱之时。

吃过一回亏，下一回有防备。

ts'ʅ^{24} kuo·i^{24} xuei^{42} k'uei^{24}　ɕia^{312} i^{24} xuei^{42} iou^{55} faŋ^{42} pei^{312}

头一次吃亏上当，下一次就会汲取教训有所防范。

吃馍喝凉水，瘦成干棒槌。

ts'ʅ^{24} mo^{24} xɤ^{24} liaŋ^{42} suei^{55}　sou^{312} ts'ɤŋ·kan^{24} paŋ^{312} ts'uei·

指吃过馒头喝凉水会引起消化不良，长期如此就会骨瘦如柴。

吃多喽伤身，说多喽伤人。

ts'ʅ^{24} tuo^{24} lou·saŋ^{24} sʅn^{24}　ɕyɛ^{24} tuo^{24} lou·saŋ^{24} zɤn^{42}

指饮食过度会伤害身体，说话太多会伤害别人。

吃嘞多，屙嘞多，拾粪嘞老头儿待见我。

ts'ŋ²⁴lɛ·tuo²⁴　ɣ²⁴lɛ·tuo²⁴　sŋ⁴²fɤn³¹²nɛ·lau²⁴t'or⁴²tai³¹²tɕian·uo·

喻指不好的事情也可能存在有利的一面。待见：喜欢。

吃嘞好，穿嘞好，不递两口得白头老。

ts'ŋ²⁴lɛ·xau⁵⁵　ts'uan²⁴nɛ·xau⁵⁵　pu²⁴⁺⁴²ti³¹²liaŋ⁵⁵⁺⁴²k'ou⁵⁵tɛ·pɛ⁴²t'ou⁴²lau⁵⁵

指夫妻之间恩恩爱爱，白头到老是最重要的。

吃奶嘞孩得离不唠娘。

ts'ŋ²⁴nai⁵⁵lɛ·xai⁴²tɛ·li³¹²pu·lau·niaŋ⁴²

吃奶的婴儿离不开妈妈的哺乳。

吃奶三分像。

ts'ŋ²⁴nai⁵⁵san²⁴fɤn²⁴ɕiaŋ³¹²

指婴儿吃谁的奶就跟谁有几分相像。

吃人家嘞饭，得受人家管。

ts'ŋ²⁴zɤn⁴²tɕia·lɛ·fan³¹²　tɛ²⁴sou³¹²zɤn⁴²tɕia·kuan⁵⁵

指生活上依附于人，就得服从人家的管束和指派。

吃人家嚼罢嘞东西冇味道。

ts'ŋ²⁴zɤn⁴²tɕia·tɕyo⁴²pa³¹²lɛ·tuɤŋ²⁴ɕi·mou³¹²uei³¹²tau·

喻指重复别人做过的事情缺乏新意。

吃人家嘞嘴软，拿人家嘞手短。

ts'ŋ²⁴zɤn⁴²tɕia·lɛ·tsuei⁵⁵⁺⁴²yan⁵⁵　na⁴²zɤn⁴²tɕia·lɛ·sou⁵⁵⁺⁴²tuan⁵⁵

指得到了别人的好处，说话办事就不会公平、公正。

吃烧饼也得赔口唾沫。

ts'ŋ²⁴sau²⁴piŋ·iɛ⁵⁵tɛ²⁴p'ei⁴²k'ou·t'u³¹²mo·

喻指想要得到好处，总得付出一些代价。

吃水不忘打井人。

ts'ŋ²⁴suei⁵⁵pu²⁴⁺⁴²uaŋ³¹²ta⁵⁵⁺⁴²tɕiŋ⁵⁵zɤn⁴²

喻指做人不能忘本。

吃甜瓜烂嘴角得。

ts'ʅ²⁴t'ian⁴²kua·lan³¹²tsuei⁵⁵tɕyo²⁴tɛ·

指甜瓜吃多了会产生虚火，从而导致嘴角溃烂。

吃甜嘞毁牙。

ts'ʅ²⁴t'ian⁴²nɛ·xuei⁵⁵ia⁴²

指吃过量的甜食对牙齿不利。毁：毁坏。

吃一堑，长一智。

ts'ʅ²⁴i²⁴⁺⁴²tɕ'ian³¹² tsaŋ⁵⁵i²⁴⁺⁴²tsʅ³¹²

指遭受一次挫折，就会汲取教训，增加一分智慧。堑：挫折。

吃鱼逗甭嫌腥气。

ts'ʅ²⁴y⁴²tou³¹²piŋ⁴²ɕian⁵⁵ɕiŋ²⁴tɕ'i·

喻指既然要干不正当的事，就别怕名声不好。

吃药不忌嘴，先生跑断腿。

ts'ʅ²⁴yo²⁴pu²⁴⁺⁴²tɕi³¹²tsuei⁵⁵ ɕian²⁴sɤŋ·p'au⁵⁵tuan³¹²t'uei⁵⁵

指病人若不管忌口乱吃东西，就不会取得良好的治疗效果。忌嘴：忌口。先生：医生。

吃嘴嘞媳妇儿盼过月得。

ts'ʅ²⁴tsuei⁵⁵lɛ·ɕi⁴²fur·p'an³¹²kuo³¹²yɛ²⁴tɛ·

贪嘴的女人盼望坐月子。过月得：坐月子。

深犁不耙细，麦苗儿难出齐。

ts'ɤn²⁴li⁴²pu²⁴⁺⁴²pa³¹²ɕi³¹² mɛ²⁴mior²⁴nan⁴²tɕ'y²⁴tɕ'i⁴²

指土地深翻后还要耙平、耙碎土坷垃，否则影响麦苗发芽。

深犁能保墒，水足庄稼旺。

ts'ɤn²⁴li⁴²nɤŋ⁴²pau⁵⁵saŋ²⁴ suei⁵⁵tɕy²⁴tsuaŋ²⁴tɕia·uaŋ³¹²

指深犁土地有利于庄稼保持水分，水分充足庄稼就长得旺盛。墒：土壤的湿度。

深犁细耙，不收说啥？

ts'ɤn²⁴li⁴²ɕi³¹²pa³¹² pu²⁴sou²⁴ɕyɛ²⁴sa³¹²

指只有精耕细作才能获得丰收。也作："深犁细耙，多打粮食冇二话。"

深犁细耙，旱涝不怕。

tsʻɤn²⁴li⁴²ɕi³¹²pa³¹² xan³¹²lau³¹²pu²⁴⁺⁴²pʻa³¹²

指精耕细作可以防旱、防涝。

深栽茄得浅栽蒜，秦椒黄瓜沟嘞见。

tsʻɤn²⁴tsai²⁴tɕʻiɛ⁴²tɛ·tɕʻian⁵⁵tsai²⁴suan³¹² tɕʻin⁴²tɕiau·xuaŋ⁴²kua·kou²⁴lɛ·tɕian³¹²

茄子适宜深栽种，大蒜适宜浅栽种，辣椒、黄瓜适宜栽在沟里边。秦椒：辣椒。

撑痢疾，饿伤寒。

tsʻɤŋ²⁴li³¹²tɕi· ɤ³¹²saŋ²⁴xan·

指吃的东西多，易导致消化不良，容易拉痢疾；吃的东西少甚至不吃，易导致抵抗力下降，容易患感冒。

撑死ᴰ胆儿大嘞，饿死ᴰ胆儿小嘞。

tsʻɤŋ²⁴sɛ·tar⁵⁵ta³¹²lɛ· ɤ³¹²sɛ·tar⁵⁵⁺⁴²ɕiau⁵⁵lɛ·

指敢于冒险才有成功的希望，畏缩不前则一事无成。

成大事儿嘞人不拘小节。

tsʻɤŋ⁴²ta³¹²sər³¹²lɛ·zɤn⁴²pu²⁴tɕy²⁴ɕiau⁵⁵tɕiɛ²⁴

指能成就大事的人，往往不会计较琐碎的事情。

秤杆儿离不开秤砣，老头儿离不开老婆儿。

tsʻɤŋ³¹²kar⁵⁵li³¹²pu·kʻai²⁴tsʻɤŋ³¹²tʻuo⁴² lau²⁴tʻor⁴²li³¹²pu·kʻai²⁴lau²⁴pʻor⁴²

指老夫老妻相依为命，就像秤杆与秤砣不能分离一样。

葱辣鼻得蒜辣心。

tsʻuɤŋ²⁴la²⁴pi⁴²tɛ·suan³¹²la²⁴ɕin²⁴

指大葱容易让鼻子受刺激，大蒜吃多了胃里难受。

从那南京到北京，哪儿有那老师寻学生？

tsʻuɤŋ⁴²na·nan⁴²tɕin²⁴tau³¹²pei tɕiŋ²⁴ nɐr⁴²iou⁵⁵na·lau⁵⁵sʐ²⁴ɕin⁴²ɕyo⁴²tsʻɤŋ·

男老师娶女学生的、女老师嫁给男学生的天下少有。指责师生恋时使用。寻：与……定亲；与……成亲。

虫得多喽树断，缝得大喽墙塌。

tsʻuɤŋ⁴² tɛ·tuo²⁴ lou·ɕy³¹² tuan³¹²　fɤŋ³¹² tɛ·ta³¹² lou·tɕiaŋ⁴² tʻa²⁴

喻指小毛病不消除就会酿成祸患。

重茬谷，白受苦。

tsʻuɤŋ⁴² tsʻa⁴² ku²⁴　pɛ⁴² sou³¹² kʻu⁵⁵

指同一块地连续播种谷子，就不会有好收成。

抽签算卦，都ᴰ点得瞎话。

tsʻou²⁴ tɕʻian²⁴ suan³¹² kua³¹²　to⁴² tian³¹² tɛ·ɕia⁴² xua·

占卜、算命都是一大堆谎言。"都ᴰ"可以替换为"都是"。

稠麦稀谷□丽豆。

tsʻou²⁴ mɛ²⁴ ɕi²⁴ ku²⁴ laŋ⁵⁵ li·tou³¹²

指小麦适宜稠种，谷子适宜稀种，豆子需更稀些。□丽：稀疏。

丑话得说到头嘞。

tsʻou⁵⁵ xua³¹² ɕyɛ²⁴ tau·tʻou⁴² lɛ·

不好说或者不好听但很有必要说的话应该当面先说出来，以起到警示或提示的作用。也作"丑话说到前头""丑话说到前边儿"。"说"是不变韵动词，后面的"到"可以省略。

丑媳妇儿总得见公婆。

tsʻou⁵⁵ ɕi⁴² fur·tsuɤŋ⁵⁵ tɛ·tɕian³¹² kuɤŋ²⁴ pʻo⁴²

喻指不管怎样为难，迟早总得见面。

臭棋乱飞相。

tsʻou³¹² tɕʻi⁴² luan³¹² fei²⁴ ɕiaŋ³¹²

指象棋水平低的人在行棋过程中因乱飞"相"而导致被动。

臭棋贪吃卒。

tsʻou³¹² tɕʻi⁴² tʻan²⁴ tsʻŋ²⁴ tsu⁴²

下象棋时水平低的人只图吃掉对方的卒子。也喻指见识浅的人只图眼前小利。

初八、初九照半夜。

ts'u²⁴pa²⁴ts'u²⁴tɕiou⁵⁵tsau³¹²pan³¹²iɛ³¹²

指每月初八、初九上弦月出现的时间。从每月初二或初三开始，过一天月亮升起的弧度较前一天约增加15°，落下的时间推迟约一个小时。到初八或初九天黑时，月亮升至中天，落下时间推到深夜。

初伏不种豆，种豆打不够。

ts'u²⁴fu⁴²pu²⁴⁼⁴²tsuɤŋ³¹²tou³¹²　tsuɤŋ³¹²tou³¹²ta⁵⁵pu²⁴⁼⁴²kou³¹²

指到了初伏时就不再种豆子，如果种了甚至连豆种都收不回。够：够数。

初生牛犊不怕虎。

ts'u²⁴sɤŋ²⁴niou⁴²tu⁴²pu²⁴⁼⁴²p'a³¹²xu⁵⁵

喻指年轻人思想上没有顾虑，敢作敢为，无所畏惧。犊：小牛。

初一阴，半月晕。

ts'u²⁴i·²⁴in²⁴　pan³¹²yɛ²⁴yn²⁴

初一阴天则未来半个月的天气都不会晴朗。

粗茶淡饭保平安。

ts'u²⁴ts'a⁴²tan³¹²fan³¹²pau⁵⁵p'iŋ⁴²an²⁴

指粗茶淡饭有利于身体健康。

粗茶淡饭少喝酒，必定活到九十九。

ts'u²⁴ts'a⁴²tan³¹²fan³¹²sau⁵⁵xɤ²⁴tɕiou⁵⁵　pi⁵⁵tiŋ³¹²xuo⁴²tau³¹²tɕiou⁵⁵sʅ⁴²tɕiou⁵⁵

指经常吃粗茶淡饭，少饮酒有利于身体健康。

粗饭养人，粗活儿强身。

ts'u²⁴fan³¹²iaŋ⁵⁵zʅn⁴²　ts'u²⁴xuor⁴²tɕ'iaŋ⁵⁵sʅn²⁴

粗茶淡饭保养身体，体力活儿使身体更强壮。

粗人儿干不唠细活儿。

ts'u²⁴zər⁴²kan³¹²pu·lau·ɕi³¹²xuor⁴²

粗笨的人难以完成精细的活计。常指没有文化的人写不了文章。

粗也学，细也学，冇一样儿用不着。

ts'u²⁴iɛ·ɕyo⁴²　ɕi³¹²iɛ·ɕyo⁴²　mou³¹²i·²⁴iɛ³¹²yŋ³¹²pu·tsuo⁴²

指广泛学习总有用得着的地方。

锄不好是一遍，种不好是一年。

ts'u⁴² pu·xau⁵⁵ sʅ³¹²⁺²⁴⁺⁴² pian³¹²　tsuɤŋ³¹² pu·xau⁵⁵ sʅ³¹²⁺²⁴ nian⁴²

庄稼管理环节做不好可以再来，播种环节则不能。指播种环节对于庄稼一年的收成很重要。

锄草锄嘞晚，穗得长嘞短。

ts'u⁴² ts'au⁵⁵ ts'u⁴² lɛ·uan⁵⁵　suei³¹² tɛ·tsaŋ⁵⁵ lɛ·tuan⁵⁵

指不及时锄地就会影响谷物类庄稼的生长。

锄草锄小，剔苗儿丢大。

ts'u⁴² ts'au⁵⁵ ts'u⁴² ɕiau⁵⁵　t'i²⁴ mior⁴² tiou²⁴ ta³¹²

指小草刚长出就要锄掉，间苗时要留下大苗。剔苗儿：间苗。丢：留下。

锄地趁好天，一遍顶几遍。

ts'u⁴² ti³¹² ts'ɤn³¹² xau⁵⁵ t'ian²⁴　i²⁴⁺⁴² pian³¹² tiŋ⁵⁵⁺⁴² tɕi⁵⁵ pian³¹²

指天气晴朗时锄地效果最好。

锄花不论遍儿，桃得结成串儿。

ts'u⁴² xua²⁴ pu²⁴⁺⁴² luɤn³¹² piar³¹²　t'au⁴² tɛ·tɕiɛ²⁴ ts'ɤŋ⁴² ts'uar³¹²

指棉苗只有勤锄，棉花才能丰收。桃得：棉桃。

锄头上有水也有火。

ts'u⁴² t'ou⁴² saŋ·iou⁵⁵⁺⁴² suei⁵⁵ iɛ⁵⁵⁺⁴² iou⁵⁵⁺⁴² xuo⁵⁵

指勤锄地既有利于保墒防旱，也有利于排水防涝。

锄头响，庄稼长。

ts'u⁴² t'ou⁴² ɕiaŋ⁵⁵　tsuaŋ²⁴ tɕia·tsaŋ⁵⁵

指勤锄庄稼苗，就能生长得好。

锄头有粪，越锄越嫩。

ts'u⁴² t'ou⁴² iou⁵⁵ fɤn⁴²　yɛ²⁴ ts'u⁴² yɛ²⁴ luɤn³¹²

指多锄庄稼苗，就能生长得快。

锄头有三宝：一水、二火、三死草。

ts'u⁴² t'ou⁴² iou⁵⁵ san²⁴ pau⁵⁵　i²⁴ suei⁵⁵ ər³¹² xuo⁵⁵ san²⁴ sʅ⁵⁵⁺⁴² ts'au⁵⁵

指锄地可以使庄稼苗保墒防旱、排水防涝、除去杂草防止荒废。死：使……死。

楚旺街嘞三样儿宝：灌肠、切糕跟^{D}扒糕。

ts'u⁵⁵uaŋ・tɕiɛ²⁴lɛ・san²⁴⁺⁴²iɐr³¹²pau⁵⁵ kuan³¹²ts'aŋ・tɕ'iɛ²⁴kau・kɛ²⁴p'a²⁴kau・

指内黄县楚旺镇有三种特色小吃。切糕：用内黄大枣、糯米或黄米做成的粽子，用刀切成块来卖。扒糕：蒸熟的荞麦面饼切成片，用芥末等调制的小吃。跟^D：和，介词。

处处留心都^{D}学问。

ts'u³¹²ts'u³¹²liou⁴²ɕin²⁴to⁴²ɕyo⁴²uɤn・

指只要用心，处处都能学到知识。

处暑不露头，不递喂^{D}老牛。

ts'u³¹²su⁵⁵pu²⁴⁺⁴²lou³¹²t'ou⁴² pu²⁴⁺⁴²ti³¹²uɛ³¹²lau⁵⁵niou⁴²

到处暑玉米苗还不露头，就长不出来了。处暑：节气中的第14个（公历每年8月22—24日之间），处暑后气温逐渐下降。动词变韵表示"完成"义。

处暑下雨，滴滴都是米。

ts'u³¹²su⁵⁵ɕia³¹²y⁵⁵ ti²⁴ti²⁴tou⁵⁵ʂʅ³¹²mi⁵⁵

处暑时节下雨，谷物就能丰产。

穿嘞忒玄喽走不到人跟前。

ts'uan²⁴nɛ・t'iɛ²⁴ɕyan⁴²nou・tsou⁵⁵pu・tau³¹²zɤn⁴²kɤn²⁴tɕ'ian・

指穿戴太差在人前没有面子。忒：过于。玄：差。

船来^{D}江心儿嘞再补漏逗晚了。

ts'uan⁴²lɛ⁴²tɕiaŋ²⁴ɕiɐr²⁴lɛ・tsai³¹²pu⁵⁵lou³¹²tou³¹²uan⁵⁵na・

喻指事情进行了一半才想起弥补缺失就已经来不及了。动词表示"终点"义，"来^D"可以替换为"来到"。

船来^{D}桥头嘞自不严逗直了。

ts'uan⁴²lɛ⁴²tɕ'iau⁴²t'ou⁴²lɛ・tsʅ³¹²pu・ian⁴²tou³¹²tsʅ⁴²la・

船到桥边，船身自会直直地随流而过。喻指事情来到眼前就自然有办法了。"来"同上一条谚语。自不严：自然。"严"可能是"然"的讹读形式。

船大吃水深。
ts'uaŋ⁴² ta³¹² ts'ʅ²⁴ suei⁵⁵ ts'ɤn²⁴

船体大浸入水的部分就深，船体也就稳当。

船小调头儿快。
ts'uaŋ⁴² ɕiau⁵⁵ tiau³¹² t'or⁴² k'uai³¹²

船体小才会灵活、轻便，容易调头。喻指事物规模虽小，但却灵活机动。

船载千斤，掌舵一人。
ts'uaŋ⁴² tsai³¹² tɕ'ian²⁴ tɕin²⁴　tsaŋ⁵⁵ tuo³¹² i²⁴ zɤn⁴²

船上载着很多货物，但掌舵只靠一人。喻指事情千头万绪，但决策者只能是一人。

疮大疮小，挤出来脓逗好。
ts'uaŋ²⁴ ta³¹² ts'uaŋ²⁴ ɕiau⁵⁵　tɕi⁵⁵ tɕ'y·lai·nuɤŋ⁴² tou³¹² xau⁵⁵

指不论疮疖大小，脓熟透挤破就会逐渐痊愈。

床上冇屎，坟上冇纸。
ts'uaŋ⁴² saŋ·mou³¹² sʅ⁵⁵　fɤn⁴² saŋ·mou³¹² tsʅ⁵⁵

床上没有小孩儿拉屎、撒尿，坟头就不会有烧纸钱。指抚养子女才能有人养老送终、延续香火。

吹嘞高，摔嘞狠。
ts'uei²⁴ lɛ·kau²⁴　suai²⁴ lɛ·xɤn⁵⁵

被人吹捧得越高，遭受的失败、打击就越沉重。也作："捧嘞高，摔嘞狠。"

吹牛逼不用报税。
ts'uei²⁴ niou⁴² pi²⁴ pu²⁴ | yŋ³¹² pau³¹² suei³¹²

指吹牛不用付出代价，尽管吹得了。用于调侃爱吹牛的人。

催工不催食。
ts'uei²⁴ kuɤŋ²⁴ pu²⁴ ts'uei²⁴ sʅ⁴²

指用餐礼仪：别人吃饭时不能催促。

村看村，户看户，群众看嘞是干部。

ts'uɤn²⁴ k'an³¹² ts'uɤn²⁴　xu³¹² k'an³¹² xu³¹²　tɕ'yn⁴² tsuɤŋ³¹² k'an³¹² nɛ·sʅ³¹² kan³¹² pu³¹²

指村与村、户与户之间相互影响，而干部的榜样作用最为重要。

春脖儿长，地下凉；春脖儿短，地下暖。

ts'uɤn²⁴ por⁴² ts'aŋ⁴²　ti³¹² ɕia·liaŋ⁴²　ts'uɤn²⁴ por⁴² tuan⁵⁵　ti³¹² ɕia·nuan⁵⁵

指立春晚的话，年后土表温度低；立春早的话，年后土表温度高。

春脖儿长，两季儿接不上。

ts'uɤn²⁴ por⁴² ts'aŋ⁴²　liaŋ⁵⁵ tɕiər³¹² tɕiɛ²⁴ pu·saŋ³¹²

指旧时立春晚的话，春夏之交缺少吃的。

春锄杂草少，秋天收成好。

ts'uɤn²⁴ ts'u⁴² tsa⁴² ts'au⁵⁵ sau⁵⁵　tɕ'iou²⁴ t'ian·sou²⁴ ts'ɤŋ·xau⁵⁵

指春天勤锄地杂草就少，秋天就能有好的收成。

春打六九头。

ts'uɤn²⁴ ta⁵⁵ liou³¹² tɕiou⁵⁵ t'ou⁴²

立春在六九的第一天或五九的最后一天。头：前边。

春分不上炕，立夏栽不上。

ts'uɤn²⁴ fɤn⁵⁵ pu²⁴⁺⁴² saŋ³¹² k'aŋ³¹²　li²⁴ ɕia³¹² tsai²⁴ pu·saŋ³¹²

指到春分还没有开始培育红薯苗儿，立夏时就无苗可栽。春分：节气中第4个（每年公历3月20—21日之间）。这一天太阳直射赤道，各地几乎昼夜等长。春分在春季三个月的正中间。

春风不吹花儿不开，地嘞冇水苗儿难栽。

ts'uɤn²⁴ fɤŋ²⁴ pu²⁴ ts'uei²⁴ xuɤr²⁴ pu²⁴ k'ai²⁴　ti³¹² lɛ·mou³¹² suei⁵⁵ mior⁴² nan⁴² tsai²⁴

指春风不吹，大地不会回暖，鲜花不能开放；春风不吹，难有春雨，地里没有水也就无法种植。

春风爽，栽树忙。

ts'uɤn²⁴ fɤŋ²⁴ suaŋ⁵⁵　tsai²⁴ ɕy³¹² maŋ⁴²

指春风送爽,正是植树的好时节。

春寒雨水多。

ts'uɤn²⁴xan⁴²y⁵⁵⁻⁴²suei·tuo²⁴

春天寒冷,预示全年雨水大。

春浇清明儿后,冬浇冬至前。

ts'uɤn²⁴tɕiau²⁴tɕ'iŋ²⁴miɐr·xou³¹²　tuŋ²⁴tɕiau²⁴tuŋ²⁴tsʅ·tɕ'ian⁴²

指春天浇麦地要在清明以后,冬灌则需要在冬至以前。清明儿:清明节。

春暖雨,冬暖晴。

ts'uɤn²⁴nuan⁵⁵⁻⁴²y⁵⁵　tuŋ²⁴nuan⁵⁵tɕ'iŋ⁴²

指春天暖和往往会多雨,冬天暖和往往多晴天。

春天不干活儿,秋天冇活儿干。

ts'uɤn²⁴t'ian·pu²⁴⁻⁴²kan³¹²xuor⁴²　tɕ'iou²⁴t'ian·mou³¹²xuor⁴²kan³¹²

指春天不辛勤耕作,到秋天收获的时候没有事可做。

春天锄地不宜深,深喽好伤苗得嘞根。

ts'uɤn²⁴t'ian·ts'u⁴²ti³¹²pu²⁴⁻⁴²i³¹²tsʅɤn²⁴　ts'ɤn²⁴nou·xau³¹²saŋ²⁴miau⁴²tɛ·lɛ·kɤn²⁴

指春天锄地宜浅,锄深了容易伤着庄稼苗的根部。好:容易。

春天得加料,头牲要拉套。

ts'uɤn²⁴t'ian·tɛ²⁴tɕia²⁴liau³¹²　t'ou²⁴ku·iau³¹²la²⁴t'au³¹²

到了春耕季节,喂养牲口需要添加食料,因为牲口要干农活了。

春天多下一场雨,秋天再添一成儿收。

ts'uɤn²⁴t'ian·tuo³¹²ɕia³¹²i²⁴ts'aŋ⁵⁵⁻⁴²y⁵⁵　tɕ'iou²⁴t'ian·tsai³¹²t'ian²⁴i²⁴ts'ɐr⁴²sou²⁴

指春雨对庄稼很重要,多下一场,秋天粮食就会增产。

春天多种菜,能吃又能卖。

ts'uɤn²⁴t'ian·tuo³¹²tsuɤŋ³¹²ts'ai³¹²　nɤŋ⁴²ts'ʅ²⁴iou³¹²nɤŋ⁴²mai³¹²

指春天多种蔬菜既能自给,又能卖钱贴补家用。

春天起嘞早,秋天吃嘞饱。

ts'uɤn²⁴t'ian·tɕ'i⁵⁵lɛ·tsau⁵⁵　tɕ'iou²⁴t'ian·ts'ʅ²⁴lɛ·pau⁵⁵

指春天只有勤快劳作，秋天才能吃好穿暖。

春天起雾天要变，滴滴拉拉冇晴天。

tsʻuɤn²⁴ tʻian‧tɕʻi⁵⁵ u³¹² tʻian²⁴ iau³¹² pian³¹² ti²⁴ ti‧la²⁴ la‧mou³¹² tɕʻiŋ⁴² tʻian²⁴

指春天起雾天气必定会阴雨连绵，很少有晴天。

春天晚一天，秋天晚十天。

tsʻuɤn²⁴tʻian‧uan⁵⁵i⁻²⁴tʻian²⁴ tɕʻiou²⁴tʻian‧uan⁵⁵ sʅ⁴²tʻian²⁴

指春天晚一点播种，秋天就会推迟较长的时间才能收获。

春天有雨花儿开嘞早，秋罢冇霜叶儿落嘞迟。

tsʻuɤn²⁴ tʻian‧iou⁵⁵⁻⁴² y⁵⁵ xuɐr²⁴ kʻai²⁴ lɛ‧tsau⁵⁵ tɕʻiou²⁴ pa³¹² mou³¹² suaŋ²⁴iɐr²⁴luo²⁴lɛ‧tsʻʅ⁴²

如果春天雨来得早，花就会较早绽放；如果秋后霜来得晚，树叶就会迟落。

春天种晚，秋天种早，热天得种巧。

tsʻuɤn²⁴tʻian‧tsuɤŋ³¹² uan⁵⁵ tɕʻiou²⁴tʻian‧tsuɤŋ³¹² tsau⁵⁵ zɛ²⁴tʻian‧tɛ²⁴tsuɤŋ³¹²tɕʻiau⁵⁵

指春天播种不宜过早，过早会冻死；秋天播种不宜太晚，太晚容易不结果实；夏天播种宜在雨后，省力、省钱。

春捂秋冻，四季冇病。

tsʻuɤn²⁴u⁵⁵ tɕʻiou²⁴tuɤŋ³¹² sʅ³¹²tɕi³¹²mou³¹²piŋ³¹²

春天穿得厚一点抵抗风寒，秋天穿得少一点得以锻炼，做到这两点一年四季就不会生病。也作："春捂秋冻，不生杂病。"

春雾晴，夏雾阴。

tsʻuɤn²⁴u³¹²tɕʻiŋ⁴² ɕia³¹²u³¹²in²⁴

春天早起有雾则是晴天，夏天早起有雾则阴天。

春雨不沾泥。

tsʻuɤn²⁴y⁵⁵ pu²⁴tsan²⁴ni⁴²

指春天气候干燥，地面缺水，下一点雨不会有泥。

春雨寒，冬雨暖。

tsʻuɤn²⁴ y⁵⁵ xan⁴² tuɤŋ²⁴ y⁵⁵⁻⁴² nuan⁵⁵

指春天下雨气温往往会下降，冬天下雨气温会升高。

春雨来嘞早，粮食吃不了。
tsʻuɤn²⁴ y⁵⁵ lai⁴² lɛ · tsau⁵⁵　liaŋ⁴² sɿ · tsʻɿ²⁴ pu · liau⁵⁵

指第一场春雨来得早，预示当年雨水大，粮食一定会丰收。了：完。

春栽杨柳夏栽桑。
tsʻuɤn²⁴ tsai²⁴ iaŋ⁴² liou⁵⁵ ɕia³¹² tsai²⁴ saŋ²⁴

指杨树、柳树适宜在春天栽种，桑树适宜在夏天栽种。

椿花儿落地吃燎麦。
tsʻuɤn²⁴ xuɐr²⁴ luo²⁴ ti³¹² tsʻɿ²⁴ liau⁵⁵ mɛ²⁴

指椿树花落地的时候，小麦的籽粒已经饱满。旧时春夏之交缺少吃的，内黄农村有吃燎麦穗的习惯。具体做法是：将带秆的麦穗放进灶火里挨近火烧焦麦芒、麦壳，用手搓出烧熟的麦粒，让饥饿的小孩儿或老人吃。

椿树不怕旱。
tsʻuɤn²⁴ ɕy · pu²⁴ ⁴² pʻa³¹² xan³¹²

指椿树是一种耐旱植物。

寸草铡三刀，冇料也上膘。
tsʻuɤn³¹² tsʻau⁵⁵ tsa⁴² san²⁴ tau²⁴　mou³¹² liau³¹² iɛ⁵⁵ saŋ³¹² piau²⁴

指饲养牲口，宜将草铡碎。

寸金难买寸光阴。
tsʻuɤn³¹² tɕin²⁴ nan⁴² mai⁵⁵ tsʻuɤn³¹² kuaŋ²⁴ in²⁴

指时间比金钱更宝贵，人应当珍惜时间。也作："一寸光阴一寸金，寸金难买寸光阴。"

D

打场得晴天，扬场得顺风。

ta⁵⁵ts'aŋ⁴² tɛ²⁴tɕ'iŋ⁴²t'ian²⁴　iaŋ⁴²ts'aŋ⁴²tɛ²⁴ suɤn³¹²fɤŋ²⁴

指做事要利用便利条件。打场：碾场。扬场：用木锨扬起谷物，借助风力将籽粒与壳、土分离。

打春早，收成好。

ta⁵⁵ ts'uɤn²⁴ tsau⁵⁵　sou²⁴ ts'ɤŋ·xau⁵⁵

指立春早预示着来年好收成。

打春早，清明儿迟，春分栽树正合适。

ta⁵⁵ ts'uɤn²⁴ tsau⁵⁵　tɕ'iŋ²⁴ miɐr⁴² ts'ʅ⁴²　ts'uɤn²⁴ fən·tsai²⁴ ɕy³¹² tsɤŋ³¹² xɤ⁴²sʅ²⁴

指春分是栽树的最佳时节。

打狗还得瞧主家儿嘞。

ta⁵⁵⁻⁴²kou⁵⁵xan⁴²tɛ·tɕ'iau⁴²tsu⁵⁵tɕiɐr·lɛ·

喻指责罚某人要考虑各方面的关系或情面，否则会带来意想不到的麻烦。主家儿：主人。

打架嘞时候儿不能拉偏手儿。

ta⁵⁵ tɕia³¹² lɛ·sʅ⁴² xor·pu²⁴ nɤŋ⁴² la²⁴ p'ian²⁴ sor⁵⁵

指别人打架时应站到公正的立场奉劝双方。拉偏手儿：拉偏架。

打井能防旱，不靠天吃饭。

ta⁵⁵⁻⁴² tɕiŋ⁵⁵ nɤŋ⁴²faŋ⁴²xan³¹²　pu²⁴⁻⁴²k'au³¹²t'ian²⁴ts'ʅ²⁴fan³¹²

指多打机井就不怕旱灾，保证庄稼旱涝丰收。

打黑不递起五更。

ta⁵⁵xiɛ²⁴pu²⁴⁻⁴²ti³¹²tɕ'i⁵⁵⁻⁴²u⁵⁵kɤŋ·

指天黑了仍在田间干活不如早晨起得早一点。

打霍还远ᴰ嘞，打雷逗来ᴰ跟前了。

ta⁵⁵xuo²⁴xan⁴²yɛ⁵⁵lɛ·　　ta⁵⁵luei⁴²tou³¹²lɛ⁴²kɤn²⁴tɕ'ian·la·

天空中只是闪电离下雨还早着呢，打雷则马上就要下雨了。打霍：闪电。形容词"远"变韵和"嘞"呼应，表"程度的夸张"义。动词变韵表示"终点"义，"来ᴰ"可以替换为"来到"。

打雷立秋，干死泥鳅。

ta⁵⁵luei⁴²li²⁴tɕ'iou²⁴　　kan²⁴sʅ·ni⁴²tɕ'iou·

指立秋时打雷会产生旱情。

打□嘞孩得不心疼。

ta⁵⁵niɛ³¹²lɛ·xai⁴²tɛ·pu²⁴ɕin²⁴t'ɤŋ⁴²

喻指不是自己的东西就不知道爱惜。□：人家。

打⁰盘儿说盘儿，打⁰碗儿说碗儿。

ta⁵⁵p'ar⁴²ɕyɛ²⁴p'ar⁴²　　ta⁵⁵ˈ⁴²uar⁵⁵ɕyɛ²⁴uar⁵⁵

喻指遇到什么问题就解决什么问题，就事论事不要牵扯别的。动词变韵的零形式表示"完成"义，两个"打⁰"都可替换为"打喽"。

打喷嚏是鼻得痒，做梦是心嘞想。

ta⁵⁵p'ɤn²⁴t'i·sʅ³¹²pi⁴²tɛ·iaŋ⁵⁵　　tsu³¹²mɤŋ³¹²sʅ³¹²ɕin²⁴nɛ·ɕiaŋ⁵⁵

鼻子痒会打喷嚏，心里想什么就会梦见什么。也喻指事情的发生都是有原因的。

打破头不怕扇得扇。

ta⁵⁵p'o³¹²t'ou⁴²pu²⁴ˈ⁴²p'a³¹²san³¹²tɛ·san²⁴

喻指遭受过严重打击后就不再害怕小的挫折。

打出来嘞铁，炼出来嘞钢。

ta⁵⁵tɕ'y·lai·lɛ·t'iɛ²⁴　　lian³¹²tɕ'y·lai·lɛ·kaŋ²⁴

喻指坚强者是从艰苦的社会实践中磨炼出来的。

打人不打脸，吃饭不夺碗。

ta⁵⁵zɤn⁴²pu²⁴ta⁵⁵ˈ⁴²lian⁵⁵　　ts'ʅ²⁴fan³¹²pu²⁴tuo⁴²uan⁵⁵

指发生纠纷时要给人留情面，不能揭人的短处。

打死人得兑命。

ta⁵⁵sʅ·zɤn⁴²tɛ²⁴tuei³¹²miŋ³¹²

杀死人需要偿命。兑命：偿命。

打铁嘞敢碰硬，当兵嘞敢拼命。

ta⁵⁵t'iɛ²⁴lɛ·kan⁵⁵p'ɤŋ³¹²iŋ³¹²　taŋ²⁴piŋ²⁴lɛ·kan⁵⁵p'in²⁴miŋ³¹²

指铁匠和士兵都有过硬的作风。

打铁澎火星得，和泥澎泥点得。

ta⁵⁵t'iɛ²⁴p'ɤŋ²⁴xuo⁵⁵ɕiŋ²⁴tɛ·　xuo⁴²ni⁴²p'ɤŋ²⁴ni⁴²tian²⁴tɛ·

打铁往身上溅火星，和泥往身上溅泥点。喻指做事难免要付出一定的代价。澎：溅。

打铁瞧火色，说话瞧眼色。

ta⁵⁵t'iɛ²⁴tɕ'iau⁴²xuo⁵⁵sɛ·　ɕyɛ²⁴xua³¹²tɕ'iau⁴²ian⁵⁵sɛ·

指打铁要看火候，说话要看情势。

打仗使枪，抬土使筐。

ta⁵⁵tsaŋ³¹²sʅ⁵⁵tɕ'iaŋ²⁴　t'ai⁴²t'u²⁴sʅ⁵⁵k'uaŋ²⁴

指事情不同，解决的方式、方法也不同。

打籽儿嘞草，能吃饱；开花儿嘞草，能上膘。

ta⁵⁵⁻⁴²tsər⁵⁵lɛ·ts'au⁵⁵　nɤŋ⁴²ts'ʅ²⁴pau⁵⁵　k'ai²⁴xuɐr²⁴lɛ·ts'au⁵⁵　nɤŋ⁴²saŋ³¹²piau²⁴

指牲畜吃结籽儿的老草只是能勉强吃饱，吃生长旺盛的草才能变得肥壮。打籽儿：结籽。

大葱蘸酱，越吃越胖。

ta³¹²ts'uɤŋ²⁴tsan³¹²tɕiaŋ³¹²　yɛ²⁴ts'ʅ²⁴yɛ²⁴p'aŋ³¹²

指大葱、酱可以刺激人的食欲。

大才必定有大用。

ta³¹²ts'ai⁴²pi⁵⁵tiŋ³¹²iou⁴²ta³¹²yŋ³¹²

指有才干的人必定有大用场。

大恩不提谢。

ta³¹²ɤn⁵⁵pu²⁴t'i⁴²ɕiɛ³¹²

指大恩大德并不用酬谢来表示。

大二小三儿，月出一杆儿。

ta³¹²ər³¹²ɕiau⁵⁵sar²⁴　yɛ²⁴tɕ'y²⁴i²⁴kar²⁴

指农历每月上旬蛾眉月首次出现的时间。如果是农历大月（30天），初二天黑以后，一弯弧形新月出现在天西边，但不到一个小时就渐渐消失。如果是小月（29天），初三晚上才能看到新月升落。

大哥比父，老嫂比母。

ta³¹²kɤ⁵⁵ pi⁵⁵fu³¹²　lau⁵⁵⁻⁴²sau⁵⁵pi⁵⁵⁻⁴²mu⁵⁵

指失去双亲，大哥大嫂一般会承担起父母的职责。

大狗叫唤，逗巴小狗儿也叫唤。

ta³¹² kou⁵⁵ tɕiau³¹² xuan·　tou³¹² pa·ɕiau⁵⁵⁻⁴² kor⁵⁵ iɛ⁵⁵ tɕiau³¹² xuan·

喻指人不管地位高低，拥有同样的权利。逗巴：语气副词。

大官儿大贪，小官儿小贪。

ta³¹²kuar²⁴ta³¹²t'an²⁴　ɕiau⁵⁵kuar²⁴ɕiau⁵⁵t'an²⁴

指旧时大小官吏没有不贪财受贿的。

大寒小寒，包饺得过年。

ta³¹²xan⁴²ɕiau⁵⁵xan⁴²　pau²⁴tɕiau⁵⁵tɛ·kuo³¹²nian⁴²

指过了大寒、小寒节气，就快过年了。大寒：节气中的最后一个（公历每年1月20日），此时天气寒冷到极点。小寒：节气中的第23个（公历每年1月4—6日之间）。

大寒一场雪，过年好吃麦。

ta³¹²xan⁴²⁻²⁴i²⁴ts'aŋ⁵⁵ɕyɛ²⁴　kuo³¹²nian·xau⁵⁵tsʅ²⁴mɛ²⁴

指大寒时节降大雪，预示来年小麦丰收。过年：明年。

大河有水小河干，大河有水小河满。

ta³¹² xɤ⁴² mou³¹² suei⁵⁵ ɕiau⁵⁵ xɤ⁴² kan²⁴　ta³¹² xɤ⁴² iou⁵⁵⁻⁴² suei⁵⁵ ɕiau⁵⁵ xɤ⁴²man⁵⁵

喻指大局的利益往往会影响到局部或个体利益。

大火冇湿柴。

ta³¹² xuo⁵⁵ mou³¹² sʅ²⁴ ts'ai⁴²

火大了湿柴也能燃着。喻指强大的团队会促使差的变好。

大理不顺，气死旁人。

ta³¹²li⁵⁵ pu²⁴⁻⁴²suɤn³¹²　tɕ'i³¹²sʅ⁵⁵ p'aŋ⁴²zɤn⁴²

做事非常不符合情理,外人都觉得非常气愤。旁人:外人。

大路不走成草窝,坐⁰那儿不动背得驼。

ta³¹² lu³¹² pu²⁴ tsou⁵⁵ tsʻɤŋ⁴² tsʻau⁵⁵ uo²⁴　tsuo³¹² nɐr・pu²⁴⁼⁴² tuɤŋ³¹² pei³¹² tɛ²⁴ tʻuo⁴²

大路如果没有人走就会杂草丛生,人坐在那里不动就会驼背。指人多活动才有利于身心健康。动词变韵的零形式表示"终点"义,"坐⁰"可以替换为"坐到"。

大路朝天,各走一边。

ta³¹²lu³¹²tsʻau⁴²tʻian²⁴　kɤ²⁴tsou⁵⁵i²⁴pian²⁴

大路朝着天,不是哪一个人的。喻指人各有志,走什么路完全由自己来决定。

大骡得大马不卖给张ᴰ庄儿、司马。

ta³¹²luo⁴²tɛ・ta³¹²ma⁵⁵pu²⁴⁼⁴²mai³¹²tɕʻy・tso²⁴tsuɐr²⁴sʅ²⁴ma・

指张ᴰ庄、司马两个村庄的地下水是苦的。这两个村庄属于城关镇,因水苦而不宜饲养牲口,故有此民谚。小地名的变韵是固定的,大多源于姓氏字和"家"的合音。

大买卖靠嘴,小买卖靠腿。

ta³¹²mai⁵⁵mai・kʻau³¹²tsuei⁵⁵　ɕiau⁵⁵⁼⁴²mai⁵⁵mai・kʻau³¹²tʻuei⁵⁵

指大生意靠能说会道,小生意靠腿脚勤快。

大买卖怕赔,小买卖怕吃。

ta³¹²mai⁵⁵mai・pʻa³¹²pʻei⁴²　ɕiau⁵⁵⁼⁴²mai⁵⁵mai・pʻa³¹²tsʻʅ²⁴

指大买卖赔钱就损失严重,小买卖利薄经不起吃吃喝喝。

大难不死,必有后福。

ta³¹²nan³¹²pu²⁴sʅ⁵⁵　pi⁵⁵⁼⁴²iou⁵⁵xou³¹²fu²⁴

旧指大难与后福存在因果关系,逃过大难的人必定福禄绵长。

大清早打碗不是啥好事儿。

ta³¹²tɕʻiŋ²⁴tau⁵⁵⁼⁴²uan⁵⁵pu²⁴⁼⁴²sʅ³¹²sa⁵⁵⁼⁴²xau⁵⁵sər³¹²

旧指大清早起来就打碎碗是不祥之兆。打:打碎。也作:"清早起来打碗不是好兆头儿。"

大人不记小人过。

ta³¹² zɤn⁴² pu²⁴ ˈ⁴² tɕi³¹² ɕiau⁵⁵ zɤn⁴² kuo³¹²

指地位高或有德行的人心胸豁达，不计别人的过失。

大暑前，小暑后，两暑当间儿种黄豆。

ta³¹² su⁵⁵ tɕˈian⁴²　iau⁵⁵ ˈ⁴² su⁵⁵ xou³¹²　liaŋ⁵⁵ ˈ⁴² su⁵⁵ taŋ²⁴ tɕiar²⁴ tsuɤŋ³¹² xuaŋ⁴² tou³¹²

指大暑和小暑两个节气之间适宜点种黄豆。大暑：节气中的第 12 个（公历每年 7 月 22—24 日之间）。大暑正值三伏天的中伏，是一年中最热也是农作物生长速度最快的时期。小暑：节气中的第 11 个（公历每年 7 月 6—8 日之间）。

大树大阴凉儿，小树儿小阴凉儿。

ta³¹² ɕy³¹² ta³¹² in²⁴ liɤr·　ɕiau⁵⁵ ɕyər³¹² ɕiau⁵⁵ in²⁴ liɤr·

喻指有多大本领发挥多大的作用。

大树底下不能避雨。

ta³¹² ɕy³¹² ti⁵⁵ ɕia· pu²⁴ nɤŋ⁴² pei³¹² y⁵⁵

指在大树底下避雨有被雷击的危险。"避"读音特殊。

大树底下好乘凉。

ta³¹² ɕy³¹² ti⁵⁵ ɕia· xau⁵⁵ tsˈɤŋ⁴² liaŋ⁴²

大树遮阴面积大，下面容易乘凉。喻指有靠山才好办事。

大树根连根，穷人心连心。

ta³¹² ɕy³¹² kɤn²⁴ lian⁴² kɤn²⁴　tɕˈyŋ⁴² zɤn⁴² ɕin²⁴ lian⁴² ɕin²⁴

指穷人只有团结起来才有出路。

大树有根穷有根。

ta³¹² ɕy³¹² iou⁵⁵ kɤn²⁴ tɕˈyŋ⁴² mou³¹² kɤn²⁴

指贫穷是可以改变的。

大雪不见雪，过年不收麦。

ta³¹² ɕyɛ³¹² pu²⁴ ˈ⁴² tɕian³¹² ɕyɛ³¹²　kuo³¹² nian· pu²⁴ sou²⁴ mɛ²⁴

大雪时节如果不下雪，预示明年麦子的收成不好。大雪：节气中的第 21 个（公历每年 12 月 7—8 日之间），标志着仲冬的开始。

大雪刮北风，冬天多霜冻。

ta³¹²ɕyɛ²⁴kua²⁴pei²⁴fɤŋ²⁴　tuɤŋ²⁴tʻian·tuo²⁴suaŋ²⁴tuɤŋ³¹²

指大雪时节刮北风，冬天会多霜冻天气。霜冻：摄氏度低于 0 度的地面和物体表面上有水汽凝结成白色结晶的是白霜，水汽含量少没有结霜的称黑霜。这两种物质对农作物都有冻害，称霜冻。

大鱼吃小鱼儿，小鱼儿吃污泥儿。

ta³¹²y⁴²tsʻɿ²⁴ɕiau⁵⁵yər⁴²　ɕiau⁵⁵yər⁴²tsʻɿ²⁴u²⁴niər·

喻指旧时人与人的关系是大欺小，强凌弱。也作："大鱼儿吃小鱼儿，小鱼儿吃虾米儿，虾米儿吃污泥儿。"

大丈夫报仇，十年不晚。

ta³¹²tsaŋ³¹²fu·pau³¹²tsʻou⁴²　ʂɿ⁴²nian⁴²pu²⁴uan⁵⁵

指有大作为的人，报仇会等到时机成熟，不会操之过急。

大丈夫能屈能伸。

ta³¹²tsaŋ³¹²fu·nɤŋ⁴²tɕʻy²⁴nɤŋ⁴²sɤn²⁴

真正的男子汉，失意时能忍受屈辱、困苦，得志的时候不忘施展抱负。

大丈夫宁折不弯。

ta³¹²tsaŋ³¹²fu·niŋ³¹²sɛ⁴²pu²⁴uan²⁴

指有志气的男子汉宁可牺牲，也不能受到污辱。

在家不打人，出门儿冇人打。

ai³¹²tɕia²⁴pu²⁴ta⁵⁵zɤn⁴²　tɕʻy²⁴mər⁴²mou³¹²zər⁴²ta⁵⁵

指待在家里时不欺负别人、不找事，出了远门也就没有人欺负。

在家靠父母，出门儿靠朋友。

tai³¹²tɕia²⁴kʻau³¹²fu³¹²mu⁵⁵　tɕʻy²⁴mər⁴²kʻau³¹²pʻɤŋ⁴²iou·

在家时能靠父母照顾，出门在外就得靠朋友。常用于身处困境之时，说此语企望获得对方的帮助。

在家靠爹娘，出门儿靠自己。

tai³¹²tɕia²⁴kʻau³¹²tiɛ²⁴niaŋ⁴²　tɕʻy²⁴mər⁴²kʻau³¹²tɕi³¹²tɕi·

在家可以靠父母照顾，出门在外的话，一切只能靠自己了。

在家怕鬼，出门儿怕水。

tai^{312}tɕia^{24}p'a^{312}kuei^{55}　tɕ'y^{24}mər^{42}p'a^{312}suei^{55}

指在熟悉的地方，怕的是坏人暗害；到了陌生的地面，怕的是大水拦路。

待人甭小气，过时光得仔细。

tai^{312}zɤn^{42}piŋ^{42}ɕiau^{55}tɕ'i·　kuo^{312}sʅ^{42}kuaŋ·tɛ^{24}tsʅ^{55}ɕi·

指待人接物要大方，过日子要节俭。仔细：节俭。

单车不赢士象全。

tan^{24}tɕy^{24}pu^{24}iŋ^{42}sʅ^{312}ɕiaŋ^{312}tɕ'yan^{42}

指下象棋时，一方能作战的棋子只剩下一个"车"，另一方没有能作战的棋子，但"士""象"齐全，则单车的一方不会取胜。也作："单车赢不唠士象全。"

单车炮，瞎胡闹。

tan^{24}tɕy^{24}p'au^{312}　ɕia^{24}xu^{42}nau^{312}

指下象棋时，一方是单车、单炮，很难赢对方的单车棋。

单丝不成线，孤树不成林。

tan^{24}sʅ^{24}pu^{24}ts'ɤŋ^{42}ɕian^{312}　ku^{24}ɕy^{312}pu^{24}ts'ɤŋ^{42}lin^{42}

喻指个人力量微小，难以办成大事。

胆儿大吃亏，胆儿小受气。

tar^{55}ta^{312}ts'ʅ^{24}k'uei^{24}　tar^{55}ɕiau^{55}sou^{312}tɕ'i^{312}

指胆大的人往往做事莽撞，很容易吃亏；胆小的人往往逆来顺受，很容易被人欺负。

胆儿小办不唠事，怕疼挑不唠刺。

tar^{55}ɕiau^{55}pan^{312}pu·lau·sʅ^{312}　p'a^{312}t'ɤŋ^{42}t'iau^{55}pu·lau·tsʅ^{312}

指胆小干不成大事。办事：能干。

胆儿小发不唠大财。

tar^{55}ɕiau^{55}fa^{24}pu·lau·ta^{312}ts'ai^{42}

指胆小的人谨小慎微，发不了大财。

胆儿小嘞人儿耳道尖。

tar^{55}ɕiau^{55}lɛ·zər^{42}ər^{55}tau·tɕian^{24}

指胆小的人警惕性高，细微的响动都能听到。耳道：耳朵。

胆儿小嘞人儿心儿细。

taɻ⁵⁵ɕiau⁵⁵lɛ·zəɻ⁴²ɕiəɻ²⁴ɕi³¹²

胆小的人考虑事情细致。

当差不由便儿，由便儿不当差。

taŋ²⁴ts'ai²⁴pu²⁴⁤⁴²iou⁴²piaɻ³¹² iou⁴²piaɻ³¹²pu²⁴taŋ²⁴ts'ai²⁴

当差的人差事在身，由不得自己做主。由便儿：自由，随意。也作："当差不自由，自由不当差。"

当大嘞不正，当小嘞不敬。

taŋ²⁴ta³¹²lɛ·pu²⁴⁤⁴²tsʅ³¹² taŋ²⁴ɕiau⁵⁵lɛ·pu²⁴⁤⁴²tɕiŋ³¹²

年长者或位高者行为不端，就不会受到年幼者或下属的尊敬。

当东家嘞冇不是。

taŋ²⁴tuɤŋ²⁴tɕia·lɛ·mou³¹²pu²⁴⁤⁴²sʅ·

做东家的没有缺点、错误。指管事的人拥有绝对权威。东家：旧时对雇主的称呼。不是：错误。

当个人不能忒下作喽。

taŋ²⁴kɤ·zɤn⁴²pu²⁴nɤŋ⁴²t'iɛ²⁴ɕia³¹²tsuo·lou·

劝诫人要有端正的品行，才能不被人唾弃。下作：一点儿也不顾及脸面。

当个人不能忘本。

taŋ²⁴kɤ·zɤn⁴²pu²⁴nɤŋ⁴²uaŋ³¹²pɤn⁵⁵

做人不能忘记原来的情况和自身得到幸福的根源。本：根本，根源。

当个人难ᴅ嘞。

taŋ²⁴kɤ·zɤn⁴²nɛ⁴²nɛ·

指人生活在世上一辈子很不容易。形容词"难"变韵和后边的"嘞"呼应表示"程度的夸张"义。

当官儿不贪财，神鬼都害怕。

taŋ²⁴kuaɻ²⁴pu²⁴t'an²⁴ts'ai⁴² sɤn⁴²kuei⁵⁵tou·xai³¹²p'a³¹²

指当官的如果不贪图钱财，想走歪门邪道的人就无计可施。

当官儿不替民做主，不递回家卖红薯。

taŋ²⁴kuar²⁴pu²⁴⁺⁴²t'i³¹²min⁴²tsuo³¹²tsu⁵⁵ pu²⁴⁺⁴²ti³¹²xuei⁴²tɕia²⁴mai³¹²xuɤŋ⁴²ɕy·

指当官就应该替百姓撑腰办事，否则就应该辞官回家。做主：做某事情完全负责，作出决定。

当官儿嘞不打送礼嘞。

taŋ²⁴kuar²⁴lɛ·pu²⁴ta⁵⁵suɤŋ³¹²li⁵⁵lɛ·

指做官的不好对恭敬自己的人拒绝。

当官儿嘞不知道老百姓嘞苦。

taŋ²⁴kuar²⁴lɛ·pu²⁴tsʅ⁴²tau·lau⁵⁵pɛ²⁴ɕiŋ³¹²lɛ·k'u⁵⁵

指旧时做官的不体恤民情。

当官儿嘞动动嘴，当差嘞跑断腿。

taŋ²⁴kuar²⁴lɛ·tuɤŋ³¹²tuɤŋ·tsuei⁵⁵ taŋ²⁴ts'ai²⁴lɛ·p'au⁵⁵tuan³¹²t'uei⁵⁵

旧时官老爷随便下个命令，手下的人就忙个不停。

当家嘞不说理，老天爷不下雨。

taŋ²⁴tɕia²⁴lɛ·pu²⁴ɕyɛ²⁴li⁵⁵ lau⁵⁵t'ian²⁴iɛ⁴²pu²⁴⁺⁴²ɕia³¹²y⁵⁵

指当家的如果不讲理，连老天爷都不会答应。

当家怕嘞是冇钱儿花，种地怕嘞是冇收成。

taŋ²⁴tɕia²⁴p'a³¹²lɛ·sʅ³¹²mou³¹²tɕ'iar⁴²xua²⁴ tsuɤŋ³¹²ti³¹²p'a³¹²lɛ·sʅ³¹²mou³¹²sou²⁴ts'ɤŋ·

指当家最担心的是缺钱，种庄稼最担心的是收成不好。

当面教子，背后教妻。

taŋ²⁴mian³¹²tɕiau³¹²tsʅ⁵⁵ pei³¹²xou³¹²tɕiau³¹²tɕ'i²⁴

指教育孩子要在问题发生时及时教育，劝告妻子不能当面训斥，要在私下场合。

当头炮，马来跳。

taŋ²⁴t'ou⁴²p'au³¹² ma⁵⁵lai⁴²t'iau³¹²

本指下棋开局的招式。也指事情发生后，做出正确的应对。

耽误喽庄稼是一季儿，耽误喽孩得是一辈儿。

taŋ²⁴u·lou·tsuan²⁴tɕia·sʅ³¹²i²⁴⁺⁴²tɕiər³¹² taŋ²⁴u·lou·xai⁴²tɛ·sʅ³¹² i$^{24|42}$ pər^{312}

指教育孩子关系他一辈子的命运，事关重大，不能耽误。

刀不磨不利，人不磨不能。

tau^{24}pu^{24}mo^{42}pu$^{24|42}$li^{312}　zɤn^{42}pu^{24}mo^{42}pu^{24}nɤŋ^{42}

指人经过磨炼才能变得精明、通达，就像刀经过磨才能锋利一样。能：精明能干。

刀快不怕脖得粗。

tau^{24}kʻuai^{312}pu$^{24|42}$pʻa^{312}po^{42}tɛ · tsʻu^{24}

喻指只要有本事，再难办的事也能办成。

叨地得深，锄地得匀。

tau^{24}ti^{312}tɛ^{24}tsʻɤn^{24}　tsʻu^{42}ti^{312}tɛ^{24}yn^{42}

指用镢头刨地不宜过浅，锄地需要每个地方都锄到。叨地：用镢头刨地。

倒喽裴村塔，黄河回老家。

tau^{55}lou · pʻi^{42}tsʻuɤn · tʻa^{24}　xuaŋ^{42}xɤ^{42}xuei^{42}lau^{55}tɕia^{24}

指如果裴村塔倒了，黄河就会回来祸害当地百姓。裴村：内黄亳城乡的一个村庄。传说当年黄河经常泛滥，民不聊生。后来老百姓在神仙的帮助下修建了这座镇河宝塔。"裴村塔"又称"大兴寺塔"，故也作："倒喽兴寺塔，黄河回老家。"参见附录民谚故事2。

倒杂儿不出工。

tau^{55}tsɚ^{42}pu^{24}tɕʻy^{24}kuɤŋ^{24}

指干琐碎的工作很费力，却很难看出成绩。倒杂儿：干琐碎的事。

到内黄，吃布袋，今儿个来罢明儿个来。

tau^{312}nuei^{312}xuaŋ ·　tsʻʅ^{24}pu^{312}tai ·　tɕiər^{24}kɤ · lai^{42}pa^{312}miɐr^{42}kɤ · lai^{42}

指外地人很喜欢内黄小吃"布袋"。布袋：全称"气布袋""鸡蛋布袋"，油炸食品。做法是：将炸油条的面切长方形，置入油锅轻炸，捞出后将生鸡蛋磕进布袋状面块中，置入锅中炸熟鸡蛋即可。

得病不由人。

tɛ^{24}piŋ^{312}pu^{24}iou^{42}zɤn^{42}

人生病在所难免。不由人：由不得人。

得病乱求医。

tɛ²⁴piŋ³¹²luan³¹²tɕ'iou⁴²·i²⁴

指人得了病，为了尽快痊愈，往往会胡乱求治。也指人在危机时，胡乱想办法。

得病像山倒，病好像抽丝。

tɛ²⁴piŋ³¹²ɕiaŋ³¹²san²⁴tau⁴² piŋ³¹²xau⁵⁵ɕiaŋ³¹²ts'ou²⁴sʅ²⁴

指得病如山倒一样突然，治愈病则如抽丝一样需要较长的过程。

得理不能不饶人。

tɛ²⁴li⁵⁵pu²⁴nɣŋ⁴²pu²⁴zau⁴²zɣn⁴²

占理也不能不饶人。指待人应该宽厚。

得罪一个人容易，为是一个人怪难。

tɛ²⁴tsuei·i²⁴⁼⁴²kɣ·zɣn⁴²yŋ⁴²i· uei⁴²sʅ·i²⁴⁼⁴²kɣ·zɣn⁴²kuai³¹²nan⁴²

指伤人感情、与人结怨容易，与人交好、赢得信任困难。为是：笼络，本字不明。

灯不挑不明，话不说不透。

tɣŋ²⁴pu²⁴t'iau⁵⁵pu²⁴miŋ⁴² xua³¹²pu²⁴ɕyɛ²⁴pu²⁴⁼⁴²t'ou³¹²

指事情在一块议一议就明白了，就像经常挑一挑灯捻，油灯自然会很明亮一样。

灯篓不知道脚底下黑。

tɣŋ²⁴lou·pu²⁴tsʅ⁴²tau·tɕyo²⁴ti⁵⁵ɕia·xiɛ²⁴

喻指人往往只看到别人的缺点，看不到自己的缺点。灯篓：灯笼。

灯下不观色。

tɣŋ²⁴ɕia³¹²pu²⁴kuan²⁴sɛ²⁴

灯光下分辨不清颜色。也作："夜不观色。"

堤高不怕上大水。

ti²⁴kau²⁴pu²⁴⁼⁴²p'a³¹²saŋ³¹²ta³¹²suei⁵⁵

指只要堤坝高，就不怕发洪水。也喻指只要有准备，困难容易对付。上大水：洪水暴发。

滴水之恩，涌泉相报。
ti²⁴suei⁵⁵ tsʅ⁵⁵ ɤn²⁴　yŋ⁵⁵ tɕʻyan⁴² ɕiaŋ³¹² pau³¹²
指受了别人的恩惠，要加倍地回报。

底肥得狠，追肥得准。
ti⁵⁵ fei⁴² tɛ²⁴ xɤn⁵⁵　tsuei²⁴ fei⁴² tɛ²⁴ tsuɤn⁵⁵
指种庄稼底肥要足，追肥则需要把握好时机。

地不翻，苗儿不欢。
ti³¹² pu²⁴ fan²⁴　mior⁴² pu²⁴ xuan²⁴
指庄稼地要培土、勤锄，否则庄家苗儿长得就不会旺盛。

地不上冻，犁得不停。
ti³¹² pu²⁴ saŋ³¹² tuɤŋ³¹²　li⁴² tɛ·pu²⁴ tʻiŋ⁴²
到了冬天只要土地没有上冻，就要多犁地。

地冻萝卜长。
ti³¹² tuɤŋ³¹² luo⁴² pu·tsaŋ⁵⁵
土地上冻的时候，正是萝卜生长的好时节。

地靠粪养，苗儿靠粪长。
ti³¹² kʻau³¹² fɤn³¹² iaŋ⁵⁵　mior⁴² kʻau³¹² fɤn³¹² tsaŋ⁵⁵
指有粪肥土地才肥沃，有粪肥庄稼苗才长得好。

地靠人长，人靠地养。
ti³¹² kʻau³¹² zɤn⁴² tsaŋ⁵⁵　zɤn⁴² kʻau³¹² ti³¹² iaŋ⁵⁵
地靠人耕种，人靠地养活。

地犁嘞不平保不住墒。
ti³¹² li⁴² lɛ·pu²⁴ pʻiŋ⁴² pau⁵⁵ pu·tɕʻy³¹² saŋ²⁴
指犁地深浅均匀才有利于保持墒情。

地怕秋天旱，人怕老喽穷。
ti³¹² pʻa³¹² tɕʻiou²⁴ tʻian·xan³¹²　zɤn⁴² pʻa³¹² lau⁵⁵ lou·tɕʻyŋ⁴²
指秋天发生旱情农作物会减产，人老了贫穷会感到落寞、无助。

地球离ᴰ谁也照样儿转。
ti³¹² tɕʻiou⁴² liɛ³¹² sei⁴² iɛ⁵⁵ tsau³¹² iɐr³¹² tsuan³¹²

喻指缺少某个重要人物或缺少某个重要条件，事情照样能办好。动词变韵表示"完成"义，"离^D"可以替换为"离喽"。

地松红薯大。

ti^{312}suɤŋ^{24}xuɤŋ^{42}çy・ta^{312}

土质疏松，红薯才会长得块头大。

地再大也是在天底下嘞。

ti^{312} tsai^{312}ta^{312}iɛ^{55}sʅ^{312}tai^{312}t'ian^{24}ti^{55}çia・lɛ・

喻指地位低的人不可能超越地位高的人。

地壮苗得旺。

ti^{312} tsuaŋ^{312}miau^{42}tɛ・uaŋ^{312}

土地肥沃，庄稼苗的长势就好。壮：肥沃。

地壮茄得嫩。

ti^{312}tsuaŋ^{312}tç'iɛ^{42}tɛ・luɤn^{312}

土地肥沃，茄子就长得鲜嫩。

弟兄作就嘞逗不是一家儿。

ti^{312}çyŋ・tsuo^{312}tçiou^{312}lɛ・tou^{312}pu$^{24|42}$sʅ^{312} i^{24}tçiɐr^{24}

指亲兄弟迟早要分家。作就：生就，注定。

点灯离不唠洋油，种地离不唠头牯。

tian^{55}tɤŋ^{24}li^{312}pu・lau・iaŋ^{42}iou^{42} tsuɤŋ^{312}ti^{312}li^{312}pu・lau・t'ou^{42}ku・

点灯离不开煤油，种地离不开牲口。指干什么事情都需要一定的条件。洋油：煤油。

店大欺客，客大欺店。

tian^{312}ta^{312}tç'iɛ^{24}k'iɛ^{24} k'iɛ^{24}ta^{312}tç'i^{24}tian^{312}

指旅店规模大往往不把客人当作主顾，顾客财大势大往往随意支使旅店里的服务人员。

钓鱼不瞧风，必定两手空。

tiau^{312}y^{42}pu^{24}tç'iau^{42}fɤŋ^{24} pi^{55}tiŋ^{312}liaŋ$^{55|42}$sou^{55}k'uɤŋ^{24}

指钓鱼如果不观察风向，必定不会有什么收获。

掉喽找不着，死喽哭不活。

tiau^{312}lou・tsau^{55}pu・tsuo^{42} sʅ^{55}lou・k'u^{24}pu・xuo^{42}

财物丢了很难再找回来，人死了再哭也不能复活。多用于安慰失主或死者亲属。

爹低低一个，娘低低一窝。
tiɛ²⁴ ti²⁴ti²⁴;i²⁴|⁴² kɤ³¹²　niaŋ⁴² ti²⁴ti²⁴;i²⁴ uo²⁴
指相对于父亲而言，母亲的身高对子女身高的影响更大。

丢人是有人，免得不丢人。
tiou²⁴zɤn⁴²sʅ³¹²iou⁵⁵zɤn⁴²　t'u³¹²tɛ·pu²⁴tiou²⁴zɤn⁴²
指人都有可能丢丑的时候，即使丢了丑也没有什么大不了。

冬瓜有毛，茄得有刺。
tuɤŋ²⁴kua·iou⁵⁵mau⁴²　tɕ'iɛ⁴²tɛ·iou⁵⁵ts'ʅ³¹²
喻指任何事物都有缺点或瑕疵。

冬浇半年墒。
tuɤŋ²⁴tɕiau²⁴pan³¹²nian⁴²saŋ²⁴
冬天浇地会保持半年墒情。

冬练三九，夏练三伏。
tuɤŋ²⁴lian³¹²san²⁴tɕiou⁵⁵　ɕia³¹²lian³¹²san²⁴fu⁴²
指练功等应不避冷热，长期坚持。三九：冬至后的第三个九天，是一年中最冷的日子。三伏：初伏、中伏、末伏的通称，是一年中最热的日子。

冬怕穰，春怕黄，抽罢穗儿喽怕缺墒。
tuɤŋ²⁴ p'a³¹² zaŋ⁴²　ts'uɤn²⁴ p'a³¹² xuaŋ⁴²　ts'ou²⁴ pa³¹² suə r³¹² lou·p'a³¹² tɕ'yɛ²⁴ saŋ²⁴
麦苗儿冬天不肥壮、春天发黄，抽过穗的授粉期缺水，麦子就不会丰收。穰：弱。

冬天冷嘞早，过年雨水早。
tuɤŋ²⁴t'ian·lɤŋ⁵⁵lɛ·tsau⁵⁵　kuo³¹²nian·y⁵⁵|⁴²suei·tsau⁵⁵
冬天冷得早，预示来年降雨来得早。

冬天俩手不闲，春天吃穿不难。
tuɤŋ²⁴t'ian·lia⁴²sou⁵⁵pu²⁴ɕian⁴²　ts'uɤn²⁴t'ian·tsʅ²⁴tsuan²⁴pu²⁴nan⁴²
冬天辛勤干活，来年春天的吃饭穿衣问题就不用发愁。

冬天冇雪虫得多。

tuɤŋ²⁴t'ian·mou³¹²ɕyɛ²⁴ts'uɤŋ⁴²tɛ·tuo²⁴

指冬天不下雪预示来年虫子多。

冬天碾一遍，过年打几石。

tuɤŋ²⁴t'ian·nian⁵⁵i²⁴⁻⁴²pian³¹²　kuo³¹²nian·ta⁵⁵tɕi⁵⁵tan³¹²

指旧时冬天麦苗过旺，碾压一遍确保小麦丰收。

冬天牛不瘦，犁地不用愁。

tuɤŋ²⁴t'ian·niou⁴²pu²⁴⁻⁴²sou³¹²　li⁴²ti³¹²pu²⁴⁻⁴²yŋ³¹²ts'ou⁴²

冬天把牛养肥，春天耕地就没什么问题。

冬天天不冷，春天好生病。

tuɤŋ²⁴t'ian·t'ian²⁴pu²⁴lɤŋ⁵⁵　ts'uɤn²⁴t'ian·xau³¹²sɤŋ²⁴piŋ³¹²

指冬天天气反常，来年春天容易发生瘟疫。

冬天天气寒，牛屋门儿朝南。

tuɤŋ²⁴t'ian·t'ian²⁴tɕ'i·xan⁴²　ou⁴²u²⁴mər⁴²ts'au·nan⁴²

冬天天气寒冷，所以喂养牲口的房子应该坐北朝南。牛屋：喂养牲口的房子。这里"牛"的特殊读法仅存于"牛屋"一词中。

冬至前后，冻破石头。

tuɤŋ²⁴tsʅ·tɕ'ian⁴²xou³¹²　tuɤŋ³¹²p'o³¹²sʅ⁴²t'ou·

指冬至时节天气最冷。

冬至十天阳历年。

tuɤŋ²⁴tsʅ·sʅ⁴²t'ian²⁴iaŋ⁴²li³¹²nian⁴²

从冬至或从冬至后算起过十天就是公历的新年。阳历：公历。

东风不倒，下开喽不了。

tuɤŋ²⁴fɤŋ²⁴pu²⁴tau⁵⁵　ɕia³¹²k'ai²⁴lou·pu²⁴liau⁵⁵

指东风不停，下起雨来就不会停。了：完。

东风多湿西风干，南风吹暖北风寒。

tuɤŋ²⁴fɤŋ²⁴tuo²⁴sʅ⁵⁵ɕi²⁴fɤŋ²⁴kan²⁴　nan⁴²fɤŋ²⁴ts'uei²⁴nuan⁵⁵pei²⁴fɤŋ²⁴

指刮东风湿润，刮西风干燥，刮南风暖和，刮北风寒冷。

东风三天，必定有雨。

tuɤŋ²⁴ fɤŋ²⁴ san²⁴ t'ian²⁴　pi⁵⁵ tiŋ³¹² iou⁵⁵ ⁻ ⁴² y⁵⁵

指东风连刮三天，必定会下雨。

东虹晴，西虹雨，南虹出来卖儿女。

tuɤŋ²⁴ xuɤŋ⁴² tɕ'iŋ⁴²　ɕi²⁴ xuɤŋ⁴² y⁵⁵　nan⁴² xuɤŋ⁴² tɕ'y²⁴ lai·mai³¹² ər⁴² ny⁵⁵

指彩虹出现在东方预示天气晴朗，出现在西方预示要下雨，出现在南方则预示大旱，甚至出现灾荒。

东南风，雨祖宗。

tuɤŋ²⁴ nan⁴² fɤŋ²⁴　y⁵⁵ tsu⁵⁵ ⁻ ⁴² tsuɤŋ·

指东南风往往会带来降雨。

东头儿不亮西头儿亮。

tuɤŋ²⁴ t'or⁴² pu²⁴ ⁻ ⁴² liaŋ³¹² ɕi²⁴ t'or⁴² liaŋ³¹²

喻指这个方面不行，还有别的方面，总有回旋的余地。

东西是死嘞，人是活嘞。

tuɤŋ²⁴ ɕi·sʅ³¹² sʅ⁵⁵ lɛ·　zɤn⁴² sʅ³¹² xuo⁴² lɛ·

指做事要善于发挥人的主观能动性。

"东庄羊头"是一名。

tuɤŋ²⁴ tsuaŋ·iaŋ⁴² t'ou⁴² sʅ³¹² i²⁴ miŋ⁴²

指内黄县东庄镇有一道名菜叫"东庄羊头"。其做法是将生羊头劈成两半，加上作料置入水中煮熟，吃的时候带上塑料薄膜手套拿着吃。这道菜兴起于20世纪80年代，进入21世纪声名鹊起，在豫北尤其是安阳地区非常有名。名：名堂。

冻不毁嘞蒜，旱不死嘞葱。

tuɤŋ³¹² pu·xuei⁵⁵ lɛ·suan³¹²　xan³¹² pu·sʅ⁵⁵ lɛ·ts'uɤŋ²⁴

指大蒜耐冻，大葱耐旱。

冻死ᴅ不烤灯头火，饿死ᴅ不吃猫剩嘞饭。

tuɤŋ³¹² sɛ·pu²⁴ k'au⁵⁵ tɤŋ²⁴ t'ou⁴² xuo⁵⁵　ɤ³¹² sɛ·pu²⁴ tsʅ²⁴ mau⁴² sɤŋ³¹² lɛ·fan³¹²

喻指宁可饿死也不接受别人的施舍。动词变韵表示"完成"义，

"死ᴅ"可以替换为"死喽"。

豆饼得劲儿大，棉饼得劲儿长。
tou³¹² piŋ⁵⁵ tɛ·tɕ'iər³¹² ta³¹²　mian⁴² piŋ⁵⁵ tɛ·tɕ'iər³¹² ts'aŋ⁴²

指豆饼做肥料肥力强，棉饼做肥料肥力持续时间长。豆饼得：豆子榨过油后留下的渣滓（内黄旧时多用作喂养牲口的饲料）。棉饼得：棉籽榨过油剩下的渣滓。

豆得地嘞能卧牛还嫌稠嘞。
tou³¹² tɛ·ti³¹² lɛ·nɤŋ⁴² uo³¹² niou⁴² xan⁴² ɕian⁵⁵ ts'ou⁴² lɛ·

指豆子种得稀才能丰收。嘞：里。

豆得地嘞种高粱，苗儿粗又能长。
tou³¹² tɛ·ti³¹² lɛ·tsuɤŋ³¹² kau²⁴ liaŋ·　mior⁴² ts'u⁴² iou³¹² nɤŋ⁴² tsaŋ⁵⁵

指豆子地里种上高粱，豆苗的长势就好。

豆腐甭点老喽，大话甭说早喽。
tou³¹² fu·piŋ⁴² tian⁵⁵ lau⁵⁵ lou·　ta³¹² xua³¹² piŋ⁴² ɕyɛ²⁴ tsau⁵⁵ lou·

指事情没有取得成功或进展就不要空说大话。

豆腐买卖，水嘞求财。
tou³¹² fu·mai⁵⁵ mai·　suei⁵⁵ lɛ·tɕ'iou⁴² ts'ai⁴²

指豆腐里的水分高。

豆见豆，必定瘦。
tou³¹² tɕian³¹² tou³¹²　pi⁵⁵ tiŋ³¹² sou³¹²

指重茬种豆子不会有好收成。

豆见豆，九十六；花见花，四十八。
tou³¹² tɕian³¹² tou³¹²　tɕiou⁵⁵ sʅ⁴² liou³¹²　xua²⁴ tɕian³¹² xua²⁴　sʅ³¹² sʅ⁴² pa²⁴

指从种豆子到收获需要九十多天，从有花蕾到收获棉花需要四十多天。

豆苗儿锄嘞嫩，顶上一茬儿粪。
tou³¹² mior⁴² ts'u⁴² lɛ·luɤn³¹²　tiŋ⁵⁵ saŋ³¹² i²⁴ ts'ɐr⁴² fɤn³¹²

指豆苗锄得早有利于生长。

赌钱场儿嘞冇好人。
tu⁵⁵ tɕ'ian⁴² ts'ɐr⁵⁵ lɛ·mou³¹² xau⁵⁵ zɤn⁴²

指赌博使人堕落，社会危害巨大。

赌钱儿嘞冇赢家儿。

tu⁵⁵tɕ'iar⁴²lɛ·mou³¹²iŋ⁴²tɕiɐr·

指长期赌钱的人没有真正的赢家。

赌钱儿嘞人儿三不贵：不饥、不冷、不瞌睡。

tu⁵⁵tɕ'iar⁴²lɛ·zər⁴²san²⁴ ⁴²kuei³¹²　pu²⁴tɕi²⁴ pu²⁴lɤŋ⁵⁵ pu²⁴k'ɤ⁴²sei³¹²

指赌钱的人不在乎饥饿、寒冷、睡眠。

赌咒儿不灵，放屁不疼。

tu⁵⁵tsor³¹²pu²⁴liŋ⁴²　faŋ³¹²p'i³¹²pu²⁴t'ɤŋ⁴²

指赌咒发誓没有用处，就像放屁无关疼痒一样。

肚嘞冇病死不咾人。

tu³¹²lɛ·mou³¹²piŋ³¹²sʅ⁵⁵pu·lau·zɤn⁴²

指内脏没病就不会死人。喻指做事只要问心无愧，就不必担心会出大问题。

肚嘞冇东西儿，干啥也冇力儿。

tu³¹²lɛ·mou³¹²tuɤŋ²⁴ɕiər·　kan³¹²sa⁴²iɛ⁵⁵mou³¹²liər²⁴

指人只有吃饱了，做事情才有劲儿。

肚嘞冇寒气，不怕吃凉嘞。

tu³¹²lɛ·mou³¹²xan⁴²tɕ'i·　pu²⁴ ⁴²p'a³¹²tsʅ²⁴liaŋ⁴²lɛ·

肚里没有寒气是不怕吃冷东西。喻指没有做昧良心的的事儿，就不怕闲言碎语。

对别人得宽，对自己得严。

tuei³¹²piɛ⁴²zɤn⁴²tɛ²⁴k'uan²⁴　tuei³¹²tɕi³¹²tɕi·tɛ²⁴ian⁴²

指人应该严于律己，宽厚待人。

钝刀也能拉破手，石子儿也能砸破头。

tuɤn³¹²tau²⁴iɛ⁵⁵nɤŋ⁴²la⁴²p'o³¹²sou⁵⁵　sʅ⁴²tsər⁵⁵iɛ⁵⁵nɤŋ⁴²tsa⁴²p'o³¹²t'ou⁴²

指表面看来威胁不大的事物，可能会造成巨大的伤害。拉：割。

砘得跑不到耧头嘞。

tuɤn³¹²tɛ·p'au⁵⁵pu·tau³¹²lou⁴²t'ou⁴²lɛ·

播种季节，耧在前边播种，牲口拉着砘子在后面将松土压实。喻指做事只能按照一定的先后步骤进行。砘得：播种后用来压实松土的石制农具。耧：开沟播种的农具，由人或牲口拉，人在后扶持。

砘得响，萝卜长。

tuɤn³¹² tɛ・ɕiaŋ⁵⁵　luo⁴² pu・tsaŋ⁵⁵

播种小麦的时候，萝卜开始猛长。

顿顿儿吃蒜，啥病也不见。

tuɤn³¹² tuə　r³¹² tsʅ²⁴ suan³¹²　sa⁵⁵ piŋ³¹² iɛ⁵⁵ pu²⁴⁼⁴² tɕian³¹²

指大蒜有益于人的身体健康，常吃不易得病。

多吃青菜，少病冇灾。

tuo²⁴ tsʻʅ²⁴ tɕʻiŋ²⁴ tsʻai³¹²　sau⁵⁵ piŋ³¹² mou³¹² tsai²⁴

指多吃蔬菜能防病健体。

多吃一片儿姜，不用开药方儿。

tuo²⁴ tsʻʅ²⁴ i²⁴⁼⁴² pʻiar³¹² tɕiaŋ²⁴　pu²⁴⁼⁴² yŋ³¹² kʻai²⁴ yo²⁴ fɐr²⁴

指多吃姜有益于身体健康。

多锄草，谷穗儿饱。

tuo²⁴ tsʻu⁴² tsʻau⁵⁵　ku²⁴ suər³¹² pau⁵⁵

指谷子勤锄，籽粒才会饱满。

多锄一遍草，多结几个桃儿。

tuo²⁴ tsʻu⁴² i²⁴⁼⁴² pian³¹² tsʻau⁵⁵　tuo²⁴ tɕiɛ²⁴ tɕi⁵⁵ io・tʻor⁴²

指多锄草有利于棉花丰收。桃儿：棉桃。

多个朋友多条路。

tuo²⁴ kɤ・pʻɤŋ⁴² iou・tuo²⁴ tʻiau⁴² lu³¹²

指朋友越多越好办事。

多叫大哥少走路。

tuo²⁴ tɕiau³¹² ta³¹² kɤ⁵⁵ sau⁵⁵⁼⁴² tsou⁵⁵ lu³¹²

指路途中嘴甜多打听可以少走弯路。

多上粪，庄稼好，还得瞧ᴰ上嘞巧不巧。

tuo²⁴ saŋ³¹² fɤn³¹²　tsuaŋ²⁴ tɕia・xau⁵⁵　xan⁴² tɛ²⁴ tɕʻio²⁴ saŋ³¹² lɛ・tɕʻiau⁵⁵ pu・tɕʻiau⁵⁵

指种庄稼要多施肥，同时还需要把握好时机。动词变韵表示"持续"义。

多听少说是非少，细嚼慢咽胃口好。
tuo²⁴ t'iŋ²⁴ sau⁵⁵ ɕyɛ²⁴ sʅ³¹² fei²⁴ sau⁵⁵ ɕi³¹² tɕyo⁴² man³¹² ian³¹² uei³¹² k'ou·xau⁵⁵

指多听别人说少插嘴就少招惹是非，吃饭时细嚼慢咽有益肠胃。

多歇还不递少挑点儿嘞。
tuo²⁴ɕiɛ²⁴xan⁴² pu²⁴ ti³¹² sau⁵⁵t'iau²⁴ tiar·lɛ·

与其担得重、歇息很长时间，还不如少担少歇息。指做事不要贪多，负担轻些反而效率高。

多歇歇□不少做活儿。
tuo²⁴ɕiɛ²⁴ɕiɛ·k'ɛ³¹² pu²⁴ sau⁵⁵ tsu³¹² xuor⁴²

指干活时适当休息一下并不影响工作效率。□：反而。

多一个蛤蟆还多四两力儿嘞。
tuo²⁴ i²⁴⁺⁴² kɣ·xiɛ⁴² ma·xan⁴² tuo²⁴ sʅ³¹² liaŋ⁵⁵ liər²⁴ lɛ·

喻指力量再小的人，只要肯出力帮助，总会有功效。常用作助人者的自谦语。

多一口儿人，多操一份儿心。
tuo²⁴ i²⁴ k'or⁵⁵ zɣn⁴²　tuo²⁴ts'au²⁴i²⁴⁺⁴² fər³¹² ɕin²⁴

指多一个儿女，父母要多操一份儿心。

多一事不递少一事。
tuo²⁴ i²⁴⁺⁴² sʅ³¹² pu²⁴ ti³¹² sau⁵⁵ i²⁴⁺⁴² sʅ³¹²

指少管闲事，事不关己，高高挂起。

多挣不递少花。
tuo²⁴tsɣŋ³¹² pu²⁴⁺⁴² ti³¹² sau⁵⁵ xua²⁴

指不管挣多少钱，节约开支才能长久。

躲过初一，躲不过十五。
tuo⁵⁵ kuo³¹² ts'u²⁴ i²⁴　tuo⁵⁵ pu·kuo³¹² sʅ⁴² u⁵⁵

指问题迟早要发生。

E

恶狗必定遭恶棍。

ɤ²⁴ kou⁵⁵ pi⁵⁵ tiŋ³¹² tsau²⁴ ɤ²⁴ kuɤn³¹²

喻指恶人一定会遭受严厉的惩罚。

恶虎架不住一群狼。

ɤ²⁴ xu⁵⁵ tɕia³¹² pu・tɕ'y³¹² tɕ'yn⁴² laŋ⁴²

喻指本领再大的人也会寡不敌众。

恶人先告状。

ɤ²⁴ zɤn⁴² ɕian²⁴ kau³¹² tsuaŋ³¹²

指坏人为了转嫁罪责，往往会先诬告好人。

屙不出来甭怨茅缸得。

ɤ²⁴ pu・tɕ'y²⁴ lai⁴² piŋ⁴² yan³¹² mau⁴² kaŋ²⁴ tɛ・

指不成功要从自身寻找原因，不应一味找客观理由，怨天尤人。

屙：排泄（大便）。

饿不加鞭，汗不上套。

ɤ³¹² pu²⁴ tɕia²⁴ pian²⁴　xan³¹² pu²⁴ saŋ³¹² t'au³¹²

指喂养牲口，饥饿时不能用鞭抽打，流汗时不能上套。

饿不急喂，渴不急饮。

ɤ³¹² pu²⁴ tɕi⁴² uei³¹²　k'ɤ²⁴ pu²⁴ tɕi⁴² in³¹²

指喂养牲口的方法，牲口饿了不能一次喂饱，渴了不能一下子喝足水。饮：使（牲畜）喝水。

饿不死人渴死ᴰ人。

ɤ³¹² pu・sʅ⁵⁵ zɤn⁴² k'ɤ²⁴ sɛ・zɤn⁴²

指口渴比饥饿的滋味还难受，对身体的损害也更大。动词变韵表示加强肯定语气义。

饿狗不怕打。

ɤ³¹²kou⁵⁵ pu²⁴⁻⁴² p'a³¹² ta⁵⁵

喻指穷困潦倒的人为了生存不顾廉耻。

饿死ᴰ不当贼，冤死ᴰ不告状。

ɤ³¹²sɛ・pu²⁴taŋ²⁴tsei⁴²　yan²⁴sɛ・pu²⁴⁻⁴²kau³¹²tsuaŋ³¹²

生活再穷困也不能去偷盗，再冤屈也不能去告状。动词变韵表示"完成"义，"死ᴰ"可以替换为"死喽"。

儿不嫌母丑，狗不嫌家穷。

ər⁴² pu²⁴ ɕian⁵⁵ mu⁵⁵⁻⁴² ts'ou⁵⁵　kou⁵⁵ pu²⁴ ɕian⁵⁵ tɕia²⁴ tɕ'yŋ⁴²

指儿女对娘的感情最真挚，狗对主人最忠诚。

儿大不由爹，妮儿大不由娘。

ər⁴²ta³¹²pu²⁴iou⁴²tiɛ²⁴　niər²⁴ta³¹²pu²⁴iou⁴²niaŋ⁴²

指孩子长大有主见了，孩子的事就由不得爹娘再管了。也作："儿大不由爷。"

儿大娘难当。

ər⁴²ta³¹²niaŋ⁴²nan⁴²taŋ²⁴

指孩子长大有主见了，由不得娘管教了。

儿多不递儿少，儿少不递儿好。

ər⁴²tuo²⁴pu²⁴⁻⁴²ti³¹²ər⁴²sau⁵⁵　ər⁴²sau⁵⁵pu²⁴⁻⁴²ti³¹²ər⁴²xau⁵⁵

指儿女多麻烦多，儿女少事情好办一些。但不管多少，儿女孝顺、懂事才是最重要的。

儿多不孝顺。

ər⁴²tuo²⁴pu²⁴⁻⁴²ɕiau³¹²ts'uɤn・

指儿子多了往往对爹娘不孝顺。"顺"仅在"孝顺"一词中读作塞擦音（其余均读 s），应是轻声音节弱读固化的结果。

儿多娘受罪。

ər⁴²tuo²⁴niaŋ⁴²sou³¹²tsuei³¹²

指儿女多家中的事情就多，母亲受苦。

儿女不记怪爹娘。

ər⁴²ny⁵⁵pu²⁴⁻⁴²tɕi³¹²uai・tiɛ²⁴niaŋ⁴²

指儿女不会记恨父母。"怪"仅在"记怪"一词中读音特殊，应是声母脱落导致。

儿女爹娘疼，猫狗主人亲。

ər⁴² ta³¹² pu²⁴ iou⁴² tiɛ²⁴　niə r²⁴ ta³¹² pu²⁴ iou⁴² niaŋ⁴²

指父母疼爱子女，狗猫依恋主人。

儿女手嘞冇脾气。

ər⁴² ny⁵⁵ sou⁵⁵ lɛ·mou³¹² p'i⁴² tɕ'i·

指父母在子女跟前，再大的脾气也会消磨掉，变得越来越平和。

儿是娘嘞连心肉。

ər⁴² sʅ³¹² niaŋ⁴² lɛ·lian⁴² ɕin²⁴ zou³¹²

指母亲对儿女的爱最深。

耳道大有福。

ər⁵⁵ tau·ta³¹² iou⁵⁵ fu²⁴

旧指面相与人命运有关，耳朵大意味着一生富有。耳道：耳朵。

耳怕聋，眼怕花，年纪大喽怕掉牙。

ər⁵⁵ p'a³¹² luɤŋ⁴²　ian⁵⁵ p'a³¹² xua²⁴　nian⁴² tɕi·ta³¹² lou·p'a³¹² tiau³¹² ia⁴²

指人到了一定的年龄，总担心身体器官衰退。

耳听是虚，眼见是实。

ər⁵⁵ t'iŋ²⁴ sʅ³¹² ɕy²⁴　ian⁵⁵ tɕian³¹² sʅ³¹² sʅ⁴²

耳朵听见的难免虚假，亲眼看见的才是真的。

二八月，不圪节；清ᴰ后ᴰ冷，晌午热。

ər³¹² pa²⁴ yɛ²⁴　pu²⁴ kɤ²⁴ tɕiɛ²⁴　tɕ'io²⁴ xo³¹² lɤŋ⁵⁵　saŋ⁴² u·zɛ²⁴

农历二月、八月清早、下午有点冷，中午又有点热。圪节：周全、完美。清ᴰ：清早。后ᴰ：下午。晌午：中午。

二八月，狗链蛋。

ər³¹² pa²⁴ yɛ²⁴　kou⁵⁵ lian³¹² tan³¹²

指天气不冷不热，是狗交配的季节。

二八月，乱穿衣。

ər³¹² pa²⁴ yɛ²⁴　luan³¹² ts'uan²⁴ i²⁴

指农历二月或八月处于天气冷热交替的季节，有人穿的薄，有人穿的厚。

二八月响雷遍地贼。

ər³¹² pa²⁴ yɛ²⁴ ɕiaŋ⁵⁵ luei⁴² pian³¹² ti³¹² tsei⁴²

指农历二月打雷易早霜，八月打雷易遭雹灾。庄稼歉收可能会导致盗贼横行。

二亩瓜园一箱蜂，蜜多瓜甜吃不清。

ər³¹² mu⁵⁵ kua²⁴ yan⁴² i²⁴ ɕiaŋ²⁴ fɤŋ²⁴　mi²⁴ tuo²⁴ kua²⁴ tʻian⁴² tsʻʅ²⁴ pu·tɕʻiŋ²⁴

指瓜地里适宜放蜂。清：完。

二十八九，月亮儿扭一扭。

ər³¹² sʅ⁴² pa²⁴ tɕiou⁵⁵　yɛ²⁴ liɐr·niou⁵⁵ i·niou⁵⁵

指农历每个月底的黎明时刻，月亮出现在天空中的时间很短。

二十郎当岁儿，逗冇好玩意儿。

ər³¹² sʅ⁴² laŋ⁴² taŋ·suər³¹²　tou³¹² mou²⁴ xau⁵⁵ uan⁴² iər³¹²

指二十来岁的男孩儿青春萌动，喜欢跟年龄相仿的女孩亲近。郎当：不成器，这里主要应是起到衬音作用。

二十三，蹿一蹿。

ər³¹² sʅ⁴² san²⁴　tsʻuan²⁴ i·tsʻuan²⁴

指成年男子到了二十三岁还会长高一点。蹿：向上蹦。

二十三，祭灶关。

ər³¹² sʅ⁴² san²⁴　tɕi³¹² tsau³¹² kuan²⁴

指农历腊月二十三人们都要在厨房的锅台附近墙壁上供奉灶王爷，意味着春节来临了。灶王爷在内黄称为"灶间爷"。

二月二，龙抬头。

ər³¹² yɛ²⁴ ər³¹²　luɤŋ⁴² tʻai⁴² tʻou⁴²

指过了农历二月二，春回大地，万物复苏。

二月二，龙抬头，家家儿嘞鳌得搁下流。

ər³¹² yɛ²⁴ ər³¹²　luɤŋ⁴² tʻai⁴² tʻou⁴²　tɕia²⁴ tɕiɐr²⁴ lɛ·au³¹² tɛ·kɤ²⁴ ɕia³¹² liou⁴²

指旧时农历二月初二家家户户摊煎饼祭祀龙王。民间传说这一天是东海龙王的生日，煎饼是龙王的胎衣，吃煎饼是为龙王嚼灾。寄托了人们祈龙赐福、保佑风调雨顺的愿望。鏊得：摊饼、烙饼的器具。

二月嘞寒食榆钱儿老。

ər^{312}yɛ^{24}lɛ · xan^{42}sʅ · y^{42}tɕ'iar · lau^{55}

指清明节在农历二月份榆钱儿老得早。

二月嘞好阴，麦得死根。

ər^{312}yɛ^{24}lɛ · xau^{312}in^{24} mɛ^{24}tɛ · sʅ^{55}kɤn^{24}

指农历二月里常常是阴天，麦苗容易烂根。好：容易。

二月雪，冻死麦。

ər^{312}yɛ^{24}ɕyɛ^{24} tuɤŋ^{312}sʅ · mɛ^{24}

指农历二月下雪对小麦生长极为不利。

二月茵陈三月蒿，四月五月当柴烧。

ər^{312}yɛ^{24}in^{24}ts'ɤn^{42}san^{24}yɛ^{24}xau^{24} sʅ^{312}yɛ^{24}u^{55}yɛ^{24}taŋ^{24}ts'ai^{42}sau^{24}

指同一种植物具有不同的价值：二月作为药材采摘称为茵陈，三月作为野菜采摘称为白蒿，四月、五月就只能当作柴火了。茵陈：菊科多年生草本植物茵陈蒿的幼苗，我国大部分地区均有分布。内黄当地称为白蒿。

二、五、八，要回家；三、六、九，出门儿走。

ə r^{312} u^{55} pa^{24} iau^{312} xuei^{42} tɕia^{24} san$^{24|42}$ liou^{312} tɕiou^{55} tɕ'y^{24} mə r^{42} tsou^{55}

指农历每月初二、初五、初八及末尾带二、五、八的日子适宜从外地回到家乡，初三、初六、初九以及末尾带三、六、九的日子适宜从家外出。此说仅作为民谚，并无必然的道理。

F

发家儿不怕发嘞贵,光怕发嘞便宜。
fa²⁴tɕiɐr·pu²⁴⁴²p'a³¹²fa²⁴lɛ·kuei³¹²　kuaŋ⁵⁵p'a³¹²fa²⁴lɛ·p'ian⁴²i·
卖家不怕进价昂贵,越贵利润越高,就怕进价低而赚不到钱。发家儿:进货的卖家。

发芽儿不栽树,栽树不发芽儿。
fa²⁴iɐr⁴²pu²⁴tsai²⁴ɕy³¹²　tsai²⁴ɕy³¹²pu²⁴fa²⁴iɐr⁴²
指树发芽了就不在适合移栽,要栽须栽没有发芽的树。

翻车嘞都ᴅ老掌把嘞。
fan²⁴ts'ɛ²⁴lɛ·to⁴²lau⁵⁵⁴²tsaŋ⁵⁵⁴²pa⁵⁵lɛ·
指有本事的人往往因疏忽大意而栽跟头。老掌把嘞:老把式。"都ᴅ"可以替换为"都是"。

凡人儿不开口,神仙难下手。
fan⁴²zər⁴²pu²⁴k'ai²⁴k'ou⁵⁵　sɤn⁴²ɕian·nan⁴²ɕia³¹²sou⁵⁵
指平常的人要是拿定主意不说话,谁也没有办法。

犯到鬼手嘞,逗不怕见阎王。
fan³¹²tau·kuei⁵⁵⁴²sou⁵⁵lɛ·　tou³¹²pu²⁴⁴²p'a³¹²tɕian³¹²ian⁴²uaŋ·
喻指既然身处恶劣环境,就索性豁出去努力奋斗。

饭吃八成儿饱,到老胃口好。
fan³¹²ts'ŋ²⁴pa²⁴ts'ɐr⁴²pau⁵⁵　tau³¹²lau⁵⁵uei³¹²k'ou·xau⁵⁵
指吃饭留有余量有利于肠胃保健。

饭得吃饱,活儿得做好。
fan³¹²tɛ²⁴ts'ŋ²⁴pau⁵⁵　xuor⁴²tɛ²⁴tsu³¹²xau⁵⁵
指吃饱饭是为了把活做得更好。

饭得趁热儿吃，病得及早儿嘞治。

fan³¹² tɛ²⁴ tsʻɤn³¹² zor²⁴ tsʻʅ²⁴   piŋ³¹² tɛ²⁴ tɕi⁴² tsor⁵⁵ lɛ·tsʅ³¹²

指人得了病应该及时治疗。

饭多喽不香甜，话多喽不值钱。

fan³¹² tuo²⁴ lou·pu²⁴ ɕiaŋ²⁴ tʻian⁴²   xua³¹² tuo²⁴ lou·pu²⁴ tsʅ⁴² tɕʻian⁴²

指话太多就成了废话，就像饭多了就难以下咽一样。

饭好吃，气难咽。

fan³¹² xau⁵⁵ tsʻʅ²⁴   tɕʻi³¹² nan⁴² ian³¹²

指气不顺是让人难以忍受的。

饭后百步走，活到九十九。

fan³¹² xou³¹² pɛ²⁴ pu³¹² tsou⁵⁵   xuo⁴² tau³¹² tɕiou⁵⁵ sʅ⁴² tɕiou⁵⁵

指饭后多走动，有利于健康。

饭后百步走，睡觉不蒙头。

fan³¹² xou³¹² pɛ²⁴ pu³¹² tsou⁵⁵   sei³¹² tɕiau³¹² pu²⁴ mɤŋ⁴² tʻou⁴²

指饭后多走动，睡觉时不蒙头有利于身体健康。

饭怕搅，事儿怕挑。

fan³¹² pʻa³¹² tɕiau⁵⁵   sər³¹² pʻa³¹² tʻiau⁵⁵

指人跟人相处不能挑事，就像饭不能搅一样。

饭前洗手，饭后漱口。

fan³¹² tɕʻian⁴² ɕi⁵⁵⁻⁴² sou⁵⁵   fan³¹² xou³¹² su³¹² kʻou⁵⁵

指饭前洗手、饭后漱口有利于身体健康。

饭热三回，狗都不吃。

fan³¹² zɛ²⁴ san²⁴ xuei⁴²   kou⁵⁵ tou·pu²⁴ tsʻʅ²⁴

指剩了又剩的饭菜，狗都难以下咽，更别说人了。

防风得先堵窟窿。

faŋ⁴² fɤŋ⁴² tɛ²⁴ ɕian²⁴ tu⁵⁵ kʻu²⁴ luɤŋ·

喻指解决问题需要从根源上下手。

放老虎容易，再□住怪难。

faŋ³¹² lau⁵⁵⁻⁴² xu·yŋ⁴² i   tsai³¹² kʻiɛ⁴² tɕʻy³¹² kuai³¹² nan⁴²

喻指捉住强敌不能放跑，否则后患无穷。□：逮。

放屁不疼，算卦不灵。

faŋ³¹² pʻi³¹² pu²⁴ tʻɤŋ⁴²　suan³¹² kua³¹² pu²⁴ liŋ⁴²

指算卦根本不会灵验，就像放屁无关疼痒一样。

肥水不流外人田。

fei⁴² suei⁵⁵ pu²⁴ liou⁴² uai³¹² zɤn⁴² tʻian⁴²

喻指好处或便宜应该留给自己人，不能随便给外人。肥水：好处。

粪臭庄稼喜，饭香饱肚皮。

fɤn³¹² tsʻou³¹² tsuaŋ²⁴ tɕia·ɕi⁵⁵　fan³¹² ɕiaŋ²⁴ pau⁵⁵ tu³¹² pʻi⁴²

指种庄稼需要积极积肥，丰产才有保障。

粪大萝卜粗。

fɤn³¹² ta³¹² luo⁴² pu·tsʻu²⁴

指粪肥充足萝卜才能长好。

粪大水足草锄净，哪一季儿都是好收成。

fɤn³¹² ta³¹² suei⁵⁵ tɕy²⁴ tsʻau⁵⁵ tsʻu⁴² tɕiŋ³¹²　na⁵⁵ i²⁴⁺⁴² tɕiər³¹² tou⁵⁵ sʅ³¹² xau⁵⁵ sou²⁴ tsʻɤŋ·

指积极施肥、灌溉，辛勤劳作，每一个季节都会丰收。

粪大水勤，庄稼景人。

fɤn³¹² ta³¹² suei⁵⁵ tɕʻin⁴²　tsuaŋ²⁴ tɕia·tɕiŋ⁵⁵ zɤn⁴²

多施农家粪肥、勤浇水，庄稼的长势使人高兴。景：使……高兴。

粪多粮食多，粪好粮食饱。

fɤn³¹² tuo²⁴ liaŋ⁴² sʅ·tuo²⁴　fɤn³¹² xau⁵⁵ liaŋ⁴² sʅ·pau⁵⁵

指追肥多，庄稼营养充足，就能打更多的粮食；粪的质量高，农作物的籽粒才会饱满。

粪筐里头有白银，扫絮头上有黄金。

fɤn³¹² kʻuaŋ²⁴ li⁵⁵ tʻou·iou⁵⁵ pɛ⁴² in⁴²　sau³¹² ɕy·tʻou⁴² saŋ·iou⁵⁵ xuaŋ⁴² tɕin²⁴

指只有积肥才能保证庄稼获得丰收。扫絮：扫帚。

粪好苗儿壮，煤好火旺。

fɤn³¹² xau⁵⁵ mior⁴² tsuaŋ³¹²　mei⁴² xau⁵⁵ xuo⁵⁵ uaŋ³¹²

指粪肥的质量高，庄稼苗就长得好；煤的品质好，火苗就烧得旺。

粪沤嘞不到，不递不要。

fɤn³¹²ou³¹²lɛ·pu²⁴⁻⁴²tau³¹² pu²⁴⁻⁴²ti³¹²pu²⁴⁻⁴²iau³¹²

指粪肥沤得不到位，肥效就会很差。

粪撒一大片，不递一条线。

fɤn³¹²sa⁵⁵i²⁴⁻⁴²ta³¹²pʻian³¹² pu²⁴⁻⁴²ti³¹²i²⁴⁻tʻiau⁴²ɕian³¹²

指上粪集中在庄稼的根部比乱撒粪的效果好。

粪堆像山，不愁吃穿。

fɤn³¹²tsuei²⁴ɕiaŋ³¹²san²⁴ pu²⁴tsʻou⁴²tsʻʅ²⁴tsʻuan²⁴

指多积攒粪肥，定有好收成。

风打梨花不见面儿，雨打梨花见一半儿。

fɤŋ²⁴ta⁵⁵li⁴²xua²⁴pu²⁴⁻⁴²tɕian³¹²miar³¹² y⁵⁵⁻⁴²ta⁵⁵li⁴²xua²⁴tɕian³¹²i²⁴⁻⁴²par³¹²

大风吹梨花，会一扫而光；雨打梨花，还能留一半。

风大逗凉，人多逗强。

fɤŋ²⁴ta³¹²tou³¹²liaŋ⁴² zɤn⁴²tuo²⁴tou³¹²tɕʻiaŋ⁴²

指人多力量大，就像风大必凉一样。

风冒不是病，不瞧能要ᴰ命。

fɤŋ²⁴mau³¹²pu²⁴⁻⁴²sʅ³¹²piŋ³¹² pu²⁴tɕʻiau⁴²nɤŋ⁴²io³¹²miŋ³¹²

感冒病不大，但不及时治疗会带来严重的后果，甚至失去生命。风冒：感冒。动词变韵表示"完成"义。

风是雨嘞头。

fɤŋ²⁴sʅ³¹²y⁵⁵lɛ·tʻou⁴²

指雨到来之前先刮风。头：这里喻指起点。

夫妻是冤家。

fu²⁴tɕʻi²⁴sʅ³¹²yan²⁴tɕia·

指夫妻之间恨越深，爱就越切。冤家：似恨而实爱的人。

伏嘞不热，冬天不冷。

fu⁴²lɛ·pu²⁴zɛ²⁴ tuɤŋ²⁴tʻian·pu²⁴lɤŋ⁵⁵

指三伏天天气不热，到冬天该冷的三九天往往不冷。

伏嘞不热，五谷不结。

fu^{42}lɛ·pu^{24}zɛ^{24}　u^{55}ku^{24}pu^{24}tɕiɛ^{24}

指三伏天气温不高的话，粮食作物就没有收成。

伏嘞犁两遍，缸嘞有好面。

fu^{42}lɛ·li^{42}liaŋ^{55}pian^{312}　kaŋ^{24}lɛ·iou^{55}xau^{55}mian·

指三伏天把地犁两遍，来年麦子一定会丰收。好面：白面。

伏嘞三场雨，孬地长好麻。

fu^{42}lɛ·san^{24}ts'aŋ^{55}y^{55}　nau^{24}ti^{312}tsaŋ$^{55|42}$xau^{55}ma^{42}

指伏天多下几场雨，即使贫瘠的土地也能长出好麻。

伏嘞天东风不下雨。

fu^{42}lɛ·t'ian^{24}tuɤŋ^{24}fɤŋ^{24}pu$^{24|42}$ɕia^{312}y^{55}

三伏天刮东风不会下雨。伏嘞天：三伏天，一年中最热的日子。嘞：相当于普通话中的"里+的"，应是两个"嘞"叠置的结果。

伏嘞有雨，九嘞有雪。

fu^{42}lɛ·iou$^{55|42}$y^{55}　tɕiou^{55}lɛ·iou^{55}ɕyɛ^{24}

三伏天会下雨，数九天会下雪。

伏嘞雨，缸嘞米。

fu^{42}lɛ·y^{55}　kaŋ^{24}lɛ·mi^{55}

指伏天雨水充足，庄稼就有好收成。

伏嘞种豆得，收一蒜臼得。

fu^{42}lɛ·tsuɤŋ^{312}tou^{312}tɛ·　sou^{24}i·suan^{312}tɕiou^{312}tɛ·

指三伏天种豆子收成不会高。蒜臼得：捣蒜用具，形状如茶缸。

扶犁得得往前看，耩地走嘞一条线。

fu^{42}li^{42}tɛ·tɛ^{24}uaŋ^{24}tɕ'ian^{42}k'an^{312}　tɕiaŋ^{55}ti^{312}tsou^{55}lɛ·i^{24}t'iau^{42}ɕian^{312}

指精耕细作的要领：犁地、耩地须走直线。

富贵不过三辈儿人。

fu^{312}kuei^{312}pu$^{24|42}$kuo^{312}san$^{24|42}$pər^{312}zɤn^{42}

指富贵子弟往往骄奢淫逸，家道很快会败落。

富人养骄子，穷人当牛使。
fu³¹² zɤn⁴² iaŋ⁵⁵ tɕiau⁵⁵ ǀ ⁴² tsʅ⁵⁵ tɕʻyŋ⁴² zɤn⁴² taŋ²⁴ niou⁴² sʅ⁵⁵
指富人的孩子娇生惯养，穷人家的孩子很早就替家里分忧。

富人一桌酒，穷人半年粮。
fu³¹² zɤn⁴² i²⁴ tsuo²⁴ tɕiou⁵⁵ tɕyŋ⁴² zɤn⁴² pan³¹² nian⁴² liaŋ⁴²
富人花天酒地，一桌子菜的开销抵得上穷人半年的口粮。

富人过年，穷人过关。
fu³¹² zɤn⁴² kuo³¹² nian⁴² tɕʻyŋ⁴² zɤn⁴² kuo³¹² kuan²⁴
指有钱人过年是享受，没钱人过年则是关口。

富人讲阔气，穷人讲骨气。
fu³¹² zɤn⁴² tɕiaŋ⁵⁵ kʻuo³¹² tɕʻi· tɕʻyŋ⁴² zɤn⁴² tɕiaŋ⁵⁵ ku²⁴ tɕʻi·
指富人讲究奢侈豪华的排场，穷人注重刚强不屈的气概。

G

该ᴅ低头嘞时候儿得低头。
kɛ²⁴ti²⁴tʻou⁴²lɛ・sʅ⁴²xor・tɛ²⁴ti²⁴tʻou⁴²
指与人相争或相处时，该屈服时就要屈服。

该ᴅ冷不冷人生病。
kɛ²⁴lɤŋ⁵⁵pu²⁴lɤŋ⁵⁵　zʅn⁴²sɤŋ²⁴piŋ³¹²
天气该冷的时候不冷，人就会生病。"该"变韵不表示实际意义，不变韵也能说。以下带"该ᴅ"的4条谚语也是如此。

该ᴅ你三十儿死嘞，你活不到大年初一。
kɛ²⁴ni・san²⁴sər⁴²sʅ⁵⁵lɛ・　ni⁵⁵xuo⁴²pu・tau³¹²ta³¹²nian⁴²tsʻu²⁴i²⁴
旧指人的命运是上天安排好的。也作："该ᴅ死嘞不能活。"

该ᴅ饶人嘞时候得饶人。
kɛ²⁴zau⁴²zʅn⁴²nɛ・sʅ⁴²xor・tɛ²⁴zau⁴²zʅn⁴²
指能宽容别人的地方要尽量宽容。饶：饶恕，宽容。

该ᴅ咋是咋，免生闲气。
kɛ²⁴tsa⁵⁵sʅ³¹²tsa⁵⁵　mian⁵⁵sɤŋ²⁴ɕian⁴²tɕʻi³¹²
该怎么做就怎么做，省得以后产生不必要的矛盾。用于归还或包赔别人钱财、物品之时，主要是针对债主、物主谦让的回应。

盖屋得上梁，一片儿嘞都帮忙。
kai³¹² u²⁴ tɛ・sa³¹² liaŋ⁴²　i²⁴⁻⁴² pʻiar⁴² lɛ・tou²⁴ paŋ²⁴ maŋ⁴²
指旧时盖房时，左邻右舍都会到主家帮忙。

盖一座屋得生一场病。
kai³¹²i²⁴⁻⁴²tsuo³¹²u²⁴tɛ・sɤŋ²⁴i²⁴tsʻaŋ⁵⁵piŋ³¹²
指修建房屋是一件大事，不仅耗费财力，而且非常劳神。也作："盖一座屋得可不是说话嘞。"

干锄得锄倒，湿锄得拾草。

kan²⁴ tsʻu⁴² tɛ²⁴ tsʻu⁴² tau⁵⁵   sʅ²⁴ tsʻu⁴² tɛ²⁴ sʅ²⁴ tsʻau⁵⁵

指土地干燥时锄地，把草锄倒就行了；土地湿润时锄地，应该把草捡拾起来以免再活。"倒"可以变韵。

干锄高粱湿锄麻。

kan²⁴ tsʻu⁴² kau²⁴ liaŋ · sʅ²⁴ tsʻu⁴² ma⁴²

指天旱时宜锄高粱，天涝时宜锄麻。

干锄花，湿锄瓜，不干不湿锄芝麻。

kan²⁴ tsʻu⁴² xua²⁴   sʅ²⁴ tsʻu⁴² kua²⁴   pu²⁴ kan²⁴ pu²⁴ sʅ²⁴ tsʻu⁴² tsʅ²⁴ ma ·

地面干燥时适宜锄棉花，地面湿润时适宜锄瓜类，不干不湿的时候适宜锄芝麻。

干锄浅，湿锄深。

kan²⁴ tsʻu⁴² tɕʻian⁵⁵   sʅ²⁴ tsʻu⁴² tsʼɤn²⁴

地干的时候要锄得浅，地湿的时候要锄得深一些。

干锄庄稼壮，湿锄庄稼旺。

kan²⁴ tsʻu⁴² tsuaŋ²⁴ tɕia · tsuaŋ³¹²   sʅ²⁴ tsʻu⁴² tsuaŋ²⁴ tɕia · uaŋ³¹²

天旱的时候锄地，庄稼就会长得壮实；天涝的时候锄地，庄稼就会长得旺盛。

干爹怕干儿过事儿，干儿怕干爹做生儿。

kan²⁴ tiɛ²⁴ pʻa³¹² kan²⁴ ər⁴² kuo³¹² sər³¹²   kan²⁴ ər⁴² pʻa³¹² kan²⁴ tiɛ²⁴ tsu³¹² sɤr²⁴

指因为要送礼，所以干爹怕干儿结婚办喜事，干儿怕干爹做寿。过事儿：结婚办喜事。做生儿：做寿。

干嘞好不递嫁嘞好。

kan³¹² nɛ · xau⁵⁵ pu²⁴ |⁴² ti³¹² tɕia³¹² lɛ · xau⁵⁵

指女子嫁一个好丈夫比辛苦工作更管用。

干啥说啥，卖啥吆叫啥。

kan³¹² sa⁵⁵ ɕyɛ²⁴ sa ·   mai³¹² sa⁵⁵ u²⁴ tɕiau³¹² sa ·

做什么就说什么，卖什么就吆喝什么。指做什么事情都应该专心。吆叫：吆喝。两个分句都可以作为谚语单说，意思与整句相同。也作："干啥说啥，卖啥吆喝啥。"

干一行，烦一行。
kan^{312} i^{24} xaŋ^{42}　fan^{42} i^{24} xaŋ^{42}
指从事什么职业时间久了往往会厌烦什么职业。

赶集、赶会，花钱儿受罪。
kan^{24} tɕi^{42} kan^{24} xuei^{312}　xua^{24} tɕʰiar^{42} sou^{312} tsuei^{312}
指赶集、赶庙会既要花钱，又费力遭罪。

缸穿裙，大雨淋。
kaŋ^{24} tsʰuan^{24} tɕʰyn^{42}　ta^{312} y^{55} luɤn^{42}
指水缸壁沿上有凝结而成的水珠，预示着天要下大雨。

缸漏一道缝，船沉一个洞。
kaŋ^{24} lou^{312} i$^{24|42}$ tau^{312} fɤŋ^{312}　tsʰuan^{42} tsʰɤn^{42} i$^{24|42}$ kɤ·tuŋ^{312}
喻指小处不可随意，细节有时候决定成败。

高粱地嘞卧下狗，一亩多打好几斗。
kau^{24} liaŋ·ti^{312} lɛ·uo^{312} ɕia^{312} kou^{55}　i^{24} mu^{55} tuo^{24} ta^{55} xau$^{55|42}$ tɕi·tou^{55}
指高粱种植宜稀不宜稠。

高粱怕雨汗，谷得怕秋旱。
kau^{24} liaŋ·pʰa^{312} y^{55} xan·　ku^{24} tɛ·pʰa^{312} tɕʰiou^{24} xan^{312}
指高粱生了蚜虫病、谷子遭遇秋天的旱情都会造成严重的减产。雨汗：蚜虫，本字不明。

高粱套绿豆，多打好几斗。
kau^{24} liaŋ·tʰau^{312} lu^{24} tou·　tuo^{24} ta^{55} xau$^{55|42}$ tɕi·tou^{55}
指高粱套种绿豆可以丰产。

高跷不怕高，逗ᵈ怕不直腰。
kau^{24} tɕʰiau^{24} pu$^{24|42}$ pʰa^{312} kau^{24}　to^{312} pʰa^{312} pu^{24} tsʅ^{42} iau^{24}
指踩高跷直起腰才更容易保持身体平衡。

高山上有好水，平地嘞有好花儿。
kau^{24} san^{24} saŋ·iou^{55} xau$^{55|42}$ suei^{55}　pʰiŋ^{42} ti^{312} lɛ·iou^{55} xau^{55} xuɐr^{24}
指高山上的水质好，平地上的花漂亮。

告□一状，十年不忘。

kau³¹² niɛ·i²⁴⁻⁴² tsuaŋ³¹²　sʅ⁴² nian⁴² pu²⁴⁻⁴² uaŋ³¹²

指状告别人就会落下仇人。劝诫人不能轻易打官司。

各家儿都有一本儿难念嘞经。

kɤ²⁴ tɕieɾ²⁴ tou²⁴ iou⁵⁵ i²⁴ pə ɾ⁵⁵ nan⁴² nian³¹² nɛ·tɕiŋ²⁴

喻指家家都有难办的事。也作："家家儿都有一本儿难念嘞经。"

各人得病各人受。

kɤ²⁴ zɤn⁴² tɛ⁴² piŋ³¹² kɤ²⁴ zɤn⁴² sou³¹²

自己得了病，只能自己承受痛苦。也指自己的问题只能靠自己解决。也作："自家得病自家受。"

各人剃头各人凉快。

kɤ²⁴ zɤn⁴² tʻi³¹² tʻou⁴² kɤ²⁴ zɤn⁴² liaŋ⁴² kʻuai·

指干好自己的事情，自己受益。

各人洗脸各人光。

kɤ²⁴ zɤn⁴² ɕi⁵⁵⁻⁴² lian⁵⁵ kɤ²⁴ zɤn⁴² kuaŋ²⁴

指干好自己的事情，自己脸上有光。

各人写嘞字儿各人认嘞。

kɤ²⁴ zɤn⁴² ɕiɛ⁵⁵ lɛ·tsəɾ³¹² kɤ²⁴ zɤn⁴² zɤn³¹² nɛ·

指自己的情况自己心里清楚。认嘞：认识。也作："自家写嘞字儿自家认嘞。"

各人有各人嘞福。

kɤ²⁴ zɤn⁴² iou⁵⁵ kɤ²⁴ zɤn⁴² nɛ·fu²⁴

指每个人都有自己的福分。用于劝诫不要羡慕、嫉妒别人之时。

各人有各人嘞命。

kɤ²⁴ zɤn⁴² iou⁵⁵ kɤ²⁴ zɤn⁴² nɛ·miŋ³¹²

旧指人各有自己的命运。常用来劝慰遭遇不幸的人。

各人做事儿各人担。

kɤ²⁴ zɤn⁴² tsuo³¹² səɾ³¹² kɤ²⁴ zɤn⁴² tan²⁴

指自己做的事需要自己承担。

割罢麦得种白菜，过喽霜降长嘞快。

kɤ²⁴ pa³¹² mɛ²⁴ tɛ·tsuɤŋ³¹² pɛ⁴² tsʻai³¹²　kuo³¹² lou·suaŋ²⁴ tɕiaŋ·tsaŋ⁵⁵ lɛ·kʻuai³¹²

指收割完麦子，立刻点种白菜，到了霜降时节，白菜进入生长旺盛期。霜降：节气中的第 18 个（公历每年 10 月 23—24 日之间），秋季最后一个节气。此时天气转凉出现初霜，故得名。

割罢麦得打罢场，谁家嘞闺女不瞧娘？

kɤ²⁴ pa³¹² mɛ²⁴ tɛ·ta⁵⁵ pa³¹² tsʻaŋ⁴²　sei⁴² tɕia·lɛ·kuei²⁴ ny·pu²⁴ tɕʻiau⁴² niaŋ⁴²

指农村收完麦子后，出嫁的女儿都要回娘家探亲。

割麦得前后浇花，十有八九不差。

kɤ²⁴ mɛ²⁴ tɛ·tɕʻian⁴² xou³¹² tɕiau²⁴ xua²⁴　sɿ⁴² iou⁵⁵ pa²⁴ tɕiou⁵⁵ pu²⁴ tsʻa²⁴

指收麦子前后适宜于灌溉棉田。

割麦得想快，镰把儿朝外。

kɤ²⁴ mɛ²⁴ tɛ·ɕiaŋ⁵⁵ kʻuai³¹²　lian⁴² pɐr³¹² tsʻau⁴² uai³¹²

割麦子时只有镰刀把朝外，才能甩开右臂，提高干活的速度。

个儿大不算富，多穿二尺布。

kor³¹² ta³¹² pu²⁴ ⁴² suan³¹² fu³¹²　tuo²⁴ tsʻuan²⁴ ər³¹² tsʻɿ²⁴ pu³¹²

指个高的人穿衣多费布料。

根儿不正，苗儿必定歪。

kər²⁴ pu²⁴ tsɤŋ³¹²　mior⁴² pi⁵⁵ tiŋ³¹² uai²⁴

喻指品质不好的人，行为也好不了。也喻指长辈行为不端，其晚辈往往也不走正道。

隔辈儿不管人。

kiɛ²⁴ pər³¹² pu²⁴ kuan⁵⁵ zn⁴²

指老人不应该管教孙子辈的后人。也作："隔儿不管孙儿。"

隔河十里远。

kiɛ²⁴ xɤ⁴² sɿ⁴² li⁵⁵ ⁴² yan⁵⁵

旧指由于交通不便，隔一条河即使很近，也因来往少而感觉很远。

隔行不隔理儿。

kiɛ²⁴ xaŋ⁴² pu²⁴kiɛ²⁴liər⁵⁵

指行业虽然不同，但道理是相同的。

隔行如隔山。

kiɛ²⁴ xaŋ⁴² zu⁴² kiɛ²⁴ san²⁴

指不同行业之间差别很大。

隔桌得不说话。

kiɛ²⁴ tsuo²⁴ tɛ・pu²⁴ ɕyɛ²⁴ xua³¹²

指坐席时不同桌子上的客人，一般不宜来回走动，不宜相互敬酒。

胳膊拧不过大腿。

kiɛ⁴²pau・niŋ⁴²pu・kuo³¹² ta³¹² tʻuei⁵⁵

喻指弱小者斗不过强大的事物。

胳膊咋得儿也冇大腿粗。

kiɛ⁴²pau・tsa⁴²tər・iɛ⁵⁵mou³¹² ta³¹² tʻuei⁵⁵ tsʻu²⁴

喻指实力弱的人无论怎样也不会超过实力强的人。咋得儿：无论如何。

胳肘拐得不能往外扢。

kiɛ²⁴tsou³¹²kuai⁵⁵tɛ・pu²⁴nɤŋ⁴²uaŋ²⁴uai³¹² kʻuai⁵⁵

喻指说话、做事要向着自己人，不能袒护外人。扢：拐。

弓不能拉嘞忒满，话不能说嘞忒绝。

kuɤŋ²⁴pu²⁴nɤŋ⁴²la²⁴lɛ・tʻiɛ²⁴man⁵⁵ xua³¹²pu²⁴nɤŋ⁴²ɕyɛ²⁴lɛ・tʻiɛ²⁴tɕyɛ⁴²

指说话办事不能太绝情，要留有余地，就像射箭时拉弓不能拉得太满一样。忒：过于。

公道不公道，老天爷知道。

kuɤŋ²⁴tau・pu・kuɤŋ²⁴tau・ lau⁵⁵tʻian²⁴iɛ⁴²tsʅ⁴²tau・

旧时认为人做事苍天在看。劝诫人应讲公道。

公公婆得超过四十五，以外嘞再加一万五。

kuɤŋ²⁴kuɤŋ・pʻo⁴²tɛ・tsʻau²⁴kuo³¹² sʅ³¹² sʅ⁴² u⁵⁵ i⁴² uai³¹²lɛ・tsai³¹²tɕia²⁴i²⁴|⁴²uan³¹²u⁵⁵

指女子将来的公公、婆婆超过四十五岁，定亲时婆家就得另外加一万五千元的见面礼钱。以外嘞：另外。

公鸡打鸣儿，草鸡媺蛋。

kuɤŋ^{24}tɕi·ta^{55}miɐr^{42}　ts'au^{55}tɕi·fan^{312}tan^{312}

喻指不同的人有不同的职责。

公鸡飞嘞再高，也得在地下刨食儿。

kuɤŋ^{24}tɕi·fei^{24}lɛ·tsai^{312}kau^{24}　iɛ^{55}tɛ^{24}tai^{312}ti^{312}ɕia·p'au^{42}sər^{42}

喻指人地位再高，也要过常人的生活。地下：地上。

公鸡叫天明，公鸡不叫天也明。

kuɤŋ^{24} tɕi·tɕiau^{312} t'ian^{24} miŋ^{42}　kuɤŋ^{24} tɕi·pu$^{24|42}$ tɕiau^{312} t'ian^{24} iɛ^{55} miŋ^{42}

无论公鸡叫不叫，天总会亮。喻指事情不可逆转。也作："鸡儿叫天明，鸡儿不叫也天明。"

公家嘞油儿，大灯头儿。

kuɤŋ^{24}tɕia·lɛ·ior^{42}　ta^{312}tɤŋ^{24}t'or^{42}

指公家的财物，无人爱惜。

公嘞挑前胸，母嘞挑后臀。

kuɤŋ^{24}lɛ·t'iau^{24}tɕ'ian^{42}ɕyŋ^{24}　mu^{55}lɛ·t'iau^{24}xou^{312}t'uɤn^{42}

指挑选猪娃时，公的要挑前胸发达的（长得快），母的要挑屁股肥大的（多下崽）。

公章不递关系，关系不递亲戚。

kuɤŋ^{24}tsaŋ^{24}pu$^{24|42}$ti^{312}kuan^{24}ɕi·　kuan^{24}ɕi·pu$^{24|42}$ti^{312}tɕ'in^{24}tɕ'i·

指办事情时衙门里有关系好办，有亲戚更容易。

功夫不负有心人。

kuɤŋ^{24}fu·pu$^{24|42}$fu^{312}iou^{55}ɕin^{24}zɤn^{42}

指只要肯下功夫学习，就一定会有收获。

拱挤嘞欢，输嘞干。

kuɤŋ^{55}tɕi·lɛ·xuan^{24}　y^{24}lɛ·kan^{24}

指积极招呼人聚众赌博的赌徒，往往会输得很惨。拱挤：用头顶，这里指积极招呼。干：没有水分，这里指精光。

狗不舍穷家。

kou⁵⁵ pu²⁴ sɛ⁵⁵ tɕ'yŋ⁴² tɕia²⁴

指狗对主人忠诚，不会嫌弃主人家穷。

狗不咬屙屎家儿，官儿不打送礼家儿。

kou⁵⁵ pu²⁴ iau⁵⁵ ɤ²⁴ sʅ⁵⁵ ɕiɐr· kuar²⁴ pu²⁴ ta⁵⁵ suŋ³¹² li⁵⁵ tɕiɐr·

指旧时做官的不会讨厌给自己带来利益的人。

狗不咬人心不安，牛不拉犁得脖得痒。

kou⁵⁵ pu²⁴ iau⁵⁵ zɤn⁴² ɕin²⁴ pu²⁴ an²⁴ niou⁴² pu²⁴ la²⁴ li⁴² tɛ· po⁴² tɛ· iaŋ⁵⁵

喻指人习惯于做某事之后很难更改。

狗打喷嚏，必定下雨。

kou⁵⁵⁺⁴² ta⁵⁵ p'ɤn²⁴ t'i· pi⁵⁵ tiŋ³¹² ɕia³¹² y⁵⁵

指狗打喷嚏预示天要下雨。

狗改不了吃屎。

kou⁵⁵⁺⁴² kai⁵⁵ pu·liau⁵⁵ ts'ʅ²⁴ sʅ⁵⁵

喻指坏人恶性难改，走到哪里都要做坏事。也作："狗来ᴰ天边儿嘞也不耽误吃屎。"

狗急喽还跳墙嘞。

kou⁵⁵ tɕi⁴² lou· xan⁴² t'iau³¹² tɕ'iaŋ⁴² lɛ·

喻指人在走投无路时什么事都干得出来。

狗记路，猫记家，小孩儿记他姥姥家。

kou⁵⁵ tɕi³¹² lu³¹² mau⁴² tɕi³¹² tɕia²⁴ ɕiau⁵⁵ xar⁵⁵ tɕi³¹² t'a· lau⁵⁵ lau· tɕia·

狗、猫能记住回家的路，小孩儿能记住疼自己的姥姥的家。

狗叫唤挡不住人走路儿。

kou⁵⁵ tɕiau³¹² xuan· taŋ³¹² pu· tɕ'y³¹² zɤn⁴² tsou⁵⁵ lur³¹²

狗再叫唤，人们也还是要正常走路。喻指权势之徒的叫嚣不能阻止正人君子的前行。

狗脸儿难认，人心冇尽。

kou⁵⁵⁺⁴² liar⁵⁵ nan⁴² zɤn³¹² zɤn⁴² ɕin²⁴ mou³¹² tɕin³¹²

人的贪心永远无法得到满足。尽：尽头，终点。

狗尿泡还知道找个槽道儿嘞。

kou⁵⁵ niau³¹² pʻau²⁴ xan⁴² tsʅ⁴² tau·tsau⁵⁵ kɤ·tsʻau⁴² tor·lɛ·
喻指人应该遵守最基本的道德标准。槽道儿：旮旯，本字不明。

狗怕弯腰狼怕火。

kou⁵⁵ pʻa³¹² uan²⁴ iau²⁴ laŋ⁴² pʻa³¹² xuo⁵⁵
狗怕人弯腰捡拾东西打它，狼怕大火烧身。

狗肉上不唠桌。

kou⁵⁵ zou³¹² saŋ³¹² pu·lau·tsuo²⁴
喻指素质低的人上不了正式场合。桌：这里指席面。

狗撒欢儿，冇好天儿。

kou⁵⁵⁺⁴² sa⁵⁵ xuar²⁴ mou³¹² xau⁵⁵ tʻiar²⁴
狗欢闹，预示天气将变坏。撒欢儿：因兴奋连蹦带跳。

狗瘦鼻得尖。

kou⁵⁵ sou³¹² pi⁴² tɛ·tɕian²⁴
喻指贫穷的人对利益非常敏感。尖：灵敏。

狗眼瞧人低。

kou⁵⁵⁺⁴² ian⁵⁵ tɕʻiau⁴² zɤn⁴² ti²⁴
喻指势利小人总是看不起一般人。

狗咬扛篮儿嘞，贼偷有钱儿嘞。

kou⁵⁵⁺⁴² iau⁵⁵ kʻuai⁵⁵ lar⁴² lɛ· tsei⁴² tʻou²⁴ iou⁵⁵ tɕʻiar⁴² lɛ·
指有钱人容易成为盗贼的目标。扛篮儿嘞：挎着篮子的人。篮儿：旧指装食物的小篮子，走亲戚、看病人等用胳膊扛着装食品的这种篮子，上面用布块盖着，狗见了想吃就对人发出叫声。

狗咬走家儿，人巴结有家儿。

kou⁵⁵⁺⁴² iau⁵⁵ tsou⁵⁵ tɕiɐr· zɤn⁴² pa²⁴ tɕiɛ·iou⁵⁵ tɕiɐr·
指人总是巴结有钱的人，就像狗爱咬走路的人一样。家儿：与普通话书面语中的"者"相当。

狗枕住骨头睡不着。

kou⁵⁵ tsɤn³¹² tɕʻy·ku⁴² tʻou·sei³¹² pu·tsuo⁴²

喻指有诱惑就会有欲望。

狗嘴嘞吐不出来象牙。

kou$^{55|42}$ tsuei^{55} lɛ·t'u^{55} pu·tɕ'y^{24} lai^{42} ɕiaŋ^{312} ia^{42}

喻指坏人说不出好听的话。常用作戏谑之言。

谷茬弄干净，少招钻心虫。

ku^{24}ts'a^{42}nɤŋ^{312}kan^{24}tɕiŋ·　sau^{55}tsau^{24}tsuan^{24}ɕin^{24}ts'uɤŋ^{42}

指把谷茬收拾干净，来年地里就少生钻心虫。谷茬：收割谷子后留在地里的谷秆下部及根部。

谷茬种麦得，板儿上钉钉得。

ku^{24}ts'a^{42}tsuɤŋ^{312}mɛ^{24}tɛ·　par^{55}saŋ·tiŋ^{312}tiŋ^{24}tɛ·

指谷茬地播种小麦一定会丰收。

谷得得种浅，离不唠砘得碾。

ku^{24} tɛ·tɛ^{24} tsuɤŋ^{312} tɕ'ian^{55}　li^{312} pu·lau·tuɤn^{312} tɛ·nian^{55}

指谷子播种宜浅，但要将土碾实。

谷得高粱一百天。

ku^{24}tɛ·kau^{24}liaŋ·i^{24}pɛ^{24}t'ian^{24}

指谷子、高粱从出苗到收割大约需要一百天。

谷得怕淹，麦得怕瘫，花开嘞时候儿最怕连阴天。

ku^{24} tɛ·p'a^{312} ian^{24}　mɛ^{24} tɛ·p'a^{312} t'an^{24}　xua^{24} k'ai^{24} lɛ·sʅ^{42} xor·tsuei^{312} p'a^{312} lian^{42} in^{24} t'ian^{24}

谷子被淹、麦子瘫倒、棉花开放时遭遇连续的阴雨天气，会使收成很差。

谷得剔苗儿早，苗儿旺产量高。

ku^{24} tɛ·t'i^{24} mior^{42} tsau^{55}　mior^{42} uaŋ^{312} ts'an^{55} liaŋ·kau^{24}

指谷子适宜早间苗。剔苗儿：间苗。

谷后谷，瞧住哭。

ku^{24}xou^{312}ku^{24}　tɕ'iau^{42}tɕ'y·k'u^{24}

指谷子重茬播种收成不好。住：着。

谷雨不下雨，麦穗儿长不齐

ku^{24}y^{55} pu$^{24|42}$ ɕia^{312} y^{55}　mɛ^{24} suər^{312} tsaŋ^{55} pu·tɕ'i^{42}

谷雨前后不下雨的话，部分麦苗会旱死。谷雨：节气中的第 6 个（公历每年 4 月 19—21 日之间），也是春季最后一个节气。

谷雨刮大风，麦得减收成。
ku²⁴y⁵⁵kua²⁴ta³¹²fɤŋ²⁴　mɛ²⁴tɛ·tɕian⁵⁵sou²⁴tsʻɤŋ·
指谷雨时节刮大风不利于小麦授粉从而影响收成。

谷雨麦打旗，立夏麦穗儿齐。
ku²⁴y⁵⁵mɛ²⁴ta⁵⁵tɕʻi⁴²　li²⁴ɕia³¹²mɛ²⁴suər³¹²tɕʻi⁴²
指到了谷雨时节麦子拔节已结束开始孕穗，到了立夏时节麦穗已经出齐了。立夏：节气中的第 7 个（公历每年 5 月 5—7 日之间），夏季的第一个节气，标志盛夏的开始。

谷雨前，早种棉。
ku²⁴y⁵⁵tɕʻian⁴²　tsau⁵⁵tsuɤŋ³¹²mian⁴²
指谷雨前要抓紧时间种棉花。

谷雨前后，种瓜种豆。
ku²⁴y⁵⁵tɕʻian⁴²xou³¹²　tsuɤŋ³¹²kua²⁴tsuɤŋ³¹²tou³¹²
谷雨时节正是播种农作物的时节。

谷雨下谷种，不敢往后等。
ku²⁴y⁵⁵ɕia³¹²ku²⁴tsuɤŋ⁵⁵　pu²⁴kan⁵⁵uaŋ²⁴xou³¹²tɤŋ⁵⁵
指到了谷雨时节需要赶快播下谷种，再也拖不得了。

谷雨有雨花苗儿旺。
ku²⁴y⁵⁵iou⁵⁵⁻⁴²y⁵⁵xua²⁴mior⁴²uaŋ³¹²
谷雨时节下雨有利于棉花苗生长。

谷雨种瓜，清明儿种花。
ku²⁴y⁵⁵tsuɤŋ³¹²kua²⁴　tɕʻiŋ²⁴miɐr⁴²tsuɤŋ³¹²xua²⁴
谷雨时节适宜种瓜，清明时节适宜点种棉花。

骨头连ᴰ筋嘞，指头连ᴰ心嘞。
ku⁴²tʻou·liɛ⁴²tɕin²⁴nɛ·　tsʅ⁴²tʻou·ɕin²⁴nɛ·
喻指亲人之间的关系亲密。连ᴰ：连着，动词变韵表示"持续"义。

鼓不敲不响，话儿不说不明。
ku⁵⁵pu²⁴tɕʻiau²⁴pu²⁴ɕiaŋ⁵⁵　xuɐr³¹²pu²⁴ɕyɛ²⁴pu²⁴miŋ⁴²

指只有把话说清楚，才不会产生误会。

鼓不敲不响，理儿不说不透。

ku⁵⁵ pu²⁴ tɕ'iau²⁴ pu²⁴ ɕiaŋ⁵⁵　liər⁵⁵ pu²⁴ ɕyɛ²⁴ pu²⁴⁼⁴² t'ou³¹²

指人在一块儿说道说道，事情就弄明白了。

鼓得敲到点儿上，笛得得吹到眼儿上。

ku⁵⁵ tɛ²⁴ tɕ'iau²⁴ tau·tiar⁵⁵ saŋ·　ti⁴² tɛ·tɛ²⁴ ts'uei²⁴ tau·iar⁵⁵ saŋ·

喻指说话办事要抓住关键。

瓜锄八遍，秧得结满。

kua²⁴ ts'u⁴² pa²⁴⁼⁴² pian³¹²　iaŋ²⁴ tɛ·tɕiɛ²⁴ man⁵⁵

指种瓜要获得丰收必须多锄几遍。也作："瓜锄八遍，压伤扁担。"

瓜冇滚圆，人冇十全。

kua²⁴ mou³¹² kuɤn⁵⁵ yan⁴²　zɤn⁴² mou³¹² sʅ⁴² tɕ'yan⁴²

指任何事物都不是十全十美的。

瓜儿离不开秧，孩儿离不唠娘。

kuɐr²⁴ li³¹² pu·k'ai²⁴ iaŋ²⁴　xar⁴² li³¹² pu·lau·niaŋ⁴²

指小孩儿的成长离不开娘，就像瓜离不开秧一样。

瓜儿好吃不说老嫩，人对眼不说丑俊。

kuɐr²⁴ xau⁵⁵ ts'ʅ²⁴ pu²⁴ ɕyɛ²⁴ lau⁵⁵ luɤn³¹²　zɤn⁴² tuei³¹² ian⁵⁵ pu²⁴ ɕyɛ²⁴ ts'ou⁵⁵ tɕyn³¹²

指中意之人即使在外界看来不漂亮也不会计较。

瓜见瓜，四十八。

kua²⁴ tɕian³¹² kua²⁴　sʅ³¹² sʅ⁴² pa²⁴

指从种瓜到摘瓜的时间大约为四十八天。

刮大风，甭放蜂。

kua³¹² ta³¹² fɤŋ²⁴　piŋ⁴² faŋ³¹² fɤŋ²⁴

指刮大风时不适宜放蜂。

寡妇儿经不起媒人劝。

kua⁵⁵ fur·tɕiŋ²⁴ pu·tɕ'i⁵⁵ mei⁴² zɤn·tɕ'yan³¹²

指没有主见的人别人一劝就会动摇。

寡妇儿门前是非多。

kua⁵⁵fur・mɤn⁴²tɕʻian⁴²sʅ³¹²fei²⁴tuo²⁴

寡妇门前容易产生是非。

寡妇儿难当，光棍儿难熬。

kua⁵⁵fur・nan⁴²taŋ²⁴　kuaŋ²⁴kuər・nan⁴²au⁴²

指寡妇和光棍汉的日子都不好过。

关住门得，堵住窗户，一年得吃二斗沙土。

kuan²⁴tɕʻy・mɤn⁴²tɛ・tu⁵⁵tɕʻy・tsʻuaŋ²⁴xu・　i²⁴nian⁴²tɛ²⁴tsʻʅ²⁴ər³¹²tou⁵⁵sa²⁴tʻu・

指内黄人民常年受到风沙的侵袭。内黄为黄河故道，境内多为黄沙地，一年四季，尤其是春天，尘沙飞扬，故有此民谚。

官大衙役粗。

kuan²⁴ta³¹²ia⁴²i・tsʻu²⁴

旧指衙门里的差役仗势欺人，所依仗的官越大他们就越蛮横。

官大一级压死人。

kuan²⁴ta³¹²i²⁴tɕi²⁴ia²⁴sʅ・zɤn⁴²

指旧时官场上等级森严。

官风正，民风清。

kuan²⁴fɤŋ²⁴tsɤŋ³¹²　min⁴²fɤŋ²⁴tɕʻiŋ²⁴

做官的清正廉洁，社会风气就会变好。

官了不递私了。

kuan²⁴liau⁵⁵pu²⁴⁻⁴²ti³¹²sʅ²⁴liau⁵⁵

私下了结比打官司省事、省钱。了：了结。

官儿不怕你穷，鬼不嫌你瘦。

kuar²⁴pu²⁴pʻa³¹²ni⁵⁵tɕʻyŋ⁴²　kuei⁵⁵pu²⁴ɕian⁵⁵⁻⁴²ni⁵⁵sou³¹²

指旧时当官的擅长敲诈百姓，再穷也能榨出油水来。

官儿大脾气大。

kuar²⁴ta³¹²pʻiˑ⁴²tɕʻi・ta³¹²

指官做得大了，脾气也就变坏了。

管天管地，管不住屙屎放屁。

kuan⁵⁵t'ian²⁴kuan⁵⁵ti³¹² kuan⁵⁵pu·tɕ'y³¹² ɤ²⁴sʅ⁵⁵faŋ³¹²p'i³¹²

指人管得再宽也不能干涉别人的生理现象。

管闲事，落不是。

kuan⁵⁵ɕian⁴²sʅ· luo²⁴pu²⁴⁽⁴²sʅ³¹²

指管闲事会招致当事人的责怪。不是：错误。

惯孩得冇好处。

kuan³¹²xai⁴²tɛ·mou³¹²xau⁵⁵tɕ'y·

指娇生惯养对孩子的成长十分有害。冇好处：作为一个惯用语表示十分不利、十分有害。

光棍儿不吃眼前亏。

kuaŋ²⁴kuər·pu²⁴tsʅ²⁴ian⁵⁵tɕ'ian⁴²k'uei²⁴

指聪明人善于见机行事，面对不利的处境能暂时退让，以免吃亏受辱。光棍儿：厉害的人。也作："好汉不吃眼前亏。"

光见小偷儿吃肉，冇见小偷儿挨打。

kuaŋ²⁴tɕian³¹²ɕiau⁵⁵t'or²⁴tsʅ²⁴zou³¹² mou³¹²tɕian³¹²ɕiau⁵⁵t'or²⁴ai⁴²ta⁵⁵

喻指只羡慕别人得利，却看不见别人吃的苦头。奉劝别人不能盲目羡慕别人的常用语。

光脚嘞不怕穿鞋嘞。

kuaŋ²⁴tɕyo²⁴lɛ·pu²⁴⁽⁴²p'a³¹²ts'uan²⁴ɕiɛ⁴²lɛ·

指无所顾忌的人敢于和有顾虑的人较量。

光指望要饭要不好过。

kuaŋ²⁴tsʅ⁴²uaŋ·iau³¹²fan³¹²iau³¹²pu·xau⁵⁵kuo·

靠讨饭不会发家。指靠别人施舍不会过上好日子。好过：富。

国有国法，家有家规。

kuɛ²⁴iou⁵⁵kuɛ²⁴fa²⁴ tɕia²⁴iou⁵⁵tɕia²⁴kuei²⁴

国家有治国的法律，家庭有治家的规矩。

闺女不瞧娘家嘞灯。

kuei²⁴ny·pu²⁴tɕ'iau⁴²niaŋ⁴²tɕia·lɛ·tɤŋ²⁴

指大年三十儿天黑以前闺女必须回到婆家。

闺女不上坟。

kuei²⁴ ny・pu²⁴⁺⁴² saŋ³¹² fɤn⁴²

指过年过节时，一般有儿子的家庭不会让女儿去坟上烧纸。

闺女不嫌娘家穷。

kuei²⁴ ny・pu²⁴ ɕian⁵⁵ niaŋ⁴² tɕia・tɕ'yŋ⁴²

指姑娘什么时候都觉得娘家好。

闺女大喽不能留，留来留去结冤仇。

kuei²⁴ ny・ta³¹² lou・pu²⁴ nɤŋ⁴² liou⁴² liou⁴² lai⁴² liou⁴² tɕ'y³¹² tɕiɛ²⁴ yan²⁴ ts'ou⁴²

女孩到适当年龄就该嫁人，不能长期留在娘家，否则就会抱怨父母。也作："妮儿大不能留，留来留去结冤仇。"

闺女嫁家儿娘做主。

kuei²⁴ ny・tɕi³¹² tɕiɐr²⁴ niaŋ⁴² tsuo³¹² tsu⁵⁵

指旧时女子嫁人的事情必须由母亲做决定。

闺女娘，话儿都长。

kuei²⁴ ny・niaŋ⁴² xuɐr³¹² tou⁴² ts'aŋ⁴²

嫁出去的或出门在外的闺女见了娘，有说不完的话。

闺女怕误女婿，庄稼怕误节气。

kuei²⁴ ny・p'a³¹² u³¹² ny⁵⁵ ɕy・tsuaŋ²⁴ tɕia・tɕiɛ²⁴ tɕ'i・

指姑娘怕耽误了出嫁的年龄，种庄稼怕错过了时节。

闺女上坟，娘家冇人。

kuei²⁴ ny・saŋ³¹² fɤn⁴² niaŋ⁴² tɕia・mou³¹² zɤn⁴²

指过年过节时，没有儿子的家庭可以让女儿去坟上烧纸。

闺女早晚是门儿亲戚。

kuei²⁴ ny・tsau⁵⁵⁺⁴² uan・sɿ³¹² mər⁴² tɕ'in²⁴ tɕ'i・

指闺女早晚都会嫁出去成为外人。

鬼光找小胆儿嘞。

kuei⁵⁵ kuaŋ²⁴ tsau⁵⁵ ɕiau⁵⁵⁺⁴² tar⁵⁵ lɛ・

喻指胆小怕事的人常常受欺负。

贵人多忘事。

kuei³¹² zɤn⁴² tuo²⁴ uaŋ³¹² sʅ³¹²

地位显贵者容易忘记旧交、旧事。常用作客套语，指人健忘。

棍棒底下出孝子。

kuɤn³¹² paŋ³¹² ti⁵⁵ ɕia·tɕ'y²⁴ ɕiau³¹² tsʅ⁵⁵

指严加管教，儿女才会孝顺。

锅灶儿净，少生病。

kuo²⁴ tsor³¹² tɕiŋ³¹²　sau⁵⁵ sɤŋ²⁴ piŋ³¹²

厨房卫生搞得好，饭菜干净，就会少生病。

果儿多嘞枝得□低。

kuor²⁴ tuo²⁴ lɛ·tsʅ²⁴ tɛ·k'ɛ³¹² ti²⁴

果子多，树枝就会被压弯变低。喻指有本领的人往往很谦虚。□：恰恰。

过罢惊蛰节，犁地不停歇。

kuo³¹² pa³¹² tɕiŋ²⁴ tsʅ·tɕiɛ²⁴　li⁴² ti³¹² pu²⁴ t'iŋ⁴² ɕiɛ²⁴

过了惊蛰时节，农耕生产就停不下来了。惊蛰：节气中的第 3 个（公历每年 3 月 5—7 日之间）。惊蛰前后天气开始转暖，春雷开始出现。

过罢破五儿逗干活儿。

kuo³¹² pa³¹² p'o⁴² ur⁵⁵ tou³¹² kan³¹² xuor⁴²

指过了正月初五，农民就开始干活。破五儿：正月初五的俗称。

过罢清明儿节，锄草不能歇。

kuo³¹² pa³¹² tɕ'iŋ²⁴ miɐr·tɕiɛ²⁴　ts'u⁴² ts'au⁵⁵ pu²⁴ nɤŋ⁴² ɕiɛ²⁴

指过了清明时节，田地就要勤锄了。清明儿：节气中的第 5 个（公历每年 4 月 5—6 日之间）。清明一过，冰雪消融，天气清澈明朗，万物欣欣向荣。清明又是用以祭祖和扫墓的传统节日。

过锄冇荒地。

kuo³¹² ts'u⁴² mou³¹² xuaŋ²⁴ ti³¹²

指勤锄地就没有荒芜的田地。

过门儿嘞媳妇儿新三天。

kuo³¹² mər⁴² lɛ·ɕi⁴² fur·ɕin²⁴ san²⁴ t'ian²⁴

指媳妇刚过门的一段时间会受到大家的关心呵护。

过三遍眼，不递过一遍手。

kuo³¹²san²⁴⁺⁴²pian³¹²ian⁵⁵　pu²⁴⁺⁴²ti³¹²kuo³¹²i²⁴⁺⁴²pian³¹²sou⁵⁵

指看几遍也不如亲手做一遍的效果好。

过一道手，扒一层皮。

kuo³¹²i²⁴⁺⁴²tau³¹²sou⁵⁵　pa²⁴i²⁴ts'ɤŋ⁴²p'i⁴²

指过一道程序就会盘剥一部分好处费。

过指个村儿逗冇ᴰ指个店儿了。

kuo³¹²tsʅ⁵⁵kɤ·ts'uər²⁴ tou³¹² ma³¹²tsʅ⁵⁵kɤ·tiar³¹²la·

喻指机会难得，一旦错过，不会再有。指个：这一个。冇ᴰ：没了，动词变韵表示"完成"义。

H

孩得得自家养，谷得得自家耩。

xai⁴²tɛ·tɛ²⁴tɕi³¹²tɕia·iaŋ⁵⁵　ku²⁴tɛ·tɛ²⁴tɕi³¹²tɕia·tɕiaŋ⁵⁵

指养育孩子要靠自己，就像谷子需要自己播种才放心一样。

孩得都死了，哪儿还在乎那把儿秆草咧。

xai⁴²tɛ·tou·sʅ⁵⁵la　nɐr⁴²xan⁴²tsai³¹²xu·na³¹²pɐr·kan⁴²tsʻau·liɛ·

喻指大的损失都承受了，小的自然不在话下。内黄一带旧时有这样的习俗：幼儿死了就用谷秸秆裹住尸体，掩埋或扔在沙丘的槐树林里。秆草：谷秸秆。

孩得多喽娘遭罪。

xai⁴²tɛ·tuo²⁴lou·niaŋ⁴²tsau²⁴tsuei³¹²

孩子越多，妈妈受的罪越大。

孩得多，麻烦多，老喽甭打算指望着。

xai⁴²tɛ·tuo²⁴　ma⁴²fan·tuo²⁴　lau⁵⁵lou·piŋ⁴²ta⁵⁵suan·tsʅ⁴² uaŋ·tsuo⁴²

指孩子多了问题就多，自己老了更别指望儿女们养老。着：用于动词之后表示达到目的或有了结果。

孩得哭喽找他娘。

xa⁴²tɛ·kʻu²⁴lou·tsau⁵⁵⁻⁴²tʻa·niaŋ⁴²

指孩子遇到不顺心的事儿往往依恋母亲。

孩得是自家嘞好，老婆是人家嘞好。

xa⁴²tɛ·sʅ³¹²tɕi³¹²tɕia·lɛ·xau⁵⁵　lau²⁴pʻo⁴²sʅ³¹²zɣn⁴²tɕia·lɛ·xau⁵⁵

男人视孩子为血脉的延续者，所以认为自己的最好；而跟自己的老婆生活久了，失去了当初的新鲜感，往往觉得别人家的好。

孩得学走路儿，总得板骨碌儿。

xai⁴²tɛ·çyo⁴²tsou⁵⁵lur³¹²　tsuɣŋ⁵⁵tɛ²⁴pan⁵⁵ku²⁴lur·

孩子学习走路，总得要多次摔倒。也喻指初学者或年轻人难免会犯错而遭受挫折。板骨碌儿：跌倒。

孩儿他娘，耳道长。

xar⁴²t'a·niaŋ⁴²　ər⁵⁵tau·ts'aŋ⁴²

孩子细微的响动，母亲都能听到。指母亲十分关切孩子。

孩儿小离不唠娘。

xar⁴²ɕiau⁵⁵li³¹²pu·lau·niaŋ⁴²

指婴儿离不开妈妈的哺育。

憨吃憨睡横长肉。

xan²⁴ts'ʅ²⁴xan²⁴sei³¹²xuɤŋ³¹²tsaŋ⁵⁵zou³¹²

指贪吃贪睡容易发胖。

憨上粪不递巧管理。

xan²⁴saŋ³¹²fɤn³¹²pu²⁴⁻⁴²ti³¹²tɕ'iau⁵⁵⁻⁴²kuan⁵⁵⁻⁴²li⁵⁵

指种庄稼不能一味地追肥，管理得恰到好处最为重要。

寒露不剜葱，必定心儿嘞空。

xan⁴²lu³¹² pu²⁴uan²⁴ts'uɤŋ²⁴　pi⁵⁵tiŋ³¹²ɕiər²⁴lɛ·k'uɤŋ²⁴

指到了寒露时节要抓紧挖葱，否则就会空心。

寒露打雷春雨多。

xan⁴²lu³¹² ta⁵⁵luei⁴²　ts'uɤn²⁴y⁵⁵tuo²⁴

指寒露时节打雷，往往来年春天多雨。

寒露寒露，棉衣棉裤。

xan⁴²lu³¹² xan⁴²lu³¹²　mian⁴²i²⁴mian⁴²k'u³¹²

指到了寒露时节天气转凉，人们开始穿棉衣了。

喊破嗓得，不递甩开膀得。

xan⁵⁵p'o³¹²saŋ⁵⁵tɛ·　pu²⁴⁻⁴²ti³¹²sai⁵⁵k'ai²⁴paŋ⁵⁵tɛ·

指空喊得再厉害也不如实干。

旱不死嘞葱，饿不死嘞兵。

xan³¹²pu·sʅ⁵⁵lɛ·ts'uɤŋ²⁴　ɤ³¹²pu·sʅ⁵⁵lɛ·piŋ²⁴

指当兵的人适应能力强，能在极艰苦的生存条件下坚持下去。

旱不死嘞芝麻，瘦不死嘞黄豆。

xan³¹² pu・ʂʅ⁵⁵lɛ・tsʅ²⁴ma・　　sou³¹² pu・ʂʅ⁵⁵lɛ・xuaŋ⁴²tou³¹²

指芝麻苗耐旱，黄豆苗需要的粪肥少。

旱锄地皮涝锄根，不旱不涝锄半寸。

xan³¹² tsʻu⁴² ti³¹² pʻi⁴² lau³¹² tsʻu⁴² kɤn²⁴　　pu²⁴⁴² xan³¹² pu²⁴⁴² lau³¹² tsʻu⁴² pan³¹²tsʻuɤn³¹²

干旱时锄地应浅，雨水大时应深，风调雨顺时应该锄得适中。

旱锄地壮，湿锄苗儿旺。

xan³¹² tsʻu⁴²ti³¹² tsuaŋ³¹²　　ʂʅ²⁴tsʻu⁴²mior⁴²uaŋ³¹²

指干旱时锄地能增肥保墒，潮湿时锄地有利于秧苗生长。

旱锄高粱涝锄麻，下罢雨喽锄芝麻。

xan³¹² tsʻu⁴² kau²⁴ liaŋ・lau³¹² tsʻu⁴² ma⁴²　　ɕia³¹² pa³¹² y⁵⁵ lou・tsʻu⁴² tsʅ²⁴ ma・

干旱的时候宜多锄高粱地，雨水大的时候宜锄麻田，刚下一场雨的时候宜锄芝麻地。

旱地嘞瓜甜。

xan³¹²ti³¹²lɛ・kua・tʻian⁴²

指旱地里长出来的西瓜、甜瓜糖分高。

旱葫芦，水黄瓜，不干不湿好南瓜。

xan³¹² xu⁴²lu・　　suei⁵⁵xuaŋ⁴²kua・　　pu²⁴ kan²⁴pu²⁴ʂʅ²⁴xau⁵⁵nan⁴²kua・

指葫芦喜欢干旱，黄瓜喜欢潮湿，南瓜喜欢不干不湿。

旱豇豆，涝小豆，不旱不涝收扁豆。

xan³¹² tɕiaŋ²⁴ tou・　lau³¹² ɕiau⁵⁵ tou・　pu²⁴⁴² xan³¹² pu²⁴⁴² lau³¹² sou²⁴ pian⁵⁵tou・

天旱豇豆丰收，天涝小豆丰收，风调雨顺扁豆丰收。

旱年秋霜来嘞早。

xan³¹² nian⁴² tɕʻiou²⁴suaŋ²⁴lai⁴²lɛ・tsau⁵⁵

指干旱之年有霜的日子来得早。

行家一出手，逗知道有冇。

xaŋ⁴² tɕia・i²⁴tɕʻy²⁴sou⁵⁵　　tou³¹²tsʅ⁴²tau・iou⁵⁵mou³¹²

指遇到困难或疑惑时，内行一出手就会奏效。

好地不怕重茬。

xau⁵⁵ti³¹²pu²⁴⁼⁴²p'a³¹²ts'uɤŋ⁴²ts'a⁴²

指土地肥沃不怕重茬种。重茬：连作，指同一块土地连续种同一种作物。

好儿不递好媳妇儿，好闺女不递好女婿。

xau⁵⁵ ər⁴² pu²⁴⁼⁴²ti³¹² xau⁵⁵ ɕi⁴² fur· xau⁵⁵ kuei²⁴ ny· pu²⁴⁼⁴²ti³¹² xau⁵⁵⁼⁴² ny⁵⁵ɕy·

指儿媳、女婿孝敬老人，更能促进家庭幸福、和谐。

好饭不怕晚。

xau⁵⁵fan³¹²pu²⁴⁼⁴²p'a³¹²uan⁵⁵

指好吃的值得耐心等待。也喻指好事值得期待。

好钢用到刀刃儿上，好粪用到供穗儿上。

xau⁵⁵ kaŋ²⁴ yŋ³¹² tau· tau²⁴ iər³¹² saŋ· xau⁵⁵ fɤn³¹² yŋ³¹² tau· kuɤŋ²⁴ suər³¹²saŋ·

喻指事物用在适当的位置或时机，才能发挥作用。供：供应。

好胳膊好腿儿，不递个好嘴儿。

xau⁵⁵ kiɛ⁴²pau· xau⁵⁵⁼⁴²t'uər⁵⁵ pu²⁴⁼⁴²ti³¹²kɤ· xau⁵⁵⁼⁴²tsuər⁵⁵

指口才好胜过空有一身蛮力。

好狗不挡路，挡路嘞冇好狗。

xau⁵⁵⁼⁴²kou⁵⁵pu²⁴taŋ⁵⁵ lu³¹² taŋ⁵⁵ lu³¹² lɛ· mou³¹²xau⁵⁵⁼⁴² kou⁵⁵

喻指懂事机灵的人不会妨碍别人。多用于同伴间开玩笑之时。

好过不递得过。

xau⁵⁵kuo· pu²⁴⁼⁴² ti³¹² tɛ²⁴kuo³¹²

指仅物质上富有不如精神上愉悦的生活。好过：富有。得过：生活舒坦。

好孩儿不闲，病孩儿不玩。

xau⁵⁵xar⁴²pu²⁴ɕian⁴² piŋ³¹²xar⁴²pu²⁴uan⁴²

没有病的小孩儿活蹦乱跳闲不住，有了病的小孩儿不再玩耍。

好汉不提当年勇。

xau⁵⁵ xan³¹² pu²⁴ tʻi⁴² taŋ²⁴ nian⁴² yŋ⁵⁵

指人不应该向别人炫耀自己过去的辉煌。

好汉不问出身。

xau⁵⁵ xan³¹² pu²⁴⁻⁴² uɤn³¹² tɕʻy²⁴ sɤn²⁴

一个人是不是英雄,不在于出身的门第高低,而在于是否有作为。也作:"英雄不问出身。"

好汉冇好妻,赖汉花滴滴。

xau⁵⁵ xan³¹² mou³¹² xau⁵⁵ tɕʻi²⁴ lai³¹² xan³¹² xua²⁴ ti·ti²⁴

好男人往往娶不到好老婆,不怎么样的男人却能娶到很漂亮的老婆。

好汉做事好汉当。

xau⁵⁵ xan³¹² tsuo²⁴ sʅ³¹² xau⁵⁵ xan³¹² taŋ²⁴

指男子汉大丈夫敢作敢为,绝不推卸责任。

好花儿难有百日红。

xau⁵⁵ xuɐr²⁴ nan⁴² iou⁵⁵ pɛ²⁴ zʅ³¹² xuɤŋ⁴²

喻指任何美好的事物都是短暂的。

好货不便宜,便宜冇好货。

xau⁵⁵ xuo³¹² pu²⁴ pʻian⁴²i· pʻian⁴²i· mou³¹² xau⁵⁵ xuo³¹²

质量好的商品价格不会太低,价格太低的商品保证不了质量。

好记性不递个赖笔头儿。

xau⁵⁵ tɕi³¹² ɕiŋ·pu²⁴⁻⁴² ti³¹² kɤ·lai³¹² pei²⁴ tʻor⁴²

指再好的记忆力也有忘记的时候,不如用笔记下来可靠。也作:"好记性不递个赖笔尖儿"。

好借好还,再借不难。

xau⁵⁵ tɕiɛ³¹² xau⁵⁵ xuan⁴² tsai³¹² ɕiɛ³¹² pu²⁴ nan⁴²

指向人借了东西及时归还才能建立信誉,以后再借就容易了。也作:"有借有还,再借不难。"

好酒还得配好菜。

xau⁵⁵⁻⁴² tɕiou⁵⁵ xan⁴² tɛ²⁴ pʻei³¹² xau⁵⁵ tsʻai³¹²

喻指美好的事物宜相互搭配。

好男不跟ᴰ女斗。

xau⁵⁵ nan⁴² pu²⁴ kɛ²⁴ ny⁵⁵ tou³¹²

指有作为的男子不会跟女子做无谓的较量。

好马不吃回头草。

xau⁵⁵⁻⁴² ma⁵⁵ pu²⁴ tsʅ²⁴ xuei⁴² tʻou⁴² tsʻau⁵⁵

喻指有志气的人会一往无前，不会走回头路。

好马不怕路不平。

xau⁵⁵⁻⁴² ma⁵⁵ pu²⁴ pʻa³¹² lu³¹² pu²⁴ pʻiŋ⁴²

喻指本领高强的人不怕任何艰难险阻。

好马配好鞍。

xau⁵⁵⁻⁴² ma⁵⁵ pʻei³¹² xau⁵⁵ an²⁴

好马还应配备好鞍子。喻指漂亮的人还得穿上好看的衣服。也喻指有能力还得配上好工具。

好马是骑出来嘞，材料是练出来嘞。

xau⁵⁵⁻⁴² ma⁵⁵ sʅ³¹² tɕʻi⁴² tɕʻy · lai · lɛ ·　tsʻai⁴² liau³¹² sʅ³¹² lian³¹² tɕʻy · lai · lɛ ·

指人的才干是通过实践锻炼出来的。材料：才能，才干。

好猫不吃死老鼠。

xau⁵⁵ mau⁴² pu²⁴ tsʻʅ²⁴ sʅ⁵⁵⁻⁴² lau⁵⁵ ɕy ·

能抓老鼠的猫不会吃死老鼠。喻指有志向的人不会满足于既得小利。

好名儿不好落。

xau⁵⁵ miɐr⁴² pu²⁴ xau⁵⁵ luo²⁴

要落个好名声是非常困难的。指人要珍惜名誉。

好牛不立，好马不卧。

xau⁵⁵ niou⁴² pu²⁴ li²⁴　xau⁵⁵⁻⁴² ma⁵⁵ pu²⁴⁻⁴² uo³¹²

闲暇时牛正常情况下是卧着的，马正常情况下是站立着的。

好人不长命，祸害一千年。

xau⁵⁵ zɤn⁴² pu²⁴ tsʻaŋ⁴² miŋ³¹²　xuo³¹² xai · i²⁴ tɕʻian²⁴ nian⁴²

善良的人往往活的年龄不大。也作:"好人不长寿,祸害一千年。"

好人也架不住三泡屎。

xau⁵⁵ zɤn⁴² iɛ⁵⁵ tɕia³¹² pu·tɕ'y³¹² san²⁴ p'au²⁴ sʅ⁵⁵

指健康的人也经受不住拉稀对身体的伤害。也作:"好人也架不住拉稀。"

好人有好报。

xau⁵⁵ zɤn⁴² iou⁵⁵⁺⁴² xau⁵⁵ pau³¹²

心地善良的人一定会有好的报应。表达美好的祝愿。

好死不递赖活。

xau⁵⁵⁺⁴² sʅ⁵⁵ pu²⁴⁺⁴² ti³¹² lai³¹² xuo⁴²

即便能痛快地死去,也不如痛苦地苟活在世上。

好事儿不出村儿,坏事儿传千里。

xau⁵⁵ sər³¹² pu²⁴ tɕ'y²⁴ ts'uər²⁴ xuai³¹² sər³¹² ts'uan⁴² tɕ'ian²⁴ li⁵⁵

指好事没有坏事传播得远。

好听不好听,单听头一声。

xau⁵⁵ t'iŋ²⁴ pu²⁴ xau⁵⁵ t'iŋ²⁴ tan²⁴ t'iŋ²⁴ t'ou⁴²⁺²⁴ sɤŋ²⁴

指观众听戏单凭台上一开腔,就能大略知道唱得好坏。

好心冇好报。

xau⁵⁵ ɕin²⁴ mou³¹² xau⁵⁵ pau³¹²

怀着一颗善良的心做好事,到头来往往得不到好的回报。

好戏不怕也是唱三天。

xau⁵⁵ ɕi³¹² pu²⁴⁺²⁴ p'a³¹² iɛ⁵⁵ sʅ³¹² ts'aŋ³¹² san²⁴ t'ian²⁴

释义应改为:喻指美好的事物往往是短暂的。不怕:不过。

好戏能拜人唱醉喽,孬戏能拜人唱睡喽。

xau⁵⁵ ɕi³¹² nɤŋ⁴² pai³¹² zɤn⁴² ts'aŋ³¹² tsuei³¹² lou· nau²⁴ ɕi³¹² nɤŋ⁴² pai³¹² zɤn⁴² ts'aŋ³¹² sei³¹² lou·

戏唱得好使人陶醉,戏唱得不好催人入睡。"喽"可以省去,但前边的动词"醉、睡"须变韵。

好叫唤嘞狗冇人儿理。

xau³¹² tɕiau³¹² xuan·nɛ·kou⁵⁵ mou³¹² zər⁴² li⁵⁵

喻指爱咋咋呼呼的人没有把他当回事。好：喜欢。

好骑马嘞不骑驴，好吃萝卜嘞不吃梨。

xau³¹² tɕ'i⁴² ma⁵⁵ lɛ·pu²⁴ tɕ'i⁴² ly⁴²　xau³¹² ts'ʅ²⁴ luo⁴² pu·lɛ·pu²⁴ ts'ʅ²⁴ li⁴²

喻指每一个人的爱好都不一样。

喝多喽话儿稠。

xɤ'²⁴ tuo²⁴ lou·xuɐr³¹² ts'ou⁴²

指人喝酒喝多了，往往会说个不停。稠：密，这里表示多。

喝酒不吃菜，必定醉嘞快。

xɤ²⁴ tɕiou⁵⁵ pu²⁴ ts'ʅ²⁴ ts'ai³¹²　pi⁵⁵ tiŋ³¹² tsuei³¹² lɛ·k'uai³¹²

指喝酒就得配上吃菜，否则酒精被充分吸收，很容易醉倒。

喝酒不喝得，不递在家歇；喝酒不喝醉，不递在家睡。

xɤ²⁴ tɕiou⁵⁵ pu²⁴ xɤ²⁴ tɛ²⁴　pu²⁴⁺⁴² ti³¹² tai³¹² tɕia²⁴ ɕiɛ²⁴　xɤ²⁴ tɕiou⁵⁵ pu²⁴ xɤ²⁴ tsuei³¹²　pu²⁴⁺⁴² ti³¹² tai³¹² tɕia²⁴ sei³¹²

指喝酒就应该一醉方休。内黄地处黄河故道，旧时饱受水灾的痛苦，是这种及时行乐思想产生的历史根源。得：痛快。

喝酒不说事儿，说事儿不喝酒。

xɤ²⁴ tɕiou⁵⁵ pu²⁴ ɕyɛ²⁴ sə·r³¹²　ɕyɛ²⁴ sə·r³¹² pu²⁴ xɤ²⁴ tɕiou⁵⁵

喝酒时不讨论事情，讨论事情时不喝酒。

河嘞冇水走不唠船。

xɤ⁴² lɛ·mou³¹² suei⁵⁵ tsou⁵⁵ pu·lau·ts'uan⁴²

喻指条件不具备，就难以成事。

河嘞冇鱼市上看。

xɤ⁴² lɛ·mou³¹² y⁴² sʅ³¹² saŋ·k'an³¹²

指东西往往出现在聚集的地方。

河水有清有浑，朋友有假有真。

xɤ⁴² suei⁵⁵ iou⁵⁵ tɕ'iŋ²⁴ iou⁵⁵ xuɤŋ⁴²　p'ɤŋ⁴² iou·iou⁵⁵⁺⁴² tɕia⁵⁵ iou⁵⁵ tsɤn²⁴

河水有清有浑的，朋友有真有假的。指要善于辨别人的品性。

河鱼跳，大雨到。

xɤ⁴² y⁴² t'iau³¹²　ta³¹² y⁵⁵ tau³¹²

河里的鱼跃出水面，预示大雨就要来到。

横嘞怕愣嘞，愣嘞怕不要命嘞。

xɤŋ³¹²lɛ·pʻa³¹²lɤŋ³¹²lɛ·   lɤŋ³¹²lɛ·pʻa³¹²pu²⁴⁻⁴²iau³¹²miŋ³¹²lɛ·

指不要命的人最可怕。横嘞：蛮横的。愣嘞：鲁莽的。

黑价下雨白儿嘞晴，打嘞粮食冇地场儿盛。

xiɛ⁴²tɕa·ɕia³¹²y⁵⁵pɛ⁴²ər³¹²lɛ·tɕʻiŋ⁴²   ta⁵⁵lɛ·liaŋ⁴²sʅ·mou³¹²ti³¹²sɐr·tsʻɤŋ⁴²

指庄稼处于生长期时，晚上下雨白天太阳高照，有利于农作物生长，粮食会有好的收成。地场儿：地方。

蛤蟆蹦不唠三尺远儿。

xiɛ⁴²ma·pɤŋ³¹²pu·lau·san²⁴tsʻʅ²⁴yar⁵⁵

喻指能力有限的人，难以有惊人之举。

蛤蟆临死还蹦三蹦嘞。

xiɛ⁴²ma·lin⁴²sʅ⁵⁵xan⁴²pɤŋ³¹²san²⁴⁻⁴²pɤŋ³¹²lɛ·

喻指弱者面临绝境心有不甘，往往会做最后的挣扎。也作："鸡得临死还扑棱几下得嘞。"

红花儿得有绿叶儿扶。

xuɤŋ⁴²xuɐr²⁴tɛ²⁴iou⁵⁵lu²⁴ior²⁴fu⁴²

喻指有才干的人需要大家帮衬。

红先黑后，输喽不臭。

xuɤŋ⁴²ɕian²⁴xiɛ²⁴xou³¹²   y²⁴lou·pu²⁴⁻⁴²tsʻou³¹²

指下象棋有红方先走、黑方后走的规矩。

红薯要长好，洗苗儿必定早。

xuɤŋ⁴²ɕy·iau³¹²tsaŋ⁵⁵⁻⁴²xau⁵⁵   ɕi⁵⁵mior⁴²pi⁵⁵tiŋ³¹²tsau⁵⁵

指早育苗有利于红薯生长。洗苗：育苗。

猴得不上杆，多敲几遍锣。

xou⁴²tɛ·pu²⁴⁻⁴²saŋ³¹²kan²⁴   tuo²⁴tɕʻiau²⁴tɕi⁵⁵pian³¹²luo⁴²

喻指事情没有进展的时候，要多采用有效措施。

猴怕鞭，猪怕刀，恶狗怕使ᴅ棍得敲。

xou⁴²pʻa³¹²pian²⁴   tɕy²⁴pʻa³¹²tau²⁴   ɤ²⁴kou⁵⁵pʻa³¹²sɛ⁵⁵kuɤn³¹²tɛ·tɕʻiau²⁴

喻指对付不同的坏人，要用不同的方式。

后娘打孩得不心疼。
xou⁴²niaŋ⁴²ta⁵⁵xai⁵⁵tɛ·pu²⁴ɕin²⁴tʻɤŋ·
指旧时认为后娘对孩子心狠。

狐狸做梦也是偷鸡得嘞。
xu⁴²li·tsu³¹²mɤŋ³¹²iɛ⁵⁵sʅ³¹²tʻou²⁴tɕi²⁴tɛ·lɛ·
喻指坏人时时刻刻都在准备干坏事。

狐皮白嘞好，说话真嘞好。
xu⁴²pʻi·⁴²pɛ⁴²lɛ·xau⁵⁵　ɕyɛ²⁴xua³¹²tsɤn²⁴nɛ·xau⁵⁵
指人们喜欢说真话的人，就像喜欢白色的狐皮一样。

胡㨄六弄，葱花油饼；干板直正，饿嘞头疼。
xu⁴² tɕʻyo²⁴ liou³¹² nɤŋ³¹²　tsʻuɤŋ²⁴ xuɐr²⁴ iou⁴² piŋ·　kan²⁴ pan·tsʅ⁴² tsɤŋ·　ɤ³¹² lɛ·tʻou⁴² tɤŋ·
指旧社会坑蒙拐骗的人往往活得很滋润，而正直诚实的人却活得很困苦。胡㨄六弄：坑蒙拐骗什么都干。干板直正：正直、诚实。

胡烧香得罪神，乱说话得罪人。
xu⁴²sau²⁴ɕiaŋ²⁴tɛ²⁴tsuei·sɤn⁴²　luan³¹²ɕyɛ²⁴xua³¹²tɛ²⁴tsuei·zɤn⁴²
指人说话、办事需要有分寸。胡：乱。

囫囵吞枣，消化不了。
xu⁴²luɤn³¹²tʻɤn²⁴tsau⁵⁵　ɕiau²⁴xua·pu²⁴liau⁵⁵
指不加分析地摄取，就会带来消化不良的后果。囫囵：完整，整个儿。

糊涂账好算，家务事难断。
xu⁴²tu·tsaŋ³¹²xau⁵⁵suan³¹²　tɕia²⁴u·sʅ³¹²nan⁴²tuan⁴²
指家庭事务最不好处理。

花不花，四十八。
xua²⁴ pu·xua²⁴　sʅ³¹² sʅ⁴² pa²⁴
指人大约到四十八岁眼睛就开始花了。

花锄八遍，桃得结成串。
xua²⁴tsʻu⁴²pa²⁴⁻⁴²pian³¹²　tʻau⁴²tɛ·tɕiɛ²⁴tsʻɤŋ⁴² tsʻuan³¹²

指棉花苗儿要勤锄才能丰产。桃得：棉桃。

花钱儿容易还窟窿难。

xua^{24}tɕ'iar^{42}yŋ^{42}i·xuan^{42}k'u^{24}luɤŋ^{312}nan^{42}

花钱容易，还债相当困难。劝人不要轻易借债。窟窿：债务。

花钱儿容易攒钱儿难。

xua^{24}tɕ'iar^{42}yŋ^{42}i·tsan^{55}tɕ'iar^{42}nan^{42}

钱财花费很容易，想积攒不易。攒：积攒。

花钱容易置钱儿难。

xua^{24}tɕ'iar^{42}yŋ^{42}i·tsʅ^{312}tɕ'iar^{42}nan^{42}

钱财花费容易，想挣钱却非常困难。

花儿不稠，逗甫指望能结多少果儿。

xuɐr^{24}pu^{24}ts'ou^{42}　tou^{312}piŋ^{42}tsʅ^{42}uaŋ·nɤŋ^{42}tɕiɛ^{24}tuor^{42}kuor^{55}

喻指做事只有打好基础，才会有满意的结果。

花儿见瓜，二十八。

xuɐr^{24}tɕian^{312}kua^{24}　ər^{312} sʅ^{42}pa^{24}

指从瓜秧开花到摘瓜大约需要二十八天。

花儿香不一定好看，会说不一定能干。

xuɐr^{24}ɕiaŋ^{24} pu^{24} i$^{24|42}$ tiŋ^{312} xau^{55} k'an^{312}　　xuei^{312} ɕyɛ^{24} pu^{24} i$^{24|42}$ tiŋ^{312} nɤŋ^{42}kan^{312}

指能说会道的不见得能干。

话不能说死，路不能走绝。

xua^{312} pu^{24} nɤŋ^{42}ɕyɛ^{24} sʅ^{55}　lu^{312} pu^{24} nɤŋ^{42}tsou^{55} tɕyɛ^{42}

指说话办事都要留有回旋的余地。

话不投机半句多。

xua^{312} pu^{24} t'ou^{42}tɕi^{42}pan^{312}tɕy^{312}tuo^{24}

指说话人不投缘，相互嫌弃对方说的话。

话多喽惹事儿。

xua^{312}tuo^{24}lou·zɛ^{55}sər^{312}

多嘴多舌容易招来麻烦，劝人说话要谨慎。

话说三遍，比狗屎都臭。

xua³¹² ɕyɛ²⁴ san⁴² pian³¹²　pi⁵⁵ kou⁵⁵⁻⁴² sʅ·tou·tsʻou³¹²

指话重复的次数说多了，会惹人讨厌。也作："话说三遍，比水都淡。"

话儿不在多少，说到点儿上逗好。

xuɐr³¹² pu²⁴ tsai³¹² tuo²⁴ sau⁵⁵　ɕyɛ²⁴ tau·tiar⁵⁵ saŋ·tou³¹² xau⁵⁵

指话不在于说多说少，能把关键的东西说出来就好。

话儿得说到点得上。

xuɐr³¹² tɛ²⁴ ɕyɛ²⁴ tau·tian⁵⁵ tɛ·saŋ·

指说话应该抓住要害。点得：关键点儿。

话儿好说，活儿不好做。

xuɐr³¹² xau⁵⁵ ɕyɛ²⁴　xuor⁴² pu²⁴ xau⁵⁵ tsu³¹²

指做什么事情说起来简单，但真正做起来没有那么容易。

话儿好说，苦难受。

xuɐr³¹² xau⁵⁵ ɕyɛ²⁴　kʻu⁵⁵ nan⁴² sou³¹²

指做事说起来容易，但其中的苦楚难以承受。

话儿撵话儿，冇好话儿。

xuɐr³¹² nian⁵⁵ xuɐr³¹²　mou³¹² xau⁵⁵ xuɐr³¹²

双方较上劲儿说出来的话，不会有好听的话。撵：赶。

话儿少嘞家伙，心嘞窟作点得□多。

xuɐr³¹² sau⁵⁵ lɛ·tɕia²⁴ xuo·　ɕin²⁴ nɛ·kʻu²⁴ tsuo·tian²⁴ tɛ·kʻɛ³¹² tuo²⁴

指话少的人往往鬼点子多。窟作点得：鬼点子。"窟作"表示起褶皱，本字不明。□：反而。

话儿是心嘞想，不说憋嘞慌。

xuɐr³¹² sʅ³¹² ɕin²⁴ nɛ·ɕiaŋ⁵⁵　pu²⁴ ɕyɛ²⁴ piɛ²⁴ lɛ·xuaŋ·

指话能反映人心里想的东西，不说觉得不舒服。"慌"用于"嘞"后表示前面所说的情况程度高。

话儿越传越冇样儿。

xuɐr³¹² yɛ²⁴ tsʻuan⁴² yɛ²⁴ mou³¹² iɐr³¹²

话越传越不像话。指传闲话的人总是夸大其词,越说越走样儿。

画鸟儿先画头。

xua^{312}nior^{55}ɕian^{24}xua^{312}t'ou^{42}

画鸟应该首先画好头部。

画人难画眼。

xua^{312}zɤn^{42}nan^{42}xua^{312}ian^{55}

画人物最难画的是眼睛的神态。

槐花儿稠,豆得收;槐花儿稀,豆得秕。

xuai^{42}xuɐr^{24}tsʻou^{42}　tou^{312}tɛ·sou^{24}　xuai^{42}xuɐr^{24}ɕi^{24}　tou^{312}tɛ·pi^{55}

指槐花稠密预示豆类会获得好收成,相反则不会有好收成。

坏人脸上冇刻字儿。

xuai^{312}zɤn^{42}lian^{55}saŋ·mou^{312}kʻiɛ^{24}tsər^{312}

指坏人单从外表看不出来。

黄豆得稀,高粱得密。

xuaŋ^{42}tou^{312}tɛ^{24}ɕi^{24}　kau^{24}liaŋ·tɛ^{24}mi^{24}

点种黄豆需要稀疏,点种高粱需要稠密,这样才能丰产。

黄豆开花儿,捞鱼捞虾儿。

xuaŋ^{42}tou^{312}kʻai^{24}xuɐr^{24}　lau^{42}y^{42}lau^{42}ɕiɐr^{24}

指黄豆开花的时候多浇水才能丰产。

黄瓜一天一水,长嘞逗像那牛腿。

xuaŋ^{42}kua·i^{24}tʻian^{24}i^{24}suei^{55}　tsaŋ^{55}lɛ·tou^{312}ɕiaŋ^{312}na·niou^{42}tʻuei^{55}

指黄瓜生长的旺季一天浇灌一次水,就会获得丰产。

黄泉路上冇老少。

xuaŋ^{42}tɕʻyan^{42}lu^{312}saŋ·mou^{312}lau^{55}sau^{312}

指人死亡是不论年龄大小的。黄泉:人死后埋葬的地方,迷信所说的阴间。冇老少:不分老少。

灰管一季儿,粪管一年。

xuei^{24}kuan^{55}i$^{24|42}$tɕiər^{312}　fɤn^{312}kuan^{55}i^{24}nian^{42}

草木灰的肥力在一季内有效,粪的肥力一年内有效。

回炉嘞烧饼不香。

xuei⁴²lu⁴²lɛ·sau²⁴piŋ·pu²⁴ɕiaŋ²⁴

指做事忌讳返工。回炉：重新烘烤。

会打铁嘞三下得两下得逗妥了，不会打嘞叮咣半天弄不成印啥儿。

xuei³¹²ta⁵⁵t'iɛ²⁴lɛ·san²⁴⁻⁴²xai³¹²tɛ·liaŋ⁵⁵xai³¹²tɛ·tou³¹²t'uo²⁴la·pu²⁴⁻⁴²xuei³¹²ta⁵⁵lɛ·t'iŋ²⁴kuaŋ·pan³¹²t'ian²⁴nɤŋ³¹²pu·tsʻɤŋ⁴²in³¹²sɚ⁵⁵

指做事掌握要领技巧就会事半功倍。印啥儿：任何事情。

会□老鼠嘞猫□不叫唤。

xuei³¹²kʻiɛ⁴²lau⁵⁵ɕy·lɛ·mau⁴²kʻɛ³¹²pu²⁴tɕiau³¹²xuan·

喻指真正做事的人不会张扬。□₁：逮。

会哭嘞孩得有奶吃。

xuei³¹²kʻu²⁴lɛ·xai⁴²tɛ·iou⁵⁵⁻⁴²nai⁵⁵tsʻɿ²⁴

喻指会争、会闹的往往能够得到更多的实惠。也作："好哭嘞孩得吃奶多。"

会买嘞哄不唠会卖嘞。

xuei³¹²mai⁵⁵lɛ·xuɤŋ⁵⁵pu·lau·xuei³¹²mai³¹²lɛ·

指相对于顾客对卖家的了解程度而言，卖家更了解顾客的心理。

会疼人儿嘞疼媳妇儿，不会疼人儿嘞疼闺女。

xuei³¹²tʻɤŋ⁴²zə·r⁴²lɛ·tʻɤŋ⁴²ɕi⁴²fur·pu²⁴⁻⁴²xuei³¹²tʻɤŋ⁴²zə·r⁴²lɛ·tʻɤŋ⁴²kuei²⁴ny·

指做婆婆的要处理好与儿媳、女儿之间的关系。

会说话儿能当钱使。

xuei³¹²ɕyɛ²⁴xuɐr³¹²nɤŋ⁴²taŋ²⁴tɕʻiar⁴²sɿ⁵⁵

指能说会道往往会给自己带来实际好处。

昏官儿不贪财，黄狗不吃屎。

xuɤŋ²⁴kuar²⁴pu²⁴tʻan²⁴tsʻai⁴² xuaŋ⁴²kou⁵⁵pu²⁴tsʻɿ²⁴sɿ⁵⁵

指昏庸的官吏一定贪图非分的钱财。

活到老，学到老。

xuo⁴²tau³¹²lau⁵⁵ ɕyo⁴²tau³¹²lau⁵⁵

指人需要不断地学习。

活动活动，冇疼冇病。

xuo^{42}tuɤŋ · xuo^{42}tuɤŋ · mou^{312}t'ɤŋ^{42}mou^{312}piŋ^{312}

指常锻炼有利于身体健康。

活人拜泥胎，不憨也是呆。

xuo^{42}zɤn^{42}pai^{312}ni^{42}t'ai · pu^{24}xan^{55}iɛ^{55}sʅ^{312}tai^{24}

指人迷信是愚昧无知的表现。泥胎：尚未用金粉、颜料装饰的泥塑的神像，这里泛指神像。

活人不能叫尿憋死[D]。

xuo^{42} zɤn^{42} pu^{24} nɤŋ^{42} tɕiau^{312} niau^{312} piɛ^{24} sɛ ·

喻指人总能找到解决问题的方法。"死[D]"可以替换为"死喽"。

火车不是推嘞，牛逼不是吹嘞。

xuo^{55} ts'ɛ^{24} pu$^{|42}$ sʅ^{312} t'uei^{24}lɛ · niou^{42}pi^{24}pu$^{42|42}$sʅ^{312}ts'uei^{24}lɛ ·

指做事要靠真本事，光说大话没有任何用处。吹牛逼：喻指说大话。

火车跑嘞快，全靠车头带。

xuo^{55} ts'ɛ^{24} p'au^{55} lɛ · k'uai^{312} tɕ'yan^{42} k'au^{312} ts'ɛ^{24} t'ou^{42} tai^{312}

喻指要做好工作，领导的带头作用很重要。

火到猪头烂，钱到公事办。

xuo^{55} tau^{312}tɕy^{24}t'ou^{42}lan^{312} tɕ'ian^{42}tau^{312}kuɤŋ^{24}sʅ · pan^{312}

火候到了，猪头定会煮烂；钱送到位了，当官的就会给你办事。指旧时官场腐败，有钱才能办成事情。

火棍长喽不烧手，朋友多喽不发愁。

xuo^{55} kuɤn · ts'aŋ^{42} lou · pu^{24} sau^{24} sou^{55} p'ɤŋ^{42} iou · tuo^{24} lou · pu^{24} fa^{24}ts'ou^{42}

指朋友多了门道广，事情好办些。火棍：灶火间烧火时使用的长木棍。

货比三家儿不吃亏。

xuo^{312} pi^{55} san^{24} tɕiɚ^{24} pu^{24} ts'ʅ^{24} k'uei^{24}

指买东西多比一比不同卖家的商品不会吃亏。

货好不愁卖。

xuo³¹² xau⁵⁵ pu²⁴ ts'ou⁴² mai³¹²

指商品质量好就不用担心卖不出去。

货好不递行情好。

xuo³¹² xau⁵⁵ pu²⁴⁻⁴² ti³¹² xaŋ⁴² tɕ'iŋ·xau⁵⁵

指热销的货物更好卖。

货好还得会吆喝。

xuo³¹² xau⁵⁵ xan⁴² tɛ·xuei³¹² iau²⁴ xɤ·

指货物的质量好,还需要做好宣传。

货卖回头客。

xuo³¹² mai³¹² xuei⁴² t'ou⁴² k'iɛ²⁴

指做买卖要学会吸引回头客。

货卖一张皮。

xuo³¹² mai³¹² i²⁴ tsaŋ²⁴ p'i⁴²

指外表好看的货物容易卖出去。

货有好坏,价儿有高低。

xuo³¹² iou⁵⁵ xau⁵⁵ xuai³¹²   tɕiɚ³¹² iou⁵⁵ kau²⁴ ti²⁴

商品质量有差别,价格也就有差别。

J

鸡蛋不裂缝儿，蝇得㜘不唠蛆。
tɕi²⁴tan·pu²⁴lɛ²⁴fɚ³¹² iŋ⁴²tɛ·fan³¹²pu·lau·tɕʻy²⁴
喻指自身没有不端行为，别人就钻不了空子。㜘：生。

鸡蛋碰不过石头。
tɕi²⁴tan·pʻɤŋ³¹²pu·kuo³¹²sʅ⁴²tʻou·
喻指弱小者斗不过强者。

鸡得多喽不㜘蛋，人多喽吃闲饭。
tɕi²⁴tɛ·tuo²⁴lou·pu²⁴│⁴²fan³¹²tan³¹² zɤn⁴²tuo²⁴lou·tsʻʅ²⁴ɕian⁴²fan³¹²
喻指人多了相互推诿，反而办不成事。㜘：（鸡、鸟）下蛋。也作："鸡得多喽不㜘蛋，媳妇儿多喽不做饭。"

鸡得叫三遍儿天逗大明了。
tɕi²⁴tɛ·tɕiau³¹²san²⁴│⁴²piar³¹²tʻian²⁴tou·ta³¹²miŋ⁴²la·
指公鸡打鸣三次，天就大亮了。

鸡得进窝早，明ᴰ个定晴好；鸡得进窝晚，明ᴰ个天气变。
tɕi²⁴tɛ·tɕin³¹²uo²⁴tsau⁵⁵ miɛ⁴²kɤ·tiŋ³¹²tɕʻiŋ⁴²xau⁵⁵ tɕi²⁴tɛ·tɕin³¹²uo²⁴uan⁵⁵ miɛ⁴²kɤ·tʻian²⁴tɕʻi·pian³¹²
指鸡晚上进窝早，预示第二天天气晴朗；进窝迟，则预示第二天天气不好。明ᴰ个：明天。

鸡得临死还扑拉几下得嘞。
tɕi²⁴tɛ·lin⁴²sʅ⁵⁵xan⁴²pʻu²⁴la·tɕʻi⁵⁵xai³¹²tɛ·lɛ·
见"蛤蟆临死还蹦三蹦嘞"。扑拉：鸡翅膀扇动。下得：下子。"下"的特殊读法仅用于表示动量义的"下儿、下得"这两个词中。

鸡得忒肥喽不㜘蛋。
tɕi²⁴tɛ·tʻiɛ²⁴fei⁴²lou·pu²⁴│⁴²fan³¹²tan³¹²

鸡如果太肥就不易下蛋。也喻指人太胖干不成事。

挤疮不留脓，省嘞两回疼。
tçi⁵⁵ ts'uan²⁴ pu²⁴ liou⁴² nuɤŋ⁴²　sɤŋ⁵⁵lɛ·liaŋ⁵⁵ xuei⁴² t'ɤŋ⁴²

指治疗脓疮时，要一次清洗干净，有脓留在体内会继续溃烂。喻指麻烦要一次性彻底解决。

自己说十个好，不递□说一个好。
tçi³¹² tçi·çyɛ²⁴ sʅ⁴² zɤ·xau⁵⁵　pu²⁴⁴² ti³¹² niɛ³¹² çyɛ²⁴ i²⁴⁴² kɤ³¹² xau⁵⁵

自己夸得再好不如人家说一声好。□：人家。

自家嘞孩得自家抱。
tçi³¹²tçia·lɛ·xai⁴²tɛ·tçi³¹²tçia·pu³¹²

喻指自己的问题自己解决。

自家写嘞字儿自家认嘞。
tçi³¹²tçia·çiɛ⁵⁵lɛ·tsər³¹²tçi³¹²tçia·zɤn³¹²nɛ·

见："各人写嘞字儿各人认嘞。"

季节不等人。
tçi³¹²tçiɛ·pu²⁴tɤŋ⁵⁵zɤn⁴²

指播种、收割的时节不能错过。也作："节气不等人。"

家不严招贼。
tçia²⁴ pu²⁴ ian⁴² tsau²⁴ tsei⁴²

家庭管理不严往往会招来盗贼。

家丑不可外扬。
tçia²⁴ ts'ou⁵⁵ pu²⁴ k'ɤ⁵⁵ uai³¹² iaŋ⁴²

家里的丑事不可外传。

家法大不过王法。
tçia²⁴ fa²⁴ ta³¹² pu·kuo³¹² uaŋ⁴² fa·

指家族的法度必须服从国家的政策法令。

家鸡打嘞团团转，野鸡不打遥天飞。
tçia²⁴tçi²⁴ta⁵⁵lɛ·t'uan⁴²t'uan⁴²tsuan³¹²　iɛ⁵⁵tçi²⁴ pu²⁴ ta⁵⁵ iau⁴² t'ian²⁴ fei²⁴

自家养的鸡再打也只是绕着院子转圈儿跑，野鸡不用打就满天飞。喻指自家人受了气还会留在家中，外人受了气就会立刻远去。遥天：满天，前一个音节本字不明。

家和万事兴。
tɕia²⁴ xuo⁴² uan³¹² sʅ³¹² ɕiŋ²⁴
家庭和睦，事事都能如愿。

家花儿不递野花儿香。
tɕia²⁴ xuɐr²⁴ pu²⁴⁻⁴² ti³¹² iɛ⁵⁵ xuɐr²⁴ ɕiaŋ²⁴
喻指男人总觉得自己的老婆不如外面的女人迷人。家花儿：喻指妻子。野花儿：喻指外遇。

家家儿都叫养小儿嘞苦。
tɕia²⁴ tɕiɐr·tou⁵⁵ tɕiau³¹² iaŋ⁵⁵ ɕior⁵⁵ lɛ·kʻu⁵⁵
每一个家庭都对抚养儿子叫苦连天。

家家儿有本儿难念嘞经。
tɕia²⁴ tɕiɐr·iou⁵⁵⁻⁴² pər⁵⁵ nan⁴² nian³¹² nɛ·tɕiŋ²⁴
指每一个家庭都有不好办的事情。

家嘞有病人，不能不求人。
tɕia²⁴ lɛ·iou⁵⁵ piŋ³¹² zɤn⁴²　pu²⁴ nɤŋ⁴² pu²⁴ tɕʻiou⁴² zɤn⁴²
指家里有了困难，难免会求助于人。

家嘞冇钱儿不招贼。
tɕia²⁴ lɛ·mou³¹² tɕʻiar⁴² pu²⁴ tsau²⁴ tsei⁴²
指有诱惑才会生出事端。

家嘞土，地嘞虎。
tɕia²⁴ lɛ·tʻu⁵⁵　ti³¹² lɛ·xu⁵⁵
指家里的土肥上在地里很有效果。

家有千金，不点双灯。
tɕia²⁴ iou⁵⁵ tɕʻian²⁴ tɕin²⁴　pu²⁴ tian⁵⁵ suaŋ²⁴ tɤŋ²⁴
家里纵使有千两黄金，也不能同时点两盏油灯。劝人应该节俭。

家有万石，也得精打细算。
tɕia²⁴ iou⁵⁵ uan³¹² tan³¹²　iɛ⁵⁵ tɛ²⁴ tɕiŋ²⁴ ta⁵⁵ ɕi³¹² suan³¹²

家里纵使有万石存粮，也必须精心安排。奉劝人节俭，妥善安排生活之计。石：容量单位，十斗为一石。

家有一头牛，种地不发愁。

tɕia²⁴ iou⁵⁵ i²⁴ tʻou⁴² niou⁴²　tsuɤŋ³¹² ti³¹² pu²⁴ fa²⁴ tsʻou⁴²

指牛是农民耕地的得力助手。

嫁汉嫁汉，穿衣吃饭。

tɕia³¹² xan³¹² tɕia³¹² xan³¹²　tsʻuan²⁴ i²⁴ tsʻʅ²⁴ fan³¹²

指女子嫁人就是为了生存。

嫁鸡随鸡，嫁狗随狗。

tɕia³¹² tɕi²⁴ suei⁴² tɕi²⁴　tɕia³¹² kou⁵⁵ suei⁴² kou⁵⁵

旧指女子不论嫁给什么样的人，都要永远跟从。

嫁出去嘞闺女，泼出去嘞水。

tɕia³¹² tɕʻy²⁴ tɕʻy·lɛ·kuei²⁴ ny·　pʻo²⁴ tɕʻy²⁴ tɕʻy·lɛ·suei⁵⁵

嫁出去的闺女就像泼出去的水一样，无法收回。旧指已经出家的女儿是别人家的，不再是娘家的人了，娘家人无法过问。

肩膀头儿不齐，成不唠好亲戚。

tɕian²⁴ paŋ·tʻor⁴² pu tɕʻi⁴²　tsʻɤŋ⁴² pu·lau·xau⁵⁵ tɕʻin²⁴ tɕʻi·

指贫富地位悬殊的人，不会成为真正的亲戚。

见过阎王不怕鬼。

tɕian³¹² kuo·ian⁴² uaŋ·pu²⁴ ⁴² pʻa³¹² kuei⁵⁵

指见过特别凶恶的人，再见到一般的恶人也就不会害怕了。喻指经历过特别的困难，就不怕一般的困难。

见面儿□一半儿。

tɕian³¹² miar³¹² pʻi⁵⁵ i·par³¹²

指得到份外的财物，看到的人都要分取。常用作分享食物的戏谑之语。□：分。也作："见见面儿，□pʻi⁵⁵一半儿。"

见苗儿三分收，冇苗儿人发愁。

tɕian³¹² mior⁴² san²⁴ fɤn³¹² sou²⁴　mou³¹² mior⁴² zɤn⁴² fa²⁴ tsʻou²⁴

指庄稼只要出苗就会有收成，没有禾苗的话就不会有收成。

见人不行礼，冤跑三十里。
tɕian³¹² zɣn⁴² pu²⁴ ɕiŋ⁴² li⁵⁵　yan²⁴ pʻau²⁴ san²⁴ sʅ⁴² li⁵⁵
指向人打听路时有礼貌很重要。

见小成不唠大事儿。
tɕian³¹² ɕiau⁵⁵ tsʻɤŋ⁴² pu·lau·ta³¹² sər³¹²
指贪图小便宜的人成就不了大事。见小：贪图小便宜。也作："贪小成不了大事儿。"

见做啥都做啥，屙屎掉牙。
tɕian³¹² tsua⁵⁵ tou²⁴ tsua⁵⁵　ɤ²⁴ sʅ⁵⁵ tiau³¹² ia⁴²
指人们容易跟风，见别人干什么自己也干什么。"做啥"读合音。

见死不救是小人。
tɕian³¹² sʅ⁵⁵ pu²⁴⁻⁴² tɕiou³¹² sʅ³¹² ɕiau⁵⁵ zɣn⁴²
指别人有难而置之不理的人是人格卑劣的人。

贱卖不赊账。
tɕian³¹² mai³¹² pu²⁴ sɛ²⁴ tsaŋ³¹²
指便宜出售的商品不宜欠账。赊：延期付款或延期收款。

将头嘞四十天，不能急转弯儿。
tɕiaŋ²⁴ tʻou⁴²lɛ·sʅ³¹² sʅ⁴² tʻian²⁴　pu²⁴ nɤŋ⁴² tɕi⁴² tsuan⁵⁵ uar²⁴
指使用怀孕的母牲口时应注意安全。将：下崽。头嘞：前边。

姜还是老嘞辣。
tɕiaŋ²⁴ xan⁴² sʅ³¹² lau⁵⁵ lɛ·la²⁴
喻指老年人或年龄大的人有经验，办事老练，不好对付。

犟驴也怕使ᴰ鞭搐。
tɕiaŋ³¹² ly⁴² iɛ⁵⁵ pʻa³¹² sɛ⁵⁵ pian²⁴ tsʻu²⁴
喻指蛮横的人也怕严厉的惩戒。使ᴰ：用。鞭：大鞭子。搐：抽打。

娇养孩儿病多。
tɕiau²⁴ iaŋ·xar⁴² piŋ³¹² tuo²⁴
指娇惯的孩子身体不强壮。

娇养孩儿好哭。

tɕiau²⁴iaŋ·xar⁴²xau³¹²kʻu²⁴

指娇惯的孩子总是哭闹大人。

娇养孩儿冇孝顺嘞。

tɕiau²⁴iaŋ·xar⁴²mou³¹²ɕiau³¹²tsʻuɤn·nɛ·

指从小娇惯的孩子，长大后不会孝顺。

娇养孩儿嘞小名儿多。

tɕiau²⁴iaŋ·xar⁴²lɛ·ɕiau⁵⁵miɐr⁴²tuo²⁴

指娇惯的孩子乳名多。小名儿：乳名。

浇桃儿不浇苗儿。

tɕiau²⁴tʻor⁴²pu²⁴tɕiau²⁴mior⁴²

指棉花浇水的关键期是结棉桃的时候。

胶多喽不粘，话儿多喽不甜。

tɕiau²⁴tuo²⁴lou·pu²⁴tsan²⁴ xuɐr³¹²tuo²⁴lou·pu²⁴tʻian⁴²

指话说多了令人生厌，就像胶多了反而粘不牢一样。

教会ᴅ徒弟，饿死ᴅ师傅。

tɕiau²⁴xuɛ³¹²tʻu⁴²ti³¹² ɤ³¹²sɛ·sʅ²⁴fu·

旧指徒弟学到了师傅的手艺，就成为抢师傅饭碗的竞争者。动词变韵表示"完成"义。

饺得配ᴅ酒，越喝越有。

tɕiau⁵⁵tɛ·pʻɛ³¹²tɕiou⁵⁵ yɛ²⁴xɤ²⁴yɛ²⁴iou⁵⁵

指日子会一天比一天好。以前只有过年才能吃上饺子，只有操办红事的时候才能喝上白酒。普通人能喝着白酒吃饺子，意味着生活美满、幸福，越来越有奔头。动词变韵表示"持续"义。

叫驴不叫，买家儿不要。

tɕiau³¹²ly⁴²pu²⁴|⁴²tɕiau³¹² mai⁵⁵tɕiɐr·pu²⁴|⁴²iau³¹²

指公驴叫声高亢洪亮，表明其体健力壮，生殖能力强。叫驴：公驴。

叫□唱花脸，逗甭嫌□嗓得粗。

tɕiau³¹²niɛ·tsʻaŋ³¹²xua²⁴lian⁵⁵ tou³¹²piŋ⁴²ɕian⁵⁵niɛ·saŋ⁵⁵tɛ·tsʻu²⁴

指有求于人就不要挑三拣四。□：人家。

结巴舌得话儿□多。

tɕiɛ²⁴pa・sɛ⁴²tɿ・xuɐ³¹²k'ɛ³¹²tuo²⁴

口吃的人说话偏偏多。喻指人有某一方面的缺陷或短处，却偏要在这一方面表现自己，使得缺陷或短处得以放大。结巴舌得：口吃的人。□：偏偏。

疥疮痒，雨声儿响。

tɕiɛ³¹²ts'uaŋ・iaŋ⁵⁵　y⁵⁵sɐr²⁴ɕiaŋ⁵⁵

指人身上的疥疮发痒，预示天要下雨。疥疮：由疥虫感染引起的一种传染性皮肤病。

借给你是仁义，不借给你是本意。

tɕiɛ³¹²tɕ'y・ni・sɿ³¹²zɤn⁴²i³¹²　pu²⁴⁴²ɕiɛ³¹²tɕ'y・ni・sɿ³¹²pɤn⁵⁵i³¹²

借给你是仗义，不借给你也是本分之举。指受恩要感激，不受恩也不要怨恨。

借钱是朋友，要账逗成ᴅ仇人了。

tɕiɛ³¹²tɕ'iar⁴²sɿ³¹²p'ɤŋ⁴²iou・　iau³¹²tsaŋ³¹²tou³¹²ts'o⁴²ts'ou⁴²zɤn・na・

指借钱时甜言蜜语，情谊深长；债主一要账就立马翻脸变成仇人了。动词变韵表示"完成"义。

今儿个脱喽鞋，还不知道明ᴅ个穿不穿嘞。

tɕiər²⁴kɤ・t'uo²⁴lou・ɕiɛ⁴²　xan⁴²pu²⁴tsɿ⁴²tau・miɛ⁴²kɤ・ts'uan²⁴pu・ts'uan²⁴nɛ・

指人到风烛残年之时，随时可能死去。也指生死难以预测，只能过一天算一天。

今儿个有酒今儿个醉，管它明ᴅ个喝凉水。

tɕiər²⁴kɤ・iou⁵⁵⁴²tɕiou⁵⁵tɕiər²⁴kɤ・tsuei³¹²　kuan⁵⁵⁴²t'a・miɛ⁴²kɤ・xɤ²⁴liaŋ⁴²suei⁵⁵

旧指人活着就应该及时行乐，用不着考虑明天是个什么状况。

金得有价儿玉冇价儿。

tɕin²⁴tɛ・iou⁵⁵tɕɐr³¹²y³¹²mou³¹²tɕɐr³¹²

指黄金可以用价格来衡量其价值，而玉则受其产地、质地、颜色、工艺、文化内涵等因素影响，其价值无法单纯用价格来衡量。

金角儿银边儿草包肚。

tɕin²⁴tɕyor²⁴in⁴²piar²⁴tsʻau⁵⁵pau²⁴tu³¹²

指围棋中角是最有成空价值的区域，边其次，棋盘中间最次。草包：装草的袋子，这里指"无用"。

金彭城，银水冶，比不上楚旺一条街。

tɕin²⁴ pʻɤŋ⁴² tsʻɤŋ⁴²　in⁴² suei⁵⁵⁼⁴² iɛ·　pi⁵⁵ pu·saŋ³¹² tsʻu⁵⁵ uaŋ·i²⁴ tʻiau⁴² tɕiɛ²⁴

彭城、水冶很繁华，但都比不上内黄楚旺的一条街。旧指楚旺很发达。彭城：今河北邯郸市峰峰矿区的古称。从北齐开始烧造瓷器（磁州窑），宋元时期发展为北方最大民间瓷窑，有"南有景德，北有彭城"之说。水冶：今安阳市水冶镇，以北魏时水鼓风冶铁而得名，素有"银水冶"之美称。楚旺：因纪念楚霸王项羽而得名，位于内黄县北部。20世纪20年代楚旺商业发达，设有外商代理处，并设有煤厂、盐厂、银行、邮局及各种商业货栈和店铺，时称"水旱码头"。

金家银家，不递自家嘞破家。

tɕin²⁴tɕia²⁴in⁴²tɕia²⁴　pu²⁴⁼⁴²ti³¹²tɕi³¹²tɕia·lɛ·pʻo³¹²tɕia²⁴

指再好的地方也没有自己常年居住的家里好。

金筐银筐，不递粪筐。

tɕin²⁴kʻuaŋ²⁴in⁴²kʻuaŋ²⁴　pu²⁴⁼⁴²ti³¹²fɤn³¹²kʻuaŋ²⁴

指对于农作物来说，粪肥是非常重要的。

尽忠不能尽孝。

tɕin³¹²tsuɤŋ²⁴pu⁴²nɤŋ⁴²tɕin³¹²ɕiau³¹²

报效国家就不能留在家里孝敬父母。

进喽谁家嘞门儿，逗是谁家嘞人儿。

tɕin³¹²nou·sei⁴²tɕia²⁴lɛ·mər⁴²　tou³¹²sʅ³¹² sei⁴²tɕia²⁴lɛ·zər⁴²

指新媳妇一结婚就会为婆家的利益考虑。

经嘞多，见识广。

tɕiŋ²⁴lɛ·tuo²⁴　tɕian³¹²sʅ·kuaŋ⁵⁵

指生活实践是知识、经验的重要来源。也作："经嘞多，见嘞广。"

精打细算，不愁吃穿。

tɕiŋ²⁴ ta⁵⁵ ɕi³¹² suan³¹²　pu²⁴ ts'ou⁴² ts'ʅ²⁴ ts'uan²⁴

指学会仔细地算计生活，才会不愁吃饭穿衣。也作："精打细算，有吃有穿。"

精打细算，遇事不作难。

tɕiŋ²⁴ ta⁵⁵ ɕi³¹² suan³¹²　y³¹² sər³¹² pu²⁴ tsuo²⁴ nan⁴²

指平时做长远的打算，厉行节约，遇到事情就用不着犯难。

井得淘，孩儿得教。

tɕiŋ⁵⁵ tɛ²⁴ t'au⁴²　xar⁴² tɛ²⁴ tɕiau²⁴

指小孩儿必须不断调教才能学好，就像井要不断地淘洗水才好吃一样。

井干嘞才觉嘞水足贵嘞。

tɕiŋ⁵⁵ kan²⁴ nou·ts'ai⁴² tɕyo²⁴ lɛ·suei⁵⁵ tɕy²⁴ kuei³¹² lɛ·

喻指失去了才懂得珍惜。足贵：珍贵，前一个音节本字不明。

井水挑不干，气力掏不完。

tɕiŋ⁵⁵⁻⁴² suei⁵⁵ t'iau²⁴ pu·kan²⁴　tɕ'i³¹² li·t'au²⁴ pu·uan⁴²

人的力气用不完就像那井水挑不完一样，奉劝人干活不应该惜力。气力：力气。

井淘三遍吃甜水。

tɕiŋ⁵⁵ t'au⁴² san²⁴⁻⁴² pian³¹² ts'ʅ²⁴ t'ian⁴² suei⁵⁵

旧指多掏井底的淤泥等，井水更好喝。淘：从深处舀出、挖出。

井挖嘞越深水越多。

tɕiŋ⁵⁵ ua²⁴ lɛ·yɛ²⁴ ts'ɤn²⁴ suei⁵⁵ yɛ²⁴ tuo²⁴

喻指付出的努力越大，得到的回报越大。

井越淘，水越清；事儿越摆，理儿越明。

tɕiŋ⁵⁵ yɛ²⁴ t'au⁴²　suei⁵⁵ yɛ²⁴ tɕ'iŋ²⁴　sər³¹² yɛ²⁴ pai⁵⁵　liər⁵⁵ yɛ²⁴ miŋ⁴²

指事情越分析评说道理越清楚，就像井越淘洗水就越清一样。

敬神逗有神。

tɕiŋ³¹² sɤn⁴² tou³¹² iou⁵⁵ sɤn⁴²

指神灵的存在，信则有不信则无。

镜得是越擦越明，脑得是越用越灵。

tɕiŋ³¹²tɛ·sʅ³¹²yɛ²⁴ts'a²⁴yɛ²⁴miŋ⁴²　nau⁵⁵tɛ·sʅ³¹²yɛ²⁴yŋ³¹²yɛ²⁴liŋ⁴²

指越用脑筋学习、思考，脑子就越聪明，跟镜子越擦越明一样。

九九八十一，犁耙一齐儿出。

ɕiou⁵⁵⁻⁴²tɕiou⁵⁵ pa²⁴sʅ⁴²i²⁴　li⁴²pa³¹²i²⁴tɕ'iər⁴²tɕ'y²⁴

指过完了隆冬季节，就到了春耕季节。

九九加一九，黄牛遍地走。

tɕiou⁵⁵⁻⁴²tɕiou⁵⁵tɕia²⁴i²⁴tɕiou⁵⁵　xuaŋ⁴²niou⁴²pian³¹²ti³¹²tsou⁵⁵

指从冬至开始，九十天以后就到了春耕的季节。

九九杨花开，十九寒不来。

tɕiou⁵⁵⁻⁴²tɕiou⁵⁵iaŋ⁴²xua²⁴k'ai²⁴　sʅ⁴²tɕiou⁵⁵xan⁴²pu²⁴lai⁴²

指冬至后第九个九天里，杨柳吐絮，到第十个九天，寒冷不再。

九嘞不加料，春天不能套。

tɕiou⁵⁵lɛ·pu²⁴tɕia²⁴liau³¹²　ts'uɤn²⁴t'ian·pu²⁴nɤŋ⁴²t'au³¹²

指数九天喂养牲口时需添加食料，来年春天耕种时才会有力气。也作："九嘞不加料，过年不能套。"或"冬天不加料，过年不能套"。

九月嘞不剜葱，十月嘞一场空。

tɕiou⁵⁵yɛ²⁴lɛ·pu²⁴uan²⁴ts'uɤŋ²⁴　sʅ⁴²yɛ²⁴lɛ·i²⁴ts'aŋ⁵⁵k'uɤŋ²⁴

指农历九月份必须把大葱收了，否则就会发蔫或冻烂。

九月十五枣上箔，十月十五吃枣馍。

tɕiou⁵⁵yɛ²⁴sʅ⁴²u⁵⁵tsau⁵⁵saŋ³¹²po⁴²　sʅ⁴²yɛ²⁴sʅ⁴²u⁵⁵ts'ʅ²⁴tsau⁵⁵mo⁴²

指农历九月十五枣晒干放到箔子上了，十月十五开始蒸枣馍吃。箔子：用高粱秸秆编成的帘子状用具，用于晒红枣、辣椒等。

酒倒满，茶倒浅。

tɕiou⁵⁵tau³¹²man⁵⁵　ts'a⁴²tau³¹²tɕ'ian⁵⁵

指斟酒要满，斟茶不能满，表达对人的尊敬。

酒喝多喽话儿多，话说多喽错儿多。

tɕiou⁵⁵xɤ²⁴tuo²⁴lou·xuɐr³¹²tuo²⁴　xuɐr³¹²ɕyɛ²⁴tuo²⁴lou·ts'uor³¹²tuo²⁴

指喝醉酒话多就会容易说错话。

酒好不怕胡同得深。

tɕiou⁵⁵⁼⁴² xau⁵⁵ pu²⁴⁼⁴² pʻa³¹² xu⁴² tʻuŋ·tɛ·tsʻɤn²⁴

酒的质量好，即使在偏僻的胡同里，人们也会闻到香味去买。泛指货物质量好，就不愁吸引不来顾客。

酒后吐真言。

tɕiou⁵⁵ xou³¹² tʻu⁵⁵ tsɤn²⁴ ian⁴²

酒喝多了就会失去控制能力，说出真心话。

酒是粮食精，越喝越年轻。

tɕiou⁵⁵ sɿ³¹² liaŋ⁴² sɿ·tɕiŋ²⁴　yɛ²⁴ xɤ²⁴ yɛ²⁴ nian⁴² tɕʻiŋ²⁴

指喝酒能使人精神焕发。多用作调侃之语。

酒越喝越厚，钱儿越赌越薄。

tɕiou⁵⁵ yɛ²⁴ xɤ²⁴ yɛ²⁴ xou³¹²　tɕʻiar⁴² yɛ²⁴ tu⁵⁵ yɛ²⁴ po⁴²·

指人在一块儿喝酒，情谊越来越深厚，在一块儿赌钱，人情就会越来越薄。

救急救不唠穷。

tɕiou³¹² tɕi⁴² tɕiou³¹² pu·lau·tɕʻyŋ⁴²

指救济只能在关键的时候帮一把，不能使人脱贫。

"车"不踩险地。

tɕy²⁴ pu²⁴ tsʻai⁵⁵ ɕian⁵⁵ ti³¹²

指象棋术语，"车"一般不能走在危险的步子上。

猪成群，粪成山；粮食垛，顶住天。

tɕy²⁴ tsʻɤŋ⁴² tɕʻyn⁴²　fɤn³¹² tsʻɤŋ⁴² san²⁴　liaŋ⁴² sɿ·tuo³¹² tiŋ⁵⁵ tɕʻy·tʻian²⁴

指养猪多积肥就多，粮食丰收就有了保障。

猪吃百样儿草，瞧ᴰ你找不找。

tɕy²⁴ tsʻɿ²⁴ pɛ²⁴ iɚ³¹² tsʻau⁵⁵　tɕʻio⁴² ni·tsau⁵⁵ pu·tsau⁵⁵

指人只要肯下功夫，就一定能养好猪。瞧ᴰ：看着，动词变韵表示"持续"义。

猪多冇好食，人多冇好饭。
tçy²⁴ tuo²⁴ mou³¹² xau⁵⁵ sʅ⁴² zɤn⁴² tuo²⁴ mou³¹² xau⁵⁵ fan³¹²
指人数多了，饭菜质量得不到保证。

猪叫三天，牛叫逗牵。
tçy²⁴ tçiau³¹² san²⁴ tʻian²⁴　niou⁴² tçiau³¹² tou³¹² tçʻian²⁴
指母猪发情三天后交配合适，母牛一发情就适合交配。

猪羊得有圈，牛马得有棚。
tçy²⁴ iaŋ⁴² tɛ²⁴ iou⁵⁵ tçyan³¹²　niou⁴² ma⁵⁵ tɛ²⁴ iou⁵⁵ pʻɤŋ⁴²
喻指做一切事情都必须具备基本条件。

锯哪会儿也不白响。
tçy³¹² na⁵⁵ xuər·iɛ⁵⁵ pu²⁴ pɛ⁴² çiaŋ⁵⁵
喻指只要付出就会有所收获。

锯一响逗有锯末。
tçy³¹² i²⁴ çiaŋ⁵⁵ tou³¹² iou⁵⁵ tçy³¹² mo·
喻指有因就有果。

圈干槽得净，头牯不生病。
tçyan³¹² kan²⁴ tsʻau⁴² tɛ·tçiŋ³¹²　tʻou⁴² ku·pu²⁴ sɤŋ²⁴ piŋ³¹²
指圈内干燥槽内清洁，牲口就会少生病。

君子报仇，十年不晚。
tçyn²⁴ tsʅ⁵⁵ pau³¹² tsʻou⁴²　sʅ⁴² nian⁴² pu²⁴ uan⁵⁵
指有修养的人报仇不必操之过急，要耐心等待有利时机。君子：有修养的人。

君子动口不动手。
tçyn²⁴ tsʅ⁵⁵ tuɤŋ³¹² kʻou⁵⁵ pu²⁴|⁴² tuɤŋ³¹² sou⁵⁵
指有修养的人总是以理服人，不会通过武力解决问题。也作："君子动口，小人动手。"

脚大走嘞稳，手大拿嘞准。
tçyo²⁴ ta³¹² tsou⁵⁵ lɛ·uɤn⁵⁵　sou⁵⁵ ta³¹² na⁴² lɛ·tsuɤn⁵⁵
指女孩子脚大、手大有好处。

脚快快不过雨，嘴硬说不过理。

tɕyo²⁴kʻuai³¹²kʻuai³¹²pu·kuo³¹²y⁵⁵　tsuei⁵⁵iŋ³¹²ɕyɛ²⁴pu·kuo³¹²li⁵⁵

指人输理，即使说话再蛮横、强硬也没有用，就像人跑得再快也快不过雨滴落下一样。

脚暖好睡觉。

tɕyo²⁴nuan⁵⁵xau⁵⁵sei³¹²tɕiau³¹²

指冬季双脚保暖有利于睡眠。

脚暖浑身暖。

tɕyo²⁴nuan⁵⁵xuɤn⁵⁵sɤn²⁴nuan⁵⁵

指人保暖双脚全身就会觉得暖和。

脚盆得刷嘞再净也是臊气得儿。

tɕyo²⁴pʻɤn⁴²tɛ·sua²⁴lɛ·tsai³¹²tɕiŋ³¹²iɛ⁵⁵ʂʅ³¹²sau²⁴tɕʻi·tər·

喻指事物一旦有了污点，便很难消除影响。得儿：助词，表示处于某种状态。

K

开船不等客。

kʻai²⁴tsʻuan⁴²pu²⁴tɤŋ⁵⁵kʻiɛ²⁴

船开了不会重新靠岸让客人再登一次船。喻指事情开始了就不会停下来。

开店不离柜台，打账不离算盘儿。

kʻai²⁴tian³¹²pu²⁴⁀⁴²li³¹²kuei³¹²tʻai⁴²　ta⁵⁵tsaŋ³¹²pu²⁴⁀⁴²li³¹²suan³¹²pʻar⁴²

指干什么事情都应该兢兢业业，一丝不苟。打账：算账。

开开庙门儿逗有烧香嘞。

kʻai²⁴kʻai²⁴miau³¹²mər⁴²tou³¹² iou⁵⁵sau²⁴ɕiaŋ²⁴lɛ·

喻指只要经营，就有顾客光顾。

开饭店嘞不怕大肚得。

kʻai²⁴fan³¹²tian³¹²nɛ· pu²⁴⁀⁴²pʻa³¹²ta³¹²tu³¹²tɛ·

指开饭店的喜欢"吃货"。也泛指生意人喜欢顾客多买东西。

开个饭铺儿，顶个干部儿。

kʻai²⁴kɤ·fan³¹²pʻur³¹²　tiŋ⁵⁵kɤ·kan³¹²pur³¹²

指开饭店效益不错。饭铺儿：饭馆儿。

开弓逗冇回头箭。

kʻai²⁴kuɤŋ²⁴tou³¹² mou³¹²xuei⁴²tʻou⁴²tɕian³¹²

喻指事情一旦开始，只能继续下去，不能后退。

开局得争先。

kʻai²⁴ tɕy⁴²tɛ²⁴tsɤŋ²⁴ɕian²⁴

下棋术语。开局时必须争先手，喻指万事抓好开头很重要。

开水不响，响水不开。

kʻai²⁴suei⁵⁵pu²⁴ɕiaŋ⁵⁵　ɕiaŋ⁵⁵⁀⁴²suei⁵⁵pu²⁴kʻai²⁴

喻指有本事的人不爱张扬，而没本事的人恰好相反。

看景不递听景。

kʻan³¹² tɕiŋ⁵⁵ pu²⁴⁻⁴² tiɜ¹² tʻiŋ²⁴ tɕiŋ⁵⁵

人们看到的景色实际上没有传说的那么美好。

糠能吃，气难受。

kʻaŋ²⁴ nɤŋ⁴² tsʻɿ²⁴　tɕʻi³¹² nan⁴² sou³¹²

指宁可吃糠咽菜，也不愿意受气。

靠人扶走不唠长路儿。

kʻau³¹² zɤn⁴² fu⁴² tsou⁵⁵ pu·lau·tsʻaŋ⁴² lur³¹²

喻指靠别人帮助自己不是长久之计。

靠山吃山，靠水吃水。

kʻau³¹² san²⁴ tsʻɿ²⁴ san²⁴　kʻau³¹² suei⁵⁵ tsʻɿ²⁴ suei⁵⁵

指所在地有什条件，就依靠什么生活。也喻指各行业的人都会凭借自身优势，从中获取利益。

靠天吃不唠饭，靠手啥事儿都能干。

kʻau³¹² tʻian²⁴ tsɿ²⁴ pu·lau·fan³¹²　kʻau³¹² sou⁵⁵ sa⁴² sər³¹² tou²⁴ nɤŋ⁴² kan³¹²

指只有靠勤劳的双手才能过上美好的生活。

靠天靠地，都不递自家争气。

kʻau³¹² tʻian²⁴ kʻau³¹² ti³¹²　tou²⁴ pu²⁴⁻⁴² ti³¹² tɕi³¹² tɕia·tsɤ²⁴ tɕʻi³¹²

指自己争气最为重要。自家：自己。

瞌睡多梦多。

kʻɤ⁴² sei·tuo²⁴ mɤŋ³¹² tuo²⁴

指睡觉时间越长，做的梦就越多。

可怜天下父母心。

kʻɤ⁵⁵ lian·tʻian²⁴ ɕia³¹² fu³¹² mu⁵⁵ ɕin²⁴

指父母为儿女操心一生。

可天底下嘞老得儿都向小得儿。

kʻɤ⁵⁵ tʻian²⁴ ti⁵⁵ ɕia·lɛ·lau⁵⁵ tər·tou²⁴ ɕiaŋ³¹² ɕiau⁵⁵ tər·

天下的父母总是偏爱最小的儿女。可：全。小得儿：排行小的。

客多店家欢。

k'iɛ²⁴tuo²⁴tian³¹²tɕia·xuan²⁴

指住店的客人多，店主忙碌。店家：开旅店的店主。

客进店，挑不烦。

k'iɛ²⁴tɕin³¹²tian³¹² t'iau²⁴pu²⁴fan⁴²

顾客进商店无论怎样挑拣，店主都应该笑脸相迎。

客走主人安。

k'iɛ²⁴tsou⁵⁵tsu⁵⁵zɤn·an²⁴

客人走了，主人才安生。

空心儿嘞管得敲住响。

k'uɤŋ²⁴ɕiər²⁴lɛ·kuan⁵⁵tɛ·tɕ'iau²⁴tɕ'y·ɕiaŋ⁵⁵

敲空心管子听着响声大。喻指越是没有学问的人越爱嚷嚷。

空闲手儿嘞，攥不上推车儿嘞，推车儿嘞攥不上挑担儿嘞。

k'uɤŋ²⁴ian·sor⁵⁵lɛ· nian⁵⁵pu·saŋ³¹²t'uei²⁴ts'or²⁴lɛ· t'uei²⁴ts'or²⁴lɛ·nian⁵⁵pu·saŋ³¹²t'iau²⁴tar³¹²lɛ·

指身上没有带东西的走路人攥不上推车的人，因为车的惯性拽着人走；推车的攥不上挑担子的人，因为挑担子人为节省体力必须快走。空闲手：空手。

口儿甜点儿利处是好办事儿。

k'or⁵⁵t'ian⁴²tiar·li³¹²tɕ'y·sɿ³¹²xau⁵⁵pan³¹²sər³¹²

指与人打交道时会说话容易办成事。利处：必定，副词。

口儿甜暖心，药苦治病。

k'or⁵⁵t'ian⁴²nuan⁵⁵ɕin²⁴ yo²⁴k'u⁵⁵tsɿ³¹²piŋ³¹²

指说话好听可以温暖人心，药虽苦却能治病。口儿甜：会说话。

哭嘞再恸，还不递活嘞时候儿端口凉水嘞。

k'u²⁴lɛ·tsai³¹²t'uɤŋ³¹² xan⁴²pu²⁴⁺⁴²ti³¹²xuo⁴²lɛ·sɿ⁴²xor·tuan²⁴k'ou·liaŋ⁴²suei⁵⁵lɛ·

哭得再悲伤，也不如老人生前给她递口水喝呢。指以实际行动孝敬老人才是最重要的。恸：极其悲哀。

窟窿大喽不发愁。

k'u²⁴luɤŋ·ta³¹²lou·pu²⁴fa²⁴ts'ou⁴²

指欠债过多无法偿还，也就用不着发愁了。窟窿：债务。

苦瓜籽儿结不唠甜瓜。

k'u^{55}kua・tsər^{55}tɕiɛ^{24}pu・lau・t'ian^{42}kua・

旧时喻指穷人的苦命是生就的。

快刀斩乱麻。

k'uai^{312}tau^{24}tsan^{55}luan^{312}ma^{42}

喻指处理事情要果断。

捆绑不成夫妻。

k'uɤn$^{55|42}$paŋ^{55}pu^{24}ts'ɤŋ^{42}fu^{24}tɕ'i^{24}

指强行撮合结不成夫妻。

L

拉到场嘞才一半儿了，装ᴰ芡得里头才算了事儿嘞。
la²⁴ tau·ts'aŋ⁴² lɛ·ts'ai⁴² i²⁴ ⁱ ⁴² par³¹² la·　tsuo²⁴ ɕyɛ⁴² tɛ·liou⁵⁵ ts'ai⁴² suan³¹² liau⁵⁵ sə r³¹² lɛ·
把庄稼拉到场里只能算完成了一半，把粮食装在芡里面才算完事儿。指粮食归仓才算完成了收割任务。动词变韵表示"终点"义，"装ᴰ"可替换为"装到"。

拉弓靠膀得，唱戏靠嗓得。
la²⁴ kuɤŋ²⁴ k'au³¹² paŋ⁵⁵ tɛ·　ts'aŋ³¹² ɕi³¹² k'au³¹² saŋ⁵⁵ tɛ·
喻指做事情必须依靠一定的条件。

拉秧得瓜儿不甜。
la²⁴ iaŋ²⁴ tɛ·kuɐr²⁴ pu²⁴ t'ian⁴²
指瓜秧最后结的瓜不太好吃。拉秧得：拔除瓜秧。

蜡不点不明，人不学不灵。
la²⁴ pu²⁴ tian⁵⁵ pu²⁴ miŋ⁴²　zɤn⁴² pu²⁴ ɕyo⁴² pu²⁴ liŋ⁴²
指人只有通过学习，才会变得聪明。

来嘞容易，去嘞马虎。
lai⁴² lɛ·yŋ⁴² i·　tɕ'y³¹² lɛ·ma⁵⁵ xu·
指事物取得的容易，耗掉的时候也就不珍惜了。马虎：草率。

来嘞早不递来嘞得巧。
lai⁴² lɛ·tsau⁵⁵ pu²⁴ ⁱ ⁴² ti³¹² lai⁴² lɛ·tɕ'iau⁵⁵
指机遇赶巧了，能给人带来好处。

懒汉，懒汉，光吃不干。
lan⁵⁵ xan³¹²　lan⁵⁵ xan³¹²　kuaŋ²⁴ ts'ɿ²⁴ pu²⁴ ⁱ ⁴² kan³¹²
懒人除了吃，什么都不愿意干。

懒汉活不长。

lan⁵⁵xan³¹²xuo⁴²pu·ts'aŋ⁴²

指懒人不会长寿。

懒汉睡不够。

lan⁵⁵xan³¹²sei³¹²pu·kou³¹²

指懒人总觉得睡眠不足。

懒汉嘴嘞明ᵖ个多。

lan⁵⁵xan³¹²tsuei⁵⁵lɛ·miɛ⁴²kɤ·tuo²⁴

指懒人做事总是拖拖拉拉。

懒家伙和稀泥。

lan⁵⁵tɕia²⁴xuo·xuo⁴²ɕi²⁴ni⁴²

指懒人做事图方便怕出力。和：在粉状物中加液体搅拌。

懒驴上套屎尿多。

lan⁵⁵ly⁴²saŋ³¹²tau³¹²sʅ⁵⁵niau³¹²tuo²⁴

喻指懒人干活总是找借口磨蹭。

懒人光想点得懒省事嘞法儿。

lan⁵⁵zɤn⁴²kuaŋ²⁴ɕiaŋ⁵⁵⁻⁴² tian·tɛ·lan⁵⁵sɤŋ⁵⁵sʅ³¹²lɛ·fɐr²⁴

指懒人满脑子都是偷懒的想法。点得：动量成分，言"多"。

懒人有懒福。

lan⁵⁵zɤn⁴²iou⁵⁵⁻⁴²lan⁵⁵fu²⁴

懒惰的人会遇上意想不到的好运气。

烂套得也能掖窟窿。

lan³¹²t'au³¹²tɛ·iɛ⁵⁵nɤŋ⁴²iɛ²⁴k'u²⁴luɤŋ·

指废物也可能有用处。烂套得：破棉絮。

狼吃羊，冇商量。

laŋ⁴²ts'ʅ²⁴iaŋ⁴² mou³¹²saŋ²⁴liaŋ·

指狼见羊必定要吃。也喻指恶人必定要害人。

狼窝嘞少不唠骨头。

laŋ⁴²uo²⁴lɛ·sau⁵⁵pu·lau·ku⁴²t'ou·

喻指坏人干坏事总会留下证据。

狼走千里吃人，狗到天边儿吃屎。

laŋ⁴² tsou⁵⁵ tɕ'ian²⁴ li⁵⁵ ts'ʅ⁴² zɤn⁴²　kou⁵⁵ tau³¹² t'ian²⁴ piar²⁴ ts'ʅ²⁴ sʅ⁵⁵

喻指坏人改不了害人的本性。

浪子回头金不换。

laŋ³¹² tsʅ⁵⁵ xuei⁴² t'ou⁴² tɕin²⁴ pu²⁴ xuan³¹²

指不务正业、游荡玩乐的青年人。能改邪归正，比金子都可贵。

老比小，小比老。

lau⁵⁵ pi⁵⁵⁺⁴² ɕiau⁵⁵　ɕiau⁵⁵ pi⁵⁵⁺⁴² lau⁵⁵

指人老了性格更像小孩了。

老兵怕号，新兵怕炮。

lau⁵⁵ piŋ²⁴ p'a³¹² xau³¹²　ɕin²⁴ piŋ²⁴ p'a³¹² p'au³¹²

指老兵怕吹冲锋号，因为冲锋号一响意味着很多人会牺牲；新兵怕炮声，一是因为炮声震耳欲聋，二是因为自身缺乏战斗经验，不会像老兵那样根据炮声来判断炮弹的落点。

老不看《三国》，少不看《水浒》。

lau⁵⁵ pu²⁴⁺⁴² k'an³¹² san²⁴ kuɛ²⁴　sau³¹² pu²⁴⁺⁴² k'an³¹² suei⁵⁵ xu⁴²

指《三国演义》主要讲谋略，老年人不宜看；《水浒传》主要讲造反，年轻人不宜看。《三国》：我国古代著名长篇历史小说《三国演义》。《水浒》：描写梁山好汉抗争官府的长篇小说《水浒传》。

老不能欺，少不能瞒。

lau⁵⁵ pu²⁴ nɤŋ⁴² tɕ'i²⁴　sau³¹² pu²⁴ nɤŋ⁴² man⁴²

做生意无论是对年龄大的，还是年龄小的都不应欺瞒。指买卖要公平。

老得儿得敬，小孩儿得哄。

lau⁵⁵ tər·tɛ²⁴ tɕiŋ³¹²　ɕiau⁵⁵ tər·tɛ²⁴ xuɤŋ⁵⁵

指对老人要孝敬，对小孩儿要哄逗。也作："老嘞得敬，小嘞得哄。"

老鸹叫不好。

lau⁵⁵ kua·tɕiau³¹² pu²⁴ xau⁵⁵

旧俗认为，做事情时遇到乌鸦叫不吉利。不好：不吉利。

老鸹笑猪黑，自家不觉嘞。

lau⁵⁵kua・ɕiau³¹²tɕy²⁴xiɛ²⁴ tɕi³¹²tɕia・pu²⁴tɕyo²⁴lɛ・

喻指人需要有自知之明。老鸹：乌鸦。

老虎嘞屁股不能摸。

lau⁵⁵⁻⁴²xu・lɛ・pʻi³¹²ku・pu²⁴nɤŋ⁴²mo²⁴

喻指厉害人物不容冒犯。

老虎也有栽嘴儿嘞时候儿。

lau⁵⁵⁻⁴²xu・iɛ⁵⁵⁻⁴²iou⁵⁵tsai²⁴tsuər²⁴lɛ・sʅ⁴²xor・

喻指强人也有疏忽的时候。栽嘴儿：打盹儿。

老将出马，一个顶俩。

lau⁵⁵tɕiaŋ・tɕʻy²⁴ma⁵⁵ i²⁴⁻⁴²kɤ・tiŋ⁵⁵⁻⁴²lia⁵⁵

喻指经验丰富的人出马，办事效率高。老将：久经沙场的将领，这里指经验多的人。

老了甭再提小嘞时候儿，穷了甭再提有嘞时候儿。

lau⁵⁵la・piŋ⁴²tsai³¹²tʻi⁴²ɕiau⁵⁵lɛ・sʅ⁴²xor・ tɕʻyŋ⁴²la・piŋ⁴²tsai³¹²tʻi⁴²iou⁵⁵lɛ・sʅ⁴²xor・

指年老了不要再说少年时的能耐，穷了不要再说当年的富有。有：富有。也作："老了甭再提当年，穷了甭再提有钱。"

老嘞不跟ᴰ小嘞争。

lau⁵⁵lɛ・pu²⁴kɛ²⁴ɕiau⁵⁵lɛ・tsɤŋ²⁴

指年长者应该容让青年人。

老嘞好吃，小嘞好穿。

lau⁵⁵lɛ・xau³¹²tsʻʅ²⁴ ɕiau⁵⁵lɛ・xau³¹²tsʻuan²⁴

年龄大的喜欢吃，年龄小的喜欢穿。好：喜欢。

老嘞借死吓人，小嘞拿哭恞人。

lau⁵⁵lɛ・tɕiɛ³¹²sʅ⁵⁵ɕia³¹²zɤn⁴² ɕiau⁵⁵lɛ・na⁴²kʻu³¹²ou³¹²zɤn⁴²

指老年人常用寻死的手段吓唬家人，小孩儿常用啼哭的手段使家人不愉快。恞：使……不愉快。

老牛嘞肉有嚼头儿，老人嘞话有听头儿。

lau⁵⁵niou⁴²lɛ·zou³¹²iou⁵⁵tɕyo⁴²tʻor· lau⁵⁵zɤn⁴²nɛ·xua³¹²iou⁵⁵tʻiŋ²⁴tʻor·

指老年人说的话包含深刻的道理，就像老牛肉越嚼越香一样。

老生得小儿不知道疼大人。

lau⁵⁵sɤŋ²⁴tɛ·ɕior³⁵pu²⁴tsʅ⁴²tau·tʻɤŋ⁴²ta³¹²zɤn·

指父母年龄大时生的儿子不知道心疼父母。小儿：儿子。

老实人吃亏。

lau⁵⁵sʅ·zɤn⁴²tsʻʅ²⁴kʻuei²⁴

人过于老实，就会处处吃亏。

老天爷叫你死嘞，你逗甭想活。

lau⁵⁵tʻian²⁴iɛ⁴²tɕiau³¹²ni·sʅ⁵⁵lɛ· ni⁵⁵tou³¹²piŋ⁴²ɕiaŋ⁵⁵xuo⁴²

旧指人的寿命是由上天安排的。安慰死者亲属时的常用语。

老乡见老乡，两眼泪汪汪。

lau⁵⁵ɕiaŋ²⁴tɕian³¹²lau⁵⁵ɕiaŋ²⁴ lian⁵⁵⁺⁴²ian⁵⁵luei³¹²uaŋ·uaŋ²⁴

同乡人在异地相见，格外亲切、激动。

老鼠拱不翻石碾盘。

lau⁵⁵ɕy·kuɤŋ⁵⁵pu·fan²⁴sʅ⁴²nian³¹²pʻan·

喻指弱小者掀不起大风浪。

老鼠见ᴰ猫逗瘫了。

lau⁵⁵ɕy·tɕiɛ³¹²mau⁴²tou³¹²tʻan²⁴na·

指老鼠的天敌是猫。动词变韵表示"完成"义，"见ᴰ"可以替换为"见喽"。瘫：瘫软。

老鼠怕天明。

lau⁵⁵ɕy·pʻa³¹²tʻian²⁴miŋ⁴²

指天亮了，老鼠就会躲进洞里。喻指坏人总是在暗处干坏事。

老鼠出来冇好事儿。

lau⁵⁵ɕy·tɕʻy²⁴lai·mou³¹²xau⁵⁵sər³¹²

指老鼠从洞里出来就会祸害人。喻指坏人一旦行动，肯定不会干好事。

老鹰抓兔得。
lau⁵⁵ iŋ²⁴ tsua²⁴ tʻu³¹² tɛ·

喻指一切都逃不开自然的法则。

姥娘养外甥儿，漫间地嘞撵旋风儿。
lau⁵⁵ niaŋ· iaŋ⁵⁵ uai³¹² sɐr· man³¹² tɕian· ti³¹² lɛ· nian⁵⁵ ɕyan³¹² fɐr·

指姥姥家的人养外甥不会得到回报。漫间地：野地。也作："姥娘养外甥儿，坷拉地嘞撵旋风儿。""姥娘抱外孙儿，不递抱门墩儿。"

涝天起雾天要晴。
lau³¹² tʻian²⁴ tɕʻi⁵⁵ u³¹² tʻian²⁴ iau³¹² tɕʻiŋ⁴²

指阴雨天出现大雾预示天要晴。

蝼蛄叫，晴天到。
lɛ²⁴ ku· tɕiau³¹² tɕʻiŋ⁴² tʻian²⁴ tau³¹²

指蝼蛄鸣叫，预示晴天即将到来。蝼蛄：昆虫名，通称拉拉蛄。

冷不冷得带衣裳，饥不饥得带干粮。
lɤŋ⁵⁵ pu· lɤŋ⁵⁵ tɛ²⁴ tai²⁴ i²⁴ saŋ· tɕi²⁴ pu· tɕi²⁴ tɛ²⁴ tai²⁴ kan²⁴ liaŋ·

指出远门要带够生活必需品，以备急需。

立罢秋，拜扇儿丢。
li²⁴ pa³¹² tɕʻiou²⁴ pai³¹² sar³¹² tiou²⁴

立秋以后天气变凉，用不着扇子了。立秋：节气中的第13个（公历每年8月7—9日之间），标志秋季开始。拜：把，介词。

立罢秋逗冇ᴰ歇晌了。
li²⁴ pa³¹² tɕʻiou²⁴ tou³¹² ma³¹² ɕiɛ²⁴ tsʻɐr⁵⁵ la·

指立秋过后农事繁忙，吃过中午饭就不再休息了。歇晌：夏天午饭后休息。动词变韵表示"完成"义。

立罢秋，挂锄钩。
li²⁴ pa³¹² tɕʻiou²⁴ kua³¹² tsʻu⁴² kou²⁴

指立秋过后，庄稼地里的杂活就不多了。

立罢夏，豌豆炸。
li²⁴ pa³¹² ɕia³¹² uan²⁴ tou· tsa³¹²

立夏后豌豆成熟。立夏：节气中的第 7 个（公历每年 5 月 5—7 日之间），标志夏季开始。

立冬白菜肥。

li²⁴tuɤŋ²⁴pɛ⁴²ts'ai³¹²fei⁴²

立冬时白菜的味道很美。立冬：节气中的第 19 个（公历每年 11 月 7—8 日之间），标志冬季开始。肥：肥美。

立冬不倒针，不递土里头闷。

li²⁴tuɤŋ²⁴pu²⁴tau⁵⁵tsʏn²⁴　pu²⁴⁺⁴²ti³¹²t'u⁵⁵⁺⁴²liou⁵⁵mʏn²⁴

小麦如果在立冬时不发棵，不如来年春天再发芽，以免遭受霜冻。倒针：小麦发棵。

立冬不剜葱，落个一场空。

li²⁴tuɤŋ²⁴pu²⁴uan²⁴ts'uɤŋ²⁴　luo²⁴kɤ·i²⁴ts'aŋ⁵⁵k'uɤŋ²⁴

到了立冬时节还不收葱，葱就会烂在地里。

立冬种菠菜。

li²⁴tuɤŋ²⁴tsuɤŋ³¹²po²⁴ts'ai·

立冬时适宜栽种菠菜。

立喽冬，快剜葱。

li²⁴lou·tuɤŋ²⁴　k'uai³¹²uan²⁴ts'uɤŋ²⁴

指立冬以后天气变冷，如果不尽早收了大葱，就会因霜冻而受损失。

立秋多雨过年旱。

li²⁴tɕ'iou²⁴tuo²⁴y⁵⁵kuo³¹²nian·xan³¹²

指立秋时节雨多，预示来年干旱。

立秋三天遍地红。

li²⁴tɕ'iou²⁴san²⁴t'ian²⁴pian³¹²ti³¹²xuɤŋ⁴²

指到了秋天，许多农作物已经成熟。

立秋十八天，是草都打籽儿。

li²⁴tɕ'iou²⁴sʅ⁴²pa²⁴t'ian²⁴　sʅ³¹²ts'au⁵⁵tou²⁴ta⁵⁵⁺⁴²tsər⁵⁵

立秋十八天以后，各种草本植物都会结籽。

立秋有雨样样儿收，立秋冇雨一半儿收。

li²⁴tɕ'iou²⁴iou⁵⁵⁺⁴²y⁵⁵iaŋ³¹²iɚ³¹²sou²⁴　li²⁴tɕ'iou²⁴mou²⁴y⁵⁵i²⁴⁺⁴²par³¹²sou²⁴

立秋时节如果下雨，农作物就都会丰收；立秋时节如果没有雨，农作物就会减产。

立秋栽葱，白露种蒜。

li²⁴tɕ'iou²⁴tsai²⁴tsʻuɤŋ²⁴　pɛ⁴²lu³¹²tsuɤŋ³¹²suan³¹²

立秋时适宜栽种葱，白露时适宜种植蒜。

立夏到小满，种菜都不晚。

li²⁴ɕia³¹²tau³¹²iau⁵⁵⁼⁴²man·　tsuɤŋ³¹²tsʻai³¹²tou²⁴pu²⁴uan⁵⁵

指立夏到小满时节适宜种植蔬菜。

立夏穗儿不齐，割喽去喂驴。

li²⁴ɕia³¹²suər³¹²pu²⁴tɕ'i⁴²　kɤ²⁴lou·tɕ'y³¹²uei³¹²ly⁴²

到了立夏时节，没有抽穗的麦苗就不会结籽了。

立夏种高粱。

li²⁴ɕia³¹²tsuɤŋ³¹²kau²⁴liaŋ·

指立夏前后适宜种植高粱。

立ᴰ那儿细，杌倒喽粗。

liɛ²⁴nɐr·ɕi³¹²　u³¹²tau⁵⁵lou·tsʻu²⁴

指伐树时看着树木比较细，砍倒时发现很粗。杌：用斧子或刀砍。立ᴰ：立到。动词变韵表示"终点"义。

立ᴰ那儿说话儿不腰疼。

liɛ²⁴nɐr·ɕyɛ²⁴xuɐr³¹²pu²⁴iau²⁴t'ɤŋ·

喻指事情没有落在自己身上，站在一边说轻松话是很容易的。带有讥讽或戏谑的意味。立ᴰ：同上一条谚语。

狸猫冇在家，老鼠满屋得爬。

li⁴²mau⁴²mou³¹²tai³¹²tɕia²⁴　lau⁵⁵ɕy·man⁵⁵u²⁴tɛ·pʻa⁴²

喻指强者不在，弱者逞能。

犁地不耙，功夫白下。

li⁴²ti³¹²pu²⁴⁼⁴²pa³¹²　kuɤŋ²⁴fu·pɛ⁴²ɕia³¹²

指犁地后的耙地非常重要。

犁地得深，耙地得平。

li⁴²ti³¹²tɛ²⁴tsʻɤn²⁴　pa³¹²ti³¹²tɛ²⁴pʻiŋ⁴²

指犁得深、耙得平是做好播种、栽种工作的基础。

犁地离不唠胯，推车得离不唠把。
li⁴²ti³¹²li³¹²pu·lau·kʻua⁵⁵　tʻuei²⁴tsʻɛ²⁴tɛ·li³¹²pu·lau·pa⁵⁵

指犁地胯要使劲，推车子手要使劲。胯：腰两侧和大腿间的部位。

犁嘞深，耙嘞细，麦苗必定能出齐。
li⁴²lɛ·tsʻɤn²⁴　pa³¹²lɛ·ɕi³¹²　mɛ²⁴mior⁴²pi⁵⁵tiŋ³¹²nɤŋ⁴²tɕʻy²⁴tɕʻi⁴²

指精耕细作麦种能够全部发芽。

犁嘞深，耙嘞细，一亩能顶二亩地。
li⁴²lɛ·tsʻɤn²⁴　pa³¹²lɛ·ɕi³¹²　i²⁴mu⁵⁵nɤŋ⁴²tiŋ⁵⁵ɚ³¹²mu⁵⁵ti³¹²

指精耕细作，庄稼能够大幅增产。

犁嘞好，耙嘞好，光长庄稼不长草。
li⁴² lɛ·xau⁵⁵　pa³¹² lɛ·xau⁵⁵　kuaŋ²⁴ tsaŋ⁵⁵ tsuaŋ²⁴ tɕia·pu²⁴ tsaŋ⁵⁵⁻⁴² tsʻau⁵⁵

指把土地犁好耙匀，庄稼才能长好。

犁三耙四锄五遍，天不下雨也耐旱。
li⁴²san²⁴pa³¹²sʅ³¹²tsʻu⁴²u⁵⁵pian³¹²　tʻian²⁴pu²⁴⁻⁴²ɕia³¹²y⁵⁵iɛ⁵⁵nai³¹²xan³¹²

指多犁地、多耙地、多锄草，能增强庄稼的耐旱性。

梨花儿怕风桃怕雨。
li⁴²xuɐr²⁴pʻa³¹²fɤŋ²⁴tʻau⁴²pʻa³¹²y⁵⁵

指梨树开花时怕雨打，桃树开花时怕风吹。

礼多人不怪，盐多菜不坏。
li⁵⁵tuo²⁴zɤn⁴²pu²⁴⁻⁴²kuai³¹²　ian⁴²tuo²⁴tsʻai³¹²pu²⁴⁻⁴²xuai³¹²

指多礼节没有人会责怪，就像盐放多了腌的菜不易变质一样。

理正人人服。
li⁵⁵tsɤŋ³¹²zɤn⁴²zɤn⁴²fu⁴²

指道理正当别人就会服气。

理儿怕来回想。
liər⁵⁵pʻa³¹²lai⁴²xuei·ɕiaŋ⁵⁵

指道理只要反复思考，就会想明白。

鲤鱼肉，鲶鱼汤，论吃还是圪亚香。

li⁵⁵y・zou³¹² nian³¹²y・t'aŋ²⁴ luɤn³¹²ts'ʅ²⁴xan⁴²sʅ³¹²kiɛ⁴²ia・ɕiaŋ²⁴

指和鲤鱼、鲶鱼相比，三枪鱼肉吃起来最香。圪亚：三枪鱼。

利儿薄招远客。

liər³¹²po⁴²tsau²⁴yan⁵⁵k'iɛ²⁴

指薄利多销可以招徕远方的顾客。

离ᴅ你恁个茄得棵儿，照样儿能吊死ᴅ人。

liɛ³¹²ni⁵⁵nɤn³¹²kɤ・tɕ'iɛ⁴²tɛ・k'uor²⁴ tsau³¹²iɐr³¹²nɤŋ⁴²tiau³¹²sɛ・zɤn⁴²

喻指离开某种条件，事情照样能办得成。恁个：那一个。动词"离"变韵表示"完成"义，可以替换为"离喽"。动词"死"变韵表示加强肯定语气义。

离ᴅ钱儿不能活。

liɛ³¹²tɕ'iar⁴²pu²⁴nɤŋ⁴²xuo⁴²

指金钱是人们生活中必不可少的东西。动词变韵表示"完成"义，"离ᴅ"可以替换为"离喽"。

俩钱儿嘞不跟一个钱儿嘞人儿说话。

lia⁵⁵tɕ'iar⁴²lɛ・pu²⁴kɛ²⁴i²⁴│⁴²kɤ・tɕ'iar⁴²lɛ・zər⁴²ɕyɛ²⁴xuɐr³¹²

指身份地位不同的人很难交往。

脸难看不能怨镜得。

lian²⁴nan⁴²k'an³¹²pu²⁴nɤŋ⁴²yan³¹²tɕiŋ³¹²tɛ・

喻指自己有问题，不能推卸责任，埋怨别人。

楝花儿开，打□□。

lian³¹²xuɐr²⁴k'ai²⁴ ta⁵⁵kiɛ²⁴pai・

指农历三四月份楝树开花的时候，适宜制作袼褙。□□：用碎布或旧布加衬纸裱成的厚片，多用来做布鞋底。该词的本字可能是"袼褙"。

凉粪果木热粪菜，生粪上地连根儿坏。

lian⁴²fɤn³¹²kuo³¹²mu²⁴ zɛ²⁴fɤn³¹²ts'ai³¹² sɤŋ²⁴fɤn³¹²saŋ³¹²ti³¹²lian⁴²kə r²⁴xuai³¹²

指凉粪适宜给果树施肥，热粪适宜给蔬菜施肥，生粪不宜施肥。凉粪：凉性粪，即肥效慢但肥效时间长的粪，如：猪粪、牛粪等。热粪：热性粪，即肥效快但肥效时间短的粪，如：马粪、羊粪等。生粪：未经发酵腐熟的粪。

两家儿不住一个院儿，三家不䉕一个场。

liaŋ⁵⁵ tɕiɐr²⁴ pu²⁴⁼⁴² tɕy³¹² i²⁴⁼⁴² kɤ・yar³¹²　san²⁴ tɕiɐr²⁴ pu²⁴ xuo⁵⁵ i²⁴⁼⁴² kɤ・tsʻaŋ⁴²

指不同家庭的成员天天在一起，难免会产生各种各样的问题。䉕：共用。

两口得冇隔夜仇。

liaŋ⁵⁵⁼⁴² kʻou⁵⁵ te・mou³¹² kiɛ²⁴ iɛ³¹² tsʻou⁴²

指夫妻之间的矛盾很容易消除。也作："两口得打架不记仇。"

量儿大福也大。

liɐr³¹² ta³¹² fu²⁴ iɛ・ta³¹²

指人的气量大，福气也就会大。量儿：肚量、气量。

临阵磨枪，不利也光。

lin⁴² tsɤn³¹² mo⁴² tɕʻiaŋ²⁴　pu²⁴⁼⁴² li³¹² iɛ⁵⁵ kuaŋ²⁴

快打仗了，才匆忙地打磨枪头，虽然不锋利，但也显得光亮些。喻指虽平时没有准备，事情来了临时突击一下，也能管点用。

零花儿怕总算。

liŋ⁴² xuɐr²⁴ pʻa³¹² tsuɤŋ⁵⁵ suan³¹²

指家里的日常开销，总算起来是非常客观的。劝人注意节俭。

□□舔舔，吃碗饱饭。

liou²⁴ liou・tʻian⁵⁵⁼⁴² tʻian・　tsʻɿ²⁴ uan・pau⁵⁵ fan³¹²

指巴结、逢迎有权势的人往往会得到实际好处。□：巴结。舔：用舌头沾取，这里指巴结。

流多少汗，吃多少饭。

liou⁴² tuor²⁴ xan³¹²　tsʻɿ²⁴ tuor²⁴ fan³¹²

喻指有多少付出就有多少收获。"多少"读合音。

柳毛得开花儿，点豆得种瓜儿。

liou⁵⁵ mau⁴² tɛ・kʻai²⁴ xuɐr²⁴　tian⁵⁵ tou³¹² tɛ・tsuɤŋ³¹² kuɐr²⁴

指柳絮纷飞的时候，适宜点种棉花、瓜类。

柳树不怕淹，松树不怕干。

liou⁵⁵ ɕy · pu²⁴ˈ⁴² p'a³¹² ian²⁴　ɕyŋ²⁴ ɕy · pu²⁴ˈ⁴² p'a³¹² kan²⁴

指柳树耐涝，松树耐旱。

六天早，九天迟，七天、八天正合适。

liou³¹² t'ian²⁴ tsau⁵⁵　tɕiou⁵⁵ t'ian²⁴ tsʅ⁴²　tɕ'i²⁴ t'ian²⁴ pa²⁴ t'ian²⁴ tsɤŋ³¹² xɤ⁴² sʅ²⁴

指麦子播种以后麦芽七八天就会露头。

六月不热，五谷不结。

liou³¹² yɛ²⁴ pu²⁴ zɛ²⁴　u⁵⁵ ku²⁴ pu²⁴ tɕiɛ²⁴

六月气温不高，粮食就要减产。五谷：这里泛指粮食作物。

六月嘞立秋，瓜、菜不收。

liou³¹² yɛ²⁴ lɛ · li⁴²　k'ɤn⁵⁵ ɕy³¹² p'i⁴²

指六月份立秋，预示庄稼收成不好。

六月嘞犁，啃树皮。

liou³¹² yɛ²⁴ lɛ · li⁴² k'ɤn⁵⁵ ɕy³¹² p'i⁴²

指六月里的梨子还没有成熟，因皮太厚而不好吃。

六月嘞瞧苗儿，七月嘞瞧桃儿。

liou³¹² yɛ²⁴ lɛ · tɕ'iau⁴² mior⁴²　tɕ'i²⁴ yɛ²⁴ lɛ · tɕ'iau⁴² t'or⁴²

指棉花能不能丰收，六月里可以从棉花苗的长势来推断，七月里就可以从棉桃下定论了。桃儿：棉桃。

六月嘞天，小孩儿嘞脸。

liou³¹² yɛ²⁴ lɛ · t'ian²⁴　ɕiau⁵⁵ xar⁴² lɛ · lian⁵⁵

指农历六月的天气阴晴变化很快。

六月犁嘞深，黄土变成金。

liou³¹² yɛ²⁴ li⁴² lɛ · ts'ɤn²⁴　xuaŋ⁴² t'u⁵⁵ pian³¹² ts'ɤŋ⁴² tɕin²⁴

指六月犁地犁得深，农作物才能长得壮。

六月六，晒谷秀。

liou³¹² yɛ²⁴ liou³¹² sai³¹² ku²⁴ ɕiou³¹²

指农历六月初六是谷子抽穗灌浆的时节。

六月六，压石榴。

liou³¹² yɛ²⁴ liou³¹²　ia²⁴ sʅ⁴² liou·

指农历六月初六左右，适宜培育石榴新苗。压石榴：压石榴条子。

龙多喽旱，人多喽乱。

luɤŋ⁴² tuo²⁴ lou·xan³¹²　zɤn⁴² tuo²⁴ lou·luan³¹²

指管事、做事的人多了，因相互依靠或意见不一反而不好办事。

龙生龙，凤生凤，老鼠生就嘞会打洞。

luɤŋ⁴² sɤŋ²⁴ luɤŋ⁴²　fɤŋ³¹² sɤŋ²⁴ fɤŋ³¹²　lau⁵⁵ çy·sɤŋ²⁴ tçiou³¹² lɛ·xuei³¹² ta⁵⁵ tɤŋ³¹²

喻指什么样的父母养出什么样的子女。生就：生来就有。

龙头不摆，龙尾巴难甩。

luɤŋ⁴² t'ou⁴² pu²⁴ pai⁵⁵　luɤŋ⁴² i⁵⁵ pa·nan⁴² sai⁵⁵

指舞龙的要领。也喻指领导不带头，群众难以行动起来。

露头儿嘞椽得先糟。

lou³¹² t'or⁴² lɛ·ts'uan⁴² tɛ·çian²⁴ tsau²⁴

出头的椽子因为遭受更多的风吹日晒雨淋会先腐朽。喻指抢出风头的人最容易受挫。椽得：椽子，放在檩上架着屋面和瓦的木条或木棍。糟：沤烂。

卤水点豆腐，一物降一物。

lu⁵⁵⁻⁴² suei·tian⁵⁵ tou³¹² fu·　i²⁴⁻⁴² u³¹² çiaŋ⁴² i²⁴⁻⁴² u³¹²

指任何事物总是能被另一事物所制服。卤水：石膏。降：使驯服。

路得一步一步嘞走，饭得一口一口嘞吃。

lu³¹² tɛ²⁴ i²⁴⁻⁴² pu³¹² i²⁴⁻⁴² pu³¹² lɛ·tsou⁵⁵　fan³¹² tɛ²⁴ i²⁴ k'ou⁵⁵ i²⁴ k'ou⁵⁵ lɛ·ts'ʅ²⁴

喻指做事要循序渐进，一步一步来，不能急于求成。

路冇平嘞，河冇直嘞。

lu³¹² mou³¹² p'iŋ⁴² lɛ·　xɤ⁴² mou³¹² tsʅ⁴² lɛ·

喻指事情没有一帆风顺的。

路冇走不着嘞路，人冇用不着嘞人。

lu³¹² mou³¹² tsou⁵⁵ pu·tsuo⁴²lɛ·lu³¹²　zɤn⁴² mou³¹² yŋ³¹² pu·tsuo⁴²lɛ·zɤn⁴²

指人做事都应该给自己留有后路。

路是人开嘞，树是人栽嘞。

lu³¹² sŋ³¹² zɤn⁴² k'ai²⁴lɛ·　ɕy³¹² sŋ³¹² zɤn⁴² tsai²⁴lɛ·

指无论什么事情都要靠人努力去做。

路是人走出来嘞。

lu³¹² sŋ³¹² zɤn⁴² tsou⁵⁵ tɕ'y·lai·lɛ·

喻指良好的局面靠人努力开创。也喻指解决问题的办法是在实践中摸索出来的。

路是弯嘞，理儿是直嘞。

lu³¹² sŋ³¹² uan²⁴ nɛ·　liər⁵⁵ sŋ³¹² tsŋ⁴²lɛ·

指只要有理，再难走的路也行得通。

路儿远不捎针。

lur³¹² yan⁵⁵ pu²⁴ sau²⁴ tsɤn²⁴

喻指帮助别人要量力而行。也作："千里不捎针。"

驴不打，磨不转。

ly⁴² pu²⁴ ta⁵⁵　mo³¹² pu²⁴⁻⁴² tsuan³¹²

喻指对不求上进的人要加强监督、惩戒。

驴打秃噜牛倒沫，逗是有病也不多。

ly⁴² ta⁵⁵ t'u²⁴ lu·niou⁴² tau³¹² mo²⁴　tou³¹² sŋ·iou⁵⁵ piŋ³¹² iɛ⁵⁵ pu²⁴ tuo³¹²

指打着响鼻的驴、倒嚼着的牛一般不会有病。倒沫：反刍。

驴耳道长，马耳道短，兔得嘞耳道听嘞远。

ly⁴² ər⁵⁵ tau·ts'aŋ⁴²　ma⁵⁵⁻⁴² ər⁵⁵ tau·tuan⁵⁵　t'u³¹² tɛ·lɛ·ər⁵⁵ tau·t'iŋ²⁴lɛ·yan⁵⁵

喻指爱听闲话的人总是四处打探。

驴拉磨，马拉耧，犁地还是大黄牛。

ly⁴² la²⁴ mo³¹²　ma⁵⁵ la²⁴ lou⁴²　li⁴² ti³¹² xan⁴² sŋ³¹² ta·xuaŋ⁴² niou⁴²

指牲口特点不同，使用方式也就不同。也喻指人各有特点，要针对特长使用。

驴老牙长，马老牙黄。
ly^{42} lau^{55} ia^{42} ts'aŋ^{42}　ma$^{55|42}$ lau^{55} ia^{42} xuaŋ^{42}
指从牙齿可以判断出驴和马的年龄。

驴骑后，马骑前，骡得骑住正中间。
ly^{42} tɕ'i^{42} xou^{312}　ma^{55} tɕ'i^{42} tɕian^{42}　luo^{42} tɛ·tɕ'i^{42} tɕ'y^{312} tsɤŋ^{312} tsuɤŋ^{24} tɕian^{24}
指人骑乘驴、马、骡子的位置各不相同。

驴嘴能拴住，人嘴拴不住。
ly^{42} tsuei^{55} nɤŋ^{42} suan^{24} tɕ'y^{312}　zɤn^{42} tsuei^{55} suan^{24} pu·tɕ'y^{312}
指没有办法管住别人说话。

乱棍能打死^{D}老师傅。
luan^{312} kuɤn^{312} nɤŋ^{42} ta^{55} sɛ·lau^{55} sʅ^{24} fu·
喻指做事不能过于教条。乱棍：无套路的棍法。动词变韵表示加强肯定语气义。

乱烧香得罪神，乱说话得罪人。
luan^{312} sau^{24} ɕiaŋ^{24} tɛ^{24} tsuei·sɤn^{42}　luan^{312} ɕyɛ^{24} xua^{312} tɛ^{24} tsuei·zɤn^{42}
指说话办事需要有分寸。

乱世出英雄。
luan^{312} sʅ^{312} tɕ'y^{24} iŋ^{24} ɕyŋ·
指英雄人物往往出现在动乱年代。

乱世人命不值钱。
luan^{312} sʅ^{312} zɤn^{42} miŋ^{312} pu^{24} tsʅ^{42} tɕ'ian^{42}
指动乱年代人的生命权不受重视。

乱世砸家儿多。
luan^{312} sʅ^{312} tsa^{42} tɕiɐr·tuo^{24}
指动乱年代抢劫事件多发。砸家儿：抢劫者。

雷打秋，一半收。
luei^{42} ta^{55} tɕ'iou^{24}　i$^{24|42}$ par^{312} sou^{24}

指秋天打雷农作物会歉收。

雷轰天边儿，大雨连天儿；雷轰头顶，有雨不猛。

luei⁴² xuŋ²⁴ tʻian²⁴ piar²⁴　ta³¹² y⁵⁵ lian⁴² tʻiar²⁴　luei⁴² xuŋ²⁴ tʻou⁴² tiŋ⁵⁵ iou⁵⁵⁺⁴² y⁵⁵ pu²⁴ mɤŋ⁵⁵

远处响雷，预示接连几天有大雨；头顶上响雷，预示有小雨。

雷声踅圈得转，有雨冇多远。

luei⁴² sɤŋ²⁴ ɕyɛ⁴² tɕʻyan²⁴ tɛ · tsuan³¹²　iou⁵⁵⁺⁴² y⁵⁵ mou³¹² tuo⁴² yan⁵⁵

雷声从四面八方响起，预示马上会下雨。踅圈得：转圈子。

淋喽伏头，下到伏尾儿。

luɤn⁴² nou · fu⁴² tʻou⁴²　ɕia³¹² tau · fu⁴² iər⁵⁵

三伏天头一天下雨，则整个三伏天会雨多。尾儿：末尾。

论吃还是家常饭儿，论穿还是粗布衣。

luɤn³¹² tsʻʅ²⁴ xan⁴² sʅ³¹² tɕia²⁴ tsʻaŋ⁴² far³¹²　luɤn³¹² tsʻuan²⁴ xan⁴² sʅ³¹² tsʻu²⁴ pu³¹² i²⁴

家常便饭最好吃，粗布衣服穿着最舒服。

论难看—数死人嘞脸嘞。

luɤn⁴² nan⁴² kʻan³¹² i²⁴ su⁴² sʅ⁵⁵ zɤn⁴² nɛ · lian⁵⁵ nɛ ·

见："冇比ᴰ死人嘞难看嘞了。"—数：数得着。

萝卜白菜葱，多使大粪翁。

luo⁴² pu · pɛ⁴² tsʻai³¹² tsʻuŋ²⁴　tuo²⁴ sʅ⁵⁵ ta³¹² fɤn · uŋ²⁴

指萝卜、白菜、葱施肥适宜用人粪。

萝卜不怕痒，越薅越肯长。

luo⁴² pu · pu²⁴⁺⁴² pʻa³¹² iaŋ²⁴　yɛ²⁴ xau²⁴ yɛ²⁴ kʻɤn⁵⁵⁺⁴² tsaŋ⁵⁵

指经常拔草、锄地有利于萝卜生长。薅：拔（草）。

萝卜快喽不洗泥。

luo⁴² pu · kʻuai³¹² lou · pu²⁴ ɕi⁵⁵ ni⁴²

指萝卜卖得快的时候，连泥也来不及洗就拿去一块儿卖了。喻指一味追求速度，就顾不上质量或细节。

萝卜上市，医生冇事儿。

luo⁴² pu · saŋ³¹² sʅ³¹²　i³¹² sɤŋ²⁴ mou³¹² sər³¹²

指多吃萝卜有利于人的身体健康。

锣鼓不是偷敲嘞。

luo⁴²ku⁵⁵pu²⁴⁺⁴² sʅ³¹²tʻou²⁴tɕʻiau²⁴lɛ·

喻指干什么事情要光明磊落，不要怕别人知道。

M

蚂蚁搬家好下雨。
ma^{42}i·pan^{24}tɕia^{24}xau^{312}ɕia^{312}y^{55}
指蚂蚁纷纷出动，往高处迁移，预示要下雨。好：容易。

蚂蚁打长阵，下雨不过寸。
ma^{42}i·ta^{55}tsʻaŋ^{42}tsɤn^{312}　ɕia^{312}y^{55}pu$^{24\mid42}$kuo^{312}tsʻuɤn^{312}
蚂蚁摆长蛇阵，预示天要下雨，但不会下大。

蚂蚁垒坝，不阴逗下。
ma^{42}i·luei^{55}pa^{312}　pu^{24}in^{24}tou^{312}ɕia^{312}
指蚂蚁用泥土把窝围起来，预示不是阴天，就是雨天。

蚂蚁上树不怕高，有心学啥哪儿怕老。
ma^{42}i·saŋ^{312}ɕy^{312}pu$^{24\mid42}$pʻa^{312}kau^{24}　iou^{55}ɕin^{24}ɕyo^{42}sa·nɐr^{42}pʻa^{312}lau^{55}
指人有心学习不应该考虑年龄问题。

麻饼得瓜，豆饼得花。
ma^{42}piŋ^{42}tɛ·kua^{24}　tou^{312}piŋ^{55}tɛ·xua^{24}
指榨过油的蓖麻饼子、豆饼子适合作瓜类、棉花的肥料。

马不吃夜草不肥，人不得外财不富。
ma^{55}pu^{24}tsʻʅ^{24}iɛ^{312}tsʻau^{55}pu^{24}fei^{42}　zɤn^{42}pu^{24}tɛ^{24}uai^{312}tsʻai^{42}pu$^{24\mid42}$fu^{312}
指旧时人不获取分外之财，就不可能致富。外财：分外之财。

"马"不跳边儿。
ma^{55}pu^{24}tʻiau^{312}piar^{24}
指象棋术语，"马"往边上跳容易成"死马"。

马不知道自家嘞脸长，牛不知道自家嘞角弯。
ma^{55}　pu^{24}　tsʅ^{42}　tau·tɕi^{312}tɕia·lɛ·lian^{55}tsʻaŋ^{42}　niou^{42}pu^{24}tsʅ^{42}tau·

tɕi³¹² tɕia・lɛ・tɕyo²⁴ uan²⁴

喻指人往往会缺乏自知之明。

马防失蹄，人防失言。

ma⁵⁵faŋ⁴²ʂʅ²⁴t'i⁴²　zɤn⁴²faŋ⁴²ʂʅ²⁴ian⁴²

指人时刻要防止自己说出不该说的话，就像马要防跌倒一样。失蹄：因踩空或脚软而跌倒。失言：无意中说出不该说的话。

马快摇，牛慢摇，毛驴儿一步摇三摇。

ma⁵⁵k'uai³¹²iau⁴²　niou⁴²man³¹²iau⁴²　mau⁴²lyɐr⁴²i²⁴|⁴²pu³¹²iau⁴²san²⁴iau⁴²

马拉耧播种时人要快摇耧把，牛拉耧时要慢摇，驴拉耧时要不紧不慢地摇动。

马马蜓蜓低，满地都是泥。

ma⁵⁵ma・t'iŋ²⁴t'iŋ・ti²⁴　man⁵⁵ti³¹²tou⁵⁵ʂʅ³¹²ni⁴²

指雨后蜻蜓往往会低空飞行。马马蜓蜓：蜻蜓。"马"本字不明。

马怕露水搭，牛怕凉地趴。

ma⁵⁵p'a³¹²lu⁴²suei・ta²⁴　niou⁴²p'a³¹²liaŋ⁴²ti³¹²p'a²⁴

指马拴在露天、牛卧在冰凉的地上过夜都会生病。

马怕骑，人怕逼。

ma⁵⁵p'a³¹²tɕ'i⁴²　zɤn⁴²p'a³¹²pi²⁴

指人被逼急了，什么事情都做得出来。

马跑喽能抓住，话儿跑喽抓不住。

ma⁵⁵p'au⁵⁵lou・nɤŋ⁴²tsua²⁴tɕ'y³¹²　xuɐr³¹²p'au⁵⁵lou・tsua²⁴pu・tɕ'y³¹²

马跑了能够抓住，话传出去就收不回来了。指不利的事情一旦传出去，其负面影响是不可挽回的。

马善叫人骑，人善叫人欺。

ma⁵⁵san³¹²tɕiau³¹²zɤn⁴²tɕ'i⁴²　zɤn⁴²san⁴²tɕiau³¹²zɤn⁴²tɕ'i²⁴

指人过于善良容易受人欺负，就像马过于温驯谁都敢骑一样。

马瘦毛长，人瘦面黄。

ma⁵⁵sou³¹²mau⁴²ts'aŋ⁴²　zɤn⁴²sou³¹²mian³¹²xuaŋ⁴²

指马瘦了显得毛长，人瘦了显得脸色发黄。

马卧中心，不死也昏。

ma⁵⁵ uo³¹² tsuɤŋ²⁴ ɕin²⁴ pu²⁴ sʅ⁵⁵ iɛ⁵⁵ xuɤn²⁴

指下象棋时"马"走在自己"帅（将）"的上方位置，棋就很被动了。也作："马卧中心必有难。"

马走"日"，象（相）走"田"；车走直线，炮翻山。

ma⁵⁵ tsou⁵⁵ zʅ³¹² ɕiaŋ³¹² tsou⁵⁵ tʰian⁴² tɕy²⁴ tsou⁵⁵ tsʅ⁵⁵ ɕian³¹² pʻau³¹² fan²⁴ san²⁴

象棋术语。指主要棋子的基本走法。

买贵不买贱。

mai⁵⁵ kuei³¹² pu²⁴ mai⁵⁵ tɕian³¹²

指价格高的商品质量好，便宜的质量差。劝人们买东西时买质量好的更合算。

买家儿跟ᴅ卖家儿哪会儿也不一心儿。

mai⁵⁵ tɕiɐr · kɛ²⁴ mai⁵⁵ tɕiɐr · na⁵⁵ xuər · iɛ⁵⁵ pu²⁴ i²⁴ ɕiər²⁴

指顾客跟卖家出发点不同，想法永远不会一样。

买卖好做，伙计难打。

mai⁵⁵ mai · xau⁵⁵ tsu³¹² xuo⁵⁵ tɕi · nan⁴² ta⁵⁵

做买卖容易，但合伙相处很难。

买卖买卖，好买好卖。

mai⁵⁵ mai · mai⁵⁵ mai · xau⁵⁵ |⁴² mai⁵⁵ xau⁵⁵ mai³¹²

指买卖双方都应该态度和气。

买卖人嘴嘞冇实话儿。

mai⁵⁵ mai · zɤn⁴² tsuei⁵⁵ lɛ · mou³¹² sʅ⁴² xuɐr³¹²

指生意人在生意场上一般不说真话。

买卖人眼展毛都是空嘞。

mai⁵⁵ mai · zɤn⁴² ian⁵⁵ tsan · mau⁴² tou⁵⁵ sʅ³¹² kʻuɤŋ²⁴ lɛ ·

指生意人说话办事非常不实在。眼展毛：眉毛。

买卖赚嘞和气钱。

mai⁵⁵ mai · tsuan³¹² nɛ · xuo⁴² tɕʻi · tɕian⁴²

做买卖态度谦和才能赚钱。

买牛买个趴地虎，寻媳妇儿寻个大屁股。

mai⁵⁵ niou⁴² mai⁵⁵ kɣ·pʻa²⁴ ti³¹² xu⁵⁵　ɕin⁴² ɕi⁴² fur·ɕin⁴² kɣ·ta³¹² pʻi³¹² ku·

买牛买个腿短、粗壮的，这样的牛能干活；娶媳妇娶个屁股大的，这样的媳妇能生小孩儿、能发家。

买起ᴅ马喽逗能配起鞍，娶起ᴅ媳妇喽逗能管起饭。

mai⁵⁵⁻⁴² tɕʻiɛ⁵⁵ ma⁵⁵ lou·tou³¹² nɣŋ⁴² pʻei³¹² tɕʻi⁵⁵ an²⁴　tɕʻy⁵⁵ tɕʻiɛ⁵⁵ ɕi⁴² fur·lou·tou³¹² nɣŋ⁴² kuan⁵⁵⁻⁴² tɕʻi⁵⁵ fan³¹²

喻指有能力做某事情，就能负起相应的责任。动词变韵表示加强肯定语气义。两个分句中的后一个"起"也可变韵。

买庄得买地，不胜叫小儿学门儿手艺。

mai⁵⁵ tsuaŋ²⁴ tɛ·mai⁵⁵ ti³¹²　pu²⁴⁻⁴² sɣŋ³¹² tɕiau³¹² ɕior⁵⁵ ɕyo⁴² mər·sou⁵⁵ i·

指为后代购置家产比不上教他们学会生存技能。庄得：宅基地。小儿：儿子。

买针瞧鼻儿，买牛瞧蹄儿。

mai⁵⁵ tsɣn²⁴ tɕʻiau⁴² piər⁴²　mai⁵⁵ niou⁴² tɕʻiau⁴² tʻiər⁴²

喻指选择任何事物都有一定的标准。鼻儿：器物上的小孔。

卖瓜嘞不说瓜苦，卖酒嘞不说酒薄。

mai³¹² kua²⁴ lɛ·pu²⁴ ɕyɛ²⁴ kua²⁴ kʻu⁵⁵　mai³¹² tɕiou⁵⁵ lɛ·pu²⁴ ɕyɛ²⁴ tɕiou⁵⁵ po⁴²

指卖家不会说自己的商品不好。也喻指没人说自己的东西不好。

卖家儿都加幌得。

mai³¹² tɕiɐr⁵⁵ tou²⁴ tɕia²⁴ xuaŋ⁵⁵ tɛ·

指卖家要价时都有虚假成分，留有讨价还价的余地。幌得：店铺外表明所卖商品的标志，这里指谎话。

卖嘴嘞先生冇好药。

mai³¹² tsuei⁵⁵ lɛ·ɕian²⁴ sɣŋ　mou³¹² xau⁵⁵ yo²⁴

指花言巧语的大夫没有高明的医术。

瞒喽初一，也瞒不唠十五。

man⁴² nou·tsʻu²⁴ i²⁴　iɛ⁵⁵ man⁴² pu·lau·ʂʅ⁴² u⁵⁵

指事情终究是隐瞒不过去的。

满堂儿女，不递半路夫妻。
man^{55}t'aŋ^{42}ər^{42}ny^{55}　pu^{24}ǀ^{42}ti^{312}pan^{312}lur^{312}fu^{24}tɕ'i^{24}

儿女再多，也抵不上夫妻之间的体贴关照。指夫妻之间的感情远超儿女对父母的感情。

慢工出细活儿。
man^{312}kuɤŋ^{24}tɕ'y^{24}ɕi^{312}xuor^{42}

原指工匠慢雕细作才能制出精美的成品。指做事情要循序渐进，不能急于求成。

忙喽进财，闲喽添病。
maŋ^{42}lou·tɕin^{312}ts'ai^{42}　ɕian^{42}nou·t'ian^{24}piŋ^{312}

指忙于做事能收入钱财，无事可做会使人生病。

忙时候儿使嘞勤，喂嘞得应心。
maŋ^{42}sŋ^{42}xor·sŋ^{55}lɛ·tɕ'in^{42}　uei^{312}lɛ·tɛ^{24}iŋ^{24}ɕin^{24}

指农忙时使唤牲口次数多，喂养必须操心。

芒种不出苗儿，老喽不结桃儿。
maŋ^{42}tsuɤŋ·pu^{24}tɕ'y^{24}mior^{42}　lau^{55}lou·pu^{24}tɕiɛ^{24}t'or^{42}

指芒种时棉花还不出苗，最后就不会结棉桃。芒种：节气中的第 9 个（公历每年 6 月 6—7 日之间）。"芒"指小麦等有芒作物已成熟，"种"指此时是播种晚谷等作物最忙的季节，故得名。

芒种蛾儿多，夏至虫儿多。
maŋ^{42}tsuɤŋ·or^{42}tuo^{24}　ɕia^{312}tsŋ^{312}ts'uɐr^{42}tuo^{24}

指芒种时麦蛾多，到夏至时孵出的幼虫就会很多。

芒种见麦芒儿。
maŋ^{42}tsuɤŋ·tɕian^{312}mɛ^{24}uɐr^{42}

指芒种时节小麦开始抽穗。

芒种芒种，抢收抢种。
maŋ^{42}tsuɤŋ·maŋ^{42}tsuɤŋ·　tɕ'iaŋ^{24}sou^{24}tɕ'iaŋ^{24}tsuɤŋ^{312}

指芒种前后要抓紧收割夏熟作物，播种秋季作物。

芒种前，好种棉；芒种后，好种豆。

maŋ⁴² tsuɤŋ·tɕʻian⁴²　xau⁵⁵ tsuɤŋ³¹² mian⁴²　maŋ⁴² tsuɤŋ·xou³¹²　xau⁵⁵ tsuɤŋ³¹² tou³¹²

指芒种前适宜种棉花，芒种后适宜种豆类植物。

茅得还新三天嘞。

mau⁴²tɛ·xan⁴²ɕin²⁴san²⁴tʻian²⁴nɛ·

指使用新东西时要格外注意爱护、保养。茅得：茅厕。

茅缸得臭，天得漏。

mau⁴²kaŋ²⁴tɛ·tsʻou³¹²　tʻian²⁴tɛ²⁴lou³¹²

指茅厕的粪缸变得臭味很重，预示天要下雨。

猫不急不上树，狗不急不跳墙。

mau⁴² pu²⁴tɕi⁴² pu²⁴|⁴² saŋ³¹² ɕy³¹²　kou⁵⁵ pu²⁴tɕi⁴² pu²⁴|⁴² tʻiau³¹² tɕʻiaŋ⁴²

猫、狗急了会有非常之举。也喻指人被逼急了，什么事都能做得出来。

猫吃腥，狗吃屎。

mau⁴² tsʻʅ²⁴ɕiŋ²⁴　kou⁵⁵ tsʻʅ²⁴sʅ⁵⁵

喻指恶人改不了干坏事的本性。

猫狗儿识温存。

mau⁴²kor⁵⁵sʅ⁵⁵uɤn²⁴tsʻuɤn·

猫和狗也懂得主人对它们的体贴照顾。喻指人总能领会别人对自己的关怀照顾。识：识别。温存：温柔体贴。

麦得不倒，离不唠棉袄。

mɛ²⁴tɛ·pu²⁴tau　li³¹²pu·lau·mian⁴²au⁵⁵

指麦收前，早晨和晚上气温还很低。

麦得不怕草，逗ᴅ怕坷垃咬。

mɛ²⁴ tɛ·pu²⁴|⁴² pʻa³¹² tsʻau⁵⁵　to³¹² pʻa³¹² kʻiɛ⁵⁵ la·iau⁵⁵

麦苗不怕草幠，怕的是没有出苗前被土块压住。指播种小麦要精耕细作。坷垃：土块。

麦得锄三遍，隔皮儿瞧着面。

mɛ²⁴tɛ·tsʻu⁴²san²⁴|⁴²pian³¹²　kiɛ²⁴pʻiər⁴²tɕʻiau⁴²tsuo·mian³¹²

指多锄麦子一定能丰产。

麦得锄三遍冇沟，豆得锄三遍圆溜溜。

mɛ²⁴tɛ·tsʻu⁴² san²⁴⁻⁴² pian³¹² mou³¹² kou²⁴　tou³¹²tɛ·tsʻu⁴² san²⁴⁻⁴² pian³¹² yan⁴²liou·liou⁴²

指多锄小麦、豆子，一定能丰产。

麦得单等四月齐。

mɛ²⁴tɛ·tan²⁴tɤŋ⁵⁵sʅ³¹²yɛ²⁴tɕʻi⁴²

指农历四月份，小麦就抽穗完毕。单：就。

麦得浇芽儿，豆得浇花儿。

mɛ²⁴tɛ·tɕiau²⁴iɐr⁴²　tou³¹²tɛ·tɕiau²⁴xuɐr²⁴

指麦子幼苗期需要加强灌溉，豆类植物需要在开花期加强灌溉。

麦得浇小，谷得浇老。

mɛ²⁴tɛ·tɕiau²⁴ɕiau⁵⁵　ku²⁴tɛ·tɕiau²⁴lau⁵⁵

指麦子幼苗期需要加强灌溉，谷子抽穗以后需要加强灌溉。

麦得进场，小孩儿冇娘。

mɛ²⁴tɛ·tɕin³¹²tsʻaŋ⁴²　ɕiau⁵⁵xar⁴²mou³¹²niaŋ⁴²

指小麦成熟季节大人都忙于收割打碾，连妇女也不例外。

麦得难得小满雨。

mɛ²⁴tɛ·nan⁴²tɛ²⁴ɕiau⁵⁵⁻⁴²man·y⁵⁵

小满前后小麦正处于灌浆期，非常需要雨水。

麦得怕四月风，风后一场空。

mɛ²⁴tɛ·pʻa³¹²sʅ³¹²yɛ²⁴fɤŋ²⁴　fɤŋ²⁴xou³¹²i²⁴tsʻaŋ⁵⁵kuɤŋ²⁴

指麦子在抽穗、授粉季节刮大风就会造成严重的减产。也作："麦得怕四月热干风。"

麦得种深，谷得种浅，芝麻播种影住脸。

mɛ²⁴tɛ·tsuɤŋ³¹²tsʻɤn²⁴　ku²⁴tɛ·tsuɤŋ³¹²tɕʻian⁵⁵　tsʅ²⁴ma·po²⁴tsuɤŋ³¹²iŋ⁵⁵tɕʻy³¹²lian⁵⁵

麦子播种要深，谷子播种要浅，芝麻播种更浅。影：遮。

麦得种晚喽冇头，菜籽种晚喽冇油。

mɛ²⁴tɛ·tsuɤŋ³¹²uan⁵⁵nou·mou³¹²tʻou⁴²　tsʻai³¹²tsʅ·tsuɤŋ³¹²uan⁵⁵nou·

mou³¹²﹔iou⁴²

麦子种晚了不会抽穗，油菜种晚了不会结籽。菜籽：油菜。

麦根扎黄泉。

mɛ²⁴kɤn²⁴tsa²⁴xuaŋ⁴²tɕ'yan⁴²

指小麦根系发达，扎得很深。

麦见麦，八个月。

mɛ²⁴tɕian³¹²mɛ²⁴　pa²⁴⁻⁴²kɤ·yɛ²⁴

从种麦到见新麦需要八个月的时间。

麦苗儿不怕雪压，菜籽不怕霜打。

mɛ²⁴ tɕ'iŋ²⁴ pu²⁴⁻⁴² p'a³¹² ɕyɛ²⁴ ia²⁴　ts'ai³¹² tsʅ·pu²⁴⁻⁴² p'a³¹² suaŋ²⁴ ta⁵⁵

指冬天下雪有利于麦苗安全越冬，年前出现霜冻并不会影响油菜籽来年的生长。

麦收九成儿熟。

mɛ²⁴sou²⁴tɕiou⁵⁵ts'ɐr⁴²su⁴²

指小麦在基本成熟时收割，收成最好。

麦收三样儿宝：头儿多、穗儿大、籽儿饱。

mɛ²⁴ sou²⁴ san²⁴⁻⁴² iɐr³¹² pau⁵⁵　t'or⁴² tuo²⁴ suə r³¹² ta³¹² tsə r⁴² pau⁵⁵

指小麦丰收的特征是：穗子多、穗子大、籽粒饱满。

麦穗儿要大，深犁细耙。

mɛ²⁴ suər³¹²iau³¹²ta³¹²　ts'ɤn²⁴li⁴²ɕi³¹²pa³¹²

指要想获得小麦丰收，犁地要深，耙地要匀，不能有土坷垃。

麦熟不能留，留喽掉光头。

mɛ²⁴su⁴²pu²⁴nɤŋ⁴²liou⁴²　liou⁴²lou·tiau³¹²kuaŋ²⁴t'ou⁴²

指小麦成熟后要及时收割，否则麦粒就会脱落造成减产。

麦熟一晌，蚕老一时。

mɛ²⁴su⁴²﹔i²⁴ts'aŋ⁵⁵　ts'an⁴²lau⁵⁵﹔i²⁴sʅ⁴²

指小麦成熟的时间和蚕上蔟的时间短而集中，应快速行动。

麦熟一场风。

mɛ²⁴su⁴²﹔i²⁴ts'aŋ⁵⁵ fɤŋ²⁴

小麦成熟季节，一场热风就会使小麦熟透。

麦种不纯，高低不匀。

mε^{24}tsuɤŋ^{55}pu^{24}ts'uɤn^{42}　kau^{24}ti^{24}pu^{24}yn^{42}

指小麦种子不纯会造成茎秆高低不齐，影响产量。

媒人嘞嘴，刷锅水。

mei^{42}zɤn·nε·tsuei^{55}　sua^{24}kuo^{24}suei^{55}

指媒人的话太虚假，毫无价值。

煤卖十月香。

mei^{42}mai^{312}sʅ^{42}yε^{24}ɕiaŋ^{24}

指旧时农历十月进入冬季，煤炭销售很好。为提高空气质量，今安阳市已禁止民间煤炭销售。

闷头儿狗，下暗口。

mɤn^{24}t'or^{42}kou^{55}　ɕia^{312}an^{312}k'ou^{55}

不声不响的狗会突然袭击人。喻指阴险的人做事不露声色，心狠手辣，暗中害人。

门风不正，不受嘞打听。

mɤn^{42}fɤn^{24}pu$^{24｜42}$tsɤŋ^{312}　pu$^{24｜42}$sou^{312}lε·ta^{55}t'iŋ·

指家风不好、行为不端正，别人会通过各种渠道获知。不受嘞：经受不住。

门儿嘞出身，自会三分。

mər^{42}lε·tɕ'y^{24}sɤn^{24}　tsʅ^{312}xuei^{312}san^{24}fɤn^{24}

出身于某种技艺传统的家庭，自然有几分优势。

门前有喽要饭棍得，亲人近人不登门得。

mɤn^{42}tɕian^{42}iou^{55}lou·iau^{312}fan^{312}kuɤn^{312}tε·　tɕ'in^{24}zɤn^{42}tɕin^{24}zɤn^{42}pu^{24}tɤŋ^{24}mɤn^{42}tε·

旧指人穷困潦倒时，连亲人近人都不来往了。

蠓蠓虫儿扑脸，出门儿得带伞。

mɤŋ^{24}mɤŋ·ts'uɐr^{42}p'u^{24}lian^{55}　tɕ'y^{24}mər^{42}tε^{24}tai^{312}san^{55}

指小蠓虫在空中迎面乱飞，预示天要下雨。蠓蠓虫儿：蠓虫儿，昆虫，成虫很小，褐色或黑色。触角细长，翅短而宽。

猛火烤不出来好烧饼。
mɤŋ$^{55|42}$ xuo^{55} kʻau^{55} pu・tɕʻy^{24} lai^{42} xau^{55}sau^{24} piŋ・
喻指做事过于急于求成，反而欲速不达。

梦福是祸，梦死是活。
mɤŋ^{312}fu^{24}sʅ^{312}xuo^{312}　mɤŋ^{312}sʅ^{55}sʅ^{312}xuo^{42}
指梦里的事往往与真实情况相反。

密苗儿摘花，稀喽瞧疙瘩。
mi^{24}mior^{42}tsɛ^{24}xua^{24}　ɕi^{24}lou・tɕʻiau^{42}kiɛ^{24}ta・
指棉花合理密植秋天才能丰收。疙瘩：这里指棉桃子。

米靠碾，面靠磨，遇着事儿喽靠琢磨。
mi^{55}kʻau^{312}nian^{312}　mian^{312}kʻau^{312}mo^{312}　y^{312}tsuo^{42}sər^{312}lou・kʻau^{312}tsuo^{42}mo・
指遇到困难要动脑筋，想办法。

米面夫妻，酒肉朋友。
mi^{55}mian^{312}fu^{24}tɕʻi^{24}　tɕiou^{55}zou^{312}pʻɤŋ^{42}iou・
指夫妻之间只要能维持生计就能厮守，而朋友关系却要好吃好喝才能维持。

米面油盐菜，全从土里头来。
mi^{55}mian^{312}iou^{42}ian^{42}tsʻai^{312}　tɕʻyan^{42}tsʻuɤŋ^{42}tʻu$^{55|42}$liou^{55}lai^{42}
指物质生活用品都来自于农业生产。

米汤萝卜丝儿，吃喽去病根儿。
mi^{55}tʻaŋ^{24}luo^{42}pu・sər^{24}　tsʻʅ^{24}lou・tɕʻy^{312}piŋ^{312}kər^{24}
指小米汤和萝卜对身体具有保健作用。

苗儿不缺，地不荒。
mior^{42}pu^{24}tɕʻyɛ^{24}　ti^{312}pu^{24}xuaŋ^{24}
指苗齐不易生杂草。

苗得好一半儿谷，媳妇儿好一半儿福。
miau^{42}tɛ・xau^{55}i$^{24|42}$par^{312}ku^{24}　ɕi^{42}fur・xau^{55}i$^{24|42}$par^{312}fu^{24}

指媳妇儿好才有福气，就像苗儿好才能丰产一样。

庙不在大小，有神灵儿逗好。

miau³¹² pu²⁴│⁴² tsai³¹² ta³¹² ɕiau⁵⁵　iou⁵⁵ sɤŋ⁴² liɐr·tou³¹² xau⁵⁵

喻指单位不论大小，只要有主事的人就好。

庙里头嘞孩得不怕鬼。

miau³¹² liou⁵⁵lɛ·xai⁴²tɛ·pu²⁴│⁴²pʻa³¹²kuei⁵⁵

指无论什么，只要见得多了，人总是习以为常。

庙小妖风大，水浅王八多。

miau³¹²ɕiau⁵⁵iau²⁴fɤŋ²⁴ta³¹²　suei⁵⁵│⁴²tɕʻian⁵⁵uaŋ⁴²pa·tuo²⁴

喻指单位或地方虽小，但有才干或能折腾的人不少。

灭蛾儿一个，多收一罗。

miɛ²⁴or⁴²i²⁴│⁴²kɤ³¹²　tuo²⁴sou²⁴i²⁴luo⁴²

指消灭害虫可以增产。罗：用来过滤流质或筛细粉末的器具。

面条儿省，疙瘩费，典庄得买地吃锅盔。

min⁴² tʻior⁴² sɤŋ⁵⁵　kiɛ²⁴ta·fei³¹²　tian²⁴ tsuaŋ²⁴tɛ·mai³¹² ti³¹² tsʻɿ²⁴ kuo²⁴kʻuei²⁴

指吃面食时吃锅饼最为浪费。疙瘩：白面做的疙瘩饭。锅盔：用炉子烤的一种较小的面饼。庄得：宅基地。

民以食为天。

min⁴²i³¹²sɿ⁴²uei³¹²tʻian²⁴

指百姓以粮食作为生存的根本。食：粮食。天：所依靠。

民不告，官不究。

min⁴²pu²⁴│⁴²kau³¹²　kuan²⁴pu²⁴tɕiou²⁴

老百姓不检举揭发，官府就不会追究过问。旧指受害人不上告的案件，官府不追究。究：追究。

民不跟ᴅ官斗，穷不跟ᴅ富斗。

min⁴²pu²⁴kɛ²⁴kuan²⁴tou³¹²　tɕʻyŋ⁴²pu²⁴kɛ²⁴fu³¹²tou³¹²

旧指老百姓不跟官府争斗，穷人不跟富人争斗，以免吃亏受辱。

名儿贱好养活。

miɐr⁴²tɕian³¹²xau⁵⁵│⁴²iaŋ⁵⁵xuo·

旧时老百姓认为，给娃娃起的名儿越低贱越容易养活成人。

名师出高徒。
miŋ⁴² sʅ²⁴ tɕʻy²⁴ kau²⁴ tʻu⁴²

知名的师傅能培养出技艺高超的徒弟。

名医千里有人求。
miŋ⁴² i²⁴ tɕʻian²⁴ li⁵⁵ iou⁵⁵ zɤn⁴² tɕʻiou⁴²

指有声望的人总会有人慕名相求。

明白人不用细讲。
miŋ⁴² pɛ·zɤn⁴² pu²⁴⁻⁴² yŋ³¹² ɕi³¹² tɕiaŋ⁵⁵

对明白人说话要简洁明了，没有必要细说。

明车暗马偷吃炮。
miŋ⁴² tɕy²⁴ an³¹² ma⁵⁵ tʻou²⁴ tsʻʅ²⁴ pʻau³¹²

指下象棋时"车"被对方吃掉以后悔棋的借口，也用作吃掉对方的"马"或"炮"后拒绝对方悔棋的借口。

明枪易躲，暗箭难防。
miŋ⁴² tɕʻiaŋ²⁴ i³¹² tuo⁵⁵　an³¹² tɕian³¹² nan⁴² faŋ⁴²

指公开的攻击容易对付，暗中的偷袭难以防备。常喻指公开的敌人容易对付，暗藏的敌人难以提防。

明情理儿逗不用讲。
miŋ⁴² tɕʻiŋ⁴² liə r⁵⁵ tou³¹² pu²⁴⁻⁴² yŋ³¹² tɕiaŋ⁵⁵

众所周知的道理就不用讲。明情理儿：浅显的道理。

明人不做暗事。
miŋ⁴² zɤn⁴² pu²⁴⁻⁴² tsuo³¹² an³¹² sʅ³¹²

指光明磊落的人不做偷偷摸摸的事。

命嘞冇，甭强求。
miŋ³¹² lɛ·mou³¹²　pʻiŋ⁴² tɕʻiaŋ⁵⁵ tɕʻiou⁴²

旧指命运是上天注定的，命运中没有的追求不来。

摸子儿走子儿，落地生根儿。
mo²⁴ tsər⁵⁵ tsou⁵⁵⁻⁴² tsər⁵⁵　luo²⁴ tiər³¹² sɤŋ²⁴ kər²⁴

指下棋应遵循"摸哪个棋子必须走哪个棋子,棋子落地就不能重下"的规则。

馍不熟,不掀锅。

mo^{42} pu^{24} su^{42}　pu^{24}ɕian^{55} kuo^{24}

喻指事情不到最后,不应公之于众。

馍得慢些儿嚼,话儿得慢些儿说。

mo^{42} tɛ^{24} man^{312} ɕior·tɕyo^{42}　xuɐr^{312} tɛ^{24} man^{312} ɕior·ɕyɛ^{24}

指说话不可急躁,要想好再说。

馍好吃,磨不好推。

mo^{42} xau^{55} tsʻʅ^{24}　mo^{312} pu^{24} xau^{24} tʻuei^{24}

指任何成果都是由艰苦的劳动换来的。

魔高一尺,道高一丈。

mo^{42} kau^{24} i^{24} tsʻʅ^{24}　tau^{312} kau^{24} i$^{24|42}$ tsaŋ^{312}

原为佛教语,告诫修行的人要警惕外界强大的诱惑。喻指一种办法高,另一办法更高,总能胜对方一筹。道:道行,指佛教修得的功夫。也指正气、正道。魔:指破坏修行的恶魔,也指烦恼等妨碍修行的"迷障"。

磨得勤锻,账得勤算。

mo^{312} tɛ^{42} tɕʻin^{42} tuan^{312}　tsaŋ^{312} tɛ^{42} tɕʻin^{42} suan^{312}

指账目要勤计算才能了解经营状况,防止出错。锻:用钢钎等工具对石磨的磨合部位进行刻凿,使其更容易磨碎谷物。

磨脐不动,使死ᴰ推磨嘞。

mo^{312} tɕʻi·pu$^{24|42}$ tuʏŋ^{312}　sʅ^{55} sɛ·tʻuei^{24} mo^{312} lɛ·

指磨轴不转动,人推不动磨。喻指关键人物不积极,事情就难以搞起来。磨脐:磨轴。动词变韵表示加强肯定语气义。

磨小硌不住悠个推。

mo^{312} ɕiau^{55} kʏ^{42} pu·tɕʻy^{312} iou^{24} kʏ·tʻuei^{24}

指磨虽然小,但天天推照样有面吃。喻指虽然条件差,但只要下功夫就会取得成功。悠个:天天。

河南内黄民谚汇释

冇本儿难求利儿。
mou³¹²pər⁵⁵nan⁴²tɕ'iou⁴²liər³¹²
喻指要达到某种目的，必须付出相应的代价。本儿：本钱。

冇比ᴰ死人嘞脸难看嘞了。
mou³¹²piɛ⁵⁵sʅ⁵⁵zɤn⁴²nɛ·lian⁵⁵nan⁴²k'an³¹²nɛ·la·
指死人的脸丑陋可怕。也作："论难看一数死人嘞脸嘞。"

冇不倒嘞捻捻转儿。
mou³¹²pu²⁴tau⁵⁵lɛ·nian²⁴nian·tsuar³¹²
喻指人不可能一直走运。捻捻转儿：儿童玩具，用手捻动上面的轴，可以旋转。

冇不透风嘞墙。
mou³¹² pu²⁴⁺⁴² t'ou³¹² fɤŋ²⁴ lɛ·tɕ'iaŋ⁴²
喻指再严密的事情，也有可能泄露。

冇吃过猪肉，还冇见过猪跑哦？
mou³¹²ts'ʅ²⁴kuo·tɕy²⁴zou³¹²　xan⁴²mou³¹²tɕian³¹²kuo·tɕy²⁴p'au⁵⁵uo·
喻指对某事物虽没有直接经验，但有间接经验，不是完全不懂。

冇大网□不住大鱼。
mou³¹²ta³¹²uaŋ⁵⁵k'iɛ⁴²pu·tɕ'y³¹²ta³¹²y⁴²
喻指缺少必要条件，事情就不会成功。□：逮。

冇胆儿不走夜路。
mou³¹²tar⁵⁵pu²⁴tsou⁵⁵iɛ³¹²lu³¹²
指夜晚赶路需要胆量。

冇渡不过去嘞河，冇爬不过去嘞坡。
mou³¹²tu³¹²pu·kuo³¹²tɕ'y³¹²lɛ·xɤ⁴²　mou³¹²p'a⁴²pu·kuo³¹²tɕ'y³¹²lɛ·p'o²⁴
喻指世上没有克服不了的困难。

冇儿想儿，有儿生气儿。
mou³¹²ər⁴²ɕiaŋ⁵⁵ər⁴²　iou⁵⁵ər⁴²sɤŋ²⁴tɕ'iər³¹²
没有儿子的时候非常希望有儿子，有了儿子多生一份气。也作："冇儿哭瞎眼，有儿气破肚。"

冇风难起浪。

mou^{312}fɤŋ^{24}nan^{42}tɕ'i^{55}laŋ^{312}

没有风就不会起浪。喻指事情的发生总是有它的起因。

冇风难下雨。

mou^{312}fɤŋ^{24}nan^{42}ɕia^{312}y^{55}

指没有风就不会下雨。

冇高山不显平地。

mou^{312}kau^{24}san^{24}pu^{24}ɕian^{55}p'iŋ^{42}ti^{312}

喻指没有比较就显不出高低好坏。显：显露。

冇钩嘴儿吃不唠窍食儿。

mou^{312}kou^{24}tsuɘr^{55}tsʻʅ^{24}pu·lau·tɕ'iau^{312}sər^{42}

没有钩子一样的尖嘴，就吃不到窟窿眼里的虫子。喻指有特殊本领的人，才会不费力得到实际利益。窍食儿：我们推测是"俏食儿"的谐音。

冇国逗冇家。

mou^{312}kuɛ^{24}tou^{312}mou^{312}tɕia^{24}

没有国这个大家，就没有个体的小家。

冇规矩不成方圆。

mou^{312}kuei^{24}tɕy·pu^{24}tsʻɤŋ^{42}faŋ^{24}yan^{42}

没有圆规和直尺，就画不成方形和圆形。喻指没有一定的标准或准则就无法规范人的行为。规：圆规。矩：直尺。

冇好面擀不出来擀饼。

mou^{312}xau^{55}mian·kan^{55}pu·tɕ'y^{24}lai^{42}kan$^{55|42}$piŋ·

没有白面擀不出来薄面饼。喻指没有一定的基础或条件就不会达到目的。擀饼：农历三月三用白面烙的一种非常薄的面饼，上面撒有芝麻。

冇奸不显忠。

mou^{312}tɕian^{24}pu^{24}ɕian^{55}tsuɤŋ^{24}

指有奸诈邪恶之人作对比，才能凸显忠诚善良之人的品质。

冇酒不成席。

mou^{312}tɕiou^{55}pu^{24}tsʻɤŋ^{42}ɕi^{42}

桌子上没有酒不能算是宴席。

冇拉不直嘞绳，冇改不了嘞错儿。
mou³¹²la²⁴pu·tsʅ⁴²lɛ·sɤŋ⁴²　　mou³¹²kai⁵⁵pu·liau⁵⁵lɛ·tsʻuor³¹²

指任何缺点、错误都是能够改正的。绳：粗绳子。

冇那金刚钻儿，逗甭揽那瓷器活儿。
mou³¹²na·tɕin²⁴kaŋ²⁴tsuar³¹²　　tou³¹²piŋ⁴²lan⁴²na·tsʻʅ⁴²tɕʻi³¹²xuor⁴²

喻指没有某方面的条件或能力，就不要承担重任。金刚钻：用金刚石做钻头的钻子，修补瓷器时用来钻眼儿。

冇娘嘞孩得最难过。
mou³¹²niaŋ²⁴lɛ·xai⁴²tɛ·tsuei³¹²nan⁴²kuo³¹²

指从小失去母亲的孩子生活最为艰难。

冇女嘞不成人家儿。
mou³¹²ny⁵⁵lɛ·pu²⁴tsʻɤŋ⁴²zɤn⁴²tɕiɚ·

指没有女人就不能算是一个完整的家庭。

冇钱儿不能过，钱儿多喽也是祸。
mou³¹²tɕʻiar⁴²pu²⁴nɤŋ⁴²kuo³¹²　　tɕʻiar⁴²tuo²⁴lou·iɛ⁵⁵sʅ³¹²xuo³¹²

指没有钱不能过生活，钱过多会引起祸端。

冇钱儿卦不灵。
mou³¹²tɕʻiar⁴²kua³¹²pu²⁴liŋ⁴²

指没有钱事事不成。卦：算卦。

冇钱儿花喽喂猪，冇柴火烧喽栽树。
mou³¹² tɕʻiar⁴² xua²⁴ lou·uei³¹² tɕy²⁴　　mou³¹² tsʻau⁴² xuo·sau²⁴ lou·tsai²⁴ ɕy³¹²

指养猪、栽树可以发家致富。

冇三板斧得，上不唠瓦岗寨。
mou³¹²san²⁴ pan⁵⁵fu⁵⁵tɛ·　　saŋ³¹²pu·lau·ua⁵⁵⁺⁴²kaŋ⁵⁵tsai³¹²

喻指没有过硬的本领，就占据不了某个重要位置，完不成艰巨的任务。三板斧：瓦岗寨将领程咬金的绝招。瓦岗寨在河南省滑县，为隋末翟让领导的农民起义军根据地。

冇烧不热嘞锅。

mou³¹² sau²⁴ pu・zɛ²⁴lɛ・kuo²⁴

喻指任何人都可以教育、感化。

冇十成苗儿难有好收成。

mou³¹² sʅ⁴² tsʻɣŋ⁴² mior⁴² nan⁴² iou⁵⁵ xau⁵⁵ sou²⁴ tsʻɣŋ・

指庄稼苗不好就很难获得丰收。

冇事儿不找事儿，有事儿不怕事儿。

mou³¹² sər³¹² pu²⁴ tsau⁵⁵ sər³¹²　　iou⁵⁵ sər³¹² pu²⁴｜⁴² pʻa³¹² sər³¹²

指没有事情不要去招惹是非，有了事情要勇敢面对。

冇事儿少赶集，有空儿多拾粪。

mou³¹² sər³¹² sau⁵⁵ kan²⁴ tɕi⁴²　　iou⁵⁵ kʻuɐr³¹² tuo²⁴ sʅ⁴² fɣn³¹²

旧指农闲时不能闲逛，要多积肥。赶集：到集市上逛或买东西。拾粪：指旧时闲暇时，男子肩上挑个箩头，沿着路捡拾牲口等拉下的粪便。

冇媳妇儿想媳妇儿，有喽媳妇儿烦媳妇儿。

mou³¹² ɕi⁴² fur・ɕiaŋ⁵⁵ ɕi⁴² fur・　　iou⁵⁵ lou・ɕi⁴² fur・fan⁴² ɕi⁴² fur・

指婆媳关系不好相处。

冇灾人养树，有灾树养人。

mou³¹² tsai²⁴ zɣn⁴² iaŋ⁵⁵ ɕy³¹²　　iou⁵⁵ tsai²⁴ ɕy³¹² iaŋ⁵⁵ zɣn⁴²

指植树可以防止风沙等自然灾害。

冇籽儿嘞麦穗儿头儿高，不会个啥儿嘞人儿遥俏。

mou³¹² tsər⁵⁵ lɛ・mɛ⁴² suər³¹² tʻor⁴² kau²⁴　　pu²⁴｜⁴² xuei³¹² kɣ・sər・lɛ・zər⁴² iau⁴² tɕʻiau³¹²

指无知的人骄傲自大，就像没有籽的麦穗高高扬起头一样。遥俏：骄傲自大。

冇朱砂喽，红土足贵。

mou³¹² tsu²⁴ sa²⁴ lou・　　xuɣŋ⁴² tʻu⁵⁵ tɕy²⁴ kuei³¹²

没有朱砂，红土便贵重了。喻指退而求其次。朱砂：一种红色或棕红色的矿物，可作染料。红土：一种暗红色或淡红色的赤铁矿，也叫铁丹或红土。足贵：珍贵。

木匠手嘞不屈材。

mu²⁴tɕiaŋ·sou⁵⁵lɛ·pu²⁴tɕ'y²⁴ts'ai⁴²

指木匠能根据木料的特点做到物尽其用。

木头说话，三冬三夏。

mu²⁴t'ou·ɕyɛ²⁴xua³¹²　san²⁴tuɣŋ²⁴san²⁴│⁴²ɕia³¹²

指要想成为一名合格的木匠，必须跟师傅苦学三年，方可出师。

N

哪个庙嘞冇冤死鬼也？
na⁵⁵ kɤ・miau³¹² mou³¹² yan²⁴ sʅ・kuei⁵⁵ iɛ・
旧指到处都有受到不公平对待的人，蒙受冤屈是常事。

哪儿嘞黄土不埋人嘞？
nɐr⁴²lɛ・xuaŋ⁴²t'u⁵⁵pu²⁴mai⁴²zɤn⁴²nɛ・
哪里的黄土都能埋人。指哪里能生活得好，就到哪里安身，最终死在哪里都无所谓。

哪儿有那勺得不碰锅沿儿咧？
nɐr⁴²iou⁵⁵na・suo⁴²tɛ・pu²⁴⁻⁴²p'ɤŋ³¹²kuo²⁴iar⁴²liɛ・
什么地方的勺子也得与锅沿磕磕碰碰。喻指关系亲近，难免会产生矛盾。

哪儿有那提ᴰ猪头找不着庙门儿咧？
nɐr⁴²iou⁵⁵na・t'iɛ⁴²tɕy²⁴t'ou⁴²tsau⁵⁵pu・tsuo⁴²miau³¹²mər⁴²liɛ・
喻指只要舍得花钱，就一定能找到解决问题的人。提ᴰ：提着，动词变韵表示"持续"义。

奶足娃娃胖，水足庄稼苗儿壮。
nai⁵⁵ tɕy²⁴ ua⁴² ua・p'aŋ³¹²　suei⁵⁵ tɕy²⁴ tsuaŋ²⁴ tɕia・mior⁴² uaŋ³¹²
奶充足小孩就长得胖，水充足庄稼苗就长得旺盛。

男大当婚，女大当嫁。
nan⁴² ta³¹²taŋ²⁴xuɤn²⁴　ny⁵⁵ ta³¹²taŋ²⁴tɕia³¹²
到了结婚年龄，男的应该娶妻，女的就应该嫁人。

男嘞不坏，女嘞不爱。
nan⁴² nɛ・pu²⁴⁻⁴²xuai³¹²　ny⁵⁵lɛ・pu²⁴⁻⁴²ai³¹²
指女子不会爱上过于老实憨直的男人。坏：狡猾。

男嘞大十岁不咋儿显，女嘞大十岁忒扎眼。

nan⁴² nɛ · ta³¹² ʂʅ⁴² suei³¹² pu²⁴ tsɚ · ɕian⁵⁵　ny⁵⁵lɛ · ta³¹² ʂʅ⁴² suei³¹² tʰiɛ²⁴ tsa²⁴ ian⁵⁵

旧时认为婚配时男人大很多并无大碍，而女人大很多则很不般配。不咋儿：不怎么。

男嘞会置钱儿，女嘞会当家。

nan⁴² nɛ · xuei³¹² tsʅ³¹² tɕʰiar⁴²　ny⁵⁵lɛ · xuei³¹² taŋ²⁴ tɕia²⁴

指男子善于外出挣钱，女子善于家庭管理。

男嘞冇多难看嘞。

nan⁴² nɛ · mou³¹² tuo⁴² nan⁴² kʰan³¹² nɛ ·

男的没有特别丑的。指不应该以长相作为衡量男子的标准。

男嘞怕割麦得，女嘞怕过月得。

nan⁴² nɛ · pʰa³¹² kɤ²⁴ mɛ²⁴ tɛ ·　ny⁵⁵lɛ · pʰa³¹² kuo³¹² yɛ²⁴ tɛ ·

指收割麦子要抢时间，劳动强度大，使人觉得很累；女人分娩及产后调整痛苦难熬。过月得：坐月子。

男嘞怕入错行，女嘞怕嫁错郎。

nan⁴² nɛ · pʰa³¹² y²⁴ tsʰuo³¹² xaŋ⁴²　ny⁵⁵lɛ · pʰa³¹² tɕia³¹² tsʰuo³¹² laŋ⁴²

指男人选错职业、女人嫁错郎君是人生的最大憾事。

男嘞三十一朵花儿，女嘞三十豆腐渣。

nan⁴² nɛ · san²⁴ ʂʅ⁴² i²⁴ tuo⁵⁵ xuɚ²⁴　ny⁵⁵lɛ · san²⁴ ʂʅ⁴² tou³¹² fu · tsa²⁴

指男子过了三十岁正直年轻力壮，女子过了三十岁容颜已经衰老。豆腐渣：制豆浆剩下的渣滓。

男嘞有钱儿逗学坏，女嘞学坏逗有钱儿。

nan⁴² nɛ · iou⁵⁵ tɕʰiar⁴² tou³¹² ɕyo⁴² xuai³¹²　ny⁵⁵ lɛ · ɕyo⁴² xuai³¹² tou³¹² iou⁵⁵ tɕʰiar⁴²

男人有了钱容易腐化堕落，女人一旦堕落，就会以不正当方式获取钱财。

男嘞越娶越害怕，女嘞越嫁越胆儿大。

nan⁴² nɛ · yɛ²⁴ tɕʰy⁵⁵ yɛ²⁴ xai³¹² pʰa³¹²　ny⁵⁵ lɛ · yɛ²⁴ tɕia³¹² yɛ²⁴ tar⁵⁵ ta³¹²

指男子离婚次数多了会感到心理承受不了，女人改嫁次数多了会变得很麻木。

男女搭配，干活儿不累。

nan⁴² ny⁵⁵ ta²⁴ p'ei³¹²　　kan³¹² xuor⁴² pu²⁴⁻⁴² luei³¹²

男女配合干活，心情愉悦，不易疲劳。

南边儿嘞人儿讲究吃，北边儿嘞人讲究住。

nan⁴² piar・lɛ・zər⁴² tɕiaŋ⁵⁵ tɕiou・tsʻʅ²⁴　　pei²⁴ piar・lɛ・zər⁴² tɕiaŋ⁵⁵ tɕiou・tɕy³¹²

南方人在饮食方面讲究，北方人在居住方面（尤指房子）讲究。

南风吹暖，北风吹寒。

nan⁴² fɤŋ²⁴ tsʻuei²⁴ nuan⁵⁵　　pei²⁴ fɤŋ²⁴ tsʻuei²⁴ xan⁴²

指刮南风天气暖和，刮北风天气寒冷。

南风吹雾晴，北风吹雾雨。

nan⁴² fɤŋ²⁴ tsʻuei²⁴ u³¹² tɕʻiŋ⁴²　　pei²⁴ fɤŋ²⁴ tsʻuei²⁴ u³¹² y⁵⁵

指雾天吹南风，天就会放晴；雾天吹北风，天就会下雨。

南瓜喂几筐，猪毛光又光。

nan⁴² kua・uei³¹² tɕi・kʻuaŋ²⁴　　tɕy²⁴ mau⁴² kuaŋ²⁴ iou³¹² kuaŋ²⁴

喂猪多喂南瓜，猪就会长得又肥又壮。

南瓜越老越发甜，好汉越老越能干。

nan⁴² kua・yɛ²⁴ lau⁵⁵ yɛ²⁴ fa²⁴ tʻian⁴²　　xau⁵⁵ xan³¹² yɛ²⁴ lau⁵⁵ yɛ²⁴ nɤŋ⁴² kan³¹²

指有本事的人越老越有经验，效率更高。

难嘞不会，会嘞不难。

nan⁴² nɛ・pu²⁴⁻⁴² xuei³¹²　　xuei³¹² lɛ・pu²⁴ nan⁴²

事情难办是因为不会做，而会做的人就觉得不难。指同一件事，外行做起来就难，行家里手就容易。

孬地耩黍得。

nau²⁴ ti³¹² tɕiaŋ⁵⁵⁻⁴² ɕy⁵⁵ tɛ・

指不能灌溉的沙地适合黍子的生长。耩：用耧播种。

脑得怕不用，身得怕不动。

nau⁵⁵ tɛ・pʻa³¹² pu²⁴⁻⁴² yŋ³¹²　　sɤn²⁴ tɛ・pʻa³¹² pu²⁴⁻⁴² tuɤŋ³¹²

指不常思考问题，脑子就会退化；不常锻炼身体，身体就会垮。

能吃逗能干。

nɤŋ⁴² tsʻɿ²⁴ tou³¹² nɤŋ⁴² kan³¹²

指食欲好，身体就健康，干活儿就有力气。

能吃能睡，长命百岁。

nɤŋ⁴² tsʻɿ²⁴ nɤŋ⁴² sei³¹² tsʻaŋ⁴² miŋ³¹² pɛ²⁴ suei³¹²

指食欲好，睡眠好，就能健康长寿。

能管一军，不管一村。

nɤŋ⁴² kuan⁵⁵ i²⁴ tɕyn²⁴ pu²⁴ kuan⁵⁵ i²⁴ tsʻuɤn²⁴

即使有率领千军万马的能力，也不做一个村里的村官。因为村里的事虽不算大，但却十分复杂。

能过去针，逗能过去线。

nɤŋ⁴² kuo³¹² tɕʻy·tsɤn²⁴ tou³¹² nɤŋ⁴² kuo³¹² tɕʻy·ɕian³¹²

喻指一方能完成的事情，与之能力相当的另一方同样能完成。

能买宽一寸，不截长一尺。

nɤŋ⁴² mai⁵⁵ kʻuan²⁴ i²⁴ | ⁴² tsʻuɤn³¹² pu²⁴ mai⁵⁵ tsʻaŋ⁴² i²⁴ tsʻɿ²⁴

指买布时尽量买宽面的，这样做衣服时更节省布料。能：宁可。

能让人嘞地场儿得让人。

nɤŋ⁴² zaŋ³¹² zɤn⁴² nɛ·ti³¹² sɚ·tɛ²⁴ zaŋ³¹² zɤn⁴²

指人应当宽厚待人，能忍让的就应该尽量忍让。地场儿：地方。

能人里头有能人。

nɤŋ⁴² zɤn⁴² li³¹² tʻou·iou⁵⁵ nɤŋ⁴² zɤn⁴²

指知识技能是无限的，强手之中有更强的。

能走南北二京，不走神庙儿、窦公。

nɤŋ⁴² tsou⁵⁵ nan⁴² pei²⁴ ər³¹² tɕiŋ· pu²⁴ tsou⁵⁵ sɤn⁴² mior³¹² tou³¹² kuɤŋ·

人们宁可绕道南京、北京，也不过内黄的神庙、窦公两个村儿。指旧社会神庙、窦公一带土匪横行。见附录谚语故事1。

弄啥也得有个先来后到儿。

nɤŋ³¹² sa⁴² iɛ⁵⁵ tɛ²⁴ iou⁵⁵ kɤ·ɕian²⁴ lai⁴² xou³¹² tor³¹²

指一切都得按规矩办事。先来后到儿：先后顺序。

弄啥也是为嘞碗饭。

nɣŋ³¹² sa⁴² iɛ⁵⁵ sʅ³¹² uei³¹² lɛ·uan⁵⁵ fan³¹²

指人不管干什么都是为了生计。也作："来ᴰ哪儿也是为嘞碗饭。"

妮儿家是一门儿亲戚。

niər²⁴ tɕia·sʅ³¹² i²⁴ mər⁴² tɕ'in²⁴ tɕ'i·

见："闺女早晚是一门儿亲戚。"妮儿家：女孩儿。

你哄□，□哄你，哄来哄去哄自己。

ni⁵⁵ xuɣŋ⁵⁵ niɛ³¹²   niɛ³¹² xuɣŋ⁵⁵ ni⁵⁵   xuɣŋ⁵⁵ lai⁴² xuɣŋ⁵⁵ tɕ'y³¹² xuɣŋ⁵⁵ tɕi³¹² tɕi·

指哄骗别人的人最终会坑害自己。□：人家。

你既然不仁物，逗甫说我对你不客气。

ni⁵⁵ tɕi³¹² zan⁴² pu²⁴ zɣn⁴² u·   tou³¹² piŋ⁴² ɕyɛ²⁴ uo·tuei³¹² ni·pu²⁴ k'iɛ⁴² tɕ'i·

对方不仁义，自己只好以同样的态度回敬。仁物：大方，义气。

你敬我一尺，我敬你一丈。

ni⁵⁵ tɕiŋ³¹² uo⁵⁵ i²⁴ ts'ʅ²⁴   uo⁵⁵ tɕiŋ³¹² ni⁵⁵   i²⁴⁻⁴² tsaŋ³¹²

你敬重别人，别人会回报你。指要与人为善，以礼相待。

年轻受苦不算苦，老喽享福才是福。

nian⁴² tɕ'iŋ⁴² sou³¹² k'u⁵⁵ pu²⁴⁻⁴² suan³¹² k'u⁵⁵   lau⁵⁵ lou·ɕiaŋ⁴² fu²⁴ ts'ai⁴² sʅ³¹² fu²⁴

指年轻时能吃苦，才能创造优越的物质条件，晚年生活才会幸福、美满。

年头嘞锄三遍，麦沟儿瞧不见。

nian⁴² t'ou⁴² lɛ·ts'u⁴² san²⁴⁻⁴² pian³¹²   mɛ²⁴ kor²⁴ tɕ'iau⁴² pu·tɕian³¹²

指小麦多锄能增产。头嘞：前边。

年头嘞打春正月嘞暖，过罢年打春二月嘞寒。

nian⁴² t'ou⁴² lɛ·ta⁵⁵ ts'uɣn²⁴ tsɣŋ²⁴ yɛ·lɛ·nuan⁵⁵   kuo³¹² pa³¹² nian⁴² ta⁵⁵ ts'uɣn²⁴ ər³¹² yɛ lɛ·xan⁴²

指年前立春，来年正月就暖和了；年后立春，二月的天气还很寒冷。打春：立春。

年头嘞土吃麦得，过罢年麦得吃土。

niaŋ⁴²tʻou⁴²lɛ·tʻu⁵⁵tsʻɿ²⁴mɛ²⁴tɛ· kuo³¹²pa³¹²niaŋ⁴²mɛ²⁴tɛ·tsʻɿ²⁴tʻu⁵⁵

指小麦冬前要覆盖土以抑制旺长，来年返青的时候要追肥以促进生长。

娘疼儿，儿疼妻，闺女疼嘞是女婿。

niaŋ⁴²tʻɤŋ⁴²ər⁴² ər⁴²tʻɤŋ⁴²tɕʻi²⁴ kuei²⁴ny·tʻɤŋ⁴²lɛ·sɿ³¹²ny⁵⁵ɕy·

指母亲对自己的子女很疼爱，而子女疼爱的都是自己的配偶。

鸟儿多不怕老鹰，人多拜山挖平。

nior⁵⁵tuo²⁴pu²⁴|⁴²pʻa³¹²lau⁵⁵iŋ²⁴ zɤn⁴²tuo²⁴pai³¹²san²⁴ua³¹²pʻiŋ⁴²

指人多力量大，就像鸟多了不怕老鹰一样。

鸟儿冇翅膀儿不能飞，人冇志气难作为。

nior⁵⁵mou³¹²tsʻɿ³¹²pɐr·pu²⁴nɤŋ⁴²fei²⁴ zɤn⁴²mou³¹²tsɿ³¹²tɕʻi·nan⁴²tsuo²⁴uei⁴²

指人没有志气难以取得成功，就像鸟没有翅膀不能飞一样。

鸟儿往天上飞，燕儿往旺家住。

nior⁵⁵uaŋ²⁴tʻian²⁴saŋ·fei²⁴ iar³¹²uaŋ²⁴uaŋ³¹²tɕia·tɕy³¹²

内黄民间认为燕子是吉祥鸟，住谁家谁发家。旺家：兴旺之家。

宁挨公鸡轧，不说草鸡话。

niŋ³¹²ai⁴²kuɤŋ²⁴tɕi·ia³¹² pu²⁴ɕyɛ²⁴tsʻau⁵⁵tɕi·xua³¹²

喻指人宁可吃亏，也不能向对手低头、服软。轧：轧蛋儿。

宁给一块钱，不教一句戏。

niŋ³¹²ki⁵⁵i²⁴|⁴²kʻuai³¹²tɕʻian⁴² pu²⁴tɕiau²⁴i²⁴|⁴²tɕy³¹²ɕi³¹²

旧指戏曲演员的唱功一般不外传。

宁可拆十座庙，也不破一桩婚。

niŋ³¹²kʻɤ⁵⁵tsʻɛ²⁴sɿ⁴²tsuo³¹²miau³¹² iɛ⁵⁵pu²⁴|⁴²pʻo³¹²i²⁴tsuaŋ²⁴xuɤn²⁴

指破坏别人的婚姻罪孽深重。

宁可吃点儿亏，也不能说话不算话。

niŋ³¹²kʻɤ⁵⁵tsʻɿ²⁴tiar·kʻuei²⁴ iɛ⁵⁵pu²⁴nɤŋ⁴²ɕyɛ²⁴xua³¹²pu²⁴|⁴²suan³¹²xua³¹²

指做人要讲信用，说话算数。

宁可吃鲜桃一口，不吃烂杏一筐。

niŋ³¹² k'ɤ⁵⁵ tsʻʅ²⁴ ɕian²⁴ tʻau⁴² i²⁴ kʻou⁵⁵　iɛ⁵⁵ pu²⁴ tsʻʅ²⁴ lan³¹² ɕiŋ³¹² i²⁴ kʻuaŋ²⁴

喻指宁可少而精，不要多而滥。

宁可得罪君子，不能得罪小人。

niŋ³¹² kʻɤ⁵⁵ tɛ²⁴ tsuei·tɕyn²⁴ tsʅ⁵⁵　pu²⁴ nɤŋ⁴² tɛ²⁴ tsuei·ɕiau⁵⁵ zɤn⁴²

指小人狡猾，有怨必报，得罪不起。

宁可地等种，不能种等地。

niŋ³¹² kʻɤ⁵⁵ ti³¹² tɤŋ⁵⁵ ⁺⁴² tsuɤŋ⁵⁵　pu²⁴ nɤŋ⁴² tsuɤŋ⁵⁵ ⁺⁴² tɤŋ⁵⁵ ti³¹²

指播种前要先把地收拾好，以便快速播种。

宁可饿断肠，不吃种子粮。

niŋ³¹² kʻɤ⁵⁵ ɤ³¹² tuan³¹² tsʻaŋ⁴²　pu²⁴ tsʻʅ²⁴ tsuɤŋ⁴² tsʅ·liaŋ⁴²

宁可饿断肠子，也不能把来年的种子吃了。

宁可叫槽等草，也不能叫草占槽。

niŋ³¹² kʻɤ⁵⁵ tɕiau³¹² tsʻau⁴² tɤŋ⁵⁵ ⁺⁴² tsʻau⁵⁵　iɛ⁵⁵ pu²⁴ nɤŋ⁴² tɕiau³¹² tsʻau⁵⁵ tsan³¹² tsʻau⁴²

指喂养牲口时要勤添少加，牲口才能吃得欢。

宁可叫□说咱不沾弦，也不能在人头嘞充好汉。

niŋ³¹² kʻɤ⁵⁵ tɕiau³¹² niɛ·ɕyɛ²⁴ tsan·pu²⁴ tsan²⁴ ɕian⁴²　iɛ⁵⁵ pu²⁴ nɤŋ⁴² tai³¹² zɤn⁴² tʻou⁴² lɛ·tsʻuɤŋ²⁴ xau⁵⁵ xan³¹²

指人不要在别人面前逞能。□：人家。不沾弦：不靠谱。

宁可热天吃嘞稀ᴅ点，也不能冬天冇啥儿吃。

niŋ³¹² kʻɤ⁵⁵ zɛ²⁴ tʻian·tsʻʅ²⁴ lɛ·ɕiɛ²⁴ tiar　iɛ⁵⁵ pu²⁴ nɤŋ⁴² tuŋ²⁴ tʻian·mou³¹² sɚ·tsʻʅ²⁴

指富足时应注意节约，以防匮乏时受困。热天：夏天。

宁可受点屈，也不能惹事儿嘞。

niŋ³¹² kʻɤ⁵⁵ sou³¹² tiar·tɕʻy²⁴　iɛ⁵⁵ pu²⁴ nɤŋ⁴² zɛ⁵⁵ sɚ³¹² lɛ·

指忍受点儿委屈不算什么，惹出事端会非常难办。

宁可趿拉住鞋，也不能叫鞋拘脚。

niŋ³¹² kʻɤ⁵⁵ tʻɛ²⁴ la·tɕʻy·ɕiɛ⁴²　iɛ⁵⁵ pu²⁴ nɤŋ⁴² tɕiau³¹² ɕiɛ⁴² tɕy²⁴ tɕyo²⁴

喻指不能被条条框框束缚住。拘：使脚不舒服，本字不明。

宁可往明白人吵一架，也不往糊涂蛋说一句话。

niŋ³¹² k'ɤ⁵⁵ uaŋ²⁴ miŋ⁴² pɛ · zʅn⁴² ts'au⁵⁵ i · tɕia³¹²　iɛ⁵⁵ pu²⁴ uaŋ²⁴ xu⁴² tu · tan³¹² ɕyɛ²⁴˙²⁴⁺⁴² tɕy³¹² xua³¹²

指糊涂人心胸狭窄，很难与人打交道。

宁可买老马，也不买老骡得。

niŋ³¹² k'ɤ⁵⁵ mai⁵⁵ lau⁵⁵⁺⁴² ma⁵⁵　iɛ⁵⁵ pu²⁴ mai⁵⁵ lau⁵⁵ luo⁴² tɛ·

指骡子老了，其实用价值已大大降低。

宁可往东供一千，也不往西供一砖。

niŋ³¹² k'ɤ⁵⁵ uaŋ²⁴ tuɤŋ²⁴ kuɤŋ³¹² i²⁴ tɕ'ian²⁴　iɛ⁵⁵ pu²⁴ uaŋ²⁴ ɕi²⁴ kuɤŋ³¹² i²⁴ tsuan²⁴

宁可往东面的人供事供得很大，也不愿意往西面的人供一砖头。在内黄人心目中，西边的人过于精明，而东面的人讲义气、够朋友，值得交往。

牛不怕淋，马不怕晒。

niou⁴² pu²⁴⁺⁴² p'a³¹² luɤn⁴²　ma⁵⁵ pu²⁴⁺⁴² p'a³¹² sai³¹²

指牛遭雨淋不会生病，马耐热能力强。

牛不使得瘦，桶不使得漏。

niou⁴² pu²⁴ sʅ⁵⁵ tɛ²⁴ sou³¹²　t'uɤŋ⁵⁵ pu²⁴ sʅ⁵⁵ tɛ²⁴ lou³¹²

喻指事物常用常新，不用则会荒疏老化。

牛不知道自家嘞角弯，马不知道自家嘞脸长。

niou⁴² pu²⁴ tsʅ⁴² tau · tɕi³¹² tɕia · lɛ · tɕyo²⁴ uan²⁴　ma⁵⁵ pu²⁴ tsʅ⁴² tau · tɕi³¹² tɕia · lɛ · lian⁵⁵ ts'aŋ⁴²

喻指人应该有自知之明。

牛得吃个饱，马得吃夜草。

niou⁴² tɛ²⁴ ts'ʅ²⁴ kɤ · pau⁵⁵　ma⁵⁵ tɛ²⁴ ts'ʅ²⁴ iɛ³¹² ts'au⁵⁵

喂牛时要一次性喂饱，喂马时需要夜间再喂一下，这样马才会上膘。

牛二驴三马五天。

niou⁴² ər³¹² ly⁴² san²⁴ ma⁵⁵ u⁵⁵ t'ian²⁴

指母畜发情持续的天数。

牛角越大越弯，财主越富越贪。

niou⁴² tɕyo²⁴ yɛ²⁴ ta³¹² yɛ²⁴ uan²⁴　tsʻai⁴² tsu⁵⁵ yɛ²⁴ fu³¹² yɛ²⁴ tʻan²⁴

指地主老财越富有就越贪心，就像牛角越大越弯一样。

牛马吃嘞勤，草料得均匀。

niou⁴² ma⁵⁵ tsʻʅ²⁴ lɛ·tɕʻin⁴²　tsʻau⁵⁵ liau³¹² tɛ²⁴ tɕyn²⁴ yn⁴²

牲口需要勤喂，且草料要拌匀。

牛冇力儿拉横耙，人冇理儿说横话。

niou⁴² mou³¹² liər²⁴ la²⁴ xuɤŋ³¹² pa³¹²　zɤn⁴² mou³¹² liər²⁴ ɕyɛ²⁴ xɤŋ³¹² xua³¹²

指人不占理往往会说蛮横的话。

牛套马，使死ᴰ俩。

niou⁴² tʻau³¹² ma⁵⁵　sʅ⁵⁵ sɛ·lia⁵⁵

指马快牛慢，两者不能套在一起使唤。喻指两者情况不同，强行搭配会相互影响工作效率。动词变韵表示加强肯定语气义。

牛喂三九，马喂三伏。

niou⁴² uei³¹² san²⁴ tɕiou⁵⁵　ma⁵⁵ uei³¹² san²⁴ fu⁴²

牛在三九天精心喂养才能肥壮，马在三伏天精心喂养才能健壮。

牛喂一寸草，才能吃个饱。

niou⁴² uei³¹² i²⁴⁼⁴² tsʻuɣn³¹² tsʻau⁵⁵　tsʻai⁴² nɣŋ⁴² tsʻʅ²⁴ kɣ·pau⁵⁵

指牛等牲畜适宜喂铡碎的草。

农忙嘞时候儿冇闲人。

nuɤŋ⁴² maŋ⁴² lɛ·sʅ⁴² xor·mou³¹² ɕian⁴² zɤn⁴²

指农忙季节村子里人人都得下地干活。

女大十八变，越变越好看。

ny⁵⁵ ta³¹² sʅ⁴² pa²⁴⁼⁴² pian³¹²　yɛ²⁴ pian³¹² yɛ²⁴ xau⁵⁵ kʻan³¹²

少女在青春期身心发育迅速，体态、相貌变化很大，并且越来越漂亮。

女嘞不勤谨，当不唠好媳妇儿。

ny⁵⁵ lɛ·pu²⁴ tɕʻin⁴² tɕin·　taŋ²⁴ pu·lau·xau⁵⁵ ɕi⁴² fur·

劝诫女子要勤快。勤谨：勤快。

内行不说外行话。
nuei^{312} xaŋ^{42} pu^{24} ɕyɛ^{24} uai^{312} xaŋ^{42} xua^{312}
指内行说话往往能触及要害。

内行瞧门道儿，外行瞧热闹儿。
nuei^{312} xaŋ^{42} tɕ'iau^{42} mɤn^{42} tor · uai^{312} xaŋ^{42} tɕ'iau^{42} zɛ^{24} nor ·
指观察事物，外行人只看表面现象，只有内行人才能看到实质，得其要领。也作："不会瞧嘞瞧热闹儿，会瞧嘞瞧门道儿。"

内行上不唠当。
nuei^{312} xaŋ^{42} saŋ^{312} pu · lau · taŋ^{312}
指内行对某一方面精通，不会轻易上当。也作："内行不上当。"

内练一口气，外练筋骨皮。
nuei^{312} lian^{312} i^{24} k'ou^{312} tɕ'i^{42} uai^{312} lian^{312} tɕin^{24} ku^{24} p'i^{42}
指练武要内导气脉，外练筋骨，二者结合才能练出真功夫。

内不治喘，外不治癣。
nuei^{312} pu$^{24|42}$ tsʅ^{312} ts'uan^{55} uai^{312} pu$^{24|42}$ tsʅ^{312} ɕian^{55}
指哮喘、癣病分别是内科和外科最难根治的疾病。

P

爬嘞高，板嘞狠。
p'a⁴²lɛ・kau²⁴　pan⁵⁵nɛ・xɤn⁵⁵
见："蹦嘞高，不怕摔嘞狠哦？"

怕吃素逗甭当和尚。
p'a³¹²ts'ʅ²⁴su³¹²　tou³¹²piŋ⁴²taŋ²⁴xuo⁴²saŋ・
喻指从事某方面的工作，就必须吃某方面的苦。

怕麻烦事儿逗不好办。
p'a³¹²　ma⁴²fan・sə　r³¹²tou³¹²pu²⁴xau⁵⁵pan³¹²
指害怕事情繁琐就办不成任何事情。

怕尿床逗少喝水。
p'a³¹²niau³¹²ts'uaŋ⁴²tou³¹²sau⁵⁵xɤ²⁴suei⁵⁵
喻指为了避免麻烦，就得事先做好准备。

怕尿床能不睡觉哦？
p'a³¹²niau³¹²ts'uaŋ⁴²nɤŋ⁴²pu²⁴sei³¹²tɕiau³¹²uo・
喻指做事情不能顾虑太多。

怕生蛆逗做不唠酱。
p'a³¹²sɤŋ²⁴tɕ'y²⁴tou³¹²tsu³¹²pu・lau・tɕiaŋ³¹²
喻指心存顾虑就干不成事情。

怕死不当兵，当兵不怕死。
p'a³¹²sʅ⁵⁵pu²⁴taŋ²⁴piŋ　taŋ²⁴piŋ²⁴pu²⁴⁴²p'a³¹²sʅ⁵⁵
指当兵就得有时刻准备牺牲的精神。

怕疼挑不唠刺。
p'a³¹²t'ɤŋ⁴²t'iau⁵⁵pu・lau・ts'ʅ³¹²

喻指害怕付出代价，就不能彻底解决问题。

旁观家儿清。

p'aŋ⁴²kuan²⁴tɕiɐr·tɕ'iŋ²⁴

指旁观的人往往比当事者看得更为清楚。

刨树刨根，瞧人瞧心。

p'au⁴² ɕy³¹² p'au⁴² kɤn²⁴　tɕ'iau⁴²zɤn⁴² tɕ'iau⁴²ɕin²⁴

指要准确评价一个人，关键要看其心底如何。

刨树刨根，听话听音。

p'au⁴² ɕy³¹² p'au⁴² kɤn²⁴　t'iŋ²⁴ xua³¹² t'iŋ²⁴ in²⁴

刨树要把根挖出来，听话要听清说话人的真实意图。喻指遇事要追根求源，揭示本质。

跑喽和尚跑不唠庙。

p'au⁵⁵lau·xuo⁴²saŋ·p'au⁵⁵pu·lou·miau³¹²

指纵然一时逃脱掉，但因为其他无法摆脱的牵累，终究无法脱身。

培土得培根，练功先练心。

p'ei⁴²t'u⁴²tɛ²⁴p'ei⁴²kɤn²⁴　lian³¹²kuɤŋ²⁴ɕian²⁴lian³¹²ɕin²⁴

指练功要从根本做起，先要养成一种平和的心态。培土：在农作物根部堆土。

赔本儿嘞买卖冇人愿意做。

p'ei⁴²pər⁵⁵lɛ·mai⁵⁵mai·mou³¹²zər⁴²yan³¹²i·tsu³¹²

指赔本的生意不能做。

朋亲兴嘞大。

p'ɤŋ⁴²tɕ'in²⁴ɕiŋ²⁴lɛ·ta³¹²

指朋亲之间在红白喜事上随的礼重。兴：时兴。

朋友不来虚套得。

p'ɤŋ⁴²iou·pu²⁴lai⁴²ɕy²⁴t'au³¹²tɛ·

指朋友之间客套显得见外。虚套得：虚心假意的客套行为。

朋友不算账，各人心嘞量。

p'ɤŋ⁴²iou·pu²⁴｜⁴²suan³¹²tsaŋ³¹²　kɤ⁴²zɤn⁴²ɕin²⁴nɛ·liaŋ⁴²

指朋友之间在钱财问题上不分你我，但彼此应做到心中有数。

朋友劝酒不劝色。

p'ɤŋ⁴² iou・tɕ'yan³¹² tɕiou⁵⁵ pu²⁴ ⁴² ɕ'yan³¹² sɛ²⁴

指朋友之间劝酒是热情、礼貌的表现，劝人近色是不道德的。

朋友有薄厚，亲戚有远近。

p'ɤŋ⁴² iou・iou⁵⁵ po⁴² xou³¹²　tɕ'in²⁴ tɕ'i・iou⁵⁵ ⁴² yan⁵⁵ tɕin³¹²

指亲戚之间、朋友之间都有亲近与疏远之分。

劈柴火得瞧木纹儿，做活儿得找窍门儿。

p'i²⁴ ts'au⁴² xuo・tɛ²⁴ tɕ'iau⁴² mu²⁴ uər⁴²　tsu³¹² xuor⁴² tɛ²⁴ tsau⁵⁵ tɕ'iau³¹² mər⁴²

指做事要注意掌握方法、技巧。

劈柴火劈小头儿，问路问老头儿。

p'i²⁴ ts'au⁴² xuo・p'i²⁴ ɕiau⁵⁵ t'or⁴²　uɤn³¹² lu³¹² uɤn³¹² lau²⁴ t'or⁴²

指老年人阅历广、经验多，应多向老年人学习、请教。

偏方儿□治病。

p'ian²⁴ fɐr²⁴ k'ɛ³¹² tsɿ³¹² piŋ³¹²

偏方虽不见于药典，却往往能治好一些疑难杂症。也喻指方法虽不起眼，却能解决大问题。偏方：土方，流传在民间的中药方。□：恰好。也作："单方儿□k'ɛ³¹²治病。"

平路摔死马，浅水淹死人。

p'iŋ⁴² lu³¹² suai²⁴ sɿ・ma⁵⁵　tɕ'ian⁵⁵ ⁴² suei⁵⁵ ian²⁴ sɿ・zɤn⁴²

喻指顺境易使人放松警惕，导致失败；也喻指会有意外情况的发生。

平平活活嘞逗是福。

p'iŋ⁴² p'iŋ・xuo²⁴ xuo・lɛ・tou⁵⁵ sɿ³¹² fu²⁴

人平平安安，没有灾祸，能正常地生活就是幸福。也作："冇病冇灾逗是福。"

平升得借，满升得还。

p'iŋ⁴² sɤŋ²⁴ tɛ・tɕiɛ³¹²　man⁵⁵ sɤŋ²⁴ tɛ・xuan⁴²

指借了人家的米面等，还的时候要多一点。升得：旧时量粮食的器具，容量为斗的十分之一。也作："平升得借，冒尖升得还。"

婆得对ᴰ婆得说媳妇儿不孝顺，媳妇儿对ᴰ媳妇儿说婆得有不是。

p'o⁴²tɛ·tuɛ³¹² p'o⁴²tɛ·ɕyɛ²⁴ ɕi⁴²fur·pu²⁴⁼⁴²ɕiau³¹² ts'uɤn· ɕi⁴²fur·tuɛ³¹²ɕi⁴²fur·ɕyɛ²⁴ p'o⁴²tɛ·iou⁵⁵pu²⁴⁼⁴²sʅ³¹²

指关系处得不好的婆媳双方，说起家务事来往往会各执一词。对ᴰ：对，介词。该词变韵形式和本韵形式均可使用。

婆得多喽媳妇儿不好当。

p'o⁴²tɛ·tuo²⁴lou·ɕi⁴²fur·pu²⁴xau⁵⁵taŋ²⁴

旧指新媳妇不好侍奉多位婆婆。喻指领导多了，下属往往会无所适从。

破嘞不走，新嘞不来。

p'o³¹²lɛ·pu²⁴tsou⁵⁵ ɕin²⁴nɛ·pu²⁴lai⁴²

旧的衣物、用具不扔掉，就不会添置新的。泛指不去掉旧的东西，新的就建立不起来。

破五儿头嘞不动剪得。

p'o³¹²ur⁵⁵t'ou⁴²lɛ·pu²⁴⁼⁴²tuɤŋ³¹²tɕian⁵⁵tɛ·

旧指正月初一到初五妇女不能做针线活。现在这一风俗依然在豫北农村盛行。破五儿：正月初五。

铺嘞厚，盖嘞厚，不递两口得肉挨肉。

p'u²⁴lɛ·xou³¹² kai³¹²lɛ·xou pu²⁴⁼⁴²ti³¹²liaŋ⁵⁵⁼⁴²k'ou⁵⁵tɛ·zou³¹²ai²⁴zou³¹²

指物质生活再富足也比不上夫妻恩爱。

葡萄树两年上架，桃树三年挂果儿。

p'u⁴²t'au·ɕy³¹²liaŋ⁵⁵nian⁴²saŋ³¹²tɕia³¹² t'au⁴²ɕy³¹²san²⁴nian⁴²kua³¹²kuor⁵⁵

指葡萄和桃树挂果需要的时间。葡萄树：葡萄藤。

Q

七动八不动。

tɕʻi²⁴⁺⁴² tuɤŋ³¹² pa²⁴ pu²⁴⁺⁴² tuɤŋ³¹²

牲口七岁口活动,八岁口不活动。

七分场面三分唱。

tɕʻi²⁴fɤn²⁴tsʻaŋ⁵⁵ mian³¹² san²⁴fɤn²⁴tsʻaŋ³¹²

指唱戏时锣鼓、服饰、舞台布置等场景因素和说唱同样重要。也作:"七分锣鼓三分唱。"

七九河开,八九雁来。

tɕʻi²⁴tɕiou⁵⁵xɤ⁴²kʻai²⁴ pa²⁴tɕiou⁵⁵ ian³¹²lai⁴²

七九冰河解冻,八九大雁从南方飞来,气候逐渐变暖了。七九:冬至后的第七个九天。八九:冬至后的第八个九天。

七十不留宿,八十不留饭。

tɕʻi²⁴sʅ⁴²pu²⁴liou⁴²ɕy²⁴ pa²⁴sʅ⁴²pu²⁴liou⁴²fan³¹²

指人上了年纪外出多有不便,应尽量避免到亲友家住宿或吃饭。留宿:留下来住宿。

七十三,八十四,阎王爷不请自家去。

tɕʻi²⁴sʅ⁴²san²⁴ pa²⁴sʅ⁴²sʅ³¹² ian⁴²uaŋ·pu²⁴tɕʻiŋ⁵⁵tɕi³¹²tɕia·tɕʻy³¹²

指人在七十三岁、八十四岁是两个关口,老人在这个年龄容易死亡。这仅是民间流传已久的说法,内黄许多地方问老人多大岁数时,老人仍避讳"七十三""八十四"这两个数字。

七十三,鬼门关。

tɕʻi²⁴sʅ⁴²san²⁴ kuei²⁴mɤn⁴²kuan²⁴

指七十三岁是老人的生死关口。

七月嘞立秋,早晚都收。

tɕʻi²⁴yɛ²⁴lɛ·li²⁴tɕʻiou²⁴ tsau⁵⁵⁺⁴²uan·tou²⁴sou²⁴

指立秋在农历七月份，预示庄稼要丰收。

七月嘞葡萄八月嘞梨，九月嘞柿得来赶集。

tɕʻi²⁴ yɛ²⁴ lɛ · pʻu⁴² tʻau · pa²⁴ yɛ²⁴ lɛ · li⁴²　　tɕiou⁵⁵ yɛ²⁴ lɛ · sʅ³¹² tɛ · lai⁴² kan²⁴ tɕi⁴²

指葡萄、梨子、柿子成熟的时间。

七月七，枣上蜜。

tɕʻi²⁴ yɛ²⁴ tɕʻi²⁴　tsau⁵⁵ saŋ³¹² mi²⁴

指过了农历七月七日，枣就发甜了。

七月十五定旱涝，八月十五定收成。

tɕʻi²⁴ yɛ²⁴ sʅ⁴² u⁵⁵ tiŋ³¹² xan³¹² lau³¹²　　pa²⁴ yɛ²⁴ sʅ⁴² u⁵⁵ tiŋ³¹² sou²⁴ tsʻɤŋ ·

指一年是旱还是涝到农历七月十五已分晓，是歉年还是丰年到了八月十五已成定局。

七月十五枣红圈儿，八月十五枣动杆儿。

tɕʻi²⁴ yɛ²⁴ sʅ⁴² u⁵⁵ tsau⁵⁵ xuɤŋ⁴² tɕʻyar²⁴　　pa²⁴ yɛ²⁴ sʅ⁴² u⁵⁵ tsau⁵⁵ tuɤŋ³¹² kar²⁴

农历七月十五枣开始红了，八月十五就到了收获的季节。

七坐八爬，半岁出牙。

tɕʻi²⁴⁻⁴² tsuo³¹² pa²⁴ pʻa⁴²　　pan³¹² suei³¹² tɕʻy²⁴ ia⁴²

指婴儿七个月会坐，八个月会爬，半岁时就开始长牙了。

妻大三，抱金砖。

tɕʻi²⁴ ta³¹² san²⁴　pu³¹² tɕin²⁴ tsuan²⁴

旧指妻子大三岁，婚姻生活美满。现在年轻人多用作戏谑之语。

齐不齐，一把泥。

tɕʻi⁴² pu · tɕʻi⁴²　i²⁴ pa⁵⁵ ni⁴²

指泥瓦匠靠泥浆可以把墙面抹平、墙体垒的高度一致等。

骑马坐船三分险。

tɕʻi⁴² ma⁵⁵ tsuo³¹² tsʻuan⁴² san²⁴ fɤn²⁴ ɕian⁵⁵

指骑马、乘船存在一定的风险。

棋怕十六吃。

tɕʻi⁴² pʻa³¹² sʅ⁴² liou³¹² tsʻʅ²⁴

指下中国象棋时一方害怕另一方连续吃自己的棋子。

起小小儿看大。

ç'i⁵⁵⁼⁴² çiau⁵⁵⁼⁴² çior⁵⁵ k'an³¹² ta³¹²

人的品行和能力从小时候的表现就能看出苗头。也作:"三岁看大,七岁看老。"

气儿不顺,吃啥也不香。

tç'iə r³¹² pu²⁴⁼⁴² suɤn³¹² ts'ʅ²⁴ sa⁴² iɛ⁵⁵ pu²⁴ çiaŋ²⁴

指心情不好干什么都会心不在焉。

千打扮,万打扮,不带耳坠儿不好看。

tç'ian²⁴ ta⁵⁵ pan· uan³¹² ta⁵⁵ pan· pu²⁴⁼⁴² tai³¹² ə r⁵⁵ tsuə r³¹² pu²⁴ xau⁵⁵ k'an³¹²

戏曲演员化妆需要带上耳坠才更漂亮。

千炖豆腐万炖鱼。

tç'ian²⁴ tuɤn³¹² tou³¹² fu· uan³¹² tuɤn³¹² y⁴²

指豆腐、鱼不怕煮,煮的时间越长越香。

千金难买五月旱,六月连阴吃饱饭。

tç'ian²⁴ tçin²⁴ nan⁴² mai⁵⁵ u⁵⁵ yɛ²⁴ xan³¹² liou³¹² yɛ²⁴ lian⁴² in²⁴ ts'ʅ²⁴ pau⁵⁵ fan³¹²

指农历五月份天气干旱、六月份天气多阴雨才会有好收成。

千里有缘来相会。

tç'ian²⁴ li⁵⁵ iou⁵⁵ ian⁴² lai⁴² çiaŋ³¹² xuei³¹²

指人有缘即使相隔很远,也总能相见。

千年笨硌不住万年学。

tç'ian²⁴ nian⁴² pɤn³¹² kɤ⁴² pu· tç'y³¹² uan³¹² nian⁴² ço⁴²

指即使再笨,只要下大功夫学习就能学会。硌不住:经受不住。

千年嘞兔得怕老鹰。

tç'ian²⁴ nian⁴² nɛ· t'u³¹² tɛ· p'a³¹² lau⁵⁵ iŋ²⁴

喻指懦弱的人终归为强者所制服。

千年嘞王八万年嘞鳖。

tç'ian²⁴ nian⁴² nɛ· uan⁴² pa· uan³¹² nian⁴² nɛ· piɛ²⁴

指鳖的寿命很长。多用于对长寿的坏蛋谩骂之时。鳖：爬行动物，俗称王八。

千年嘞王八也有到头儿嘞一天。

tɕ'ian²⁴ nian⁴² nɛ·uaŋ⁴² pa·iɛ⁵⁵ ⁴² iou⁵⁵ tau³¹² t'or⁴² lɛ·i²⁴ t'ian²⁴

王八的寿命再长，也有死去的一天。喻指坏人作恶终有完蛋的时候。

千人一条心，黄土变成金。

tɕ'ian²⁴ zɤn⁴² i²⁴ t'iau⁴² ɕin²⁴　xuaŋ⁴² t'u⁵⁵ pian³¹² tsʻɤŋ⁴² tɕin²⁴

指只要大家团结，就能创造辉煌。

千招儿会不递一招儿熟。

tɕ'ian²⁴ tsor²⁴ xuei³¹² pu²⁴ ⁴² ti³¹² i²⁴ tsor²⁴ su⁴²

指学好一门儿手艺要比样样都了解一点强得多。

牵牛得牵牛鼻得。

tɕ'ian²⁴ niou⁴² tɛ²⁴ tɕ'ian²⁴ niou⁴² pi⁴² tɛ·

喻指做事要抓主要矛盾或关键问题。

前人栽树，后人乘凉。

tɕ'ian⁴² zɤn⁴² tsai²⁴ ɕy³¹²　xou⁴² zɤn⁴² tsʻɤŋ⁴² liaŋ⁴²

喻指后人会享受前人的恩泽。

前三十年儿靠爹，后三十年爹靠儿。

tɕ'ian⁴² san²⁴ sʅ⁴² nian⁴² ər⁴² k'au³¹² tiɛ²⁴　xou³¹² san²⁴ sʅ⁴² nian⁴² tiɛ²⁴ k'au³¹² ər⁴²

指前半辈子子女靠父母养育成人，后半辈子父母靠子女养老送终。

前三十年睡不醒，后三十年睡不着。

tɕ'ian⁴² san²⁴ sʅ⁴² nian⁴² sei³¹² pu·ɕiŋ⁵⁵　xou³¹² san²⁴ sʅ⁴² nian⁴² sei³¹² pu·tsuo⁴²

指人年轻时瞌睡多，年龄大时瞌睡少。

前挑一张嘴，后挑两条腿；腿短身得大，还得小尾巴。

tɕ'ian⁴² t'iau²⁴ i²⁴ tsaŋ²⁴ tsuei⁵⁵　xou³¹² t'iau²⁴ liaŋ⁵⁵ t'iau⁴² t'uei⁵⁵ t'uei⁵⁵ ⁴² tuan²⁴ sɤn²⁴ tɛ·ta³¹² xan⁴² tɛ²⁴ ɕiau⁵⁵ ⁴² i⁵⁵ pa²⁴

指猪娃应挑选嘴大（能吃）、腿粗短、身架大、小尾巴的。

前头嘞车得轧开路，后头嘞车得不沾泥。

tɕ'ian⁴² t'ou·lɛ·tsʻɛ⁴² tɛ·ia³¹² k'ai²⁴ lu³¹²　xou³¹² t'ou·lɛ·tsʻɛ⁴² tɛ·

pu²⁴tsan²⁴ni⁴²

喻指前人打好基础，后人跟着受益。轧：辗轧。

前头有车，后头有辙。

tɕ'ian⁴²t'ou·iou⁵⁵tsʻɛ²⁴　xou³¹²t'ou·iou⁵⁵tsɛ⁴²

前边有车走过去，后面的车就能顺着辙走。喻指前人的所作所为能给后人树立样板。在内黄方言中，这一条谚语多指："你前边怎样对我，我后边就怎样对你。"也作："前有车，后有辙。"

前心后心都是肉。

tɕ'ian⁴²ɕin²⁴xou³¹²ɕin²⁴tou⁵⁵sʅ³¹²zou³¹²

指同样是亲属，不论关系远近都应该同样对待。

钱儿不是万能嘞，冇钱儿啥也弄不成。

tɕ'iar⁴² pu²⁴⁼⁴² sʅ³¹² uan³¹² nɤŋ⁴² lɛ·　mou³¹² tɕ'iar⁴² sa⁵⁵⁼⁴² iɛ⁵⁵ nɤŋ³¹² pu·tsʻɤŋ⁴²

指有钱并不意味着拥有一切，但没钱什么事情也干不成。

钱儿得当面儿点，话得当面儿说。

tɕ'iar⁴²tɛ²⁴taŋ²⁴miar³¹²tian⁵⁵　xua³¹²tɛ²⁴taŋ²⁴miar³¹²ɕyɛ²⁴

指交割钱财时要当面数清，说话要当着人的面说。

钱儿多不烧手。

tɕ'iar⁴²tuo²⁴pu²⁴sau²⁴sou⁵⁵

指钱多了没有坏处。

钱儿多不一定是福。

tɕ'iar⁴²tuo²⁴pu²⁴·i⁵⁵⁼⁴²tiŋ³¹²sʅ³¹²fu²⁴

钱多能造福，也能招祸。

钱儿多喽能通天。

tɕ'iar⁴²tuo²⁴lou·nɤŋ⁴²t'uɤŋ²⁴t'ian²⁴

指钱财非常多才能买动大人物，办成大事。

钱儿花⁰哪儿哪儿好。

tɕ'iar⁴²xua²⁴nɐr⁴²nɐr⁴²xau⁵⁵

指舍得花钱事情就能办好。动词变韵的零形式表示"终点"义，可以替换为"花到"。

钱儿难置，屎难吃。
tɕ'iar⁴² nan⁴² tsʅ³¹² sʅ⁵⁵ nan⁴² ts'ʅ²⁴
指挣钱是世上最难的事情。置：挣。

钱儿是死嘞，人是活嘞。
tɕ'iar⁴² sʅ³¹² sʅ⁵⁵ lɛ · zɤn⁴² sʅ³¹² xuo⁴² lɛ ·
指应该看重人，不应该看重钱。

钱儿是王八蛋，冇喽再去赚。
tɕ'iar⁴² sʅ³¹² uaŋ⁴² pa · tan³¹² mou³¹² lou · tsai³¹² tɕ'y³¹² tsuan³¹²
指钱不是好东西，但人又离不开它。

浅水藏不住大鱼。
tɕ'ian⁵⁵⁻⁴² suei⁵⁵ ts'aŋ⁴² pu · tɕ'y³¹² ta³¹² y⁴²
喻指小地方往往留不住有才能的人。

枪子得不认人儿。
tɕ'iaŋ²⁴ tsʅ⁵⁵ tɛ · pu²⁴⁻⁴² zɤn³¹² zər⁴²
枪子不认人，说不定伤着谁。认：分辨。也作："枪子得不长眼。"

墙倒众人推。
tɕ'iaŋ⁴² tau⁵⁵ tsuɤŋ³¹² zɤn⁴² t'uei²⁴
喻指人一旦失势，许多人就会趁机来欺侮或打击。

墙上画嘞马不能骑。
tɕ'iaŋ⁴² saŋ · xua³¹² lɛ · ma⁵⁵ pu²⁴ nɤŋ⁴² tɕ'i⁴²
喻指虚幻的东西不能解决实际问题。

墙头上嘞草，随ᴰ风倒。
tɕ'iaŋ⁴² t'ou⁴² saŋ · lɛ · ts'au⁵⁵ suɛ⁴² fɤŋ²⁴ tau⁵⁵
喻指没有主见的人容易被人左右。随ᴰ：随着，动词变韵表示"持续"义。

抢收不抢种。
tɕ'iaŋ⁵⁵ sou²⁴ pu²⁴ tɕ'iaŋ⁵⁵ tsuɤŋ³¹²
指收获季节适宜快速收割，播种时节不宜急着下种。

强薅嘞瓜不甜。

tɕ'iaŋ⁵⁵ xau²⁴lɛ·kua²⁴pu²⁴t'ian⁴²

瓜没有成熟强摘下来，自然不好吃。喻指勉强行事，效果不会好。多指用强制手段结成的婚姻不会美满。也作："生薅嘞瓜不甜。""硬薅嘞瓜不甜。"

强将手底下冇弱兵。

tɕ'iaŋ⁵⁵tɕiaŋ³¹²sou⁵⁵|⁴²ti⁵⁵ɕia·mou³¹²zuo³¹²piŋ²⁴

本领高强的将帅手下，没有懦弱的士兵。泛指高手调教出来的人，一定是好样的。

强龙不压地头蛇。

tɕ'iaŋ⁵⁵ luɤŋ⁴² pu²⁴ ia²⁴ ti³¹²t'ou⁴² sɛ⁴²

指外来势力再强大，也不能孤立地同当地的地方势力较量。强龙：指权势强大的人物。地头蛇：指称霸一方的人物或地方势力。

敲筷得敲碗儿，烂鼻得烂眼儿。

tɕ'iau²⁴k'uai³¹²tɛ·tɕ'iau²⁴uar⁵⁵   lan³¹²pi⁴²tɛ·lan³¹²iar⁵⁵

指人吃饭时不能用筷子敲碗、碟。父母饭前告诫用筷子敲东西的子女时常用此语。

瞧热闹儿嘞不怕事儿大。

tɕ'iau⁴²zɛ²⁴nor·lɛ·pu²⁴|⁴²p'a³¹²sər³¹²ta³¹²

指事情和自己无关就用不着担心。

瞧书不想，隔靴得挠痒。

tɕ'iau⁴²ɕy²⁴pu²⁴ɕiaŋ⁵⁵   kiɛ²⁴ɕyɛ²⁴tɛ·nau⁴²iaŋ⁵⁵

指读书必须进行自己的思考，否则不会真正深入进去。

巧裁缝手嘞冇碎布。

tɕ'iau⁵⁵ts'ai⁴²fɤŋ·sou⁵⁵lɛ·mou³¹²suei³¹²pu³¹²

指手艺高的裁缝很少浪费布料。

巧手儿也难使两根针。

tɕ'iau⁵⁵|⁴²sor⁵⁵iɛ⁵⁵nan⁴²sʅ⁵⁵liaŋ⁵⁵kɤn²⁴tsɤn²⁴

喻指任何事物都有自身的局限性。

茄得不开狂花。

tɕ'iɛ⁴² tɛ・pu²⁴ k'ai²⁴ k'uaŋ⁴² xuɐr²⁴

指茄苗上的花一般都会结茄子。

茄得大嘞□嫩。

tɕ'iɛ⁴² tɛ・ta³¹² lɛ・k'ɛ³¹² luɤn³¹²

指茄子个大的往往比个小的更嫩。□：恰好。

茄得老喽一肚得籽儿。

tɕ'iɛ⁴² tɛ・lau⁵⁵ lou・i²⁴⁻⁴² tu³¹² tɛ・tsər⁵⁵

指茄子老了不好吃。

茄得是水鳖，越浇水越结。

tɕ'iɛ⁴² tɛ・sɿ³¹² suei⁵⁵ piɛ²⁴　yɛ²⁴ tɕiau²⁴ suei⁵⁵ yɛ²⁴ tɕiɛ²⁴

指茄子适宜多浇水，浇水越勤，结的茄子就越多。水鳖：王八。

亲不过两口得，热不过煤火口得。

tɕ'in²⁴ pu²⁴⁻⁴² kuo³¹² liaŋ⁵⁵⁻⁴² k'ou⁵⁵ tɛ・　zɛ²⁴ pu²⁴⁻⁴² kuo³¹² mei⁴² xuo・k'ou⁵⁵ tɛ・

指夫妻关系最为亲近。

亲不亲骨缝儿嘞管ᴰ嘞。

tɕ'in²⁴ pu・tɕ'in²⁴ ku²⁴ fɐr³¹² lɛ・kuɛ⁵⁵ lɛ・

指亲近与否是由血缘关系决定的。动词变韵表示"持续"义。

亲嘞不当家儿。

tɕ'in²⁴ nɛ・pu²⁴ taŋ⁵⁵ tɕiɐr²⁴

指亲人之间的亲密关系是根深蒂固的。不当家儿：不由自主。

亲戚不供财，供财两不来。

tɕ'in²⁴ tɕ'i・pu²⁴⁻⁴² kuɤŋ³¹² ts'ai⁴²　kuɤŋ³¹² ts'ai⁴² liaŋ⁵⁵ pu²⁴ lai⁴²

指亲戚、朋友之间要少发生钱财往来，否则容易产生矛盾。也作："朋友不供财，供财不往来。"

亲戚朋友常来往，大事儿小事儿都得想。

tɕ'in²⁴ tɕ'i・p'ɤŋ⁴² iou・ts'aŋ⁴² lai⁴² uaŋ⁵⁵　ta³¹² sər³¹² ɕiau⁵⁵ sər³¹² tou²⁴ tɛ²⁴ ɕiaŋ⁵⁵

人与人的来往需要仔细思量。

亲戚往来，两头儿破财。

tɕ'in²⁴tɕ'i·uaŋ⁵⁵lai⁴²　liaŋ⁵⁵t'or⁴²p'o³¹²ts'ai⁴²

指亲戚之间来往免不了双方都要破费。

亲戚有难处亲戚帮。

tɕ'in²⁴tɕ'i·iou⁵⁵nan⁴²tɕ'y·tɕ'in²⁴tɕ'i·paŋ²⁴

指亲戚之间应该相互扶持。

亲兄弟，明算账。

tɕ'in²⁴ɕyŋ²⁴ti·　miŋ⁴²suan³¹²tsaŋ³¹²

指兄弟之间好归好，但经济往来上一是一，二是二。算清楚可以避免日后许多不必要的麻烦。

秦桧还有仨相好儿嘞嘞。

tɕ'in⁴²xuei³¹²xan⁴²iou⁵⁵sa²⁴ɕiaŋ²⁴xor⁵⁵lɛ·lɛ·

指再坏的人都有趣味相投的同伙。秦桧：南宋的大奸臣，投降派的代表人物，以"莫须有"的罪名将岳飞害死。

勤垫圈，吃饱饭。

tɕ'in⁴²tian³¹²tɕyan³¹²　tsʅ²⁴pau⁵⁵fan³¹²

指只有多积肥，庄稼才能丰收。垫圈：将秸秆、草等铡短后放入粪圈中，再压上一层土。

勤薅草，谷穗饱。

tɕ'in⁴²xau²⁴ts'au²⁴　ku²⁴suər³¹²pau⁵⁵

指勤除草才能保证谷粒饱满。

勤谨不递懒上粪。

tɕ'in⁴²tɕin·pu²⁴│⁴²ti³¹²lan⁵⁵saŋ³¹²fɤn³¹²

指肥料对于农作物非常重要。勤谨：勤快。

勤起勤垫，十天一圈。

tɕ'in⁴²tɕ'i⁵⁵tɕ'in⁴²tian³¹²　sʅ⁵⁵t'ian²⁴i²⁴│⁴²tɕyan³¹²

指只要勤勉，短时间内就可以积很多粪肥。起：从圈中将草脚粪挖出。垫：将草、土置入圈中。

勤洗衣裳勤洗澡，疥疮虱得不来找。

tɕ'in⁴² ɕi⁵⁵ i⁻²⁴ saŋ・tɕ'in⁴² ɕi⁴⁵｜⁴² tsau⁵⁵　tɕiɛ³¹² tsuaŋ・sʅ²⁴ tɛ・pu²⁴ lai⁴² tsau⁵⁵

指讲究卫生，不会生皮肤病、寄生虫等。

清官当不到头儿。

tɕ'iŋ²⁴ kuan²⁴ taŋ²⁴ pu・tau³¹² t'or⁴²

旧指清正廉洁的官员，官职难以做到该退的时候。也作："清官都冇好下场。"

清官难断家务事。

tɕ'iŋ²⁴ kuan²⁴ nan⁴² tuan³¹² tɕia²⁴ u・sʅ³¹²

家庭纠葛琐碎、复杂，即使是清明的好官也难以辨明是非，因此外人不便插手。

清官儿骑瘦马。

tɕ'iŋ²⁴ kuar²⁴ tɕ'i⁴² sou³¹² ma⁵⁵

指旧时清正廉洁的官员，家境清寒。

清明儿不见风，豆得好收成。

tɕ'iŋ²⁴ miɐr・pu²⁴｜⁴² tɕian³¹² fɤŋ²⁴　tou³¹² tɛ・xau⁵⁵ sou²⁴ ts'ɤŋ・

指清明时节不刮风，豆子就会有好的收成。

清明儿到麦嘞，还有俩月嘞。

tɕ'iŋ²⁴ miɐr・tau³¹² mɛ²⁴ lɛ・　xan⁴² iou⁵⁵ lia⁵⁵ yɛ²⁴ lɛ・

清明到收麦季节约有两个月的时间。麦嘞：麦里，即麦天。也作："寒食到麦嘞，还有俩月嘞。"

清明儿前后乱穿衣。

tɕ'iŋ²⁴ miɐr・tɕ'ian⁴² xou³¹² luan³¹² ts'uan²⁴ i²⁴

清明前后天气多变，有人穿得多，有人穿得少。

清明儿前后，种瓜种豆。

tɕ'iŋ²⁴ miɐr・tɕ'ian⁴² xou³¹²　tsuɤŋ³¹² kua²⁴ tsuɤŋ³¹² tou³¹²

指清明前后正是抓紧春播的大好时节。

清明儿有雨好年景儿。

tɕ'iŋ²⁴ miɐr・iou⁵⁵｜⁴² y⁵⁵ xau⁵⁵ nian⁴² tɕiɐr・

指清明下雨预示庄稼好收成。

清明儿早，夏至迟，立夏栽苗儿最合适。

tɕ'iŋ²⁴ miɐr・tsau⁵⁵　ɕia³¹² tsʅ³¹² ts'ʅ⁴²　li²⁴ ɕia³¹² tsai²⁴ mior⁴² tsuei³¹² xɣ⁴² sʅ²⁴

指立夏时节最适宜栽种秧苗。

清明儿种瓜，谷雨种花。

tɕ'iŋ²⁴ miɐr・tsuɤŋ³¹² kua²⁴　ku²⁴ y⁵⁵ tsuɤŋ³¹² xua²⁴

指清明时节适宜种瓜，谷雨时节适宜种棉花。

清算账，糊涂结。

tɕ'iŋ²⁴ suan³¹² tsaŋ³¹²　xu⁴² tu・tɕiɛ²⁴

指与人打交道时账目要清，但结算时不必斤斤计较。

清早起嘞早，一天精神好。

tɕ'iŋ²⁴ tau・tɕ'i⁵⁵ lɛ・tsau⁵⁵　i²⁴ t'ian²⁴ tɕiŋ²⁴ sɤn・xau⁵⁵

指养成早起的生活习惯，白天就可以保持旺盛的精力。

清早有雾是晴天。

tɕ'iŋ²⁴ tau・iou⁵⁵ u³¹² sʅ³¹² tɕ'iŋ⁴² t'ian²⁴

指清早有雾预示天气晴朗。

情人眼嘞出西施。

tɕ'iŋ⁴² zɤn⁴² ian⁵⁵ nɛ・tɕ'y²⁴ ɕi²⁴ sʅ⁵⁵

指男子总认为自己钟情的女子长得最美。眼嘞：眼里。西施：春秋时期的越国美女，如今已成为美人的代名词。

晴天钓早、晚，阴天钓全天。

tɕ'iŋ⁴² t'ian²⁴ tiau³¹² tsau⁵⁵│⁴² uan⁵⁵　in²⁴ t'ian²⁴ tiau³¹² tɕ'yan⁴² t'ian²⁴

指晴天钓鱼一早一晚合适，阴天钓鱼全天都合适。

请神容易送神难。

tɕ'iŋ⁵⁵ sɤn⁴² yŋ⁴² i・suɤŋ³¹² sɤn⁴² nan⁴²

喻指收留或抓住一个人容易，想打发走就难了。也作："神仙好请不好送。"

穷不跟ᴅ富斗，富不跟ᴅ官斗。

tɕ'yŋ⁴² pu²⁴ kɛ²⁴ fu³¹² tou³¹²　fu³¹² pu²⁴ kɛ²⁴ kuan²⁴ tou³¹²

旧指穷人争斗不过有势力的富人，富人也争斗不过官方势力。

穷不能信命，病不能信神。

tɕʻyŋ⁴² pu²⁴ nɤŋ⁴² ɕin³¹² miŋ³¹²　piŋ³¹² pu²⁴ nɤŋ⁴² ɕin³¹² sɣn⁴²
贫穷了不能相信命运，生病了不能相信鬼神。

穷家儿嘞孩得甭摆阔。

tɕʻyŋ⁴² tɕiɐr²⁴ lɛ·xai⁴² tɛ·piŋ⁴² pai⁵⁵ kʻuo³¹²
指没有钱就不应该装阔气。摆阔：讲排场，炫耀富有。

穷家儿嘞孩得经摔打。

tɕʻyŋ⁴² tɕiɐr²⁴ lɛ·xai⁴² tɛ·tɕiŋ²⁴ suai²⁴ ta·
指穷苦人家的孩子承受磨难的能力更强。

穷家儿瞧碗嘞，好过家儿瞧穿嘞。

tɕʻyŋ⁴² tɕiɐr²⁴ tɕʻiau⁴² uan⁵⁵ nɛ·　xau⁵⁵ kuo·tɕiɐr²⁴ tɕʻiau⁴² tsuan²⁴ nɛ·
指穷人只求有饭吃，富人才讲究穿戴。嘞：语气词。

穷家儿养不起大闺女。

tɕʻyŋ²⁴ tɕiɐr·iaŋ²⁴ pu·tɕʻi⁵⁵ ta³¹² kuei²⁴ ny·
指旧时穷人为了减轻生活负担，往往很早就会将姑娘嫁出去。

穷家儿有啥吃啥，好过家儿吃啥有啥。

tɕʻyŋ⁴² tɕiɐr²⁴ iou⁵⁵⁼⁴² sa·tsʻɿ²⁴ sa·　xau⁵⁵ kuo·tɕiɐr²⁴ tsʻɿ²⁴ sa·iou⁵⁵⁼⁴² sa·
穷人家没有积存，地里产什么就吃什么；富人家有积存，想吃什么就拿出来什么。

穷家儿饿死ᴰ，好过家儿撑死ᴰ。

tɕʻyŋ⁴² tɕiɐr·ɤ³¹² sɛ·　xau⁵⁵ kuo·tɕiɐr·tsʻɤŋ²⁴ sɛ·
指穷人与富人生活差距很大。家儿：与普通话中的"者"相当。好过：富有。动词变韵表示加强肯定语气义。也作："穷人饿死ᴰ，富人撑死ᴰ。"

穷了甭提有嘞时候儿，老了甭提小嘞时候儿。

tɕʻyŋ⁴² la·piŋ⁴² tʻi⁴² iou⁵⁵ lɛ·sɿ⁴² xor·　lau⁵⁵ la·piŋ⁴² tʻi⁴² ɕiau⁵⁵ lɛ·sɿ⁴² xor·

贫穷了就不要再说当年富有的时候，老了就不再说年轻的时候。指人应该正视现实。有：富有。

穷喽想亲戚，病喽想爹娘。

tɕʻyŋ⁴² lou·ɕiaŋ⁵⁵ tɕʻin²⁴ tɕʻi·　piŋ³¹² lou·ɕiaŋ⁵⁵ tiɛ²⁴ niaŋ⁴²

人贫困时想得到亲戚的接济，病倒时想得到父母的安慰。

穷冇扎根儿，富冇长苗儿。

tɕʻyŋ⁴² mou³¹² tsa²⁴ kər²⁴　fu³¹² mou³¹² tsaŋ⁵⁵ mior⁴²

指穷富不是生就的，人的命运可以通过自身的努力而改变。

穷怕来客，富怕遭贼。

tɕʻyŋ⁴² pʻa³¹² lai⁴² kʻiɛ²⁴　fu³¹² pʻa³¹² tsau²⁴ tsei⁴²

指穷人没有钱招待，亲戚朋友来了难堪；富人钱财多，被贼偷了心疼。

穷人不怕死。

tɕʻyŋ⁴² zɤn⁴² pu²⁴⁴² pʻa³¹² sɿ⁵⁵

指穷人胆子大。也指旧时穷人的命不值钱。

穷人打官司，屁股先上前。

tɕʻyŋ⁴² zɤn⁴² ta⁵⁵ kuan²⁴ sɿ·　pʻi³¹² ku·ɕian²⁴ saŋ³¹² tɕʻian⁴²

指旧时穷人打官司没有钱，要做好挨打的准备。

穷人告状，白跑一趟。

tɕʻyŋ⁴² zɤn⁴² kau³¹² tsuaŋ³¹²　pɛ⁴² pʻau⁵⁵ i²⁴⁴² tʻaŋ³¹²

指旧时穷人没有钱贿赂官员，不会打官赢官司。

穷人见喽穷人亲。

tɕʻyŋ⁴² zɤn⁴² tɕian³¹² nou·tɕʻyŋ⁴² zɤn⁴² tɕʻin²⁴

指境况相当的人容易结交。

穷人靠气力吃饭。

tɕʻyŋ⁴² zɤn⁴² kʻau³¹² tɕʻi³¹² li·tsʻɿ²⁴ fan³¹²

指旧时穷人靠体力活养家糊口。气力：力气。

穷人嘞孩得早当家。

tɕʻyŋ⁴² zɤn⁴² nɛ·xai⁴² tɛ·tsau⁵⁵ taŋ²⁴ tɕia²⁴

指穷人家的孩子知道生活艰难，年纪很小就会为家计操劳。

穷人嘞手黑，地主嘞心黑。

tɕʻyŋ⁴² zɤn⁴² nɛ·sou⁵⁵ xiɛ²⁴　ti³¹² tsu⁵⁵ lɛ·ɕin²⁴ xiɛ²⁴

指穷人双手劳作很辛苦，地主老财心肠狠毒。

穷人嘞命大。

tɕʻyŋ⁴² zɤn⁴² nɛ·miŋ³¹² ta³¹²

指穷人往往能绝处逢生。

穷人怕过五荒六月。

tɕʻyŋ⁴² zɤn⁴² pʻa³¹² kuo³¹² u⁵⁵ xuaŋ²⁴ liou³¹² yɛ²⁴

指农历五月、六月正是青黄不接的时候，穷人往往会忍饥挨饿。

穷人怕生病。

tɕʻyŋ⁴² zɤn⁴² pʻa³¹² sɤŋ²⁴ piŋ³¹²

指穷人生病没有钱治疗。也作："穷人生不起病。"

穷人怕死老婆得，富人怕死老骡得。

tɕʻyŋ⁴² zɤn⁴² pʻa³¹² sʅ⁵⁵ lau²⁴ pʻo⁴² tɛ·　fu³¹² zɤn⁴² pʻa³¹² sʅ⁵⁵ lau⁵⁵ luo⁴² tɛ·

指穷人害怕死了老婆没钱再娶，富人则害怕死了牲口损失钱财。

穷人心坎眼儿好。

tɕʻyŋ⁴² zɤn⁴² ɕin²⁴ kʻan·iar⁵⁵｜⁴² xau⁵⁵

指旧时穷人往往心地善良。心坎眼儿：心眼儿。

穷人只盼个好年景儿。

tɕʻyŋ⁴² zɤn⁴² tsʅ²⁴ pʻan³¹² kɤ·xau⁵⁵ nian⁴² tɕiɘr·

指穷人只盼望每年都会风调雨顺，庄稼有个好收成。年景儿：年成。

穷人知道穷人嘞苦。

tɕʻyŋ⁴² zɤn⁴² tsʅ⁴² tau·tɕʻyŋ⁴² zɤn⁴² nɛ·kʻu⁵⁵

指境况相当的人能够相互理解。

穷死ᴅ不偷，饿死ᴅ不抢。

tɕʻyŋ⁴² sɛ·pu²⁴ tʻou²⁴　ɤ³¹² sɛ·pu²⁴ tɕʻiaŋ⁵⁵

指人穷要有底线，不能做偷盗、抢劫这样违法犯罪的事情。动词变韵表示"完成"义，两个"死ᴅ"可以替换为"死喽"。

秋罢雨多，移树好活。

tɕ'iou²⁴ pa³¹² y⁵⁵ tuo²⁴　　yɛ⁴² ɕy³¹² xau⁵⁵ xuo⁴²

指秋后雨水多，植树木容易成活。

秋分杀高粱，寒露打完场。

tɕ'iou²⁴ fɣn⁵⁵ sa²⁴ kau²⁴ liaŋ·　xan⁴² lu³¹² ta⁵⁵ uan⁴² ts'aŋ⁴²

指秋分前后收割高粱，寒露时节秋收已基本结束。

秋风儿凉，加衣裳。

tɕ'iou²⁴ fɚ²⁴ liaŋ⁴²　tɕia²⁴ i²⁴ saŋ·

指秋天天气凉了，需要穿厚衣服。

秋风儿凉，摘花忙。

tɕ'iou²⁴ fɚ²⁴ liaŋ⁴²　tsɛ²⁴ xua²⁴ maŋ⁴²

指秋天是采摘棉花的季节。

秋风儿凉，庄稼黄。

tɕ'iou²⁴ fɚ²⁴ liaŋ⁴²　tsuaŋ²⁴ tɕia· xuaŋ⁴²

指秋天来临就到了收割的季节。

秋葫芦晚瓜，一串得俩仁。

tɕ'iou²⁴ xu⁴² lu· uan⁵⁵ kua²⁴　i²⁴⁻⁴² ts'uan³¹² tɛ· liaŋ⁵⁵ sa²⁴

指葫芦、晚种的瓜秋天结得多。

秋嘞凉长好菜。

tɕ'iou²⁴ lɛ· liaŋ⁴² tsaŋ⁵⁵⁻⁴² xau⁵⁵ ts'ai³¹²

指秋天天气凉爽适合蔬菜生长。

秋天犁，春天耙，多打粮食冇二话。

tɕ'iou²⁴ t'ian· li⁴²　ts'uɣn²⁴ t'ian· pa³¹²　tuo²⁴ ta⁵⁵ liaŋ⁴² sʅ· mou³¹² ə r³¹² xua³¹²

指秋天多犁地、春天多耙地庄稼就会增产。冇二话：不用说。

秋天犁嘞早，过年收成好。

tɕ'iou²⁴ t'ian· li⁴² lɛ· tsau⁵⁵　kuo³¹² nian⁴² sou²⁴ ts'ɤŋ· xau⁵⁵

指秋天耕地早，来年才能有好收成。

秋天使嘞勤，喂嘞得应心。

tɕ'iou²⁴t'ian·sɿ⁵⁵lɛ·tɕ'in⁴²　uei³¹²lɛ·tɛ²⁴iŋ²⁴ɕin²⁴

指牲口在秋天干的活儿重，主人应精心喂养。

秋天雨水多，过年蚂蚱少。

tɕ'iou²⁴t'ian·y⁵⁵⁾⁴²suei·tuo²⁴　kuo³¹²nian·ma²⁴tsa·sau⁵⁵

指秋季雨多，预示来年蝗虫少。

秋天栽树宜晚，得等树叶得落完。

tɕ'iou²⁴t'ian·tsai²⁴ɕy³¹²i³¹²uan⁵⁵　tɛ²⁴tɤŋ⁵⁵ɕy³¹²iɛ²⁴tɛ·luo²⁴uan⁴²

指秋天栽树宜晚不宜早，等树叶落完了才容易活。

求人不递求自家。

tɕ'iou⁴²zɤn⁴²pu²⁴⁾⁴²ti³¹²tɕ'iou⁴²tɕi³¹²tɕia·

指恳求别人不如自己努力。自家：自己。

求人怪不容易。

tɕ'iou²⁴zɤn⁴²kuai³¹²pu²⁴yŋ⁴²i·

指求人办事很困难。怪：程度副词，兼带主观语气色彩。

求神不递求人。

tɕ'iou²⁴sɤn²⁴pu²⁴⁾⁴²ti³¹²tɕ'iou²⁴zɤn⁴²

指祈求神灵不管用，求人或许能带来实际帮助。

求神得上香，求人得进贡。

tɕ'iou²⁴sɤn⁴²tɛ²⁴saŋ³¹²ɕiaŋ²⁴　tɕ'iou²⁴zɤn⁴²tɛ²⁴tɕin³¹²kuɤŋ³¹²

指有求于人总得付出一定的代价。

出门儿低三辈儿。

tɕ'y²⁴mər⁴²ti²⁴san²⁴⁾⁴²pər³¹²

指出门在外的人，要谦虚谨慎，敬重别人，这样才可以得到许多方便。

出门瞧天气。

tɕ'y²⁴mər⁴²tɕ'iau⁴²t'ian²⁴tɕ'i·

能否出行要看天气的情况来决定。

出门儿弯弯腰，厨屋嘞有柴火烧。

tɕʻy²⁴ mər⁴² uan²⁴ uan · iau²⁴　　tsʻu⁴² u²⁴lɛ · iou⁵⁵ tsʻau⁴² xuo · sau²⁴

旧指出门在路上随便捡点柴火，在厨房里生火做饭就够用了。柴火：做燃料用的树枝等。"柴"在该词中的读音特殊。

出汗不迎风，走路不凹胸。

tɕʻy²⁴ xan³¹² pu²⁴ iŋ⁴² fɤŋ²⁴　　tsou⁵⁵ lu³¹² pu²⁴｜⁴² ua³¹² ɕyŋ²⁴

出汗时不能迎着风以免受凉，走路应挺直腰板才对身体有益。

出嘞门儿远，受嘞罪大。

tɕʻy²⁴ lɛ · mər⁴² yan⁵⁵　　sou³¹² lɛ · tsuei³¹² ta³¹²

指出门多有不便，走得越远遭受的痛苦就会越大。

出出门儿逗知道在家好了。

tɕʻy²⁴ tɕʻy · mər⁴² tou³¹² tʂʻɿ⁴² tau · tai³¹² tɕia²⁴ xau⁵⁵ la ·

指出门难处多，出了门才会感受到在家的方便。

□蜷成不唠龙，树叶儿搓不成绳。

tɕʻy⁴² tɕʻyan · tsʻɤŋ⁴² pu · lau · luɤŋ⁴²　　ɕy³¹² ior²⁴ tsʻuo²⁴ pu · tsʻɤŋ⁴² sɤŋ⁴²

喻指自身条件差，成不了大事。□蜷：蚯蚓。

□蜷满地跑，大雨快来到。

tɕʻy⁴² tɕʻyan · man⁵⁵ ti³¹² pʻau⁵⁵　　ta³¹² y⁵⁵ kʻuai³¹² lai⁴² tau³¹²

指蚯蚓钻出地面，预示天要下雨。

□蜷土里头钻，越深天越干。

tɕʻy⁴² tɕʻyan · tʻu⁵⁵｜⁴² liou⁵⁵ tsuan²⁴　　yɛ²⁴ tsʻɤn²⁴ tʻian²⁴ yɛ²⁴ kan²⁴

指蚯蚓在土里钻得越深，天气就会越干旱。

娶媳妇儿不走回头路。

tɕʻy⁵⁵ ɕi⁴² fur · pu²⁴ tsou⁵⁵ xuei⁴² tʻou⁴² lu³¹²

指迎娶新娘时和娶回新娘时迎亲队伍不走同一条道路。民间相传，迎亲队伍来去走同一条道路不吉利。这仅是民间习俗，没有必然的道理。

娶ᴰ来媳妇儿娶ᴰ来气。

tɕʻyɛ⁵⁵ lai · ɕi⁴² fur · tɕʻyɛ⁵⁵ lai · tɕʻi³¹²

指娶来新媳妇会给家庭带来新的矛盾。动词变韵仅作为单趋式一个强制性形式成分，不表示实际意义。

劝和不劝离。

tɕʻyan³¹²xuo⁴² pu²⁴ | ⁴²tɕʻyan³¹²li³¹²

指夫妻发生矛盾要劝其和好，不能挑唆离婚。

缺苗儿得补苗儿，苗儿齐收成好。

tɕʻyɛ²⁴ mior⁴² tɛ²⁴ pu⁵⁵ mior⁴² mior⁴² tɕʻi⁴² sou²⁴ tsʻɤŋ · xau⁵⁵

指庄稼缺苗会影响收成，只有补全了，丰收才有保证。

瘸得嘞手狠ᴰ嘞。

tɕʻyɛ⁴² tɛ · lɛ · sou⁵⁵ xɛ⁵⁵lɛ ·

瘸子因腿毛病，手上的力气大。形容词变韵和后面的"嘞"呼应，表示"程度的夸张"义。

瘸"士"怕双"车"。

tɕʻyɛ⁴² sɿ³¹² pʻa³¹² suaŋ²⁴ tɕy²⁴

指下象棋时如果一方缺士，另一方有双车，那么缺士一方容易被将死。

R

热在中伏嘞嘞。

zε²⁴ tai³¹² tsuɤŋ²⁴ fu⁴² lε·lε·

中伏是三伏酷暑之中最热的一段时间。中伏：从夏至后第四个庚日起到立秋后第一个庚日前一天的一段时间，也叫二伏。三伏天是一年中气温最高且又潮湿、闷热的日子。嘞₁：里。嘞₂：语气词。

热饭不能吃嘞忒快喽。

zε⁴² fan³¹² pu²⁴ nɤŋ²⁴ ts‘ʅ²⁴ lε·t‘iε²⁴ k‘uai³¹² lou·

热饭不能吃得太快。喻指对渴求的事不能急于求成，要有耐心。

热饭难喝，人心难摸。

zε⁴² fan³¹² nan⁴² xɤ²⁴　zɤn⁴² ɕin²⁴ nan⁴² mo²⁴

指人心难以揣摩，就像热粥难以下咽一样。饭：稀饭。

热生风，冷生雨。

zε⁴² sɤŋ²⁴ fɤŋ⁵⁵　lɤŋ⁵⁵ sɤŋ²⁴ y⁵⁵

指温度与风、雨的内在联系：气温高，空气膨胀变轻，气压降低。周围气压高的空气会向气压低的地方流动就形成了风。空气在上升过程中膨胀变冷，空气中的水汽超过饱和就会凝集成云。云里的小水滴聚合，当空气支持不住时就形成了雨。

热水得烧，凉水得挑。

zε⁴² suei⁵⁵ tε⁴² sau²⁴　liaŋ²⁴ suei⁵⁵ tε⁴² t‘iau²⁴

指不管什么事情，都要有人干才行。

热天不借扇得，冬天不借炉得。

zε²⁴ t‘ian·pu²⁴ ⁴² tɕiε³¹² san³¹² tε·　tuŋ²⁴ t‘ian·pu²⁴ ⁴² tɕiε³¹² lu⁴² tε·

指别人正使用的东西不能借。也指凡事不能只考虑自身利益，还需要替别人着想。

热天多出汗，冬天少受冷。

zɛ²⁴t'ian・tuo²⁴tɕ'y²⁴xan³¹² tuɤŋ²⁴t'ian・sau⁵⁵sou³¹²lɤŋ⁵⁵

指夏天辛勤的劳作可以有更好的收获，才能保证冬天吃饱穿暖。

热天移树一场病，冬天移树一场梦。

zɛ²⁴t'ian・yɛ⁴²ɕy³¹²i²⁴ts'aŋ⁵⁵piŋ³¹² tuɤŋ²⁴t'ian・yɛ⁴²ɕy³¹²i²⁴ts'aŋ⁵⁵mɤŋ³¹²

指夏天不宜移栽树木，冬天适宜移栽树木。动词的本字不甚清楚，根据词义我们推测是"移"。

惹不起还躲不起哦？

zɛ⁵⁵pu・tɕ'i⁵⁵xan⁴²tuo⁵⁵pu・tɕ'i⁵⁵io・

指对于暂时无力抗衡的事情，应该采取远离和预防的措施。

惹人容易为是人儿难。

zɛ⁵⁵zər⁴²yŋ⁴²i・uei⁴²sɻ・zər⁴²nan⁴²

指与人相处得罪人容易，相处融洽很难。为是：笼络。本字不明。

人比人，气死人。

zɤn⁴²pi⁵⁵zɤn⁴² tɕ'i³¹²sɻ・zɤn⁴²

人和人之间存在不小的差别，比来比去能把人气死。指攀比只能使自己生气。

人不吃饭能撑七天。

zɤn⁴²pu²⁴ts'ɻ²⁴fan³¹²nɤŋ⁴²ts'ɤn²⁴tɕ'i²⁴t'ian²⁴

指人超过七天不吃东西就会饿死。

人不吃盐冇气力儿。

zɤn⁴²pu²⁴ts'ɻ²⁴ian⁴²mou³¹²tɕ'i³¹²liər²⁴

盐对人体生理机能的维持具有不可或缺的作用，人不食用盐就会没有劲。

人不得外财不富。

zɤn⁴²pu²⁴tɛ²⁴uai³¹²ts'ai⁴²pu²⁴⁻⁴²fu³¹²

旧指人只有得意外之财才能富裕。

人不动，得生病。

zɤn⁴²pu²⁴⁻⁴²tuŋ³¹² tɛ²⁴sɤŋ²⁴piŋ³¹²

指人常活动有利于身体健康。

人不管不中，花不管长疯。

zɤn⁴² pu²⁴ kuan⁵⁵ pu²⁴ tsuɤŋ²⁴　xua²⁴ pu²⁴ kuan⁵⁵ tsaŋ⁵⁵ fɤŋ²⁴

指种棉花要加强管理，否则花苗长疯了就不会结棉桃。中：行。该词是中原官话区一个使用频率很高的典型形容词。

人不哄地，地不哄人。

zɤn⁴² pu²⁴ xuɤŋ⁵⁵ ti³¹²　ti³¹² pu²⁴ xuɤŋ⁵⁵ zɤn⁴²

指人种地不勤苦，就不会有收获。哄：哄骗。

人不糊涂账逗不糊涂。

zɤn⁴² pu²⁴ xu⁴² tu· tsaŋ³¹² tou³¹² pu²⁴ xu⁴² tu·

人只要头脑清醒，账目就会很清晰。

人不可貌相，海水不可斗量。

zɤn⁴² pu²⁴ k'ɤ⁵⁵ mau³¹² ɕiaŋ³¹²　xai⁵⁵⁺⁴² suei⁵⁵ pu²⁴ k'ɤ⁵⁵ tou⁵⁵ liaŋ⁴²

指不要单从外貌上评价人，就像海水不可用斗来计量一样。

人不可能全占。

zɤn⁴² pu²⁴ k'ɤ⁵⁵ nɤŋ⁴² tɕ'yan⁴² tsan³¹²

指人不可能十全十美。占：拥有。

人不偏心，狗不吃屎。

zɤn⁴² pu²⁴ p'ian²⁴ ɕin²⁴　kou⁵⁵ pu²⁴ ts'ʅ²⁴ sʅ⁵⁵

指人人都有偏爱之心。

人不求人一板高儿。

zɤn⁴² pu²⁴ tɕ'iou⁴² zɤn⁴² i²⁴ pan⁵⁵ korʅ

指对人没有乞求，就不必低三下四，彼此在人格上是平等的。一板：一样。

人不伤心不掉泪。

zɤn⁴² pu²⁴ saŋ²⁴ ɕin²⁴ pu²⁴⁺⁴² tiau³¹² luei³¹²

指人掉眼泪是因为伤心。

人不死，账不赖。

zɤn⁴² pu²⁴ sʅ⁵⁵　tsaŋ³¹² pu²⁴⁺⁴² lai³¹²

人只要活着，所欠债务迟早都得还。

人不识货钱儿识货。

zɤn⁴² pu²⁴ sɿ⁵⁵ xuo³¹² tɕʻiar⁴² sɿ⁵⁵ xuo³¹²

指买东西不用担心分辨不出货物的优劣，价钱高的必定好。

人不为己，天诛地灭。

zɤn⁴² pu²⁴ uei³¹² tɕi⁵⁵ tʻian²⁴ tsu²⁴ ti³¹² miɛ²⁴

旧指人为自己打算是天经地义的事。

人不要脸喽逗冇ᴰ啥可说了。

zɤn⁴² pu²⁴⁻⁴² iau³¹² lian⁵⁵ nou·tou³¹² ma³¹² sa·kʻɤ⁵⁵ ɕyɛ²⁴ la·

指人要是不顾羞耻，什么下流事都做得出来。冇ᴰ：没了。动词变韵表示"完成"义。

人不要钱儿喽鬼都怕。

zɤn⁴² pu²⁴⁻⁴² iau³¹² tɕʻiar⁴² lou·kuei⁵⁵ tou·pʻa³¹²

指人不贪图钱财的话，坏人无机可乘。

人吃五谷生百病。

zɤn⁴² tsʻɿ²⁴ u⁵⁵ ku²⁴ sɤŋ²⁴ pɛ²⁴ piŋ³¹²

指人吃五谷杂粮滋养身体也不免要生各种疾病。

人大心大，树大根大。

zɤn⁴² ta³¹² ɕin²⁴ ta³¹² ɕy³¹² ta³¹² kɤn²⁴ ta³¹²

指人长大了心胸就会变得开阔，就像树长大了根部就会变得发达一样。

人在江湖不由你。

zɤn⁴² tai³¹² tɕiaŋ²⁴ xu⁴² pu²⁴ iou⁴² ni·

指人有时候不能按自己的意愿做事。

人在哪儿也是为嘞混碗饭。

zɤn⁴² tai³¹² nɐr⁴² iɛ⁵⁵ sɿ³¹² uei³¹² lɛ·xuɤn³¹² uan⁵⁵ fan³¹²

人不管在哪里，无论干什么都是为了混口饭吃。为嘞：为了。

人在屋檐儿下，哪儿敢不低头。

zɤn⁴² tai³¹² u²⁴ iar⁴² ɕia³¹² nɐr⁴² kan⁵⁵ pu²⁴ ti²⁴ tʻou⁴²

指人在权势和机会不如别人的时候，不得不低头退让。

人倒ᴰ霉喽逗要算卦嘞。

zɤn⁴² to⁵⁵ mei⁴² lou·tou·iau³¹² suan³¹² kua³¹² lɛ·

指旧时人在时运不济时，往往会找算卦先生指点迷津。动词变韵表示"完成"义，变韵动词可以替换为"倒喽"。

人倒ᴰ霉喽喝口凉水都塞牙。

zɤn⁴² to⁵⁵ mei⁴² lou·xɤ⁴² k'ou·liaŋ⁴² suei⁵⁵ tou·sɛ²⁴ ia⁴²

指人走背运时，事事都不顺利。动词变韵同上一条谚语。

人得长交，账得短结。

zɤn⁴² tɛ²⁴ ts'aŋ⁴² tɕiau²⁴ tsaŋ³¹² tɛ²⁴ tuan⁵⁵ tɕiɛ²⁴

人应该结交长久的朋友，帐得在短时间内结清。

人得闯，马得放。

zɤn⁴² tɛ²⁴ ts'uaŋ⁵⁵ ma⁵⁵ tɛ²⁴ faŋ³¹²

指人只有闯荡才能长见识、长本事，就像马需要放牧才能膘肥体壮一样。

人得实，火得虚。

zɤn⁴² tɛ²⁴ sʅ⁴² xuo⁵⁵ tɛ²⁴ ɕy²⁴

指火心空虚，氧气充足，火势才旺；相反，人的心性老实，处世忠厚，才好做人。

人都得识点儿足。

zɤn⁴² tou²⁴ tɛ²⁴ sʅ⁵⁵ tiar·tɕy²⁴

指人应该知足。识足：知足。

人都ᴰ吃奶长大嘞。

zɤn⁴² to⁴² ts'ʅ²⁴ nai⁵⁵ tsaŋ⁵⁵ ta³¹² lɛ·

指人是平等的，人与人之间应该相互体谅。"都ᴰ"可以替换为"都是"，以下两例亦同。

人都ᴰ叫敬怕嘞。

zɤn⁴² to⁴² tɕiau³¹² tɕiŋ³¹² p'a³¹² lɛ·

指人受到别人敬重会变得更加自重。

人都ᴅ叫搎精嘞。

zɤn⁴² to⁴² tɕiau³¹² tɕ'yo²⁴ tɕiŋ²⁴ lɛ·

人都是被坑骗以后变得精明了。搎：坑骗。

人逗ᴅ怕不正干。

zɤn⁴² to³¹² p'a³¹² pu²⁴ ⁴² tsɤŋ³¹² kan³¹²

人最怕不好好儿干自己的本职工作。

人对ᴅ脾气喽啥都好说。

zɤn⁴² tuɛ³¹² p'i⁴² tɕ'i· lou· sa⁴² tou· xau⁵⁵ ɕyɛ²⁴

人跟人相处，只要脾气相投，一切都不成问题。对：投合。动词变韵表示"完成"义。

人多好做活儿，人少好做饭。

zɤn⁴² tuo²⁴ xau⁵⁵ tsu³¹² xuor⁴²　zɤn⁴² sau⁵⁵ xau⁵⁵ tsu³¹² fan³¹²

干活的人多了效率高，吃饭的人少了做起饭来省事。也作："人多好做活，人少好吃馍。"

人多力量大。

zɤn⁴² tuo²⁴ li²⁴ liaŋ· ta³¹²

人团结起来力量就强大。

人多气壮，粪多地壮。

zɤn⁴² tuo²⁴ tɕ'i³¹² tsuaŋ³¹²　fɤn³¹² tuo²⁴ ti³¹² tsuaŋ³¹²

人多气势大，粪多土地肥沃。

人多手稠，麻多绳粗。

zɤn⁴² tuo²⁴ sou⁵⁵ ts'ou⁴²　ma⁴² tuo²⁴ sɤŋ⁴² ts'u²⁴

指人多势众、人多力量大。

人分三六九等。

zɤn⁴² fɤn²⁴ san²⁴ ⁴² liou³¹² tɕiou⁵⁵ ⁴² tɤŋ⁵⁵

指人的品质、能力、地位等方面具有差别。

人逢喜事儿精神爽。

zɤn⁴² fɤŋ⁴² ɕi⁵⁵ sər³¹² tɕiŋ²⁴ sɤn· suaŋ⁵⁵

人遇到好事精神清爽。

人跟ᴰ人供事是供心嘞。
zɤn⁴²kɛ²⁴zɤn⁴²kuɤŋ³¹²sər³¹²sʅ³¹²kuɤŋ³¹²ɕin²⁴nɛ·
指人与人交往需要交心。

人怪有钱儿，马怪有膘。
zɤn⁴²kuai³¹²iou⁵⁵tɕiar⁴²　ma⁵⁵kuai³¹²iou⁵⁵piau²⁴
指有性格才会取得成绩。怪：脾气不好，这里表示有性格。

人过半百，土埋半截得。
zɤn⁴²kuo³¹²pan³¹²pɛ²⁴　t'u⁵⁵mai⁴²pan³¹²tɕiɛ⁴²tɛ·
指人过了五十岁就已经过了大半辈子了。

人过留名，雁过留声。
zɤn⁴² kuo³¹² liou²⁴ miŋ⁴²　ian³¹² kuo³¹² liou⁴² sɤŋ²⁴
指人无论走到哪里，都应该留下一个好名声，就像大雁飞过高空留下清脆的叫声。

人过六十论年嘞，过七十论月儿嘞，过八十论天儿嘞。
zɤn⁴²kuo³¹²liou³¹²sʅ⁴² luɤn³¹²nian⁴²nɛ·　kuo³¹²tɕ'i²⁴sʅ⁴² luɤn³¹²yor²⁴lɛ· kuo³¹²pa²⁴sʅ⁴² luɤn³¹²t'iar²⁴lɛ·
指人年龄越大越有可能随时死去。

人过三十不学艺。
zɤn⁴²kuo³¹²san²⁴sʅ⁴²pu²⁴ɕyo⁴²i³¹²
人过了三十岁不再从头学习技艺，为时已晚。

人过五十三，裤裆常不干。
zɤn⁴²kuo³¹²u⁵⁵sʅ⁴²san²⁴　k'u³¹²taŋ²⁴ts'aŋ³¹²pu²⁴kan²⁴
指人到了五十多岁以后小便常会失禁。

人哄地，地哄人，哄来哄去饿死人。
zɤn⁴² xuɤŋ⁵⁵ ti³¹²　ti³¹² xuɤŋ⁵⁵ zɤn⁴²　xuɤŋ⁵⁵ lai⁴² xuɤŋ⁵⁵ tɕ'y³¹² ɤ³¹² sʅ· zɤn⁴²
指种庄稼糊弄人，到头来什么也收获不了。

人哄地一季儿，地哄人一年。
zɤn⁴² xuɤŋ⁵⁵ti³¹²⁻²⁴|⁴² tɕiər³¹²　ti³¹² xuɤŋ⁵⁵ zɤn⁴² i⁻²⁴ nian⁴²

指一个季节不好好耕种，就会影响一年的收成。

人会算，天会断。

zɤn⁴² xuei³¹² suan³¹² t'ian²⁴ xuei³¹² tuan³¹²

旧指人会谋算事情，但能否成功由老天爷决定。断：决定。

人活七十古来稀。

zɤn⁴² xuo⁴² tɕ'i²⁴ sʅ⁴² ku⁵⁵ lai⁴² ɕi²⁴

旧指人活到七十岁就已经是长寿的了。

人家嘞金窝银窝，不递自家嘞草窝。

zɤn⁴² tɕia·lɛ·tɕin²⁴ uo²⁴ in⁴² uo²⁴ pu²⁴⁻⁴² ti³¹² tɕi³¹² tɕia·lɛ· ts'au⁵⁵ uo²⁴

指再好的地方也没有自己长期居住的家里好。

人近不递心近。

zɤn⁴² tɕin³¹² pu²⁴⁻⁴² ti³¹² ɕin²⁴ tɕin³¹²

指心里亲近比血缘关系近更为重要。

人靠地来养，苗儿靠粪来长。

zɤn⁴² k'au³¹² ti³¹² lai⁴² iaŋ⁵⁵ mior⁴² k'au³¹² fɤn³¹² lai⁴² tsaŋ⁵⁵

人依靠土地而活，庄稼苗依靠粪肥而生长。

人靠饭养，苗儿靠水长。

zɤn⁴² k'au³¹² fan³¹² iaŋ⁵⁵ mior⁴² k'au³¹² suei⁵⁵⁻⁴² tsaŋ⁵⁵

人都需要吃饭，庄稼苗都需要水。

人靠心好，树靠根牢。

zɤn⁴² k'au³¹² ɕin²⁴ xau⁵⁵ ɕy³¹² k'au³¹² kɤn²⁴ lau⁴²

指立人的根本在于心善，就像矗立的大树全凭根部牢固一样。

人来ᴰ难处喽逗信神了。

zɤn⁴² lɛ⁴² nan³¹² tɕ'y·lou·tou³¹² ɕin³¹² sɤn⁴² na·

人到了走投无路的时候，最容易讲迷信。动词变韵表示"终点"义。

人来ᴰ难处喽显远近。

zɤn⁴² lɛ⁴² nan³¹² tɕ'y·lou·ɕian⁵⁵⁻⁴² yan⁵⁵ tɕin³¹²

指人在危难时最容易看出谁远谁近。动词变韵同上一条谚语。

人见ᴰ稀罕东西喽活大寿限。

zɤn⁴²tɕiɛ³¹² ɕi²⁴xan · tuɤŋ²⁴ɕi · lou · xuo⁴²ta³¹²sou³¹²ian ·

旧时认为，见到罕见之物的人，寿命必定会很长。动词变韵表"完成"义。"见ᴰ"可替换为"见喽"。寿限：寿命。

人老不值钱。

zɤn⁴²lau⁵⁵pu²⁴tsʅ⁴²tɕʻian⁴²

指人老做事就不讲体面不体面了。也指人老就没有用处了。

人老骨头松。

zɤn⁴²lau⁵⁵kuʻ⁴²tʻou · suɤŋ²⁴

人到老年骨质就会疏松。

人老骨头硬。

zɤn⁴²lau⁵⁵ku⁴²tʻou · iŋ³¹²

指老年人意志更坚强，更能经得起风浪。

人老喽逗跟ᴰ个小孩儿样。

zɤn⁴²lau⁵⁵lou · tou³¹²kɛ²⁴kɤ · ɕiau⁵⁵xar · iaŋ ·

指人老了性格就像个小孩一样。

人老喽逗冇ᴰ气力儿了。

zɤn⁴²lau⁵⁵lou · tou³¹²ma³¹²tɕʻi³¹²liər²⁴la ·

人到老年就力气衰弱了。动词变韵表示"完成"义。

人老喽怕死。

zɤn⁴²lau⁵⁵lou · pʻa³¹²sʅ⁵⁵

上了年纪的人总是担心自己会死去。

人老喽心量儿逗小了。

zɤn⁴²lau⁵⁵lou · ɕin²⁴liɐr³¹²tou³¹²ɕiau⁵⁵la ·

指人到老年遇事爱计较，干什么也没有心劲儿了。

人老喽嘴逗碎。

zɤn⁴²lau⁵⁵lou · tsuei⁵⁵tou³¹²suei³¹²

指上了年纪的人爱唠唠叨叨。

人老冇人儿偎。

zɤn⁴² lau⁵⁵ mou³¹² zər⁴² uei²⁴

指人老了，别人不愿意与之亲近、相处。偎：靠近。

人老皮先松。

zɤn⁴² lau⁵⁵ p'i⁴² ɕian²⁴ suɤŋ²⁴

人衰老首先表现在皮肉松弛上。

人老屁股松，干啥啥不中。

zɤn⁴² lau⁵⁵ p'i³¹² ku·suɤŋ²⁴ kan³¹² sa·sa⁵⁵ pu²⁴ tsuɤŋ²⁴

指人老力衰，就什么也干不动了。

人嘞肚得，杂货铺得。

zɤn⁴² nɛ·tu³¹² tɛ· tsa⁴² xuo³¹² p'u³¹² tɛ·

指人五谷杂粮什么都吃。

人嘞嘴像棵草，风一刮两边儿倒。

zɤn⁴² nɛ·tsuei⁵⁵ ɕiaŋ³¹² k'uo·ts'au⁵⁵ fɤŋ²⁴ i²⁴ kua²⁴ liaŋ⁵⁵ piar²⁴ tau⁵⁵

指人的言行、态度等往往随着情势的变化而变化。

人冷穿袄，鱼冷穿草。

zɤn⁴² lɤŋ⁵⁵ ts'uan²⁴ au⁵⁵ y⁴² lɤŋ⁵⁵ ts'uan²⁴ ts'au⁵⁵

人冷就添加衣服，鱼冷就会钻进水草里。

人冇个笑脸儿甭开店。

zɤn⁴² mou³¹² kɤ·ɕiau³¹² liar⁵⁵ piŋ⁴² k'ai²⁴ tian³¹²

指没有良好的服务意识和态度就不要做生意。

人冇过不去嘞坎儿。

zɤn⁴² mou³¹² kuo³¹² pu·tɕ'y³¹² lɛ·k'ar⁵⁵

指人可以克服任何困难。坎儿：人不容易越过的关键地方或关键时刻。

人冇理儿说横话，牛冇力儿拉横耙。

zɤn⁴² mou³¹² liər⁵⁵ ɕyɛ²⁴ xɤŋ²⁴ xua³¹² niou⁴² mou³¹² liər²⁴ la²⁴ xuɤŋ³¹² pa³¹²

指不占理的人总是说话蛮横。

人冇三辈儿穷。

zɤn⁴² mou³¹² san²⁴ ⁴² pər³¹² tɕʻyŋ⁴²

指人的命运多变，贫困往往不会超过三代。

人冇一样儿嘞人。

zɤn⁴² mou³¹² i²⁴ ⁴² iɐr³¹² lɛ · zɤn⁴²

指人的脾气秉性没有一样的。

人冇主心骨，得吃眼前苦。

zɤn⁴² mou³¹² tsu⁵⁵ ɕin²⁴ ku²⁴ tɛ²⁴ tsʻɻ²⁴ ian⁵⁵ tɕʻian⁴² kʻu⁵⁵

指人做事没有主见，当断不断，免不了要吃苦头。

人哪会儿也是有穷有富。

zɤn⁴² na⁴² xuər · iɛ³¹² sɻ³¹² iou⁵⁵ tɕʻyŋ⁴² iou⁵⁵ fu³¹²

指人任何时候都有贫富差别。哪会儿：任何时间。

人能生法儿，地能结瓜儿。

zɤn⁴² nɤŋ⁴² sɤŋ²⁴ fɐr²⁴ ti³¹² nɤŋ⁴² tɕi²⁴ kuɐr²⁴

指人总是能找到解决问题的办法，就像土地能结瓜一样。

人怕逼，马怕骑。

zɤn⁴² pʻa³¹² pi²⁴ ma⁵⁵ pʻa³¹² tɕʻi⁴²

指被逼到紧迫之时就会奋力拼搏。

人怕戴高帽得。

zɤn⁴² pʻa³¹² tai³¹² kau²⁴ mau³¹² tɛ ·

指吹捧对于被吹捧者来说有害无利。

人怕敬，鬼怕送。

zɤn⁴² pʻa³¹² tɕiŋ³¹² kuei⁵⁵ pʻa³¹² suŋ³¹²

指好人受到敬重会更加自重，坏人受到抬举也会有所收敛。

人怕老，谷得怕倒。

zɤn⁴² pʻa³¹² lau⁵⁵ ku²⁴ tɛ · pʻa³¹² tau⁵⁵

指人害怕衰老，就像谷子害怕倒下一样。

人怕老来穷，树怕钻心虫。

zɤn⁴² pʻa³¹² lau⁵⁵ lai⁴² tɕʻyŋ⁴² ɕy³¹² pʻa³¹² tsuan²⁴ ɕin²⁴ tsʻuɤŋ⁴²

指人老了没能力干活最怕受穷，就像树长大了怕蛀心虫一样。

人怕伤心，树怕动根。

zɤn⁴² pʻa³¹² saŋ²⁴ ɕin²⁴　ɕy³¹² pʻa³¹² tuɤŋ³¹² kɤn²⁴

指人伤心会影响身体健康，就像大树动了根会元气大伤一样。

人勤地不懒。

zɤn⁴² tɕʻin⁴² ti³¹² pu²⁴ lan⁵⁵

人只要勤快，土地就会长出好庄稼。

人勤肚嘞饱，人懒得饿倒。

zɤn⁴² tɕʻin⁴² tu³¹² lɛ·pau⁵⁵　zɤn⁴² lan⁵⁵ tɛ²⁴ ɤ³¹² tau⁵⁵

人勤快就能吃饱饭，人懒就会饿肚子。

人情比ᴰ纸薄。

zɤn⁴² tɕʻiŋ⁴² piɛ⁵⁵⁻⁴² tsʅ⁵⁵ po⁴²

指世态炎凉，人的情谊很淡。

人情大不过王法。

zɤn⁴² tɕʻiŋ⁴² ta³¹² pu·kuo³¹² uaŋ⁴² fa·

指办事不能徇私枉法。

人穷骨头硬。

zɤn⁴² tɕʻyŋ⁴² ku⁴² tʻou·iŋ³¹²

指人贫困往往有骨气。

人穷喽不串亲戚。

zɤn⁴² tɕʻyŋ⁴² lou·pu²⁴⁻⁴² tsʻuan³¹² tɕʻin²⁴ tɕʻi·

指人贫穷了往往不会轻易走亲戚。串：走动。

人穷喽客前低半截得。

zɤn⁴² tɕʻyŋ⁴² lou·kʻiɛ²⁴ tɕʻian⁴² ti²⁴ pan³¹² tɕiɛ⁴² tɛ·

指人贫穷了在客人面前自惭形秽。

人穷喽想卖天。

zɤn⁴² tɕʻyŋ⁴² lou·ɕiaŋ⁵⁵ mai³¹² tʻian²⁴

指人在走投无路的时候，往往会不顾一切，什么法子都敢想。

人穷喽长气力，人好过喽长脾气。

zɤn⁴² tɕʻyŋ⁴² lou·tsaŋ⁵⁵ tɕʻi³¹² li·　zɤn⁴² xau⁵⁵ kuo·lou·tsaŋ⁵⁵ pʻi⁴² tɕʻi·

指穷人常做体力活儿，力气越来越大；富人养尊处优，脾气越来越坏。好过：富有。

人穷朋友少，衣破虱得多。

zɤn⁴² tɕʻyŋ⁴² pɤŋ⁴² iou·sau⁵⁵　i²⁴ pʻo³¹² sʅ²⁴ tɛ·tuo²⁴

指人穷困朋友就不会多，衣服破旧寄居的虱子就会多。

人穷志不能穷。

zɤn⁴² tɕʻyŋ⁴² tsʅ³¹² pu²⁴ nɤŋ⁴² tɕʻyŋ⁴²

人处于贫困境地，也不能丧失志气。

人人心嘚都有一杆秤。

zɤn⁴² zɤn⁴² ɕin²⁴ nɛ·tou²⁴ iou⁵⁵ i²⁴ kan⁵⁵ tsʻɤŋ³¹²

指每个人心里都有衡量是非曲直的标准。

人少不好做买卖。

zɤn⁴² sau⁵⁵ pu²⁴ xau⁵⁵ tsu³¹² mai⁵⁵ mai·

人少的地方顾客就少，难以做成买卖。

人是命，天管定，胡思乱想不中用。

zɤn⁴² sʅ³¹² miŋ³¹²　tʻian²⁴ kuan⁵⁵ tiŋ³¹²　xu⁴² sʅ²⁴ luan³¹² ɕiaŋ⁵⁵ pu²⁴ tsuŋ²⁴ yŋ³¹²

指旧时封建迷信认为，一切都是命中注定，不用多想。中用：管用。

人是铁，饭是钢，一顿不吃饿嘚慌。

zɤn⁴² sʅ³¹² tʻiɛ²⁴　fan³¹² sʅ³¹² kaŋ²⁴　i²⁴⁺⁴² tuɤn³¹² pu²⁴ tsʻʅ²⁴ ɤ³¹² lɛ·xuaŋ·

指饭是人体必需的能量，一顿不吃身体就觉得难受。

人是衣裳马是鞍。

zɤn⁴² sʅ³¹² i²⁴ saŋ·ma⁵⁵ sʅ³¹² an²⁴

指人是靠衣服马是靠马鞍装扮起来的。指只有穿着得体，才能叫人看得起。

人死不记仇。

zɤn⁴² sʅ⁵⁵ pu²⁴⁺⁴² tɕi³¹² tsʻou⁴²

人死了旧日的仇怨也就一笔勾销了。

人死不能再活。

zɤn⁴² sʅ⁵⁵ pu²⁴ nɤŋ⁴² tsai³¹² xuo⁴²

人死了不能复活。

人死喽逗冇ᴅ事儿了。

zɤn⁴² sʅ⁵⁵ lou·tou³¹² ma³¹² sər³¹² la·

指人活着一直有忙不完的事情。动词变韵表"完成"义。

人死像灯灭，变鬼瞎胡说。

zɤn⁴² sʅ⁵⁵ ɕiaŋ³¹² tɤŋ²⁴ miɛ²⁴　pian³¹² kuei⁵⁵ ɕia²⁴ xu⁴² ɕyɛ²⁴

指人一死一切就不复存在了，变成鬼的说法纯粹是胡说八道。

人死一把灰。

zɤn⁴² sʅ⁵⁵ i·²⁴ pa⁵⁵ xuei²⁴

指人死了最后变成一把土灰。

人熟狗不咬。

zɤn⁴² su⁴² kou⁵⁵ pu²⁴ iau⁵⁵

人熟了，狗见了也不咬。喻指熟人好办事。

人算不递天算。

zɤn⁴² suan³¹² pu²⁴ ⁴² ti³¹² tʻian²⁴ suan³¹²

指人的打算再精明，也拗不过老天爷的安排。

人托人，难死ᴅ人。

zɤn⁴² tʻuo²⁴ zɤn⁴²　nan⁴² sɛ·zɤn⁴²

办事辗转托人情，难度很大。动词变韵表示肯定语气义，动词也可以使用原韵形式。

人往高地场儿走，水往低地场儿流。

zɤn⁴² uaŋ²⁴ kau²⁴ ti³¹² sɐr·tsou⁵⁵　suei⁵⁵ uaŋ²⁴ ti²⁴ ti³¹² sɐr·liou⁴²

指人都想到好的地方发展自己的事业。

人为财死，鸟为食亡。

zɤn⁴² uei³¹² tsʻai⁴² sʅ⁵⁵　niau⁵⁵ uei³¹² sʅ⁴² uaŋ⁴²

指人为钱财往往丧命，鸟为贪食常遭捕杀。

人闲不安生，驴闲啃缰绳。

zɤn⁴² ɕian⁴² pu²⁴ an²⁴ sɤŋ · ly⁴² ɕian⁴² k'ɤn⁵⁵ tɕiaŋ²⁴ sɤŋ ·

指人太安闲容易惹是生非，就像驴不干活时喜欢啃缰绳一样。

人心比ᵖ天高，得牛说马好。

zɤn⁴² ɕin²⁴ piɛ²⁴ t'ian²⁴ kau²⁴　tɛ²⁴ niou⁴² ɕyɛ²⁴ ma⁵⁵⁻⁴² xau⁵⁵

指人的欲望是无止境的，得到好的，还想得到更好的。

人心不正，啥事儿都弄不成。

zɤn⁴² ɕin²⁴ pu²⁴⁻⁴² tsɤŋ³¹²　sa⁴² sə r³¹² tou · nɤŋ³¹² pu · ts'ɤŋ⁴²

指人的心术不正，就做不成任何事情。

人心都是肉长嘞。

zɤn⁴² ɕin²⁴ tou⁵⁵ sʅ³¹² zou³¹² tsaŋ⁵⁵ lɛ ·

指人是血肉之躯，都是重感情的。也指一般人都有同情心。

人心隔肚皮。

zɤn⁴² ɕin²⁴ kiɛ²⁴ tu³¹² p'i⁴²

指人内心的真实想法从外表看不出来。

人一死，一了百了。

zɤn⁴²·i²⁴ sʅ⁵⁵　i²⁴ liau⁵⁵ pɛ²⁴ liau⁵⁵

指人死去后什么也不复存在了。

人一死账逗拉倒了。

zɤn⁴²·i²⁴ sʅ⁵⁵ tsaŋ³¹² tou³¹² la²⁴ tau⁵⁵ la ·

指人一死身上的债务就了结了。拉倒：完结。也作："人一死账逗撤火了。"

人一天有三迷。

zɤn⁴²·i²⁴ t'ian²⁴ iou⁵⁵ san²⁴ mi⁴²

指人一天之内都会有多次犯糊涂的时候。迷：迷糊。

人一走茶逗凉。

zɤn⁴²·i²⁴ tsou⁵⁵ ts'a⁵⁵ tou³¹² liaŋ⁴²

指人一离开，如同茶水放凉一样，关系就会逐渐疏远。

人有高低个儿，路分上下坡儿。

zɤn⁴²iou⁵⁵kau²⁴ti²⁴kor³¹²　lu³¹²fɤn²⁴saŋ³¹²ɕia³¹²pʻor²⁴

指人的个头有大有小，就像路有上下坡一样。

人有名儿，树有影儿。

zɤn⁴²iou⁵⁵miɐr⁴²　ɕy³¹²iou⁵⁵│⁴²iɐr⁵⁵

指每个人都有自己的名声，就像树必有自己的影子一样。

人有千里朋友，官儿冇千里威风。

zɤn⁴²iou⁵⁵tɕʻian²⁴li⁵⁵pʻɤŋ⁴²iou·　kuar²⁴mou³¹²tɕʻian²⁴li⁵⁵uei²⁴fɤŋ·

指人能有千里之外的朋友，但官吏不能在管辖范围以外的地方耍威风。

人有三昏三迷。

zɤn⁴²iou⁵⁵san²⁴xuɤn²⁴san²⁴mi⁴²

指人的一生总有糊涂犯错误的时候。

人有三不足贵：放屁、磨牙、打呼噜。

zɤn⁴²iou⁵⁵san²⁴pu²⁴tɕy²⁴kuei³¹²　faŋ³¹²pʻi³¹²mo⁴²ia⁴²ta⁵⁵xu²⁴lur·

指人一生中有三种没出息的事情：放响屁、睡觉咬牙、打呼噜。

人有ᴰ钱儿喽说话儿气儿粗。

zɤn⁴²io⁵⁵tɕʻiar⁴²lou·ɕyɛ²⁴xuɐr³¹²tɕʻiər³¹²tsʻu²⁴

指人有了钱，说话底气足。动词变韵表示"完成"义。

人有ᴰ事儿喽显远近。

zɤn⁴²io⁵⁵sər³¹²lou·ɕian⁵⁵│⁴²yan⁵⁵tɕin³¹²

指人有了大事时方能显示出关系的远近。动词变韵表示"完成"义。

人越坐越懒，嘴越吃越馋。

zɤn⁴²yɛ²⁴tsuo³¹²yɛ²⁴lan⁵⁵　tsuei⁵⁵yɛ²⁴tsʻɿ²⁴yɛ²⁴tsʻan⁴²

指人越不干活就越懒惰，越吃就会越贪吃好东西。

人栽树一会儿，树养人几辈儿。

zɤn⁴²tsai²⁴ɕy³¹²i²⁴│⁴²xuɐr³¹²　ɕy³¹²iaŋ⁵⁵zɤn⁴²tɕi⁵⁵pər³¹²

指植树的好处很多，造福后代。

人直正，脚跟儿正。

zɤn⁴²tsʅ⁴²tsɤŋ·tɕyo²⁴kər²⁴tsɤŋ³¹²

指人正直就会走正道，不会走歪路。直正：正直。

人直正喽朋友多，树直粘喽用处大。

zɤn⁴²tsʅ⁴²tsɤŋ·lou·p'ɤŋ⁴²iou·tuo²⁴ ɕy³¹²tsʅ⁴²nian·nou·yŋ³¹²tɕ'y·ta³¹²

指人的品行正直就能结交很多朋友，就像树直用处大一样。直正：正直。直粘：直。

人赚钱不递叫钱赚钱。

zɤn⁴²tsuan³¹²tɕ'ian⁴²pu²⁴⁺⁴²ti³¹²tɕiau³¹²tɕ'ian⁴²tsuan³¹²tɕ'ian⁴²

指凭辛苦赚钱很难，不如利用本钱赚钱来得快。

人挣不了嘞钱儿。

zɤn⁴²tsɤŋ³¹²pu·liau⁵⁵lɛ·tɕ'iar⁴²

人不能把钱都挣到自己手里，劝诫人要知足。了：完。

肉不烂，再加炭。

zou³¹²pu²⁴⁺⁴²lan³¹² tsai³¹²tɕia²⁴t'an³¹²

肉没煮烂就往火里再加炭。喻指事情没成功之前，要继续努力。

肉炒熟，人吵生。

zou³¹²ts'au⁵⁵su⁴² zɤn⁴²ts'au⁵⁵sɤŋ²⁴

指人与人之间一吵架就关系疏远了。

瑞雪兆丰年。

zuei³¹²ɕyɛ²⁴tsau³¹²fɤŋ²⁴nian⁴²

符合节令的大雪是丰收年景的好兆头。瑞雪：应时好雪。

S

仨女嘞一台戏。

sa^{24} ny^{55}lɛ・i^{24}t'ai^{42}ɕi^{312}

指三个女的凑在一起，总爱说笑，就像一台戏。

仨五更能顶一个工。

sa^{24}u^{55}kɤŋ・nɤŋ^{42}tiŋ^{55}i^{24} | ^{42}kɤ・kuɤŋ^{24}

指早晨起得早一点可以多干活。五更：第五更，拂晓之时。

杀猪嘞死喽也不吃带毛嘞猪。

sa^{24} tɕy^{24}lɛ・sʅ^{55}lou・iɛ^{55}pu^{24}ts'ʅ^{24}tai^{312}mau^{42}lɛ・tɕy^{24}

即使杀猪的死了，也照样能吃上干净的猪肉。喻指离开某个条件，事情照样能办成。

杀人不过头点地。

sa^{24}zɤn^{42}pu^{24} | ^{42}kuo^{312}t'ou^{42}tian^{55}ti^{312}

人头落地并不是什么大不了的。指死并不可怕。也指对待犯错的人，只要本人认错就不必穷追不放。还可指事情无论大小都会过去，不必把事态看得过于严重。点地：落地。

啥大人啥孩得，啥树长出来啥芽得。

sa^{55}ta^{312}zɤn・sa^{55}xai^{42}tɛ・ sa^{55}ɕy^{312}tsaŋ^{55}tɕ'y・lai・sa^{55}ia^{42}tɛ・

什么样的大人就会有什么样的孩子，什么样的树就会长出什么样的嫩芽。指家庭对孩子有重要的影响。

啥人说啥话儿。

sa^{55}zɤn^{42}ɕyɛ^{24}sa^{55}xuɐr^{312}

指身份不同的人所说的话，与自身品格和身份符合。

啥师傅带啥徒弟。

sa^{55}sʅ^{24}fu・tai^{312}sa^{55}t'u^{42}ti・

指什么样的师傅就会带出什么样的徒弟。

啥事儿也是赶早不赶晚儿。

sa⁵⁵ sər³¹² · iɛ⁵⁵ sɿ³¹² kan⁵⁵⁻⁴² tsau⁵⁵ pu²⁴ kan⁵⁵⁻⁴² uar⁵⁵

做一切事都宜早不宜迟。

啥种儿出啥苗儿，啥葫芦锯啥瓢儿。

sa⁵⁵⁻⁴² tsuɐr⁵⁵ tɕʻy²⁴ sa⁵⁵ mior⁴²　sa⁵⁵ xu⁴² lu·tɕy³¹² sa⁵⁵ pʻior⁴²

喻指有什么样的长辈就有什么样的晚辈。也作："啥树开啥花，啥秧得接啥瓜儿。""啥树开啥花，啥花接啥果儿。"

晒麦得得趁热儿装。

sai³¹² mɛ²⁴ tɛ·tɛ²⁴ tsʻɤn³¹² zor²⁴ tsuaŋ²⁴

指晾晒麦子时，适宜趁热装起来。

三百六十行，行行出状元。

san²⁴ pɛ²⁴ liou³¹² sɿ⁴² xaŋ⁴²　xaŋ⁴² xaŋ⁴² tɕʻy²⁴ tsuaŋ³¹² yan·

指不论干哪一行，只要热爱本职工作，都能取得优异的成绩。状元：科举时代殿试第一名。

三百六十行，行行有名堂。

san²⁴ pɛ²⁴ liou³¹² sɿ⁴² xaŋ⁴²　xaŋ⁴² xaŋ⁴² iou⁵⁵ miŋ⁴² tʻaŋ·

指每一种行业都有行规。名堂：道理、内容。

三冬三夏，抱大嘞娃娃。

san²⁴ tuɤŋ²⁴ san²⁴⁻⁴² ɕia³¹²　pu³¹² ta³¹² lɛ·ua⁴² ua·

孩子过了三岁才能离开父母的怀抱。指抚养孩子不容易。

三翻六坐七爬叉，八个月过来瞎嗒嗒。

san²⁴ fan²⁴ liou³¹² tsuo³¹² tɕʻi²⁴ pʻa⁴² tsʻa·　pa²⁴⁻⁴² kɤ·yɛ²⁴ kuo³¹² lai·ɕia²⁴ ta²⁴ ta·

小孩三个月会翻身，六个月会坐，七个月会爬，八个月开始咿咿呀呀学说话。

三分靠教，七分靠学。

san²⁴ fɤn²⁴ kʻau³¹² tɕiau²⁴　tɕʻi²⁴ fɤn²⁴ kʻau³¹² ɕyo⁴²

指学习主要靠内因起作用。

三分人才，七分打扮。

san²⁴fɤn²⁴zɤn⁴²ts'ai·tɕ'i²⁴fɤn²⁴ta⁵⁵pan·

指一个人的外表形象如何，除了靠天生的容貌外，主要还是靠衣着装饰。人才：人的容貌。

三伏不尽秋来到。

san²⁴fu⁴²pu²⁴⁻⁴²tɕin³¹²tɕ'iou²⁴lai⁴²tau³¹²

三伏还没有结束，秋天已经到来。

三伏不尽要立秋，家家户儿户儿挂锄钩。

san²⁴fu⁴²pu²⁴⁻⁴²tɕin³¹²iau³¹²li²⁴tɕ'iou²⁴ tɕia²⁴tɕia²⁴xur³¹²xur³¹²kua³¹²ts'u⁴²kou²⁴

三伏还没有结束，秋天已经到来，家家户户不用再锄地了。

三伏天，沤烂砖。

san²⁴fu⁴²t'ian²⁴ ou³¹²lan³¹²tsuan²⁴

三伏天天气热又潮湿，什么东西都容易发霉、沤烂。

三个臭皮匠，赛过诸葛亮。

san²⁴kɤ·ts'ou³¹²p'i²⁴tɕian³¹² sai³¹²kuo³¹²tsu²⁴kɤ·lian³¹²

原意为三个丑裨将的主意合起来顶一个诸葛亮。今指人多智谋多。皮匠：有学者认为是"裨将"的谐音，指副将。

三句话不离老本行。

san²⁴⁻⁴²tɕy³¹²xua³¹²pu²⁴⁻⁴²li³¹²lau⁵⁵⁻⁴²pɤn⁵⁵xaŋ⁴²

指人的谈话内容总是离不开自己所从事的行业。也作："三句话离不唠老本行。"

三里不同俗，五里改规矩。

san²⁴li⁵⁵pu²⁴t'uɤŋ⁴²ɕy⁴² u⁵⁵⁻⁴²li⁵⁵kai⁵⁵kuei²⁴tɕy·

相隔三里地，风俗、习惯就不一样，相隔五里地，规矩就改了。指一个地方有一个地方的风土民情、风俗习惯。

三年不下雨，还有恨下雨嘞嘞。

san²⁴nian⁴²pu²⁴⁻⁴²ɕia³¹²y⁵⁵ xan⁴²iou⁵⁵xɤn³¹²ɕia³¹²y⁵⁵lɛ·lɛ·

指人的认识和看法从来都不会一致。也指世界上什么样的人都有。

嘞₁：的。嘞₂：语气词。

三年不选种，必定减收成。

san²⁴ nian⁴² pu²⁴ ɕyan⁵⁵ | ⁴² tsuɤŋ⁵⁵　pi⁵⁵ tiŋ³¹² tɕian⁵⁵ sou²⁴ tsʻɤŋ·

指种子一定要优选，否则不会有好收成。

三年胳膊五年腿，十年练不好一张嘴。

san²⁴ nian⁴² kiɛ⁴² pau·u⁵⁵ nian⁴² tʻuei　ʂʅ⁴² nian⁴² lian³¹² pu·xau⁵⁵ i²⁴ tsaŋ²⁴ tsuei⁵⁵

指戏曲演员练好身段、武功等技巧固然不容易，但要练好唱、念的功夫更不容易。

三十不浪四十浪，五十还在浪尖儿上。

san²⁴ ʂʅ⁴² pu²⁴|⁴² laŋ³¹² ʂʅ³¹² ʂʅ⁴² laŋ³¹²　u⁵⁵ ʂʅ⁴² xan⁴² tai³¹² laŋ³¹² tɕiar²⁴ saŋ·

指人到中年性能力还很强。

三十六计走为上。

san²⁴ ʂʅ⁴² liou³¹² tɕi³¹² tsou⁵⁵ uei³¹² saŋ³¹²

原指两军交战，一方处于明显劣势时，逃脱就是最好的计策。指陷入困境，已成败局之时，可采取逃避的策略。

三十年河东，三十年河西。

san²⁴ ʂʅ⁴² nian⁴² xɤ⁴² tuŋ²⁴　san²⁴ ʂʅ⁴² nian⁴² xɤ⁴² ɕi²⁴

原意为河流经常改变河道，某个地方原在河东，若干年后却在河西岸。喻指风水轮流转，几十年一变。今多指事物的兴盛与衰败，会发生周期性变化。

三十年前睡不醒，三十年后睡不着。

san²⁴ ʂʅ⁴² nian⁴² tɕʻian⁴² sei³¹² pu·ɕiŋ⁵⁵　san²⁴ ʂʅ⁴² nian⁴² xou³¹² sei³¹² pu·tsuo⁴²

指人随着年龄的增长，睡眠质量会下降。

三十往后，才知道天高地厚。

san²⁴ ʂʅ⁴² uaŋ⁴² xou³¹²　tsʻai⁴² tsʅ⁴² tau·tʻian²⁴ kau²⁴ ti³¹² xou³¹²

指人到三十以后，才知道做人做事不容易。

三十五儿，白受苦儿。

san²⁴ ʂʅ⁴² ur⁵⁵　pɛ⁴² sou³¹² kʻur⁵⁵

指单副扑克牌"打升级"游戏中,闲家得三十五分不能上台。

三天不唱口儿生,三天不练腰硬。

san²⁴t'ian²⁴pu²⁴⁻⁴²tsʻaŋ³¹²kʻor⁵⁵sɤŋ²⁴　san²⁴t'ian²⁴pu²⁴⁻⁴²lian³¹²iau²⁴iŋ³¹²

指技艺的精湛缘于长期不间断地练习,一旦中断就会生疏。

三天不打,上房揭瓦。

san²⁴t'ian²⁴pu²⁴ta⁵⁵　saŋ³¹²faŋ⁴²tɕiɛ²⁴ua⁵⁵

指旧时人认为小孩儿需要挨打,才能懂得规矩。

三天不分大小。

san²⁴t'ian²⁴pu²⁴fɤn²⁴ta³¹²ɕiau⁵⁵

结婚三天内,不论大小辈分,任何人都可以跟新郎、新娘开玩笑。也作:"三天冇大小。"

三条腿儿嘞蛤蟆不好找,两条腿儿嘞人有嘞是。

san²⁴t'iau⁴²t'uər⁵⁵lɛ·xiɛ⁴²ma·pu²⁴xau⁵⁵⁻⁴²tsau⁵⁵　liaŋ⁵⁵t'iau⁴²t'uər⁵⁵lɛ·zɤn⁴²iou⁵⁵lɛ·sʅ³¹²

指找什么样的人都很容易。也指什么样的人也不稀罕。

三月嘞清明儿菠菜小,四月嘞清明儿菠菜老。

san²⁴yɛ·lɛ·tɕʻiŋ²⁴miɐr·po²⁴tsʻai·ɕiau⁵⁵　sʅ³¹²yɛ·lɛ·tɕʻiŋ²⁴miɐr·po²⁴tsʻai·lau⁵⁵

指清明节在三月,菠菜还小;清明节在四月,菠菜就已经老了。

三月嘞羊,撂过墙。

san²⁴yɛ·lɛ·iaŋ⁴²　liau³¹²kuo³¹²tɕʻiaŋ⁴²

指在最缺草的三月份羊很瘦弱。

三月嘞有雨不递二月嘞下。

san²⁴yɛ·lɛ·iou⁵⁵⁻⁴²y⁵⁵pu²⁴⁻⁴²ti³¹²ər³¹²yɛ·lɛ·ɕia³¹²

指春分时节,正是小麦拔节的时节,也是需要水的关键时期。

三月三,枣芽儿尖。

san²⁴yɛ·san²⁴　tsau⁵⁵iɐr⁴²tɕian²⁴

指枣树在农历三月份发芽。

山高挡不住南来嘞雁,墙高挡不住北来嘞风。

san²⁴kau²⁴taŋ⁵⁵pu·tɕʻy³¹²nan⁴²lai⁴²lɛ·ian³¹²　tɕʻiaŋ⁴²kau²⁴taŋ⁵⁵pu·

tɕ'y³¹² pei²⁴ lai⁴² lɛ · fɤŋ²⁴

喻指任何困难都挡不住意志坚定的人。

山高高不过天，河深深不过海。

san²⁴ kau²⁴ kau²⁴ pu · kuo³¹² t'ian²⁴   xɤ⁴² tsʻɤn²⁴ tsʻɤn²⁴ pu · kuo³¹² xai⁵⁵

指天空高远，大海深邃。

山高显嘞云彩低。

san²⁴ kau²⁴ ɕ'ian⁵⁵ nɛ · yn⁴² tsʻai · ti²⁴

喻指通过比较才会显出高下。

山沟得里头出凤凰。

san²⁴ kou²⁴ tɛ · li⁵⁵ tʻou · tɕʻy²⁴ fɤŋ³¹² xuaŋ·

喻指穷乡僻壤往往会出现出类拔萃的人物。

山里头嘞孩得不怕狼。

san²⁴ liou⁵⁵ lɛ · xai⁴² tɛ · pu²⁴⁴² pʻa³¹² laŋ⁴²

指熟悉环境就不会惧怕。"里头"也可读作两个音节。

山上不栽树，水土保不住。

san²⁴ saŋ · pu²⁴ tsai²⁴ ɕy³¹²   suei⁵⁵⁴² tʻu · pau⁵⁵ pu · tɕʻy³¹²

指树木可以防止水土流失。

山再高也有人走，水再深也有船过。

san²⁴ tsai³¹² kau²⁴ iɛ⁵⁵⁴² iou⁵⁵ zɤn⁴² tsou⁵⁵   suei⁵⁵ tsai³¹² tsʻɤn²⁴ iɛ⁵⁵⁴² iou⁵⁵ tsʻuan⁴² kuo³¹²

指面对挑战总有人迎难而上。

善有善报，恶有恶报；不是不报，时辰不到。

san³¹² iou⁵⁵ san³¹² pau³¹²   ɤ²⁴ iou⁵⁵ ɤ²⁴ pau³¹²   pu²⁴⁴² sʅ³¹² pu²⁴⁴² pau³¹²   sʅ⁴² tsʻɤn · pu²⁴⁴² tau³¹²

指佛家的因果信条：行善终会得到上天的眷顾，作恶终会得到上天的报应。

伤筋动骨一百天。

saŋ²⁴ tɕin²⁴ tuɤŋ³¹² ku²⁴ i²⁴ pɛ²⁴ tʻian²⁴

筋骨受伤，尤其是骨折之后恢复较慢，一般需要一百天的治疗和静养才能痊愈。

墒小种深，墒大种浅。

saŋ²⁴ɕiau⁵⁵tsuɤŋ³¹²ts'ɤn²⁴　saŋ²⁴ta³¹²suɤŋ³¹²tɕ'ian⁵⁵

指棉花种的深浅要根据土壤湿度来决定。

上场儿容易下场儿难。

saŋ²⁴ts'ɐr⁵⁵yŋ⁴²i·ɕia³¹²ts'ɐr⁵⁵nan⁴²

指上了赌场参与赌博就难以收手。场儿：赌场。

上粪一大片，不递一条线。

saŋ²⁴fɤn³¹²i²⁴⁽⁴²ta³¹²p'ian³¹²　pu²⁴⁽⁴²ti³¹²i²⁴t'iau⁴²ɕian³¹²

指上粪要上在庄稼的根部，不宜乱撒。上粪：施农家肥。

上梁不正下梁歪。

saŋ⁴²liaŋ⁴²pu²⁴⁽⁴²tsɤŋ³¹²ɕia³¹²liaŋ⁴²uai²⁴

上梁不端正，下梁必定倾斜。喻指领导或长辈品行不端正，下属或晚辈就会跟着学坏。

上喽赌场儿，不认爹娘。

saŋ⁴²lou·tu⁵⁵⁽⁴²ts'ɐr⁵⁵　pu²⁴⁽⁴²zɤn³¹²tiɛ²⁴niaŋ⁴²

人一旦染上赌博的恶习，连爹娘都不相认。

上坡紧打牛，下坡紧摇耧。

saŋ³¹²p'o²⁴tɕin⁵⁵⁽⁴²ta⁵⁵niou⁴²　ɕia³¹²p'o²⁴tɕin⁵⁵iau⁴²lou⁴²

指在不平的地块播种，上坡时快点打牛，防止因速度慢而下种过稠；下坡时快点摇动耧身，防止因速度快而下种过稀。

上山不打冇毛嘞鸟儿，进村不打冇娘嘞孩儿。

saŋ³¹²san²⁴pu²⁴ta⁵⁵mou³¹²mau⁴²lɛ·nior⁵⁵　tɕin³¹²ts'uər²⁴pu²⁴ta⁵⁵mou³¹²niaŋ⁴²lɛ·xar⁴²

喻指什么情况下都不能恃强欺弱。

上山气儿喘，下山腿软。

saŋ³¹²　san²⁴tɕ'iər³¹²ts'uan⁵⁵　ɕia³¹²san²⁴t'uei⁵⁵⁽⁴²yan⁵⁵

上山因为费力而喘气，下山因为困乏而感到腿软。

上山容易下山难。

saŋ³¹²　san²⁴yŋ⁴²i·ɕia³¹²san²⁴nan⁴²

上山身子向前倾，好用力；下山时重心靠后，脚底下打滑，迈不开大步，容易失足发生危险。

上贼船容易，下贼船难。

saŋ³¹²tsei⁴²ts'uan⁴²yŋ⁴²i・　ɕia³¹²tsei⁴²ts'uan⁴²nan⁴²

喻指加入坏人团伙一起干坏事容易，想退出不干就难了。贼船：盗贼杀人劫货的船，喻指干坏事的团伙。

捎钱儿能捎少喽，捎话儿能捎多喽。

sau²⁴tɕ'iar⁴²nɤŋ⁴²sau²⁴sau⁵⁵lou・　sau²⁴xuɐr³¹²nɤŋ⁴²sau²⁴tuo²⁴lou・

指闲话越说越多。捎：顺便带（东西或话）。也作："东西能捎少喽，话儿能捎多喽。"

烧嘞香多，惹嘞鬼多。

sau²⁴lɛ・ɕiaŋ²⁴tuo²⁴　zɛ⁵⁵lɛ・kuei⁵⁵tuo²⁴

喻指做事照顾迁就得越多，招来的麻烦就越大。

烧香磕头不递孝敬爹娘。

sau²⁴ɕiaŋ²⁴k'ɤ²⁴t'ou⁴²pu²⁴|⁴²ti³¹²ɕiau³¹²tɕiŋ³¹²tie²⁴nia⁴²

烧香磕头祈求父母平安不如以实际行动孝敬父母。

少吃香，多吃伤。

sau⁵⁵ts'ɿ²⁴ɕiaŋ²⁴　tuo²⁴ts'ɿ²⁴saŋ²⁴

指吃饭不能过饱，吃多了会伤胃。

少给勤添，越吃越欢。

sau⁵⁵|⁴²ki⁵⁵tɕ'in⁴²t'ian²⁴　yɛ²⁴ts'ɿ²⁴yɛ²⁴xuan²⁴

喂牲口时一次少放点儿草料，多放几次，这样牲口能吃得更饱。

扫絮响，粪堆长。

sau³¹²ɕy・ɕiaŋ⁵⁵　fɤn³¹²tsuei²⁴tsaŋ⁵⁵

多动扫帚才能多积肥。扫絮：扫帚。

赊账不递现逮得。

sɛ²⁴tsaŋ³¹²pu²⁴|⁴²ti³¹²ɕian³¹²tai⁵⁵tɛ・

卖货赊账不如当场收现金可靠。现逮得：当场交付。

舍不嘞孩得套不住狼。

sɛ⁵⁵pu・lɛ・xai⁴²tɛ・t'au³¹²pu・tɕ'y³¹²laŋ⁴²

喻指不冒风险，不付出代价，就不会达到目的。

谁吃盐谁渴，谁作恶谁受。
sei⁴² ts'ŋ²⁴ ian⁴² sei⁴² k'ɤ²⁴　sei⁴² tsuo²⁴ ɤ²⁴ sei⁴² sou³¹²
指作恶的人须承担恶果，就像吃了盐必定要口渴一样。

谁当家儿，谁说喽算。
sei⁴² taŋ²⁴ tɕiɐr²⁴　sei⁴² ɕyɛ²⁴ lou·suan³¹²
指谁掌权谁有决定权。

谁都愿意听好听嘞话儿。
sei⁴² tou·yan³¹² i·t'iŋ²⁴ xau⁵⁵ t'iŋ²⁴ lɛ·xuɐr³¹²
指人人都愿意听奉承的话。也作："人人都愿意听好听嘞话儿。"

谁过一天也是少三晌儿。
sei⁴² kuo³¹² i²⁴ t'ian²⁴ iɛ⁵⁵ sŋ³¹² sau⁵⁵ san²⁴ ts'ɐr⁵⁵
指在时间面前人人平等。晌：内黄方言中指一个白天中的三段时间：清ᴰ（清早）、晌午（上午）、后ᴰ（下午）。

谁家嘞猫能不闻腥嘞？
sei⁴² tɕia·lɛ·mau⁴² pu²⁴ uɤn⁴² ɕiŋ⁴² ŋɛ·
喻指事物的本性难以改变。多用于谈论贪官爱财、浪荡子弟贪酒色的场合。

谁家嘞小孩儿不气人嘞？
sei⁴² tɕia·lɛ·ɕiau⁵⁵ xar⁴² pu²⁴⁺⁴² tɕ'i³¹² zɤn⁴² nɛ·
指任何家庭的小孩儿都调皮、淘气。

谁家嘞小孩儿得谁管。
sei⁴² tɕia·lɛ·ɕiau⁵⁵ xar⁴² tɛ²⁴ sei⁴² kuan⁵⁵
指家庭教育对于小孩来说很重要。

谁家嘞勺得不碰锅沿儿嘞？
sei⁴² tɕia·lɛ·suo⁴² tɛ·pu²⁴⁺⁴² p'ɤŋ³¹² kuo²⁴ iar⁴² lɛ·
指人在一起相处难免会产生矛盾。

谁家嘞灶嘟不冒烟儿嘞？
sei⁴² tɕia·lɛ·tsau³¹² tu·pu²⁴⁺⁴² mau³¹² iar²⁴ lɛ·

喻指人人都有发火、骂人的时候。灶嘟：厨房的烟道。

谁家嘞锅底门儿不抹黑也？

sei⁴² tɕia・lɛ・kuo²⁴ ti⁵⁵ miə r⁴² pu²⁴ mo⁴² xiɛ²⁴ iɛ・

喻指每一个家庭都有不光彩的事情。锅底门儿：灶火门。

谁家嘞婆得跟ᴅ媳妇儿能不生气也？

sei⁴²tɕia・lɛ・p'o⁴²tɛ・kɛ²⁴ɕi⁴²fur・nɤŋ⁴² pu²⁴sɤŋ²⁴tɕ'i³¹²iɛ・

指家庭中婆媳之间避免不了矛盾。

谁家门儿上不死人嘞？

sei⁴²tɕia・mər⁴²saŋ・pu²⁴sʅ⁵⁵zɤn⁴²nɛ・

指任何人、任何家庭都有不幸的事情。

谁能冇个头疼脑热儿嘞？

sei⁴² nɤŋ⁴² mou³¹² kɤ・t'ou⁴² t'ɤŋ・nau⁵⁵ zor²⁴ lɛ・

指任何人都有生病不舒服的时候。

谁挑挑得谁觉嘞沉。

sei⁴² t'iau²⁴ t'iau²⁴ tɛ・sei⁴² tɕyo²⁴ lɛ・ts'ɤn⁴²

指亲身经历了某此事情才会清楚其中的艰辛。挑得：担子。

谁心嘞能冇个小九九儿嘞？

sei⁴² ɕin²⁴ nɛ・nɤŋ⁴² mou³¹² kɤ・ɕiau⁵⁵⁻⁴² tɕiou⁵⁵⁻⁴² ɕior⁵⁵ lɛ・

指任何人心里都有自己的打算。小九九儿：九九歌，借指藏在心中的算盘。

谁也不能冇不是。

sei⁴²iɛ・pu²⁴ɤŋ⁴² mou³¹² pu²⁴⁻⁴² sʅ³¹²

指任何人都有缺点和错误。不是：错误。

谁也冇长ᴅ前后眼。

sei⁴²iɛ・mou³¹² tso⁵⁵ tɕ'ian⁴² xou²⁴ ian⁵⁵

指一般人都没有预知后事的眼力。长ᴅ：长着，动词变韵表示"持续"义。

谁有头发也不愿意装秃得。

sei⁴²iou⁵⁵ t'ou⁴² fa・iɛ⁵⁵ pu²⁴⁻⁴² yan³¹² i・tsuaŋ²⁴ t'u²⁴ tɛ・

喻指生活条件优越的人不会装成穷困潦倒的样子。

谁有也不递自家有。

sei^{42} iou^{55} iɛ^{55} pu$^{24|42}$ ti^{312} tɕi^{312} tɕia·iou^{55}

自己富有比什么都强，自己有钱用起来才方便。有：富有。

睡不好甭怨床。

sei^{312} pu^{24} xau^{55} piŋ^{42} yan^{312} ts'uaŋ^{42}

喻指出现问题应从自身方面查找原因，而不应一味地将客观理由当作借口。

睡觉不能蒙头。

sei^{312} tɕiau^{312} pu^{24} nɤŋ^{42} mɤŋ^{42} t'ou^{42}

指睡觉蒙头对身体健康不利。

身得正不怕影影儿歪。

sɤn^{24} tɛ·tsɤŋ^{312} pu$^{24|42}$ p'a^{312} iŋ^{55} iɐr·uai^{24}

喻指为人光明磊落，就不怕流言飞语。影影儿：影子。

神鬼怕恶人。

sɤn^{42} kuei^{55} p'a^{312} ɣ^{24} zɤn^{42}

指恶人蛮横、难缠，连神灵、鬼怪都怕。参见附录民谚故事3。

神庙、窦公冇恁怕，留固弯嘞是一茬。

sɤn^{42} mior^{312} tou^{312} kuɤŋ·mou^{312} nɤn^{312} p'a^{312}　liou^{42} ku^{312} uan^{24} nɛ·sʅ^{312} i^{24} ts'a^{42}

指留固弯杀人、抢劫的事件比神庙、窦公那一带还要多。恁：那么。留固：内黄二安乡的一个村庄。

神仙手一指，凡人儿使出来屎。

sɤn^{42} ɕian·sou^{55} i^{24} tsʅ^{55}　fan^{42} zər^{42} sʅ^{55} tɕ'y·lai·sʅ^{55}

神仙手指头一指，凡人就会累得要死。喻指上级发号施令，会令下级折腾得够呛。使：累。

婶得大娘，乱到炕上。

sɤn^{55} tɛ·ta^{312} niaŋ·　luan^{312} tau·k'aŋ^{312} saŋ·

指侄儿不仅可以和婶子嬉闹，而且可以和伯母嬉闹。在内黄农村，侄儿辈一般只和婶子嬉闹，不与伯母嬉闹。遇到开朗的或年龄较小的伯母时，侄儿在嬉闹之前说此语。乱：动词，嬉闹。

生带不来，死带不走。

sɤŋ²⁴pu²⁴tai³¹²lai⁴² sʅ⁵⁵pu²⁴tai³¹²tsou⁵⁵

人生来赤手空拳，死去任何东西也带不走。劝人应该看淡钱财。

生儿养女防备老。

sɤŋ²⁴ər⁴²·iaŋ⁵⁵⁴²ny⁵⁵faŋ⁴²pei³¹²lau⁵⁵

旧指生儿育女就是为了自己老有所靠。

生个闺女值千金，生个小得难断筋。

sɤŋ²⁴kɤ·kuei²⁴ny·tsʅ⁴²tɕʻian²⁴tɕin²⁴ sɤŋ²⁴kɤ·ɕiau⁵⁵tɛ·nan³¹²tuan³¹²tɕin²⁴

指生女不愁嫁，生男则给父母带来不堪重负的生活压力。

生瓜烂枣，多吃不好。

sɤŋ²⁴kua²⁴lan³¹²tsau⁵⁵ tuo²⁴tsʻʅ²⁴pu²⁴xau⁵⁵

没有成熟的瓜果吃得多了，会引起消化不良等病症。

生姜是热性，多吃能治病。

sɤŋ²⁴tɕiaŋ²⁴sʅ³¹²zɛ²⁴ɕiŋ³¹² tuo²⁴tsʻʅ²⁴nɤŋ⁴²tsʅ³¹²piŋ³¹²

指生姜有生津、开胃止呕、化痰止咳等功效。指常吃生姜可以治疗多种疾病。

生土变熟土，一亩顶几亩。

sɤŋ²⁴tʻu⁵⁵pian³¹²su⁴²tʻu⁵⁵ i²⁴mu⁵⁵tiŋ⁵⁵⁴²tɕi⁵⁵⁴²mu⁵⁵

指土地经过深翻、施肥就能大大提高农作物产量。生土：没有深翻、施肥的土地。熟土：经过深翻、施肥的土地。

生意不递手艺，手艺不递唱戏。

sɤŋ²⁴i·pu²⁴⁴²ti³¹²sou⁵⁵i· sou⁵⁵i·pu²⁴⁴²ti³¹²tsʻaŋ³¹²ɕi³¹²

做买卖有风险不如有一门手艺，靠手艺会有接不到活的情况，不如会唱戏。

声得圆，腔得满。

sɤŋ²⁴tɛ²⁴yan⁴² tɕʻiaŋ²⁴tɛ²⁴man⁵⁵

指演唱时要经过修饰发出圆润的声音，同时语调要鲜明、饱满。

胜者为王败者寇。

sɤŋ³¹² tsɛ·uei³¹² uaŋ⁴² pai³¹² tsɛ· k'ou³¹²

旧时在争夺政权的斗争中，成功了的就是合法的，称王称帝；失败了的，就是非法的，被称为贼寇。指成功者权势在手，没有人敢责难，失败者则有口难辩。

师傅领进门，修行在个人。

sʅ²⁴fu·liŋ⁵⁵tɕin³¹² mɤn⁴²　ɕiou²⁴ɕiŋ²⁴tsai³¹²kɤ³¹²zɤn⁴²

原意为出家弟子在师父引导下进行修炼，能否成功主要看个人所下的功夫。今多指徒弟在师傅引导下学习某项技能，能否学到家，主要看个人勤学苦练的程度。修行：按照佛法要求修身养性。

湿柴火不好烧，娇养孩儿不好教。

sʅ²⁴ts'au⁴²xuo·pu²⁴xau⁵⁵sau²⁴　tɕiau²⁴iaŋ·xar⁴²pu²⁴xau⁵⁵tɕiau²⁴

指娇生惯养的孩子不好教育，就像湿柴火不容易燃烧一样。

湿锄得拾草，干锄得锄倒。

sʅ²⁴ts'u⁴²tɛ²⁴sʅ⁴²ts'au⁴²　kan²⁴ts'u²⁴tɛ²⁴ts'u⁴²tau⁵⁵

指土地潮湿时锄地，要把锄掉的草捡拾起来；土地干燥时锄地，把草锄倒即可。

湿锄豆得干锄花，不干不湿锄芝麻。

sʅ²⁴ ts'u⁴² tou³¹² tɛ·kan²⁴ ts'u⁴² xua²⁴　pu²⁴ kan²⁴ pu²⁴ sʅ²⁴ ts'u⁴² tsʅ²⁴ ma·

指豆类作物适宜土地湿润时锄，棉花适宜土地干燥时锄，芝麻适宜土地不干不湿的时候锄。

湿喽醹，干喽硬，不湿不干弄不动。

sʅ²⁴lou·nuɤŋ³¹²　kan²⁴no·iŋ³¹² pu²⁴sʅ²⁴pu²⁴kan²⁴nɤŋ³¹² pu·tuɤŋ³¹²

指内黄北部几个乡的淤泥地，下雨就变得又软又黏，干了以后变得很硬，不干不湿的时候也不好干活儿。醹：软、黏。

虱得不咬忙人。

sʅ²⁴tɛ·pu²⁴iau⁵⁵maŋ⁴²zɤn⁴²

指人忙碌时总是处于运动状态，不易招虱子咬。

虱得多喽不咬人。

ʂʅ²⁴tɛ·tuo²⁴lou·pu²⁴iau⁵⁵zɤn⁴²

指虱子多了，被咬得麻木就感觉不到了。

十二三，猛一蹿。

ʂʅ⁴² ər³¹²san²⁴ mɤŋ⁵⁵i·tsʻuan²⁴

指孩子到了十二三岁，个头会猛长起来。

十个赌家儿九个偷。

ʂʅ⁴² zɤ·tu⁵⁵tɕiɐr·tɕiou⁵⁵uo·tʻou²⁴

多数赌徒输光钱以后，没有钱可赌，只好去偷。

十个赌家儿九个输。

ʂʅ⁴² zɤ·tu⁵⁵tɕiɐr·tɕiou⁵⁵uo·y²⁴

参与赌博的人绝大部分是输家。

十个聋得九个憨。

ʂʅ⁴² zɤ·luɤŋ⁴²tɛ·tɕiou⁵⁵xan²⁴

指大多数聋子达不到正常人的智力水平。

十个聋得九个哑。

ʂʅ⁴² zɤ·luɤŋ⁴²tɛ·tɕiou⁵⁵uo·ia⁵⁵

大多数聋子同时也是哑巴。

十个麻得九个俏。

ʂʅ⁴² zɤ·ma⁴²tɛ·tɕiou⁵⁵uo·tɕʻiau³¹²

指女麻子往往爱打扮。

十个胖得九个虚。

ʂʅ⁴² zɤ·pʻaŋ³¹²tɛ·tɕiou⁵⁵uo·ɕy²⁴

指胖子大多体质虚弱。

十个手指头出来还不一板长儿嘞。

ʂʅ⁴² zɤ·sou⁵⁵ tsʅ⁴² tʻou·tɕʻy²⁴lai·xan⁴²pu²⁴i²⁴pan⁵⁵tsʻɐr⁴²lɛ·

喻指事物之间总是有差别的。一板：一样。

十个瞎得九个精。

ʂʅ⁴² zɤ·ɕia²⁴tɛ·tɕiou⁵⁵uo·tɕiŋ²⁴

指瞎子大多数非常精明。

十个哑巴九个聋。

sʅ⁴² zɤ·ia⁵⁵pa·tɕiou⁵⁵uo·luɤŋ⁴²

指哑巴大多是因为听不见造成的。

十个哑巴，九个性儿急。

sʅ⁴² zɤ·ia⁵⁵pa· tɕiou⁵⁵uo·ɕiɐr³¹²tɕi⁴²

指哑巴大多数性情急躁。

十七不扎十八扎，十八不扎秃□□。

sʅ⁴² tɕ'i²⁴pu²⁴tsa²⁴sʅ⁴² pa²⁴tsa²⁴ sʅ⁴² pa²⁴pu²⁴tsa²⁴t'u²⁴k'u·ts'ua²⁴

指人到十七八岁性功能就成熟了。扎：（阴毛）长出来。秃□□：光秃秃的样子。

十七十八，人定月发。

sʅ⁴² tɕ'i²⁴sʅ⁴² pa²⁴ zɤn⁴²tiŋ³¹²yɛ²⁴fa²⁴

农历每月十七、十八以后，月亮是在人们歇息之后才出现在天空的。定：安歇。发：出现。

十七十八一枝花，三十七八豆腐渣。

sʅ⁴² tɕ'i²⁴sʅ⁴² pa²⁴i²⁴ts¹²⁴xua²⁴ san²⁴sʅ⁴² tɕ'i²⁴pa²⁴tou³¹²fu·tsa²⁴

指女子十七八岁时像花一样美丽，到三十七八岁就显得衰老了。

十五、十六，月亮儿、爷爷儿两头露。

sʅ⁴²u⁵⁵sʅ⁴²liou³¹² yɛ²⁴liɐr·iɛ⁴²ior·liaŋ⁵⁵t'or⁴²lou³¹²

每月中旬月亮出现的时间。农历每月十五或十六，月亮从东天边升起，第二天太阳从东方升起时，西边还挂着一轮圆月。

十月嘞锄麦得顶上粪。

sʅ⁴² yɛ²⁴lɛ·ts'u⁴² mɛ²⁴ tɛ·tiŋ⁵⁵ saŋ³¹² fɤn³¹²

指农历十月锄麦地，有增强肥力的效果。

十月嘞打雷遍地贼。

sʅ⁴²yɛ²⁴lɛ·ta⁵⁵luei⁴²pian³¹²ti³¹²tsei⁴²

指农历十月份打雷预示来年收成不好。

十月嘞天，光吃饭。

sʅ⁴²yɛ²⁴lɛ·t'ian²⁴ kuaŋ²⁴tsʅ²⁴fan³¹²

指农历十月白天很短，干不了多少活。

时运来了啥也挡不住。

ʂʅ⁴²yn³¹²lai²⁴la·sa⁵⁵｜⁴²iɛ·taŋ⁵⁵pu·tɕʻy³¹²

旧指机遇不以人的意志为转移，是谁的福分就一定落在谁头上。时运：运气，也称"运气点儿"。

拾嘞东西不稀罕。

ʂʅ⁴²lɛ·tuɤŋ²⁴ɕi·pu²⁴ɕi²⁴xan·

指得到意外之财不知道珍视。稀罕：待见。

识人劝，吃饱饭。

ʂʅ⁵⁵zɤn⁴²tɕʻyan³¹² tsʻʅ²⁴pau⁵⁵fan³¹²

指善于听从别人的劝导，大有好处。也作："听人劝，吃饱饭。"

死孩得不怕狼拉拉。

ʂʅ⁵⁵xai⁴²tɛ·pu²⁴｜⁴²pʻa³¹²laŋ⁴²la²⁴la·

见："死猪不怕开水烫。"

死活一头汗。

ʂʅ⁵⁵xuo⁴²i²⁴tʻou⁴²xan³¹²

是死是活都是出一头汗而已。喻指无论遇到什么恶劣的情况，都应该坦然面对。

死猪不怕开水烫。

ʂʅ⁵⁵tɕy²⁴pu²⁴｜⁴²pʻa³¹²kʻai²⁴suei⁵⁵tʻaŋ³¹²

喻指身处绝境，反正无计可施，索性豁出去，任凭事态发展。

死嘞时候儿哭嘞再恸，还不递活嘞时候儿端口凉水嘞。

ʂʅ⁵⁵lɛ·ʂʅ⁴²xor·kʻu²⁴lɛ·tsai³¹²tʻuɤŋ³¹² xan⁴²pu²⁴｜⁴²ti³¹²xuo⁴²lɛ·ʂʅ⁴²xor·tuan²⁴kʻou·liaŋ⁴²suei⁵⁵lɛ·

指孝敬老人应表现在实际行动上。

使头牯得顺住它嘞劲儿。

ʂʅ⁵⁵tʻou⁴²ku·tɛ²⁴suɤn³¹²tɕʻy·tʻa⁵⁵lɛ·tɕər³¹²

指使用牲口时要顺着牲口的脾性。

屎干喽不臭。

ʂʅ⁵⁵kan²⁴nou·pu²⁴｜⁴²tsʻou³¹²

喻指人的污点随着时间的推移而淡化。

屎壳郎夸他孩儿香，刺猬夸他孩儿光。

sɿ⁵⁵kʻɤ·laŋ²⁴kʻua²⁴tʻa⁵⁶xar⁴²ɕiaŋ²⁴　tsʻɿ³¹²uei·kʻua²⁴tʻa·xar⁴²kuaŋ²⁴

喻指父母总是袒护自己的孩子，总认为自己的孩子完美无缺。

四十不立子，巴结到老死。

sɿ³¹²sɿ⁴²pu²⁴li²⁴tsɿ⁵⁵　pa²⁴tɕiɛ·tau³¹²lau⁵⁵⁴²sɿ⁵⁵

指人到四十岁如果没有孩子，下半辈子就会过得很艰难。

四月嘞割麦得二十九，五月嘞割麦得初五、六。

sɿ³¹²yɛ²⁴lɛ·kɤ²⁴mɛ²⁴tɛ·ər³¹²sɿ⁴²tɕiou⁵⁵　u⁵⁵yɛ²⁴lɛ·kɤ²⁴mɛ²⁴tɛ·tsʻu²⁴u⁵⁵liou³¹²

指小麦收割在农历四月底到五月初之间。

四月嘞芒种将开镰，五月嘞芒种麦收完。

sɿ³¹²yɛ²⁴lɛ·maŋ⁴²tsuɤŋ³¹²tɕiaŋ²⁴kʻai²⁴lian⁴²　u⁵⁵yɛ²⁴lɛ·maŋ⁴²tsuɤŋ³¹²mɛ²⁴sou²⁴uan⁴²

芒种在四月割麦才刚刚开始，芒种在五月，小麦已收割完毕。芒种：节气中的第9个（公历每年6月5—7日之间）。将：刚刚。

市场上啥都有，逗ᴰ怕钱儿不凑手。

sɿ³¹²tsʻaŋ⁵⁵saŋ·sa⁴²tou·iou⁵⁵　to³¹²pʻa³¹²tɕʻiar⁴²pu²⁴⁴²tsʻou³¹²sou⁵⁵

指市场上商品齐全，但人的购买能力有限。

事儿大事儿小，过去逗了。

sər³¹²ta³¹²sər³¹²ɕiau⁵⁵　kuo³¹²tɕʻy·tou³¹²liau⁵⁵

事情无论大小，过去了就不再管它。

事儿大事儿小，来ᴰ跟前逗了。

sər³¹²ta³¹²sər³¹²ɕiau⁵⁵　lɛ⁴²kɤn²⁴tɕʻian·tou³¹²liau⁵⁵

指事情不论大小，到了真实面对的那一刻，自会有解决的办法。动词变韵表示"终点"义。

事儿大事儿小，说了逗了。

sər³¹²ta³¹²sər³¹²ɕiau⁵⁵　ɕyɛ²⁴liau⁵⁵tou³¹²liau⁵⁵

指事情不论大小，只要当面向大家解释清楚，矛盾就会化解。

事儿多喽光嫌天短。

sər^{312}tuo^{24} lou・kuaŋ^{24}ɕian^{55}t'ian^{24}tuan^{55}

指事情繁多时就会觉得时间过得快，嫌弃日子太短。

柿得都^{D}拣^{D}软嘞捏嘞。

sʅ^{312}tɛ・to^{42}tɕiɛ^{55}yan^{55}nɛ・niɛ^{24}lɛ・

喻指弱小者往往会受到欺负。动词"拣"变韵表示"持续"义。

是福不是祸，是祸躲不过。

sʅ^{312}fu^{24}pu$^{24|42}$ sʅ^{312}xuo^{312} sʅ^{312}xuo^{312}tuo^{55}pu・kuo^{312}

是福就不会变成祸，是祸想躲也躲不过去。指大祸临头时，躲避不是办法。

是个官儿逗比^{D}老百姓强。

sʅ^{312}kɤ・kuar^{24} tou^{312}piɛ^{55} lau^{55}pɛ^{24}ɕiŋ^{312} tɕ'iaŋ^{42}

指任何一个做官的都比普通老百姓生活得更好。

是骡得是马，牵出来遛遛。

sʅ^{312}luo^{42}tɛ・sʅ^{312}ma^{55} tɕ'ian^{24}tɕ'y・lai・liou^{312}liou・

喻指看一个人有没有能耐，通过实践检验一下就能见分晓。

是买卖逗得吆喝。

sʅ^{312}mai^{55}mai・tou^{312}tɛ^{24}iau^{24}xɤ・

指做什么买卖都需要宣传。

是新嘞逗比^{D}破嘞强。

sʅ^{312}ɕin^{24}nɛ・tou^{312}piɛ^{55}p'o^{312}lɛ・tɕ'iaŋ^{42}

新的物件总是比旧的好。破：旧。

是药三分毒。

sʅ^{312} yo^{24} san^{24} fɤn^{24} tu^{42}

任何药物都或多或少含有有毒物质，对人体具有一定的副作用。

势大面得宽。

sʅ^{312}ta^{312}mian^{312}tɛ・k'uan^{24}

旧指人势力大影响远，其他人都得给面子。

手不遛，怨袄袖。

sou⁵⁵ pu²⁴⁴²liou³¹² yan³¹² au⁵⁵ ɕiou³¹²

手不快，埋怨袄袖子长。喻指做事效率不高而找借口。遛：快。

守ᴰ好人，学好人，守住师婆得跳大神。

so⁵⁵⁴² xau⁵⁵ zɤn⁴² ɕyo⁴² xau⁵⁵ zɤn⁴² sou⁵⁵ tɕ'y·ʂʅ²⁴ p'o·tɛ·t'iau³¹² ta³¹² sɤn⁴²

喻指跟什么人接近，就会受到什么人的影响。守ᴰ：守着，动词变韵表示"持续"义。师婆得：巫婆，以装神弄鬼替人祈福消灾等为职业的女人。也作："偎住啥人学啥人。""跟ᴰ啥人，学啥人，跟住师婆得跳大神。"

受罪嘞不置钱儿，置钱儿嘞不受罪。

sou³¹² tsuei³¹² lɛ·pu²⁴⁴² tsʅ³¹² tɕ'iar⁴² tsʅ³¹² tɕ'iar⁴² lɛ·pu²⁴⁴² sou³¹² tsuei³¹²

指受苦受累的人往往挣钱不多，挣大钱的人往往不会受苦受累。

瘦狗鼻得尖，懒驴耳朵长。

sou³¹² kou⁵⁵ pi⁴²tɛ·tɕian²⁴ lan⁵⁵ ly⁴² ər⁵⁵ tau·ts'aŋ⁴²

喻指懒散之人往往光操闲心。

瘦驴嗓门儿高。

sou³¹² ly⁴² saŋ⁵⁵ mər⁴² kau⁵⁵

喻指没有本事的人往往喜欢自吹自擂。

瘦人儿怕胃疼，胖人怕风瘫。

sou³¹² zə r⁴² p'a³¹² uei³¹² t'ɤŋ⁴² p'aŋ⁴² zɤn⁴² p'a³¹² fɤŋ²⁴ t'an·

瘦人容易得胃疼病，胖人容易得偏瘫病。风瘫：偏瘫。

瘦死嘞骆驼比ᴰ马大。

sou³¹² sʅ·lɛ·luo²⁴ t'uo·piɛ⁵⁵⁴² ma⁵⁵ ta³¹²

喻指有钱有势的人，即使是破产或失势，也比一般的人家强。也指有能耐的人，即使遇到挫折，也比一般的人强。

数罢□肉疼逗一数出钱疼嘞。

su⁴² pa³¹² luo⁵⁵ zou³¹² t'ɤŋ⁴² tou³¹² i²⁴ su⁴² tɕ'y²⁴ tɕ'iar⁴² t'ɤŋ⁴² lɛ·

指出钱如同割身上的肉一样，令人心痛。□：割。一：第一。

熟人儿好办事儿。
su^{42} zər^{42} xau^{55} pan^{312} sər^{312}
指人与人之间相互了解，相互信任，事情容易办成。

熟人儿好说话儿。
su^{42} zər^{42} xau^{55} ɕyɛ^{24} xuɐr^{312}
指人与人之间相互了解、相互信任之后，说话容易沟通。也指熟人有交情，彼此好照应。好说话：容易商量、通融。

蒜能截百毒。
suan^{312} nɤŋ^{42} tɕiɛ^{42} pɛ^{24} tu^{42}
指多吃蒜有益于身体健康。截：阻止。

蒜怕冻，葱怕闷。
suan^{312} p'a^{312} tuɤŋ^{312}　ts'uɤŋ^{24} p'a^{312} mɤn^{24}
指大蒜不耐寒，大葱不耐热。

霜打嘞柿得才好吃嘞。
suaŋ^{24} ta^{55} lɛ· sʅ^{312} tɛ· ts'ai^{42} xau^{55} tsʅ^{24} lɛ·
指经历过严霜的柿子口感才好。

霜后暖，雪后寒。
suaŋ^{24} xou^{312} nuan^{55}　ɕyɛ^{24} xou^{312} xan^{42}
指早起见霜预示白天天气晴朗，下雪以后气温会马上降下来。

霜降不收菜，必定受冻害。
suaŋ^{24} tɕiaŋ· pu^{24} sou^{24} ts'ai^{312}　pi^{55} tiŋ^{312} sou^{312} tuɤŋ^{312} xai^{312}
到了霜降天气逐渐冷了，如果不收蔬菜的话，一定会遭受冻害。

霜降地不冻，过年好收成。
suaŋ^{24} tɕiaŋ· ti^{312} pu$^{24｜42}$ tuɤŋ^{312}　kuo^{312} nian· xau^{55} sou^{24} tsʅɤŋ·
指到了霜降土地没有上冻，预示明年庄稼会丰收。

霜降割苇得。
suaŋ^{24} tɕiaŋ· kɤ^{24} uei^{55} tɛ·
指霜降时节要收割芦苇。

霜降前后，麦得露头。
suaŋ²⁴tɕiaŋ·tɕ'ian⁴²xou³¹²　mɛ²⁴tɛ·lou³¹²t'ou⁴²
指霜降时节麦苗已从土里长出来了。

水不流，得发臭；人不学，得落后。
suei⁵⁵pu²⁴liou⁴²　tɛ²⁴fa²⁴ts'ou³¹²　zɤn²⁴pu²⁴ɕyo⁴²　tɛ²⁴luo²⁴xou³¹²
指人如果不学习就会落后，就像水不流动水就会发臭一样。

水深喽好养鱼，钱多喽好办事儿。
suei⁵⁵ts'ɤn²⁴nou·xau⁵⁵⁺⁴²iaŋ⁵⁵y⁴²　tɕ'ian⁴²tuo²⁴lou·xau⁵⁵pan³¹²sər³¹²
指钱多了好办事，就像水深好养鱼一样。

水冲一条线，天旱一大片。
suei⁵⁵ts'uɤŋ²⁴i²⁴t'iau⁴²ɕian³¹²　t'ian²⁴xan³¹²i²⁴⁺⁴²ta³¹²p'ian³¹²
指遭受水灾的区域往往呈线状，而遭受旱灾的区域往往呈大面积状。

水地嘞萝卜旱地嘞葱。
suei⁵⁵ti³¹²lɛ·luo⁴²pu·xan³¹²ti³¹²lɛ·ts'uɤŋ²⁴
指水分充足的地里适宜种萝卜，旱地里适宜种葱。

水缸出汗蛤蟆叫，定是大雨要来到。
suei⁵⁵kaŋ²⁴tɕ'y²⁴xan³¹²xiɛ⁴²ma·tɕiau³¹²　tiŋ³¹²s³¹²ta³¹²y⁵⁵iau³¹²lai⁴²tau³¹²
水缸外沿儿冒水珠、蛤蟆叫唤等预示天要下大雨。

水急喽好□鱼。
suei⁵⁵tɕi⁴²lou·xau⁵⁵k'iɛ⁴²y⁴²
指水流湍急的地方容易捕捉鱼。

水浅喽养不唠鱼。
suei⁵⁵⁺⁴²tɕ'ian⁵⁵lou·iaŋ⁵⁵pu·lau·y⁴²
指水浅的地方养不住鱼。喻指条件太差的地方留不住人才。

水清喽冇大鱼。
suei⁵⁵tɕ'iŋ²⁴lou·mou³¹²ta³¹²y⁴²
指水太清便失去了鱼生存所需要的养分，养不住大鱼。喻指旧时主政者过苛察会失去民心。

岁数儿不饶人。

suei·³¹² sur·pu²⁴ zau⁴² zɤn⁴²

年龄越大，体力越衰弱，做事自然就力不从心。也作："年龄不饶人。""年纪不饶人。"

穗儿选好，米粒饱。

suər³¹² ɕyan⁵⁵ ˩ ⁴² xau⁵⁵ mi⁵⁵ liər²⁴ pau⁵⁵

指留种的穗子挑选得好，谷粒才能长得饱满。

孙空再差火，也蹦不出来如来佛嘞手心儿。

suɤŋ²⁴ kʻuɤŋ⁵⁵ tsai³¹² tsʻa²⁴ xuo· iɛ⁵⁵ pɤŋ³¹² pu·tɕʻy²⁴ lai⁴² zu⁴² lai⁴² fu⁴² lɛ·sou⁵⁵ ɕiə r²⁴

指本领再大的人，也有能制服他的能手。孙空：孙悟空（"孙悟"合读）。差火：厉害。

T

台上冇大小，台下立规矩。
t'ai⁴² saŋ³¹² mou³¹² ta³¹² ɕiau⁵⁵　t'ai⁴² ɕia³¹² li²⁴ kuei²⁴ tɕy·
指演员在台上表演时要遵循角色的大小辈分，而台下则必须严格遵循人伦辈分。

台上一分钟，台下十年功。
t'ai⁴² saŋ³¹² i²⁴ fɤn²⁴ tsuʏŋ²⁴　t'ai⁴² ɕia³¹² sʅ⁴² nian⁴² kuʏŋ²⁴
台上瞬间精彩的表演，是台下多年刻苦磨炼的结果。

台下练一年，不递在台上过一遍。
t'ai⁴² ɕia³¹² lian³¹² i²⁴ nian⁴²　pu²⁴⁻⁵ ti³¹² t'ai⁴² saŋ³¹² kuo³¹² i²⁴⁻⁴² pian³¹²
指演员必须通过舞台演出才能更快地提高表演水平。

台下睡懒觉，台上光跑调。
t'ai⁴² ɕia³¹² sei³¹² lan⁵⁵ tɕiau³¹²　t'ai⁴² saŋ³¹² kuaŋ²⁴ p'au⁵⁵ tiau³¹²
指演员平时不刻苦练习，演出时就容易出错。

太平年景儿寿星多。
t'ai³¹² p'iŋ⁴² nian⁴² tɕiɐr· sou³¹² ɕiŋ· tuo²⁴
指社会安宁稳定，长寿的人就多。

贪吃贪睡，添病减岁。
t'an²⁴ tsʻʅ²⁴ t'an²⁴ sei³¹²　t'ian²⁴ piŋ³¹² tɕian⁵⁵ suei³¹²
指贪吃贪睡不利于身体健康。

贪多嚼不烂。
t'an²⁴ tuo²⁴ tɕyo⁴² pu· lan³¹²
只想吃得多，等不及把食物嚼烂就咽下去，结果会损伤肠胃。喻指人过于贪婪，反而会一无所获。也喻指一味追求数量会影响质量。贪：欲求不知足。

贪官儿富，清官儿穷。

t'an²⁴ kuar²⁴ fu³¹² tɕ'iŋ²⁴ kuar²⁴ tɕ'yŋ⁴²

指贪赃枉法的官吏家境富裕，清正廉洁的官员家境贫穷。

贪官儿升嘞快，清官儿升不上去。

t'an²⁴ kuar²⁴ sɤŋ²⁴ lɛ·k'uai³¹² tɕ'iŋ²⁴ kuar²⁴ sɤŋ²⁴ pu·saŋ³¹² tɕ'y³¹²

指贪官因贿赂上司升迁得快，清官因廉洁公正没有钱财贿赂上司而很难升迁。

贪凉不盖，不病才怪嘞。

t'an²⁴liaŋ⁴² pu²⁴⁺⁴² kai³¹² pu²⁴⁺⁴² piŋ³¹² ts'ai⁴² kuai³¹² lɛ·

指人贪图凉快不盖被子等，容易着凉生病。

贪食儿嘞鱼好上钩儿。

t'an²⁴ sə r⁴² lɛ·y⁴² xau⁵⁵ saŋ³¹² kor²⁴

喻指贪心的人容易上当受骗。

桃保人，杏伤人，李得树底下抬死人。

t'au⁴² pau⁵⁵ zɤn³¹² ɕiŋ³¹² saŋ²⁴ zɤn⁴² li⁵⁵ tɛ·ɕy³¹² ti⁵⁵ ɕia·t'ai⁴² sʅ⁵⁵ zɤn⁴²

桃子吃多了能保养人，杏、李子吃多了对身体有害。

桃三杏四梨五年，枣树开花逗见钱，想吃核桃得八年。

t'au⁴² san²⁴ ɕiŋ³¹² sʅ³¹² li⁴² u⁵⁵ nian⁴² tsau⁵⁵ ɕy·k'ai²⁴ xua²⁴ tou³¹² tɕian³¹² tɕian⁴² ɕiaŋ⁵⁵ ts'ʅ²⁴ xiɛ⁴²t'au·tɛ²⁴ pa²⁴ nian⁴²

指各种果树从栽培到结果的时间不同。桃树是三年，杏树是四年，梨树是五年，而枣树是一年，核桃树是八年。

桃花儿开，杏花儿败，杜梨得骨朵撑上来。

t'au⁴² xuɐ²⁴ k'ai²⁴ ɕiŋ³¹² xuɐ²⁴ pai³¹² tu²⁴ li·tɛ·ku²⁴ tuo·nian⁵⁵ saŋ·lai·

三月桃花开时，杏花已经败落，杜梨子树马上也就要开花了。

桃花儿开，杏花儿败，梨花儿开喽卖韭菜。

t'au⁴² xuɐ²⁴ k'ai²⁴ ɕiŋ³¹² xuɐ²⁴ pai³¹² li⁴² xuɐ²⁴ k'ai²⁴ lou·mai³¹² tɕiou⁵⁵ ts'ai·

三月桃花开时，杏花已经败落，四月梨花开时，韭菜开始上市。

剜苗儿心得狠，锄地手得稳。

tʻi²⁴mior⁴²ɕin²⁴tɛ²⁴xɤn⁵⁵　tsʻu⁴²ti³¹²sou⁵⁵tɛ²⁴uɤn⁵⁵

指间苗要果断剜除多余的幼苗，锄地要将草除掉，不能伤着庄稼苗。

天变一顿饭。

tian²⁴pian³¹²i²⁴⁻⁴²tuɤn³¹²fan³¹²

天气骤变仅在一顿饭的工夫之间。

天不怕，地不怕，逗ᴰ怕拜脸一模拉。

tʻian²⁴ pu²⁴⁻⁴² pʻa³¹²　tі³¹²pu²⁴⁻⁴² pʻa³¹²　to³¹² pʻa³¹²pai³¹²lian⁵⁵i²⁴mu⁴²la·

指人们最怕的就是不说理。模拉：应是"抹"的分音形式。

天不怕，地不怕，逗ᴰ怕有人儿说闲话。

tʻian²⁴ pu²⁴⁻⁴² pʻa³¹²　ti³¹²pu²⁴⁻⁴² pʻa³¹²　to³¹² pʻa³¹²iou⁵⁵ zər⁴² ɕyɛ²⁴ɕian⁴² xua·

指人的闲言碎语害处大。闲话：背后不负责任地议论别人的话。

天长长不过五月，天短短不过十月。

tʻian²⁴tsʻaŋ⁴²tsʻaŋ⁴²pu·kuo³¹²u⁵⁵yɛ·　tʻian²⁴tuan⁵⁵tuan⁵⁵pu·kuo³¹²ʂʅ⁴²yɛ·

农历五月份白天时间最长，十月份白天时间最短。

天底下冇卖后悔药嘞。

tʻian²⁴ti⁵⁵ɕia·mou³¹²mai⁴²xou³¹²kʻuei⁴² yo²⁴lɛ·

指一些事情一旦做错，再后悔也无法补救了。

天底下啥人儿也得有。

tʻian²⁴ti⁵⁵ɕia·sa⁵⁵zər⁴²iɛ⁵⁵tɛ²⁴iou⁵⁵

指世上需要各种各样的人。"也"可以替换为"都"。

天返黄，大风狂。

tʻian²⁴fan⁵⁵xuaŋ⁴²　ta³¹²fɤŋ²⁴kʻuaŋ⁴²

指天色发黄，预示要刮大风。

天干不算干，逗ᴰ怕人靠天。

tʻian²⁴kan²⁴pu²⁴⁻⁴²suan³¹²kan²⁴　to³¹² pʻa³¹²zɤn⁴²kʻau³¹²tʻian²⁴

指天旱时只有依靠自己的力量才能缓解旱情。

天旱瓜果儿甜。

t'ian^{24}xan^{312}kua^{24}kuor^{55}t'ian^{42}

指夏季雨水不大，瓜果的含糖量更高。

天旱□收枣。

t'ian^{24}xan^{312}k'ɛ^{312}sou^{24}tsau^{55}

指天气干旱大枣往往会有好收成。

天旱冇露水，官清冇人情。

t'ian^{24}xan^{312}mou^{312}lu^{42}suei · kuan^{24}tɕ'iŋ^{24}mou^{312}zɤn^{42}tɕ'iŋ^{42}

指天干旱之时早上没有露水，官员过于清廉往往会人情淡漠。

天河调角儿，吃^{D}上豆角儿。

t'ian^{24}xɤ^{42}tiau^{312}tɕyor^{24}　tsʻɛ^{24}saŋ · tou^{312}tɕyor^{24}

指银河形状吊角时正是豆角成熟的时节。动词变韵仅作为单趋式中的一个强制性形式成分，不表示实际意义。

天机不可泄露。

t'ian^{24}tɕi^{24}pu^{24}k'ɤ^{55}ɕiɛ^{312}lou^{312}

上天对任何事都做了安排，但不会让人知道。天机：不可预测的天意，指极其秘密的事情。

天理地理，有钱儿有理。

t'ian^{24}li^{55}ti^{312}li^{55}　iou^{55}tɕ'iar^{42}iou$^{55|42}$li^{55}

指旧时钱能搞定一切，即使无理也能变成有理。

天闷有雨，天昏有风。

t'ian^{24}mɤn^{312}iou$^{55|42}$y^{55}　t'ian^{24}xuɤn^{24}iou^{55}fɤŋ^{24}

指天气闷热会下雨，天气昏暗会有大风。

天冇边儿，地冇□儿。

t'ian^{24}mou^{312}piar^{24}　ti^{312}mou^{312}iar^{312}

上天没有尽头，大地没有边沿。指天地非常之大。□儿：边际。

天上发红，大雨不停。

t'ian^{24}saŋ · fa^{24}xuɤŋ^{42}　ta^{312}y^{55}pu^{24}t'iŋ^{42}

指下大雨时天上可以看到带有橘黄色成分的红光。下雨前的空气中饱含大量水汽，水汽对可见光具有遮挡作用，唯有红光穿透力强，所以下雨时天上发红。

天上鲤鱼斑，晒谷得不用翻。

t'ian^{24} saŋ・li^{55}y・pan^{24}　sai^{312}ku^{24}tɛ・pu$^{55|42}$yŋ^{312}fan^{24}

指云彩像鲤鱼的鳞片一样，一小片一小片挂在天空，预示第二天艳阳高照。

天上冇云彩下不唠雨。

t'ian^{24} saŋ・mou^{312}yn^{42}ts'ai・çia^{312}pu・lau・y^{55}

喻指条件不具备事情就不会取得进展。

天上下雨地下滑，自家摔倒喽自家爬。

t'ian^{24} saŋ・çia^{312} y^{55} ti^{312} çia・xua^{42}　tçi^{312}tçia・suai^{24} tau^{55} lou・çi^{312}tçia・p'a^{42}

指自己的困难、问题，只能靠自己去解决。

天上下雨地下滑，哪儿滑倒喽从哪儿爬。

t'ian^{24} saŋ・çia^{312} y^{55} ti^{312} çia・xua^{42}　nɐr^{42} xua^{42} tau^{55} lou・ts'uŋ^{42} nɐr^{42} p'a^{42}

指人从哪里犯了错误或受挫，就从哪里改正并汲取教训。

天上下雨地下流，两口得打架不记仇。

t'ian^{24} saŋ・çia^{312} y^{55} ti^{312} çia・liou^{42}　liaŋ$^{55|42}$ k'ou^{55} tɛ・ta^{55} tçia^{312} pu$^{24|42}$ tçi^{312} ts'ou^{42}

指夫妻之间难免吵嘴、打架，但很快就会和好，不会记仇。

天上一天，地下一年。

t'ian^{24} saŋ・i^{24}t'ian^{24}　ti^{312}çia・i^{24}nian^{42}

传说天上神仙的一天，是人间的一年。也作："仙家一天，凡人一年。"

天塌不下来。

t'ian^{24} t'a^{24} pu・çia^{312} lai^{42}

天不会塌下来。喻指遇到困难要勇于面对，终会渡过难关。

天塌喽一齐儿办三年。

t'ian²⁴t'a²⁴lou · i²⁴tɕ'iɚ⁴²pan³¹²san²⁴nian⁴²

指假如天塌了，大家要死一起死。多作调侃之语。办三年：也称"烧三年纸"，指老人死了三周年时，子女通知亲戚、朋友举行祭奠活动。

天塌喽有高个儿顶ᴰ嘞。

t'ian²⁴t'a²⁴lou · iou⁵⁵kau²⁴kor³¹²tio⁵⁵lɛ ·

天塌下来有高个子顶着。喻指无论发生多严重的事情自然会有相应的人负责，有相应的办法解决，没有必要担惊受怕。顶ᴰ：顶着，动词变韵表示"持续"义。

天塌喽有地接⁰嘞。

t'ian²⁴t'a²⁴lou · iou⁵⁵ti³¹²tɕiɛ²⁴lɛ ·

与"天塌喽有高个顶ᴰ嘞。"义同。动词变韵表示"持续"义。

天外有天，人外有人。

t'ian²⁴uai³¹²iou⁵⁵t'ian²⁴　zɤn⁴²uai³¹²iou⁵⁵zɤn⁴²

指知识、技能是无限的，强手中更有强手。也作："山外有山，天外有天。"

天无绝人之路。

t'ian²⁴u⁴²tɕyɛ⁴²zɤn⁴²tsʅ⁵⁵lu³¹²

指上天不会断绝人的生存之路。绝：断绝。

天下梅花是一家，内黄梅花在司马。

t'ian²⁴ɕia³¹²mei⁴²xua²⁴sʅ³¹²i²⁴tɕia²⁴　nuei³¹²xuaŋ⁵⁵ · mei⁴²xua²⁴tai³¹²sʅ²⁴ma·

练梅花拳的都是一家人，内黄的梅花拳在司马村。内黄梅花拳由明末清初四世祖周志刚、孟友传入，至今仍活跃于城关镇一带，司马村有拳场。2009年列入河南省非物质文化遗产名录。

天下穷人是一家儿。

t'ian²⁴ɕia³¹²tɕ'yŋ⁴²zɤn⁴²sʅ³¹²i²⁴tɕiɚ²⁴

指穷人之间相互帮助，就像一家人一样。也作："天底下嘞穷人一家亲。"

天阴得下，妮儿大喽得嫁。

t'ian²⁴in²⁴tɛ²⁴ɕia³¹²　niɚ²⁴ta³¹²lou · tɛ²⁴tɕia³¹²

指姑娘大了就应该出嫁。

天有长短，人有忙闲。
t'ian²⁴iou⁵⁵ts'aŋ⁴²tuan⁵⁵　zɤn⁴²iou⁵⁵maŋ⁴²ɕian⁴²
指任何事情都在不断变化。

天灾好躲，人祸难防。
t'ian²⁴tsai²⁴xau⁵⁵ ⁻ ⁴²tuo⁵⁵　zɤn⁴²xuo³¹²nan⁴²faŋ⁴²
指自然灾害容易躲过去，人为的祸患难以防备。

添ᴅ上湿煤睡，黑价得遭罪。
t'iɛ²⁴saŋ・sʅ²⁴mei⁴²sei³¹²　xiɛ²⁴tɕia・tɛ²⁴tsau²⁴tsuei³¹²
指卧室的煤火添上湿煤睡觉，容易中煤气。湿煤：在煤面中掺入土，用水和成泥状。动词变韵在单趋式中作为一个强制成分，不表实际意义。

挑媳妇儿，定穷富。
t'iau²⁴ɕi⁴²fur・　tiŋ³¹²tɕ'yŋ⁴²fu³¹²
指挑选媳妇决定一生的穷富命运。

条条大路通北京。
t'iau⁴²t'iau⁴²ta³¹²lu³¹²t'uɤŋ²⁴pei²⁴tɕiŋ²⁴
指任何一条道路都可以到达目的地。

铁不炼成不唠钢。
t'iɛ²⁴pu²⁴ ⁻ ⁴²lian³¹²ts'ɤŋ⁴²pu・lau・kaŋ²⁴
喻指人不锻炼不能成才。

铁得趁热儿打，人得从小儿练。
t'iɛ²⁴tɛ²⁴ts'ɤn³¹²zor²⁴ta⁵⁵　zɤn⁴²tɛ²⁴ts'uɤŋ⁴²ɕior⁵⁵lian³¹²
指练功夫必须从小抓起。

铁匠手嘞冇废铁。
t'iɛ²⁴tɕiaŋ・sou⁵⁵lɛ・mou³¹²fei³¹²t'iɛ²⁴
指铁匠能使每一块铁都有用处。喻指本领高的人可以做到物尽其用。

忒稀喽长草，忒稠喽好倒。
t'iɛ²⁴ɕi²⁴lou・tsaŋ⁵⁵ ⁻ ⁴²ts'au⁵⁵　t'iɛ²⁴ts'ou⁴²lou・xau³¹²tau⁵⁵
太稀了容易杂草丛生，太稠了容易瘫倒。指庄稼要合理密植。忒：过于。好：容易。

听过不递见过，见过不递干过。

t'iŋ^{24}kuo・pu$^{24|42}$ti^{312}tɕian^{312}kuo・ tɕian^{312}kuo・pu$^{24|42}$ti^{312}kan^{312}kuo・

指一切事重在实践。

听戏得听老少迷。

t'iŋ^{24}ɕi^{312}tɛ^{24}t'iŋ^{24}lau^{55}sau^{312}mi^{42}

指听名角儿的演唱才能得到足够的享受。

同行不揭短。

t'uɤŋ^{42}xaŋ^{42}pu^{24}tɕiɛ^{24}tuan^{55}

指同行业的人不相互揭露对方的短处。

同行是冤家。

t'uɤŋ^{42}xaŋ^{42}sʅ^{312}yan^{24}tɕia・

旧指同行业的人因竞争而相互仇视。冤家：仇人。

偷风不偷月，偷雨不偷雪。

t'ou^{24}fɤŋ^{24}pu^{24}t'ou^{24}yɛ^{24} t'ou^{24}y^{55}pu^{24}t'ou^{24}ɕyɛ^{24}

指盗贼作案往往会趁刮风、下雨之时，可以遮掩行踪；忌讳下雪或有月光的晚上，以免暴露行踪。

偷^{D}来嘞东西不心疼。

t'o^{24}lai・lɛ・tuɤŋ^{24}ɕi・pu^{24}ɕin^{24}t'ɤŋ・

指偷来的东西不是自己劳动所得，往往会挥霍掉。动词变韵仅作为单趋式中一个强制性形式成分，不表示实际意义。下一条谚语中的动词变韵也是如此。

偷^{D}来嘞钱儿有腿，置^{D}来嘞钱儿有根儿。

t'o^{24}lai・lɛ・tɕ'iar^{42}iou$^{55|42}$t'uei^{55} tsɛ^{312}lai・lɛ・tɕ'iar^{42}iou^{55}kər^{24}

指偷来的钱财存不住，劳动挣来的钱财才能长期使用。

头遍儿草，二遍儿料，三遍儿麸得得撒到。

t'ou^{42}piar^{312}ts'au^{55} ər^{312}piar^{312}liau^{312} san$^{24|42}$piar^{312}fu^{24}tɛ・tɛ^{24}sa^{55}tau^{312}

喂牲口时，第一遍喂草，第二遍喂粮食，第三遍饮牲口时要撒点麸子。

头遍儿清垅儿，二遍儿剔苗儿，三遍儿培土。

t'ou⁴² piar³¹² tɕ'iŋ²⁴ luɐr⁵⁵　ər³¹² piar³¹² t'i²⁴ mior⁴²　san²⁴⁻⁴² piar³¹² p'ei⁴² t'u⁵⁵

指锄谷子、玉米苗时，第一次主要是清除田埂上的杂草，第二次主要是间苗，第三次主要是为苗根培土。

头遍儿生，二遍儿熟，三遍罢喽当师傅。

t'ou⁴² piar³¹² sɤŋ²⁴　ər³¹² piar³¹² su⁴²　san²⁴⁻⁴² piar³¹² pa³¹² lou·taŋ²⁴ sʅ²⁴ fu·

指技艺、干活练习次数多了就会达到纯熟的程度。也作："头一回生，二一回熟，三回不用问师傅。"

头大脑瓜儿灵。

t'ou⁴² ta³¹² nau⁵⁵ kuɐr²⁴ liŋ⁴²

指头大的人往往聪明。也作："头大脑得灵。"

头发稀喽辫得细，庄稼稀喽收成低。

t'ou⁴² fa·ɕi²⁴ lou·pian³¹² tɛ·ɕi³¹²　tsuaŋ²⁴ tɕia·ɕi²⁴ lou·sou²⁴ ts'ɤŋ·ti²⁴

指庄稼密植产量才会高。

头伏嘞犁地一碗水，二伏嘞犁地半碗水，三伏嘞犁地冇一点儿水。

t'ou⁴² fu⁴² lɛ·li⁴² ti³¹² i²⁴ uan⁵⁵⁻⁴² suei⁵⁵　ər³¹² fu⁴² lɛ·li⁴² ti³¹² pan³¹² uan⁵⁵⁻⁴² suei⁵⁵　san²⁴ fu⁴² lɛ·li⁴² ti³¹² mou³¹² i²⁴ tiar⁵⁵⁻⁴² suei⁵⁵

指三伏天犁地，头伏的保墒效果最好。

头伏嘞下雨二伏嘞旱，三伏嘞有雨吃饱饭。

t'ou⁴² fu⁴² lɛ·ɕia³¹² y⁵⁵ ər³¹² fu⁴² lɛ·xan³¹²　san²⁴ fu⁴² lɛ·iou⁵⁵⁻⁴² y⁵⁵ ts'ʅ²⁴ pau⁵⁵ fan³¹²

指如果头伏下雨，二伏干旱，三伏继续下雨的话庄稼肯定会丰收。

头伏嘞下雨，伏伏有雨。

t'ou⁴² fu⁴² lɛ·ɕia³¹² y⁵⁵　fu⁴² fu⁴² iou⁵⁵⁻⁴² y⁵⁵

指头伏下雨的话，三伏里面都会下雨。

头伏萝卜二伏芥，三伏里头种荞麦。

t'ou⁴² fu⁴² luo⁴² pu·ər³¹² fu⁴² tɕiɛ³¹²　san²⁴ fu⁴² li⁵⁵ t'ou·tsuɤŋ³¹² tɕ'iau⁴² mɛ·

指头伏适宜种萝卜，二伏适宜种芥菜，三伏适宜种荞麦。

头牯吃干草，干吃不上膘。

tʻou⁴² ku·tsʻʅ²⁴kan²⁴tsʻau⁵⁵　kan²⁴tsʻau⁵⁵pu²⁴⁻⁴²saŋ³¹²piau²⁴

指喂牲口干草时要添加水、料，牲口才长得肥壮。头牯：牲口。

头牯上大坡，前后得歇脚。

tʻou⁴² ku·saŋ³¹²tа³¹²pʻo²⁴　tɕʻian⁴²xou³¹²tɛ²⁴ɕiɛ²⁴tɕyo²⁴

指牲口拉重车上大坡前后要及时歇息，以防牲口累倒。

头牯使嘚勤，草料得喂匀。

tʻou⁴² ku·sʅ⁵⁵lɛ·tɕʻin⁴²　tsʻau⁵⁵liau³¹²tɛ²⁴uei³¹²yn⁴²

指使用牲口频繁，草料要喂均匀，不能饥一顿饱一顿。

头牯是哑巴，全靠人管他。

tʻou⁴² ku·sʅ³¹²ia⁵⁵pa·　tɕʻyan⁴²kʻau³¹²zɤn⁴²kuan⁵⁵⁻⁴²tʻa·

指牲口需要人精心喂养。

头牯要喂饱，夜嘚勤添草。

tʻou⁴² ku·iau³¹²uei³¹²pau⁵⁵　iɛ⁵¹²lɛ·tɕʻin⁴²tʻian²⁴tsʻau⁵⁵

指喂牲口要夜间勤喂，牲口才能真正吃饱。

头锅饺得二锅面。

tʻou⁴² kuo²⁴tɕiau⁵⁵tɛ·ər³¹²kuo²⁴mian³¹²

饺子是头锅下的好吃，面条是第二锅下的好吃。

头嘚赢不算赢。

tʻou⁴² lɛ·iŋ⁴²pu²⁴⁻⁴²suan³¹²iŋ⁴²

指赌钱时先赢的钱不算数，只有牌局完了赢的才是自己的。也作："先赢不算赢。"

头冇三天光。

tʻou⁴² mou³¹²san²⁴tʻian²⁴kuaŋ²⁴

指人的头发长势很快。

头破不怕扇得扇。

tʻou⁴² pʻo³¹²pu²⁴⁻⁴²pʻa³¹²san³¹²tɛ·san²⁴

喻指事情到了最坏境地，也就无所谓了。

头三脚难踢。

t'ou⁴² san²⁴ tçyo²⁴ nan⁴² t'i²⁴

喻指任何事情都是开头最难。也作："万事开头儿难。"

头上冇毛儿嘞，不一定都是和尚。

t'ou⁴² saŋ· mou³¹² mor⁴² lɛ·　pu²⁴ i²⁴⁺⁴² tiŋ³¹² tou⁵⁵ sʅ³¹² xuo⁴² saŋ·

喻指仅根据表象无法认识事物的本质。

头上有疮瞒不唠剃头嘞。

t'ou⁴² saŋ· iou⁵⁵ ts'uaŋ²⁴ man⁴² pu· lau· t'i³¹² t'ou⁴² lɛ·

喻指事情的真实情况瞒不过行家里手。

头雁先飞，群雁一齐儿追。

t'ou⁴² ian³¹² çian²⁴ fei²⁴　tç'yn²⁴ ian³¹² i²⁴ tç'iər⁴² tsuei²⁴

领头的雁在前边飞，群雁"人"字摆开在后边追赶。喻指大伙跟随带头人一起干事业。

头一回生，再一回逗熟识了。

t'ou⁴² i²⁴ xuei⁴² sɤŋ²⁴　tsai³¹² i²⁴ xuei⁴² tou³¹² su⁴² sʅ· la·

人初次接触觉得陌生，第二次接触就熟悉了。指人与人是容易结识的。也作："头回生，二回熟。"

秃得甭说和尚，摘掉ᴅ来帽得一样。

t'u²⁴ tɛ· piŋ⁴² çyɛ²⁴ xuo⁴² saŋ·　tsɛ²⁴ tio· lai· mau³¹² tɛ· i²⁴⁺⁴² iaŋ³¹²

指双方都有问题，谁也别说谁。动词变韵作为单趋式中强制性形式成分，不表示实际意义。

秃护秃，瞎护瞎，长疮嘞人儿护疤痢。

t'u²⁴ xu³¹² t'u²⁴　çia²⁴ xu³¹² çia²⁴　tsaŋ⁵⁵ ts'uaŋ²⁴ lɛ· zə r⁴² xu³¹² pa²⁴ la·

指人都袒护自己的短处。疤痢：疤。

图贱买个老牛，拉不唠犁得拉不唠耧。

t'u⁴² tçian³¹² mai⁵⁵ kɤ· lau⁵⁵ niou⁴²　la²⁴ pu· lau· li⁴² tɛ· la²⁴ pu· lau· lou⁴²

图便宜买一头老牛，但是干不了农活。指买东西不能专挑便宜的。

兔得不吃窝边儿草。

t'u³¹² tɛ· pu²⁴ ts'ʅ²⁴ uo²⁴ piar²⁴ ts'au⁵⁵

喻指坏人为了立足，一般不在自己家附近干坏事儿。

兔得急喽也咬人。

tʻu³¹²tɛ·tɕi⁴²lou·iɛ·iau⁵⁵⁻⁴²zɤn⁴²

喻指善良温顺的人被逼急了，也会拼命抵抗。

兔得跑开喽好打。

tʻu³¹²tɛ·pʻau⁵⁵kʻai²⁴lou·xau⁵⁵⁻⁴²ta⁵⁵

喻指敌人暴露目标之后，是打击的最佳时机。

兔得要是能驾辕，谁还买骡得咧？

tʻu³¹²tɛ·iau³¹²sʅ·nɤŋ⁴²tɕia³¹²yan⁴²　sei⁴²xan⁴²mai⁵⁵luo⁴²tɛ·liɛ·

兔子如果能驾辕拉车，就没有人再买骡子了。喻指能力差的人任何时候都不能担当重任。辕：大车前驾牲口的两根直木。

兔得走老路儿。

tʻu³¹²tɛ·tsou⁵⁵lau⁵⁵lur³¹²

指兔子习惯于走熟路。

唾沫星得能淹死ᴅ人。

tʻu³¹²mo·ɕiŋ²⁴tɛ·nɤŋ⁴²ian²⁴sɛ·zɤn⁴²

喻指人言可畏。动词变韵表示加强肯定语气。

推车靠膀得，唱戏靠嗓得。

tʻuei²⁴tsʻɛ²⁴kʻau³¹²paŋ⁵⁵tɛ·　tsʻaŋ³¹²ɕi³¹²kʻau³¹²saŋ⁵⁵tɛ·

指推车主要依靠肩膀的力气大，唱戏主要依靠嗓门亮。

腿长不怕路儿远。

tʻuei⁵⁵tsʻaŋ⁴²pu²⁴⁻⁴²pʻa³¹²lur³¹²yan⁵⁵

喻指功夫深厚，任何困难都能克服。

腿短身得大，还得小尾巴。

tʻuei⁵⁵⁻⁴²tuan⁵⁵sɤn²⁴tɛ·ta³¹²　xan⁴²tɛ·ɕiau⁵⁵⁻⁴²i⁵⁵pa·

指良种猪的外形特征。

W

挖通河道，防旱防涝。
ua²⁴ t'uɤŋ²⁴ xɤ⁴² tau³¹² faŋ⁴² xan³¹² faŋ⁴² lau³¹²
指疏通河道，可以防止旱涝等自然灾害。

娃娃不哭奶不胀。
ua⁴² ua・pu²⁴ k'u²⁴ nai⁵⁵ pu²⁴⁺⁴² tsaŋ³¹²
喻指外界的刺激可以促进事物的发展。

瓦工不差寸，木工不差分。
ua⁵⁵ kuɤŋ²⁴ pu²⁴ ts'a²⁴ ts'uɤŋ³¹² mu²⁴ kuɤŋ²⁴ pu²⁴ ts'a²⁴ fɤn²⁴
泥水匠干活误差不能超过一寸，木工干活误差不能超过一厘米。指不同行业对技术精度有不同的要求。

瓦渣得云，晒死人。
ua⁵⁵ tsa²⁴ tɛ・yn⁴² sai³¹² sʅ・zɤn⁴²
指云彩像碎瓦片，一片一片挂在天上，预示第二天艳阳高照。此条与"天上鱼鳞斑，晒谷得不用翻"意思相同。"瓦渣得云""鱼鳞斑"都是气象学中的透光高积云。

歪瓜儿□枣，吃住□好。
uai²⁴ kuɐr²⁴ liɛ⁴² tsau⁵⁵ ts'ʅ²⁴ tɕy・k'ɛ³¹² xau⁵⁵
指看起来难看的，吃起来味道却很好。□k'ɛ³¹²：反而。

外行不识货，光拣ᴰ大嘞摸。
uai³¹² xaŋ⁴² pu²⁴ sʅ⁵⁵ xuo³¹² kuaŋ²⁴ tɕiɛ⁵⁵ ta³¹² lɛ・mo²⁴
指外行买东西时专挑大个儿的买。动词变韵表示"持续"义。

外甥儿仿似舅，侄女儿仿似姑姑。
uai³¹² sɐr・faŋ⁵⁵ sʅ・tɕiou³¹² tsʅ⁴² nyə r・faŋ⁵⁵ sʅ・ku⁵⁵ ku・
男孩儿体态、相貌等往往与舅舅相近，女孩儿则往往与姑姑相近。仿似：像。也作："小儿仿似舅，妮儿仿似姑姑。"

外甥儿是姥娘家嘞狗，吃饱喽逗走。

uai^{312} sɐr・ʂʅ^{312} lau^{55} niaŋ・tɕia^{24} lɛ・kou^{55} tsʻʅ^{24} pau^{55} lou・tou^{312} tsou^{55}

指旧时人们的看法：姑姑家对外甥亲不会得到回报。

外甥儿哭妗得，想起来一阵得。

uai^{312} sɐr・kʻu^{24} tɕin^{312} tɛ・　ɕiaŋ^{55} tɕʻi・lai・i$^{24|42}$ tsɤn^{312} tɛ・

指外甥与舅母一般不会有很深的感情。妗得：舅母。

弯脚黄牛直脚猪。

uan^{24} tɕyo^{24} xuaŋ^{42} niou^{42} tsʅ^{42} tɕyo^{24} tɕy^{24}

指挑选牛要挑弯脚的，挑选猪要挑直脚的。

剜^{D}篮得里头嘞才是菜嘞。

uɛ^{24} lan^{42} tɛ・liou^{55} lɛ・tsʻai^{42} ʂʅ^{312} tsʻai^{312} lɛ・

喻指到手的东西才是实实在在的利益。动词变韵表示"终点"义，"剜^{D}"可以替换为"剜到"。

豌豆锄花儿，绿豆锄芽儿。

uan^{24} tou・tsʻu^{42} xuɐr^{24}　lu^{24} tou・tsʻu^{42} iɐr^{42}

指豌豆适宜开花时锄，绿豆适宜刚发芽时锄。

豌豆地，得干犁。

uan^{24} tou・ti^{312}　tɛ^{24} kan^{24} li^{42}

指豌豆地需要在地面干燥时深犁，因为豌豆的根扎得很深。

玩儿火好尿床。

uar^{42} xuo^{55} xau^{312} niau^{312} tsʻuaŋ^{42}

指小孩夜间玩火容易导致尿床。大人告诫小孩夜间玩耍时常用。

晚瓜儿坏肚得。

uan^{55} kuɐr^{24} xuai^{312} tu^{312} tɛ・

指秋天的甜瓜、西瓜等太凉，吃多了容易拉肚子。

万事开头儿难。

uan^{312} ʂʅ^{312} kʻai^{24} tʻor^{42} nan^{42}

见："头三脚难踢。"

万事求人难。
uan³¹² sʅ³¹² tɕ'iou⁴² zɤn⁴² nan⁴²
指求人帮忙是最为困难的。

万丈高楼平地起。
uan³¹² tsaŋ³¹² kau²⁴ lou⁴² p'iŋ⁴² ti³¹² tɕ'i⁵⁵
再高的楼也得从平地建起。喻指任何事情都是从基础做起的。

王八咬住手喽逗不丢。
uaŋ⁴² pa·iau⁵⁵ tɕ'y³¹² sou⁵⁵ lou·tou³¹² pu²⁴ tiou²⁴
王八咬住人的手指不会轻易松开。喻指坏人难缠。王八：鳖。

王得不动蜂不动，王得一动乱哄哄。
uaŋ⁴² tɛ·pu²⁴⁻⁴² tuɤŋ³¹² fɤŋ²⁴ pu²⁴⁻⁴² tuɤŋ³¹²　uaŋ⁴² tɛ·i²⁴⁻⁴² tuɤŋ³¹² luan³¹² xuɤŋ·xuɤŋ²⁴
指蜜蜂的行动都是由蜂王指挥的。王得：蜂王。

望山跑死马。
uaŋ³¹² san²⁴ p'au⁵⁵⁻⁴² sʅ·ma⁵⁵
指山看起来很近，实际走起来却很远。跑死马：奔跑使马累死。

为嘞一张嘴，跑断两条腿。
uei³¹² lɛ·i²⁴ tsaŋ²⁴ tsuei⁵⁵　p'au⁵⁵ tuan³¹² liaŋ⁵⁵ t'iau⁴² t'uei⁵⁵
指人四处奔波，就是为了混口饭吃。

喂饱不喂饱，饮水不能少。
uei³¹² pau⁵⁵ pu·uei³¹² pau⁵⁵　in³¹² suei⁵⁵ pu²⁴ nɤŋ⁴² sau⁵⁵
指养牲口必须注意饮水。

喂猪冇巧儿，窝儿干食儿饱。
uei³¹² tɕy²⁴ mou³¹² tɕ'ior⁵⁵　uor²⁴ kan²⁴ sər⁴² pau⁵⁵
指喂猪的关键是做到喂饱，勤打扫猪圈。

喂马草得细，教人心儿得细。
uei³¹² ma⁵⁵ ts'au⁵⁵ tɛ²⁴ ɕi³¹²　tɕiau²⁴ zɤn⁴² xiər²⁴ tɛ²⁴ ɕi³¹²
指传授技艺或教育人需要细心。

温室嘞树苗儿长不高。

uɤn²⁴ sʅ²⁴ lɛ·ɕy³¹² mior⁴² tsaŋ⁵⁵ pu·kau²⁴

喻指不经历风雨的人永远长不大。

文戏靠嘴，武戏靠腿。

uɤn⁴² ɕi³¹² kʻau³¹² tsuei⁵⁵　u⁵⁵ ɕi³¹² kʻau³¹² tʻuei⁵⁵

指文戏以对白、唱腔优美取胜，武戏则以腿脚利落取胜。

稳住势儿，不少打粮食儿。

uɤn⁵⁵ tɕʻy³¹² sər³¹²　pu²⁴ sau⁵⁵ ta⁵⁵ liaŋ⁴² sər·

指只要保持冷静，事情就好办。

问遍万家是行家。

uɤn³¹² pian³¹² uan³¹² tɕia²⁴ sʅ³¹² xaŋ⁴² tɕia·

指向人请教的多了，就会变成行家里手。

屋得不漏墙塌不唠。

u²⁴ tɛ·pu²⁴ ⁴² lou³¹² tɕʻiaŋ⁴² tʻa²⁴ pu·lau·

指事情的发生都是有其内在原因的。

屋里头点灯外头明。

u²⁴ liou⁵⁵ tian⁵⁵ tɤŋ²⁴ uai³¹² tʻou·miŋ⁴²

喻指自己做事，外人看得很清楚。

无毒不丈夫。

u⁴² tu⁴² pu²⁴ tsaŋ³¹² fu·

指男子汉大丈夫充满仇恨，敢于斗争。

无功不受禄。

u⁴² kuɤŋ²⁴ pu²⁴ ⁴² sou³¹² lu²⁴

没有功劳就不接受俸禄。也指不无缘无故地接受馈赠和优待。

无官一身轻。

u⁴² kuan²⁴ i²⁴ sɤn²⁴ tɕʻiŋ²⁴

没有职位拖累，浑身都轻松。

五荒六月冇闲人。

u⁵⁵ xuaŋ²⁴ liou³¹² yɛ²⁴ mou³¹² ɕian⁴² zɤn⁴²

指农历五六月份是农忙时节,人人都需要参加劳动。也作:"五黄六月冇老少。"

五九半,凌碴儿散。
u$^{55|42}$ tɕiou^{55} pan^{312}　liŋ^{42} ts'ɐr^{42} san^{312}
指到了冬至后第五个九天的一半时,冰凌已完全融化。

五男二女是好命。
u^{55} nan^{42} ər^{312} ny^{55} ʂʅ^{312} xau^{55} miŋ^{312}
旧指一个家庭有五个儿子两个女儿是大富大贵的命运。

五月当五儿炸馃得。
u^{55} yɛ^{24} taŋ^{24} ur^{55} tsa^{42} kuo^{55} tɛ·
指旧时端午节家家户户炸油条。馃得:油条。

五月嘞冷,一棵豆得打一捧。
u^{55} yɛ^{24} lɛ·lɤŋ^{55}　i^{24}k'uo^{24} tou^{312} tɛ·ta^{55} i^{24} p'ɤŋ^{55}
指农历五月天气阴凉对豆类作物生长有利。

五月嘞栽红薯十来斤,六月嘞栽红薯一把根。
u^{55}yɛ^{24}lɛ·tsai^{24} xuɤŋ^{42} ɕy·ʂʅ^{42} lai·tɕin^{24}　liou^{312} yɛ^{24} lɛ·tsai^{24} xuɤŋ^{42} ɕy·i^{24} pa^{55} kɤn^{24}
指五月栽红薯不晚,六月里栽就迟了。

武官会杀,文官会刮。
u^{55}kuan^{24} xuei^{312} sa^{24}　uɤn^{42} kuan^{24} xuei^{312} kua^{55}
指旧时武官会滥杀无辜,文官会搜刮民财。

物以稀为贵。
u^{312} i^{312} ɕi^{24} uei^{312} kuei^{312}
指稀缺的东西就显得珍贵。

雾吃云,晒死人。
u^{312} ts'ʅ^{24} yn^{42}　sai^{312} ʂʅ·zɤn^{42}
指大雾漫过云彩,预示天气晴朗。

雾来嘞早,秋雨少。
u^{312} lai^{42} lɛ·tsau^{55}　tɕ'iou^{24} y$^{55|42}$ sau^{55}
指雾出现得早,预示秋天下雨少。

X

西瓜地嘞种谷得，先得预备好闲屋得。
ɕi²⁴ kua・ti³¹² lɛ・tsuɣŋ³¹² ku²⁴ tɛ・　ɕian²⁴ tɛ²⁴ y³¹² pei・xau⁵⁵ ɕian⁴² u²⁴ tɛ・
指西瓜地适宜套种秋谷子。预备：准备。

稀谷得长大穗儿，稠谷得长秆草。
ɕi²⁴ku²⁴tɛ・tsaŋ⁵⁵ta³¹²suər³¹²　tsʻou⁴²ku²⁴tɛ・tsaŋ⁵⁵kan⁵⁵⁻⁴²tsʻau・
指谷子播种得稀疏会丰收，播种得稠密则只长秸秆。秆草：谷秸秆，可以喂牲口。

稀谷得，稠麦得。
ɕi²⁴ku²⁴tɛ・　tsʻou⁴²mɛ²⁴tɛ・
指谷子宜播种得稀疏，麦子播种则宜稠密。

稀留稠，稠留稀，不稀不稠留大嘞。
ɕi²⁴liou⁴²tsʻou⁴²　tsʻou⁴²liou⁴²ɕi²⁴　pu⁴²ɕi²⁴pu²⁴tsʻou⁴²liou⁴²ta³¹²lɛ・
指间苗儿时要根据出苗情况及作物的特点，做到稀植、密植适当，才能有好收成。

稀泥糊不到墙上。
ɕi²⁴ni⁴²xu²⁴pu・tau³¹²tɕʻiaŋ⁴²saŋ・
泥巴太稀不会粘在墙上。喻指才能有限，不能承担重任。

习惯成自然。
ɕi⁴²kuan³¹²tsʻɤŋ⁴²tsʅ³¹²zan⁴²
指某种习惯一旦养成，就会自然而然地呈现。

席好摆，客难请。
ɕi⁴² xau⁵⁵⁻⁴² pai⁵⁵　kʻiɛ⁴² nan⁴² tɕʻiŋ⁵⁵
指请人吃饭，叫客人到场不容易。也作："宴席好摆，客难请。"

媳妇儿不过门，还是两家人。
ɕi⁴² fur・pu²⁴⁻⁴² kuo³¹² mɤn⁴²　　xan³¹² sʅ³¹² liaŋ⁵⁵ tɕia²⁴ zɤn⁴²

媳妇不娶进门，就不能算作自己家的人。指没有确定的事就不能提前预设结果。

媳妇儿不孝顺是儿嘞错儿。
ɕi⁴² fur・pu²⁴⁻⁴² ɕiau³¹² tsʻuɤn・sʅ³¹²　ə r⁴² lɛ・tsʻuor³¹²

指儿子首先要孝顺，媳妇儿才会孝顺。错儿：过错。

媳妇儿当婆得，磨道嘞老骡得。
ɕi⁴² fur・taŋ²⁴ pʻo⁴² tɛ・　　mo³¹² tau³¹² lɛ・lau⁵⁵ luo⁴² tɛ・

指媳妇熬成婆婆，早已变成夫君家最劳累的人了。

媳妇儿好当，妯娌难处。
ɕi⁴² fur・xau⁵⁵ taŋ²⁴　　zu⁴² li・nan⁴² tsʻu³¹²

指处理好妯娌关系比较困难。

媳妇儿好说婆得有，婆得老嫌媳妇儿丑。
ɕi⁴² fur・xau³¹² ɕyɛ²⁴ pʻo⁴² tɛ・iou⁵⁵　　pʻo⁴² tɛ・lau⁵⁵⁻⁴² ɕian⁵⁵ ɕi⁴² fur・tsʻou⁵⁵

指媳妇和婆婆心思不同，难以相容。

洗脸洗到脖得根儿，扫地扫到南墙根儿。
ɕi⁵⁵⁻⁴² lian⁵⁵ ɕi⁵⁵ tau³¹² po⁴² tɛ・kər²⁴　　sau⁵⁵ ti³¹² sau⁵⁵ tau³¹² nan⁴² tɕʻiaŋ⁴² kər²⁴

喻指做事情必须做彻底。

喜酒不醉人。
ɕi⁵⁵⁻⁴² tɕiou⁵⁵ pu²⁴⁻⁴² tsuei³¹² zɤn⁴²

指心情舒畅时喝酒不容易醉。

戏不够，神仙凑。
ɕi³¹² pu²⁴⁻⁴² kou³¹²　　sɤn⁴² ɕian・tsʻou³¹²

指戏份不足时，写戏本儿的人往往会拿神仙的情节来凑数。

细水儿长流，吃穿不愁。
ɕi³¹² suər⁵⁵ tsʻaŋ⁴² liou⁴²　　tsʻʅ²⁴ tsʻuan²⁴ pu²⁴ tsʻou⁴²

指厉行节约，就不愁吃饭穿衣。

瞎得会算卦，聋得会圆话儿。

ɕia²⁴tɛ·xuei³¹²suan³¹²kua³¹² luɤŋ⁴²tɛ·xuei³¹²yan⁴²xuɐr³¹²

盲人大多会算卦（甚至以此谋生）、聋子大多会打圆场。指人总是尽力发挥自己的长处来弥补自己的缺陷。

瞎得脚底下冇平路儿。

ɕia²⁴tɛ·tɕyo²⁴ti⁵⁵ɕia·mou³¹²p'iŋ⁴²lur³¹²

因为盲人看不见路，所以任何路在他脚下都是坎坷不平的。指自身有缺陷，就会影响自己的正常生活。

瞎得嘞耳道灵ᴰ嘞。

ɕia²⁴tɛ·lɛ·ər⁵⁵tau·lio⁴²lɛ·

指大多数盲人耳朵都很灵敏。耳道：耳朵。灵ᴰ嘞：灵着呢。

瞎得碗嘞疙瘩多。

ɕia²⁴tɛ·uan⁵⁵nɛ·kiɛ²⁴ta·tuo²⁴

喻指心越细越容易发现问题。也指喜欢挑剔，总能找出毛病。

瞎猫□不住老鼠。

ɕia²⁴mau⁴² k'iɛ⁴² pu·tɕ'y³¹² lau⁵⁵ɕy·

指没有真本事的人干不成事情。

下坡容易上坡难。

ɕia³¹²p'o²⁴yŋ⁴²i·saŋ³¹²p'o²⁴nan⁴²

喻指人想取得进步艰难，退步却非常容易。

下棋得瞧三步。

ɕia³¹²tɕ'i⁴²tɛ²⁴ tɕ'iau⁴²san²⁴⁺⁴²pu³¹²

指下棋应有全局观念，每下一步都应该考虑好几步。

下雪不过三五天儿。

ɕia³¹²ɕyɛ²⁴pu²⁴⁺⁴²kuo³¹²san²⁴u⁵⁵t'iar²⁴

喻指什么事情都有一定的规制。

下雪不冷化雪冷。

ɕia³¹²ɕyɛ²⁴pu²⁴lɤŋ⁵⁵xua³¹²ɕyɛ²⁴lɤŋ⁵⁵

指下雪时吸冷放热，人们不觉得很冷；化雪时吸热放冷，使人觉得比下雪时还冷。

下雨嘞时候儿鱼好□。

¢ia³¹²y⁵⁵lɛ·sʅ⁴²xor·y⁴²xau⁵⁵k'iɛ⁴²

指雨天好捕鱼。因雨前大气压降低，水中溶氧量变小，鱼往往会浮到水面以获得充足的氧气。□：捉。

夏至不定苗儿，到老不结桃儿。

¢ia³¹²tsʅ³¹²pu²⁴tiŋ³¹²mior⁴² tau³¹²lau⁵⁵pu²⁴tɕiɛ²⁴t'or⁴²

指棉花到了夏至还不定苗，最终不会有好的收成。

夏至不刨蒜，蒜瓣儿必定烂。

¢ia³¹²tsʅ³¹²pu²⁴p'au⁴²suan³¹² suan³¹²par³¹²pi⁵⁵tiŋ³¹²lan³¹²

指夏至之前需要把大蒜收到家里，否则就会烂在地里。

夏至麦根断。

¢ia³¹²tsʅ³¹²mɛ²⁴kɤn²⁴tuan³¹²

指夏至前后麦子完全成熟了，根系已朽烂。

夏至前，好种棉；夏至后，好种豆。

¢ia³¹² tsʅ³¹² tɕ'ian⁴² xau⁵⁵ tsuɤŋ³¹² mian⁴² ¢ia³¹² tsʅ³¹² xou³¹² xau⁵⁵ tsuɤŋ³¹² tou³¹²

指棉花适宜在夏至前播种，豆子适宜在夏至后播种。

夏至树叶儿圆。

¢ia³¹²tsʅ³¹²¢y³¹²iɐr²⁴yan⁴²

指夏至时节树叶已经基本长成。

先尝后买，知道好歹。

¢ian²⁴ts'aŋ⁴²xou³¹²mai⁵⁵ tsʅ⁴²tau·xau⁵⁵⁴²tai⁵⁵

指买吃的东西时先尝一尝，知道了好坏以后再确定买不买。下乡卖货者常吆喝此语。

先草后料，最后饮到。

¢ian²⁴ts'au⁵⁵xou³¹²liau³¹² tsuei³¹²xou³¹²in³¹²tau³¹²

指喂养牲口的程序应是先喂草再喂料，最后让牲口饮水。饮：使牲畜喝水。

先得抓西瓜，过后抓芝麻。

¢ian²⁴tɛ²⁴tsua²⁴¢i²⁴kua·　kuo³¹²xou³¹²tsua²⁴tsɿ²⁴ma·

喻指做事情得先抓主要的、重要的，再抓次要的。

先叫后不改。

¢ian²⁴t¢iau³¹²xou³¹²pu²⁴kai⁵⁵

指称呼不会因旁系亲属新的婚姻关系而改变。

先紧后松，越唱越烹。

¢ian²⁴t¢in⁵⁵xou³¹² suɤŋ²⁴　yɛ²⁴ts'aŋ³¹²yɛ²⁴p'ɤŋ²⁴

指戏曲演员演唱时如果声腔气息控制不好，先紧后松的话会越唱越不行。烹：糟糕。

先来嘞吃肉，后来嘞喝汤。

¢ian²⁴lai⁴²lɛ·ts'ɿ²⁴zou³¹²　xou³¹²lai⁴²lɛ·xɤ²⁴t'aŋ²⁴

指先抢到机遇的先得实惠。也作："先来嘞吃肉，后来嘞啃骨头。"

先明后不争。

¢ian²⁴miŋ⁴²xou³¹²pu²⁴tsɤŋ²⁴

指事先讲明条件，事后不会产生争执。

先胖不算胖，后胖压塌床。

¢ian²⁴p'aŋ³¹²pu²⁴∣⁴²suan³¹²p'aŋ³¹²　xou³¹²p'aŋ³¹²ia²⁴t'a²⁴ts'uan⁴²

喻指先发达不算发达，后发达才是真正的发达。

先瞧四条腿，后瞧一张皮。

¢ian²⁴t¢'iau⁴²sɿ³¹²t'iau⁴²t'uei⁵⁵　xou³¹²t¢'iau⁴²i²⁴tsaŋ²⁴p'i⁴²

指买牲口时，先看四条腿是否粗壮，再看毛皮是否油光发亮。

先娶嘞媳妇儿，不怕后来嘞婆得。

¢ian²⁴t¢'y⁵⁵lɛ·¢i⁴²fur·　pu²⁴∣⁴²p'a³¹²xou³¹²lai⁴²lɛ·p'o⁴²tɛ·

先娶进门的儿媳妇不怕继母。指资格老者，不怕后来地位高的人。

先松后紧，越唱越稳。

¢ian²⁴suɤŋ²⁴xou³¹²t¢in⁵⁵　yɛ²⁴ts'aŋ³¹²yɛ²⁴uɤn⁵⁵

指戏曲演员演唱时要控制声腔气息，先松弛后拉紧，这样会越唱越游刃有余。

先甜不算甜，后苦才叫苦。

ɕian²⁴ tʻian⁴² pu²⁴⁻⁴² suan³¹² tʻian⁴²　　xou³¹² kʻu⁵⁵ tsʻai⁴² tɕiau³¹² kʻu⁵⁵

指过好时光感觉不到有多好，而一旦由好日子变成苦日子就会觉得难以忍受。

先稀后稠，先粗后细。

ɕian²⁴ ɕi²⁴ xou³¹² tsʻou⁴²　　ɕian²⁴ tsʻu²⁴ xou³¹² ɕi³¹²

指喂猪的技巧：猪宜先喂稀饲料后喂稠的，宜先喂粗饲料再喂细的。

先下手为强，后下手遭殃。

ɕian²⁴ ɕia³¹² sou⁵⁵ uei³¹² tɕʻiaŋ⁴²　　xou³¹² ɕia³¹² sou⁵⁵ tsau²⁴ iaŋ²⁴

先出手取得主动，就处于强势；后下手陷于被动，就会遭受祸殃。指掌握主动权很重要。

闲时候儿不薅草，秋苗儿长不好。

ɕian⁴² sʅ⁴² xor·pu²⁴ xau²⁴ tsʻau⁵⁵　　tɕʻiou²⁴ mior⁴² tsaŋ⁵⁵ pu·xau⁵⁵

指要重视秋季农作物的田间管理，闲时拔拔草有利于作物生长。薅：用手拔。

闲时候儿喂腿，忙时候儿喂嘴。

ɕian⁴² sʅ⁴² xor·uei³¹² tʻuei⁵⁵　　maŋ⁴² sʅ⁴² xor·uei³¹² tsuei⁵⁵

指喂养牲口，平时要让牲口多锻炼筋骨，农忙时要让牲口吃饱、吃好以保证充沛的体力。

闲七月，忙八月。

ɕian⁴² tɕʻi²⁴ yɛ·　　maŋ⁴² pa²⁴ yɛ·

农历七月份夏季农作物已经收割过了，秋作物还没有成熟，相对清闲一点。到了八月份就进入收秋、播种小麦的繁忙季节了。

县官不递现管。

ɕian³¹² kuan²⁴ pu²⁴⁻⁴² ti³¹² ɕian³¹² kuan⁵⁵

指上级领导不如具体管事的人的权力具体，指令有效。

向理不向人。

ɕian³¹² li⁵⁵ pu²⁴⁻⁴² ɕiaŋ³¹² zɤn⁴²

指人在处理纠纷时不能偏向亲友，只能合理合法地处理。

响屁不臭，臭屁不响，曲律得屁臭半晌。

ɕiaŋ⁵⁵ p'i³¹² pu²⁴⁼⁴² ts'ou³¹²　ts'ou³¹² p'i³¹² pu²⁴ ɕiaŋ⁵⁵　tɕ'y²⁴ ly·tɛ· p'i³¹² ts'ou³¹² pan³¹² ts'aŋ⁵⁵

指不太响的屁最臭。曲律：打滑，这里指不太响。

想吃饱，回头草。

ɕiaŋ⁵⁵ ts'ʅ²⁴ pau⁵⁵　xuei⁴² t'ou⁴² ts'au⁵⁵

指放牧时，牲口一面吃一面走，当前面没有草或草不多时常常回过头来吃。

想吃好得儿趁咬动喽，想瞧稀罕物件儿趁走动喽。

ɕiaŋ⁵⁵ ts'ʅ²⁴ xau⁵⁵ tər·ts'ɤn³¹² iau⁵⁵ tuɤŋ³¹² lou·　ɕiaŋ⁵⁵ tɕ'iau⁴² ɕi²⁴ xan·u³¹² tɕiar·ts'ɤn³¹² tsou⁵⁵ tuɤŋ³¹² lou·

指人享受要趁年轻的时候。好得儿：好吃的。物件儿：东西。

想吃麦得早犁地。

ɕiaŋ⁵⁵ ts'ʅ²⁴ mɛ²⁴ tɛ·tsau⁵⁵ li⁴² ti³¹²

指麦子要丰收就要及时耕种。

想吃藕逗不能怕污泥糊脸。

ɕiaŋ⁵⁵ ts'ʅ²⁴ ou⁵⁵ tou³¹² pu²⁴ nɤŋ⁴² p'a³¹² u²⁴ ni·xu²⁴ lian⁵⁵

喻指做任何事情都得付出一定的代价。藕：莲藕。

想吃秦椒逗不能怕辣。

ɕiaŋ⁵⁵ ts'ʅ²⁴ tɕ'in⁴² tɕiau·tou³¹² pu²⁴ nɤŋ⁴² p'a³¹² la²⁴

喻指做事情不能害怕其中的困难和风险。秦椒：辣椒。

想吃肉逗不能嫌糊嘴。

ɕiaŋ⁵⁵ ts'ʅ²⁴ zou³¹² tou³¹² pu²⁴ nɤŋ⁴² ɕian⁵⁵ xu³¹² tsuei⁵⁵

指要做成一件事就不能怕麻烦。糊嘴：油腻。

想发家，得种花。

ɕiaŋ⁵⁵ fa²⁴ tɕia²⁴　tɛ²⁴ tsuɤŋ³¹² xua²⁴

指要想致富，必须种棉花。花：在内黄方言中专指棉花。

想叫花长好，多锄几遍草。

ɕiaŋ⁵⁵ tɕiau³¹² xua²⁴ ts'aŋ⁵⁵⁼⁴² xau⁵⁵　tuo²⁴ ts'u⁴² tɕi⁵⁵ pian³¹² ts'au⁵⁵

指多给棉田勤锄杂草，棉花才会长得茂盛。

想叫马快跑，逗得多喂草。

ɕiaŋ⁵⁵ tɕiau³¹² ma⁵⁵ kʻuai³¹² pʻau⁵⁵　tou³¹² tɛ²⁴ tuo²⁴ uei³¹² tsʻau⁵⁵

喻指想叫人多出力干活，生活必须有保障。

想叫猪、牛不生病，必定圈干吃嘞净。

ɕiaŋ⁵⁵ tɕiau³¹² tɕy²⁴ niou⁴² pu²⁴ sɤŋ²⁴ piŋ³¹²　pi⁵⁵ tiŋ³¹² tɕyan³¹² kan²⁴ tsʻʅ²⁴ lɛ·tɕiŋ³¹²

指牲畜不生病的关键一是圈要保持干燥，二是食物要干净。

想叫拉伸好，磷肥不能少。

ɕiaŋ⁵⁵ tɕiau³¹² la⁵⁵ sɤn²⁴ xau⁵⁵　lin⁴² fei⁴² pu²⁴ nɤŋ⁴² sau⁵⁵

指种花生磷肥不可少。拉伸：应是"落花生"的讹变音。

想叫人敬你，你得先敬人。

ɕiaŋ⁵⁵ tɕiau³¹² zɤn⁴² tɕiŋ³¹² ni·　ni⁵⁵ tɛ²⁴ ɕian²⁴ tɕiŋ³¹² zɤn⁴²

指人首先要敬重别人，别人才会敬重自己。

想生气，领班得戏。

ɕiaŋ⁵⁵ sɤŋ²⁴ tɕʻi³¹²　liŋ⁵⁵ pan²⁴ tɛ·ɕi³¹²

指基层剧团的领导除了内部管理难，还面临外部环境差等诸多问题，没有肚量是不行的。

想受罪，去赶会。

ɕiaŋ⁵⁵ sou³¹² tsuei³¹²　tɕʻy³¹² kan²⁴ xuei³¹²

指庙会上人多，街道上拥挤不堪叫人受罪。"赶"仅在"赶会"一词中读作阴平。

想知道河深浅，得问过来嘞人。

ɕiaŋ⁵⁵ tsʅ⁴² tau·xɤ⁴² tsʻɤn²⁴ tɕʻian⁵⁵　tɛ²⁴ uɤn³¹² kuo³¹² lai·lɛ·zɤn⁴²

指要想获得知识，必须向经验丰富的人虚心请教。

想作难，领剧团。

ɕiaŋ⁵⁵ tsuo²⁴ nan³¹²　liŋ⁵⁵ tɕy³¹² tʻuan⁴²

指农村剧团的领头人面临场地简陋、经费严重不足、后继乏人等因素的压力之大。

小辈儿嘞不知道老辈得嘞苦。
ɕiau⁵⁵ pər³¹² lɛ·pu²⁴ tsʅ⁴² tau·lau⁵⁵ pei³¹² tɛ·lɛ·kʻu⁵⁵
指晚辈不知道长辈们过去为养家糊口所经历的苦难，不知道惜福，不知道节俭。

小菜锄芽儿，黄豆锄荚儿。
ɕiau⁵⁵ tsʻai·tsʻu⁴² iɚ⁴²　xuaŋ⁴² tou³¹² tsʻu⁴² tɕiɚ⁵⁵
指油菜宜于嫩芽时锄，而黄豆则宜于已结豆荚之时锄。

小儿仿似舅，妮儿仿似姑姑。
ɕior⁵⁵ faŋ⁵⁵ sʅ·tɕiou³¹²　niə·r²⁴ faŋ⁵⁵ sʅ·ku⁵⁵ ku·
见："外甥儿仿似舅，侄女儿仿似姑姑。"

小狗儿不夹尾巴，小孩儿不知道害怕。
ɕiau⁵⁵ ⁴² kor⁵⁵ pu²⁴ tɕia²⁴ i⁵⁵ pa·　ɕiau⁵⁵ xar⁴² pu²⁴ tsʅ⁴² tau·xai³¹² pʻa³¹²
指小孩儿和小狗儿一样，因为经历的事情少而不懂得害怕。

小狗儿吃不唠大堆儿嘞屎。
ɕiau⁵⁵ ⁴² kor⁵⁵ tsʻʅ²⁴ pu·lau·ta³¹² tsuər²⁴ lɛ·sʅ⁵⁵
喻指能力欠缺就不能胜任自己的工作。

小孩儿不蹦，必定有病。
ɕiau⁵⁵ xar⁴² pu²⁴ ⁴² pɤŋ³¹²　pi⁵⁵ tiŋ³¹² iou⁵⁵ piŋ³¹²
小孩儿若不是活蹦乱跳，必定是有病了。

小孩儿家好哄。
ɕiau⁵⁵ xar⁴² tɕia·xau⁵⁵ ⁴² xuɤŋ⁵⁵
指小孩儿天真无邪，容易相信大人的话。

小孩儿嘞屁股上有火。
ɕiau⁵⁵ xar⁴² lɛ·pʻi³¹² ku·saŋ·iou⁵⁵ ⁴² xuo⁵⁵
指小孩儿好动坐不住。

小孩儿冇饥饱。
ɕiau⁵⁵ xar⁴² mou³¹² tɕi⁴² pau⁵⁵
指小孩儿不知道自己是否吃饱了，需要大人掌握。也作："小孩儿不知道饥饱。"

小孩儿怕惯，老嘞怕劝。

ɕiau⁵⁵xar⁴²p'a³¹²kuan³¹²　lau⁵⁵lɛ·p'a³¹²tɕ'yan³¹²

小孩儿娇惯坏了就会养成恶习，老人越劝越固执。惯：娇惯。

小孩儿怕伤风，老人怕过冬。

ɕiau⁵⁵xar⁴²p'a³¹²saŋ²⁴fɤŋ²⁴　lau⁵⁵zʅn⁴²p'a³¹²kuo³¹²tuŋ²⁴

指幼儿怕被凉风吹着，老人怕过冬天。

小孩儿盼年下。

ɕiau⁵⁵xar⁴²p'an³¹²nian⁴²ɕia·

小孩盼过春节。指小孩儿喜欢春节吃好的穿新的买好玩的等。

小孩儿学走路儿，总得板骨碌儿。

ɕiau⁵⁵xar⁴²ɕyo⁴²tsou⁵⁵lur³¹²　tsuɤŋ⁵⁵tɛ²⁴pan⁵⁵ku²⁴lur·

指小孩学走路摔跤是正常的。也喻指初学者或年轻人难免犯错。板骨碌儿：跌跤。

小孩儿嘴嘞冇瞎话。

ɕiau⁵⁵xar⁴²tsuei⁵⁵lɛ·mou³¹²ɕia⁴²xua·

指小孩儿天真纯洁，嘴里一般没有假话，都是实话。瞎话：假话。

小寒大寒，打春过年。

ɕiau⁵⁵xan⁴²ta³¹²xan⁴²　ta⁵⁵ts'uɤn²⁴kuo³¹²nian⁴²

指小寒、大寒过后就是立春，该准备过年了。

小河沟得嘞能翻船。

ɕiau⁵⁵xɤ⁴²kou²⁴tɛ·lɛ·nɤŋ⁴²fan²⁴ts'uan⁴²

喻指小问题、小失误能坏大事。

小鸡儿不尿尿，各有各嘞道。

ɕiau⁵⁵tɕiər²⁴pu²⁴⁻⁴²niau³¹²niau³¹²　kɤ²⁴iou⁵⁵kɤ²⁴lɛ·tau³¹²

喻指不同的人自有解决问题的不同方式和方法。

小嘞时候儿尿一丈，老喽尿ᴰ脚上。

ɕiau⁵⁵lɛ·sʅ⁴²xor·niau³¹²i²⁴⁻⁴²tsaŋ³¹²　lau⁵⁵lou·nio³¹²tɕyo²⁴saŋ·

指年轻与年老在体力等方面存在着巨大的差异。动词变韵表示"终点"义，"尿ᴰ"可以替换为"尿到"。

小嘞时候儿学嘞忘不唠。

ɕiau⁵⁵ lɛ·sʅ⁴² xor·ɕyo⁴²lɛ·uaŋ³¹² pu·lau·

指少年时期人的记忆力是最好的，学到的东西最不容易忘掉。也作："小时候儿学嘞记嘞清。"

小满嘞谷得，打满屋得。

ɕiau⁵⁵⁺⁴² man·nɛ·ku²⁴ tɛ· ta⁵⁵⁺⁴² man⁵⁵ u²⁴ tɛ·

指小满时节适宜播种谷子。小满：节气中的第 8 个（公历每年 5 月 20—22 日之间），夏季的第二个节气。这一时节夏熟作物的籽粒开始灌浆饱满，但还未成熟，故名小满。

小满见三新。

ɕiau⁵⁵⁺⁴² man·tɕian³¹² san²⁴ ɕin²⁴

指到了小满这一节气，大麦、油菜籽、豌豆已经成熟。三新：大麦、油菜籽、豌豆。

小满前后蜜蜂得忙。

ɕiau⁵⁵⁺⁴² man·tɕʻian⁴² xou³¹² mi²⁴fɤŋ·tɛ·maŋ⁴²

指小满正是蜜蜂采花酿蜜的繁忙季节。

小满椹得黑，芒种割大麦。

ɕiau⁵⁵⁺⁴² man·sɤn³¹²tɛ·xiɛ²⁴ maŋ⁴²tsuɤŋ³¹² kɤ²⁴ ta³¹² mɛ²⁴

指到了小满这一节气，桑葚成熟就变黑了，到了芒种就该割麦子了。

小满十八天，不熟也要干。

ɕiau⁵⁵⁺⁴² man·sʅ⁴² pa²⁴ tʻian²⁴ pu²⁴ su⁵⁵ iɛ⁵⁵ iau³¹² kan²⁴

指小满过后小麦就要成熟了。十八天后，麦秆就要干了。

小婆儿当家冇主意。

ɕiau⁵⁵ pʻor⁴² taŋ²⁴tɕia²⁴ mou³¹² tsu⁵⁵ i·

指小老婆管家很难做出决策。因为小老婆进门晚，不了解家中情况，缺乏经验，又有丈夫、大老婆管着。小婆儿：小老婆。旧社会男人可以婆多个老婆。

小人记仇气。

ɕiau⁵⁵ zɤn⁴² tɕi³¹² tsʻou⁴² tɕʻi·

指小人总觉得别人有负自己，所以总是记恨别人。

小人最难防。

ɕiau⁵⁵ zɤn⁴² tsuei³¹² nan⁴² faŋ⁴²

指小人为了自身利益，可以不顾一切，所以防不胜防。

小时候儿懒，大喽贪。

ɕiau⁵⁵ sʅ⁴² xor·lan⁵⁵　ta³¹²lou·tʻan²⁴

指小时候好吃懒做，长大了往往会贪得无厌。

小时候儿冇志气，长大喽不出息。

ɕiau⁵⁵ sʅ⁴² xor·mou³¹²tsʅ³¹²tɕʻi　tsaŋ⁵⁵ta³¹²lou·pu²⁴tɕʻy²⁴tɕʻi·

指小时候不立志，长成大人后不会有多大出息。

小时候儿偷针，大喽偷金。

ɕiau⁵⁵ sʅ⁴² xor·tʻou²⁴tsɤn²⁴　ta³¹² lou·tʻou²⁴ tɕin²⁴

指从小学坏，手脚不干净，长大可能走上犯罪的道路。

小时候儿栽树，大喽有屋得住。

ɕiau⁵⁵ sʅ⁴² xor·tsai²⁴ɕy³¹²　ta³¹²lou·iou⁵⁵u²⁴tɛ·tɕy³¹²

小时候栽上树，长大后树也就成材了，可以用来盖房子。喻指只有做长远的打算，才能立于不败之地。

小暑冇雨，饿死ᴰ老鼠。

ɕiau⁵⁵⁼⁴² su⁵⁵mou³¹²y⁵⁵　ɤ³¹²sɛ·lau⁵⁵ɕy·

指到了小暑时节还不下雨，庄稼就会严重减产，连老鼠都找不到吃的。小暑：节气中的第11个（公历7月7—8日之间）。动词变韵表加强肯定语气义。

小暑前后，快ᴰ点儿种绿豆。

ɕiau⁵⁵⁼⁴²su⁵⁵tɕʻian⁴²xou³¹²　kʻuɛ³¹²tiar·tsuɤŋ³¹²lu²⁴tou·

指小暑前后适合点种绿豆。

小暑天，得吃鲜。

ɕiau⁵⁵⁼⁴²su⁵⁵tʻian²⁴　tɛ²⁴tsʻʅ²⁴ɕian²⁴

指小暑时节，天气炎热，人应该吃新鲜东西，以免生病。

小偷儿不放空。

ɕiau⁵⁵tʻor²⁴pu²⁴⁼⁴²faŋ³¹²kʻuɤŋ²⁴

指小偷每到一个地方总要偷点儿东西。放空：运营的交通工具空着行驶，这里借指"空手而归"。

小树儿不柯不成，小孩儿不打不行。

çiau⁵⁵ çyər³¹² pu²⁴ k'uo²⁴ pu²⁴ ts'ɤŋ⁴²　çiau⁵⁵ xar⁴² pu²⁴ ta⁵⁵ pu²⁴ çiŋ⁴²

指旧时认为，管教小孩儿不打是不行的。柯：用斧子或刀把树上影响生长的枝条砍掉。

小雪不犁地，大雪不走船。

çiau⁵⁵ çyɛ²⁴ pu²⁴ li⁴² ti³¹²　ta³¹² çyɛ²⁴ pu²⁴ tsou⁵⁵ ts'uan⁴²

指入冬后不能耕地，严冬之时不能行船。小雪：节气中的第 20 个（公历每年 11 月 22—23 日之间）。进入该节气，气温逐渐降到 0℃ 以下。开始降雪但雪量不大，故称小雪。大雪：节气中的第 21 个（公历 12 月 7—8 日之间），这时天气比小雪更冷。

小雪雪满天，过年是丰年。

çiau⁵⁵ çyɛ²⁴ çyɛ²⁴ man⁵⁵ t'ian²⁴　kuo³¹² nian · sʅ³¹² fɤŋ²⁴ nian⁴²

指小雪时节下大雪，预示明年定是个丰收的年景。过年：明年。

小卒得过河顶个车。

çiau⁵⁵ tsu⁴² tɛ · kuo³¹² xɤ⁴² tiŋ⁵⁵ kɤ · tçy²⁴

指下象棋时"卒（兵）"越过河界，其威力能抵得上"车"。喻指小人物在一定条件下也能做出大事。

歇透喽不少做活儿。

çiɛ²⁴ t'ou³¹² lou · pu²⁴ sau⁵⁵ tsu³¹² xuor⁴²

指人休息好了再干，比拖着疲惫的身体一直干下去效率更高。

心不狠，当不唠官儿。

çin²⁴ pu²⁴ xɤn⁵⁵　taŋ²⁴ pu · lau · kuar²⁴

旧时认为做官的人心狠手辣。

心病最不好治。

çin²⁴ piŋ³¹² tsuei³¹² pu²⁴ xau⁵⁵ tsʅ³¹²

指心理疾病难以根治。

心口疼，天不晴。

çin²⁴ k'ou⁵⁵ t'ɤŋ⁴²　t'ian²⁴ pu²⁴ tç'iŋ⁴²

指有胃病的人胃部不适，往往预示天要下雨。

心嘞有事儿坐不唠那儿。

ɕin²⁴ nɛ·iou⁵⁵ sər³¹² tsuo³¹² pu·lau·nɐr·

指心中有忧虑就会坐卧不安。

心忙先写账，省嘞过后忘。

ɕin²⁴ maŋ⁴² ɕian²⁴ ɕiɛ⁵⁵ tsaŋ³¹²　　sɤŋ⁵⁵ lɛ·kuo³¹² xou³¹² uaŋ³¹²

指在做生意时，为了避免出差错，先把账目记下来，再去理会其他的事情。

心嘞有底儿，说话有准儿。

ɕin²⁴ nɛ·iou⁵⁵ⁱ⁴² tiər⁵⁵　　ɕyɛ²⁴ xua³¹² iou⁵⁵ⁱ⁴² tsuər⁵⁵

指心里有数，说话就有谱。该语的否定形式也常说，即："心嘞冇底儿，说话冇准儿。"

新官儿上任三把火儿。

ɕin²⁴ kuar²⁴ saŋ³¹² zɤn³¹² san²⁴ pa⁵⁵ⁱ⁴² xuor⁵⁵

旧指刚上的官员总要做几件引人注目的事，以显其能耐。今多喻指新任职的干部总想干出来点成绩。

新埋嘞坟瘆人。

ɕin²⁴ mai⁴² lɛ·fɤn⁴² sɤn³¹² zɤn⁴²

指新埋的坟墓因土堆、花圈等显眼而使人害怕。瘆：使害怕。

新娶嘞媳妇儿盼天黑。

ɕin²⁴ tɕ'y⁵⁵ lɛ·ɕi⁴² fur·p'an³¹² t'ian²⁴ xiɛ²⁴

旧时新媳妇进门礼数多，禁忌也多，所以盼着天黑躲进夫妻俩的小天地。

信神信鬼，末底了儿后悔。

ɕin³¹² sɤn⁴² ɕin³¹² kuei⁵⁵　　mo³¹² ti·lior⁵⁵ xou³¹² k'uei·

指迷信鬼神必定是害人害己，到最后醒悟了一定会后悔莫及。末底了儿：最后。

星星稠，满街流。

ɕiŋ²⁴ ɕiŋ·ts'ou⁴²　　man⁵⁵ tɕiɛ²⁴ liou⁴²

指涝天夜间天气晴朗，往往预示白天将下大雨。

性儿急吃不咾热豆腐。

ɕiɐr³¹² tɕi⁴² tsʻʅ²⁴ pu・lau・zɛ²⁴ tou³¹² fu・

性子急是吃不了热豆腐的。喻指没有耐心就干不好事情。

性儿急学钓鱼。

ɕiɐr³¹² tɕi⁴² ɕyo⁴² tiau³¹² y⁴²

指学习钓鱼有利于纠正性格急躁的缺点。

秀才不怕衣衫破，逗ᴅ怕肚嘞冇啥货。

ɕiou³¹² tsʻai・pu²⁴⁽⁴²⁾ pʻa³¹² i²⁴ san²⁴ pʻo³¹²　to³¹² pʻa³¹² tu³¹² lɛ・mou³¹² sa・xuo³¹²

指旧时秀才不注重外表，注重内在的本事。秀才：明清两代生员的通称，也泛指读书人。

秀才不出门儿，逗知道天下嘞事儿。

ɕiou³¹² tsʻai・pu²⁴tɕʻy²⁴mər⁴²　tou³¹²tsʅ⁴²tau・tʻian²⁴ɕia³¹²lɛ・sər³¹²

指有文化的人通过读书等可以了解天下发生的事情。

秀才不搁地嘞来，见喽麦青当韭菜。

ɕiou³¹² tsʻai・pu²⁴kɤ²⁴ti³¹²lɛ・lai⁴²　tɕian³¹² nou・mɛ²⁴tɕʻiŋ²⁴taŋ²⁴tɕiou⁵⁵tsʻai・

指旧时读书人不问农事，不了解农业生产的各个方面。搁：往。

秀才说话弯儿弯儿多。

ɕiou³¹² tsʻai・ɕyɛ²⁴xua³¹²uar²⁴uar・tuo²⁴

指读书人说话不会直来直去，总是喜欢拐弯抹角。弯儿弯儿：弯子。

秀才遇着兵，有理说不清。

ɕiou³¹² tsʻai・y³¹² tsuo・piŋ²⁴　iou⁵⁵⁽⁴²⁾li⁵⁵ ɕyɛ²⁴ pu・tɕʻiŋ²⁴

指读书人遇到蛮横粗鲁的大兵没有办法讲道理。喻指遭遇不讲理的人，有理也没有办法讲。兵：当兵的，旧时多为文盲。

书里头有黄金。

ɕy²⁴liou⁵⁵iou⁵⁵xuaŋ⁴²tɕin²⁴

指旧时认为，努力读书可以考取功名，享受荣华富贵。

许嘞愿多，遭嘞难多。

çy⁵⁵lɛ·yan³¹²tuo²⁴　tsau²⁴lɛ·nan³¹²tuo²⁴

指向神佛祈福，许的愿越多，花费就越大，毫无益处。

树大分杈儿，儿大分家。

çy³¹²ta³¹²fɤn²⁴tsʻɐr³¹²　ər⁴²ta³¹²fɤn²⁴tçia²⁴

指儿子长大了要分家，就像树长大了自然要分杈子一样。

树大喽伤根，气大喽伤身。

çy³¹²ta³¹²lou·saŋ²⁴kɤn²⁴　tçʻi³¹²ta³¹²lou·saŋ²⁴sɤn²⁴

指人生气太厉害就会损伤身体，就像大树易招致根损伤一样。

树大喽招风。

çy³¹²ta³¹²lou·tsau²⁴fɤŋ²⁴

树高大了，所受风力就大。喻指名气大容易招来非议和责难。

树大阴凉儿大。

çy³¹²ta³¹²in²⁴liɐr·ta³¹²

喻指势力大的人或团体能给予人更大的好处。

树得直，人得实。

çy³¹²tɛ²⁴tsʅ⁴²　zɤn⁴²tɛ²⁴sʅ⁴²

指树长得直才能成材，为人实在才会赢得大家的信任。

树活一张皮，人活一口气。

çy³¹²xuo⁴²i·²⁴tsaŋ²⁴pʻi⁴²　zɤn⁴²xuo⁴²i·²⁴kʻou⁵⁵tçʻi³¹²

指树没有皮就会枯死，人没有志气就没有意义。

树老喽根多，人老喽话多。

çy³¹²lau⁵⁵lou·kɤn²⁴tuo²⁴　zɤn⁴²lau⁵⁵lou·xua³¹²tuo²⁴

指人上了年纪爱唠叨。

树老喽露根，人老喽露筋。

çy³¹²lau⁵⁵lou³¹²kɤn²⁴tuo²⁴　zɤn⁴²lau⁵⁵lou·lou³¹²tçin²⁴

指年纪大的人肌肤失去了丰腴，身上的筋就会暴露出来，就像树老了会露出老根一样。

树老喽怕空，人老喽怕松。

çy³¹²lau⁵⁵lou·pʻa³¹²kʻuɤŋ²⁴ zɤn⁴²lau⁵⁵lou·pʻa³¹²suɤŋ²⁴

指树老了容易空心，人老了容易懈怠。

树老喽心儿嘞空，人老喽百事通。

çy³¹²lau⁵⁵lou·çiər²⁴lɛ·kʻuɤŋ²⁴ zɤn⁴²lau⁵⁵lou·pɛ²⁴sʅ³¹²tʻuɤŋ²⁴

指人老了懂得多，就像树老了中心就空了一样。百事通：万事通，什么事情都知道的人。

树林得大喽啥鸟儿都有。

çy³¹²lin⁴²tɛ·ta³¹²lou·sa⁵⁵⁻⁴²nior⁵⁵tou²⁴iou⁵⁵

喻指人多了，什么样的人都会有。也作："林得大喽啥鸟儿都有。"

树挪地场儿死，人挪地场儿活。

çy³¹²nuo⁴²ti³¹²sɐr·sʅ⁵⁵ zɤn⁴²nuo⁴²ti³¹²sɐr·xuo⁴²

树挪动地方容易枯死，人挪动地方会增强活力。指人不要死守一处，敢于出去闯。地场儿：地方。

树怕烂根，人怕变心。

çy³¹²pʻa³¹²lan³¹²kɤn²⁴ zɤn⁴²pʻa³¹²pian³¹²çin²⁴

指做人最可怕的事情就是改变心志，一旦变心就会像树木烂掉根部一样带来不好的结果。

树怕伤皮，人怕伤心。

çy³¹²pʻa³¹²saŋ²⁴pʻi⁴² zɤn⁴²pʻa³¹²saŋ²⁴çin²⁴

指人伤了心都会招致致命的损伤，就像树伤着皮一样。

树要皮，人要脸。

çy³¹²iau³¹²pʻi⁴² zɤn⁴²iau³¹²lian⁵⁵

指人要讲脸面，就像树没有树皮就不能活一样。

树直粘用头儿大，人直正朋友多。

çy³¹²tsʅ⁴²nian·yŋ³¹²tʻor·ta³¹² zɤn⁴²tsʅ⁴²tsɤŋ·pʻɤŋ⁴²iou·tuo²⁴

指人正直就会有很多朋友，就像树直用处大一样。直粘：直。

选种忙一会儿，收成多几季儿。

çyan⁵⁵⁻⁴²tsuɤŋ⁵⁵maŋ⁴²i²⁴⁻⁴²xuər³¹² sou²⁴tsʻɤŋ·tuo²⁴tçi⁵⁵tçiər³¹²

指选种子能决定几个季节的收成。

说大话磨不唠腰。

ɕyɛ²⁴ta³¹²xua³¹²mo³¹²pu·lau·iau²⁴

指说大话没有任何用处。磨腰：闪腰。

说话不在多少，说到点得上逗好。

ɕyɛ²⁴xua³¹² pu²⁴⁽⁴²tsai³¹²tuo²⁴sau⁵⁵ ɕyɛ²⁴tau·tian²⁴tɛ·saŋ·tou³¹²xau⁵⁵

指说话不在于多和少，说在关键要害处就好。

说嘞话多得罪嘞人多，烧嘞香多得罪嘞神多。

ɕyɛ²⁴lɛ·xua³¹²tuo²⁴tɛ²⁴tsuei·lɛ·zɤn⁴²tuo²⁴   sau²⁴lɛ·ɕiaŋ²⁴tuo²⁴tɛ²⁴tsuei·lɛ·sɤn⁴²tuo²⁴

喻指做的多出的错就多。

说媒打兔得，跑点得冤路得。

ɕyɛ²⁴mei⁴²ta⁵⁵t'u³¹²tɛ·   p'au⁵⁵tian·tɛ·yan²⁴lu³¹²tɛ·

指说媒、打兔子都需要跑好多冤枉路。点得：量词，表量大义，与"点儿"表量少义相对。也作："说媒打兔得，不少跑瞎路得。"

说□先比比自己。

ɕyɛ²⁴niɛ³¹²ɕian²⁴pi⁵⁵⁽⁴²pi·tɕi³¹²tɕi·

指说人家之前先对照一下自己。□：人家。

说瞎话逗ᴅ怕三照面儿。

ɕyɛ²⁴ɕia⁴²xua·to³¹²p'a³¹²san²⁴⁽⁴²tsau³¹²miar³¹²

说谎者最怕中间人、当事人三方当面对质。指事实能戳穿谎言。"瞎"在"瞎话"一词中阳平的读法较为特殊。

说瞎话也得拣个地场儿。

ɕyɛ²⁴ɕia⁴²xua·iɛ⁵⁵tɛ²⁴tɕian⁵⁵kɤ·ti³¹²sɐr·

指编造谎言也得看人信不信。瞎话：谎言。地场儿：地方。"场"本字不明。

说瞎话也得有个踪影儿嘞。

ɕyɛ²⁴ɕia⁴²xua·iɛ⁵⁵tɛ²⁴iou⁵⁵kɤ·tsuŋ²⁴iɛr·lɛ·

指编造谎言也得有点依据，才容易让人相信。

说瞎话瞒不唠自家那一片嘞人儿。

çyɛ²⁴ çia⁴² xua・man⁴² pu・lau・tçi³¹² tçia・na³¹² i²⁴ ⁴² p'iar³¹² lɛ・zər⁴²

指左邻右舍最知底细，撒谎骗不了他们。

说瞎话嘞人儿老是好赌咒儿。

çyɛ²⁴ çia⁴² xua・lɛ・zər⁴² lau⁵⁵ sʅ³¹² xau³¹² tu⁵⁵ tsor³¹²

指爱撒谎的人为了达到骗人的目的，总是用赌咒的方式来取得对方的信任。老是：总是。赌咒儿：对某事情做出承诺，并发誓如果不能做到甘愿受到报应。

说书嘞嘴，唱戏嘞腿。

çyɛ²⁴ çy²⁴ lɛ・tsuei⁵⁵   ts'aŋ³¹² çi³¹² lɛ・t'uei⁵⁵

指说书的凭的是口才，唱戏的靠的是腿上功夫。喻指每一行业都有自己独特的功力。

说一回瞎话逗冇ᴰ谁信了。

çyɛ²⁴ i²⁴ xuei⁴² çia⁴² xua・tou³¹² ma³¹² sei⁴² çin³¹² na・

指人说一次谎话被戳穿，就很难再取得大伙儿的信任。动词变韵表示"完成"义。

雪窝嘞埋死孩得，早晚得露尸首儿。

çyɛ²⁴ uo²⁴ lɛ・mai⁴² sʅ⁵⁵ xai⁴² tɛ・   tsau⁵⁵ ⁴² uan・tɛ²⁴ lou³¹² sʅ²⁴ sor・

雪窝里埋尸体，最终会暴露出来。喻指真相迟早有暴露的时候。

雪仗风势，狗仗人势。

çyɛ²⁴ tsaŋ³¹² fɣŋ²⁴ sʅ³¹²   kou⁵⁵ tsaŋ³¹² zɣn⁴² sʅ³¹²

雪依仗大风的势头肆虐，狗依仗主人的势力逞凶。喻指依仗某种势力欺侮人。

松树不怕干，柳树不怕淹。

çyŋ²⁴ çy・pu²⁴ ⁴² p'a³¹² kan²⁴   liou⁵⁵ çy・pu²⁴ ⁴² p'a³¹² ian²⁴

指松树耐旱，柳树耐涝。

学好不容易，学坏容易嘞狠。

çyo⁴² xau⁵⁵ pu²⁴ yŋ⁴² i・   çyo⁴² xuai³¹² yŋ⁴² i・lɛ・xɣn⁵⁵

指修身养德不容易，非善之举容易沾染。

学好数理化，走遍天下都不怕。

ɕyo⁴² xau⁵⁵ su³¹² li⁵⁵ xua³¹²　tsou⁵⁵ pian³¹² tʻian²⁴ ɕia³¹² tou·pu²⁴ ǀ ⁴² pʻa³¹²

指能把数学、物理、化学这三门课程学好，走到任何一个地方都能混碗饭吃。

学会三天，学好三年。

ɕyo⁴² xuei³¹² san²⁴ tʻian²⁴　ɕyo⁴² xau⁵⁵ san²⁴ nian⁴²

指学会一门技艺容易，但要学精则需要长时间的磨炼。

Y

牙疼不是病，疼起来真要命。
ia⁴² tʻɤŋ·pu²⁴⁻⁴² sʅ³¹² piŋ³¹²　tʻɤŋ⁴² tɕʻi·lai·tsɤn²⁴ iau³¹² miŋ³¹²
指牙疼病虽小，但犯了病就会十分痛苦。

衙门朝南开，冇钱儿甭进来。
ia⁴² mɤn·tsʻau⁴² nan⁴² kʻai²⁴　mou³¹² tɕʻiar⁴² piŋ⁴² tɕin³¹² lai·
旧时衙门的门总是朝南面开着的，但如果不花钱，即使有理也别想进去告状。旧指官府腐败，贪财成风，百姓有冤无处诉。衙门：旧时官府办事机关。甭：别。

哑巴好说话，聋得好打岔。
ia⁵⁵ pa·xau³¹² ɕyɛ²⁴ xua³¹²　luɤŋ⁴² tɛ·xau³¹² ta⁵⁵ tsʻa³¹²
指哑巴因说不清话语而经常连比画带"啊啊"半天，聋子因听不到或听不清而常打断别人的话语。打岔：打断别人的说话或工作。

哑巴说话娘懂嘞。
ia⁵⁵ pa·ɕyɛ²⁴ xua³¹² niaŋ⁴² tuɤŋ⁵⁵ lɛ·
指哑巴说的话，只有最为亲近的人能够理解。

烟酒不分家。
ian²⁴ tɕiou⁵⁵ pu²⁴ fɤn²⁴ tɕia²⁴
指抽烟喝酒的人在小钱上不分彼此，烟酒尽可共享。

烟筒不冒烟，必定是阴天。
ian²⁴ tʻuɤŋ⁵⁵ pu²⁴⁻⁴² mau³¹² ian²⁴　pi⁵⁵ tiŋ³¹² sʅ³¹² in²⁴ tʻian²⁴
指阴天天空灰暗，看不到烟尘从烟囱里冒出来。烟筒：烟囱。

淹不淹，单看六月二十三。
ian²⁴ pu·ian²⁴　tan²⁴ kʻan³¹² liou³¹² yɛ²⁴ ər³¹² sʅ⁴² san²⁴
指农历六月二十三常下大雨，每年庄稼是否被淹就看这一天了。

淹死嘞都[D]会水嘞，打死嘞都[D]犟嘴嘞。

ian²⁴ sʅ·lɛ·to⁴² xuei³¹²suei⁵⁵ lɛ·　　ta⁵⁵ sʅ·lɛ·to⁴²tɕiaŋ³¹² tsuei⁵⁵ lɛ·

指会游泳的常因大意而被淹死；不会来事的人因要强而吃亏。"都[D]"可以替换为"都是"。

严师出高徒。

ian⁴²sʅ²⁴tɕ'y²⁴kau²⁴t'u⁴²

指师傅教导严格，就能培养出技艺高超的徒弟。

盐多喽咸，话多喽烦。

ian⁴²tuo²⁴lou·ɕian⁴²　xua³¹²tuo²⁴lou·fan⁴²

指话多了惹人讨厌，就像盐放多了让人无法忍受一样。

阎王好见，小鬼儿难缠。

ian⁴² uaŋ·xau⁵⁵ tɕian³¹²　ɕiau⁵⁵⁼⁴² kuə r⁵⁵ nan⁴² ts'an⁴²

喻指旧时的差役常常仗势欺人，凶狠超过主子。也喻指大官还好说话，但下边的人很难对付。

阎王爷不收野鬼。

ian⁴²uaŋ·iɛ⁴²pu²⁴sou²⁴iɛ⁵⁵⁼⁴²kuei⁵⁵

指死后无人怀念、祭奠的人，阎王爷都不愿收留。野鬼：没有人安葬、祭奠的鬼魂。

阎王爷不嫌鬼瘦。

ian⁴²uaŋ·iɛ⁴²pu²⁴ɕian⁵⁵kuei⁵⁵sou³¹²

阎王爷不会因小鬼瘦弱就嫌弃不要。喻指旧时官府不会因百姓贫苦就不搜刮财物。泛指弱者再可怜，贪婪的人仍要从其身上捞取好处。

眼不见心不烦。

ian⁵⁵ pu²⁴⁼⁴²tɕian³¹²　ɕin²⁴pu²⁴fan⁴²

指有些问题无法立即解决，可以采取回避的态度，以免影响自己的情绪。

眼不见为净。

ian⁵⁵pu²⁴⁼⁴²tɕian³¹²uei³¹²tɕiŋ³¹²

指食物即使不卫生，只要看不见制作过程，就会认为它是卫生的。也指烦心的事情只要看不见，就当它不存在。

雁过留声，人过留名。
ian³¹²kuo³¹²liou⁴²sɤŋ²⁴　zɤn⁴²kuo³¹²liou⁴²miŋ⁴²
大雁飞过会留下叫声，人死后会留下名声。指人在世上不能浑浑噩噩，要有所作为。

秧得栽嘞嫩，顶上一回粪。
iaŋ²⁴tɛ·tsai²⁴lɛ·luɤn³¹²　tiŋ⁵⁵saŋ³¹²i²⁴xuei⁴²fɤn³¹²
指栽嫩秧苗容易成活且长势好。

羊毛出到羊身上。
iaŋ⁴²mau⁴²tɕʻy²⁴tau·iaŋ⁴²sɤn⁵⁵saŋ·
喻指表面上给了别人好处，实际上这好处已经附加在别人已经付出的代价里。

杨树发芽儿早，今年收成好。
iaŋ⁴²ɕy·fa²⁴iɐr⁴²tsau⁵⁵　tɕin²⁴nian·sou²⁴tsʻɤŋ·xau⁵⁵
指杨树发芽早预示今年风调雨顺庄稼收成好。

杨叶呼啦啦，满地老头得种瓜。
iaŋ⁴²iɛ²⁴xu²⁴la·la²⁴　man⁵⁵ti³¹²lau²⁴tʻou²⁴tɛ·tsuɤŋ³¹²kua²⁴
指杨树叶长大哗哗响的时候，正是种瓜的时节。

养猪不垒圈，说啥都不合算。
aŋ⁵⁵tɕy²⁴pu²⁴luei⁵⁵tɕyan³¹²　ɕyɛ²⁴sa⁴²tou·pu²⁴xɤ⁴²suan·
指猪圈对于积肥很重要，只有圈养猪才能有长期的效益。

养猪垫圈，多打一石。
iaŋ⁵⁵tɕy²⁴tian³¹²tɕyan³¹²　tuo²⁴ta⁵⁵i²⁴⁺⁴²tan³¹²
指养猪垫圈可以多积肥促进庄稼丰收。

养猪圈得干，粪多长嘞欢。
iaŋ⁵⁵tɕy²⁴tɕyan³¹²tɛ²⁴kan²⁴　fɤn³¹²tuo²⁴tsaŋ⁵⁵lɛ·xuan²⁴
指养猪要勤垫圈保持干燥，这样既可以多积粪肥，又能使猪长得快。

养猪嘞时候儿光嫌瘦，吃肉嘞时候儿光嫌肥。
iaŋ⁵⁵tɕy²⁴lɛ·sʅ⁴²xor·kuan²⁴ɕian⁵⁵sou³¹²　tsʻʅ²⁴zou³¹²lɛ·sʅ⁴²xor·kuaŋ²⁴

ɕian⁵⁵fei⁴²

指随着生活水平的提高，人们的眼光越来越挑剔。

养牛养冬膘。

iaŋ⁵⁵niou⁴²iaŋ⁵⁵tuɤŋ²⁴piau²⁴

指冬天喂好喂饱，牛才能上膘。

腰带长，寿限短。

iau²⁴tai³¹²tsʻaŋ⁴²　sou³¹²ian·tuan⁵⁵

指人越胖寿命越短。寿限：（人的）寿命。

咬人嘞狗不叫。

iau⁵⁵zɤn⁴²nɛ·kou⁵⁵pu²⁴⁼⁴²tɕiau³¹²

喻指不声不响的人往往会有非常的举动。

要饭嘞也有仨穷朋友。

iau³¹²fan³¹²nɛ·iɛ⁵⁵⁼⁴²iou⁵⁵sa²⁴tɕʻyŋ⁴² pʻɤŋ⁴² iou·

指无论什么样的人，都会有几个好朋友。

要饭嘞也有三天年下。

iau³¹²fan³¹²nɛ·iɛ⁵⁵⁼⁴²iou⁵⁵san²⁴tʻian²⁴nian⁴²ɕia·

指任何人都有享受快乐的权利。年下：春节。

要想不生病，锅灶儿得干净。

iau³¹²ɕiaŋ⁵⁵pu²⁴sɤŋ²⁴piŋ³¹²　kuo²⁴tsor³¹²tɛ²⁴kan²⁴tɕiŋ·

指预防疾病必须保持干净、清洁。

要想唱嘞好，吃饭不能饱。

iau³¹²ɕiaŋ⁵⁵tsʻaŋ³¹²lɛ·xau⁵⁵　tsʻʅ²⁴fan³¹²pu²⁴nɤŋ⁴²pau⁵⁵

指演唱之前吃饭不宜过饱。

要想唱嘞响，得先装嘞像。

iau³¹²ɕiaŋ⁵⁵tsʻaŋ³¹²lɛ·ɕiaŋ⁵⁵　tɛ²⁴ɕian²⁴tsuan²⁴lɛ·ɕiaŋ³¹²

指戏曲演员要想唱红，首先需要高超的表演技能。

要想吃大碗，逗得使大锄。

iau³¹²ɕiaŋ⁵⁵tsʻʅ²⁴ta³¹²uan⁵⁵　tou³¹²tɛ²⁴sʅ⁵⁵ta³¹²tsʻu⁴²

指庄稼勤锄才会有好收成。

要想吃梨，老树得刮皮。

iau³¹²ɕiaŋ⁵⁵ts'ʅ²⁴li⁴²　lau⁵⁵ɕy³¹²tɛ²⁴kua⁵⁵p'i⁴²

指老梨树只有刮皮防治虫害，才能更好地结果。刮皮：防止老皮生虫，也防止害虫爬上梨树。

要想懂嘞多，逗得睡嘞少。

iau³¹²ɕiaŋ⁵⁵tuɤŋ⁵⁵lɛ·tuo²⁴　tou³¹²tɛ²⁴sei³¹²lɛ·sau⁵⁵

指人要下功夫多读书、少贪睡，才能获得丰富的知识。

要想多卖钱，逗得货样儿全。

iau³¹²ɕiaŋ⁵⁵tuo²⁴mai³¹²tɕian⁴²　tou³¹²tɛ²⁴xuo³¹²iɐr³¹²tɕ'yan⁴²

指做生意货物种类齐全才会赚的钱多。

要想富，先修路。

iau³¹²ɕiaŋ⁵⁵fu³¹²　ɕian²⁴ɕiou²⁴lu³¹²

指修好路才能搞活经济，有利于致富。

要想富，学技术。

iau³¹²ɕiaŋ⁵⁵fu³¹²　ɕyo⁴²tɕi³¹²su·

指掌握一门精湛的技术就会获得良好的效益，发财致富。

要想给学生一杯水，自家得有一桶水。

iau³¹²ɕiaŋ⁵⁵ki⁵⁵ɕyo⁴²tsɤŋ·i²⁴pei²⁴suei⁵⁵　tɕi³¹²tɕia·tɛ²⁴iou⁵⁵i²⁴t'uɤŋ⁵⁵｜⁴²suei⁵⁵

指老师或师傅具有更丰富的知识，才能教好学生。

要想俏，一身孝。

iau³¹²ɕiaŋ⁵⁵tɕ'iau³¹²　i²⁴sɤn²⁴ɕiau³¹²

指人身穿一身白衣服显得俏丽。

要想人长寿，多吃豆腐少吃肉。

iau³¹²ɕiaŋ⁵⁵zɤn⁴²ts'aŋ⁴²sou³¹²　tuo²⁴ts'ʅ²⁴tou³¹²fu·sau⁵⁵ts'ʅ²⁴zou³¹²

指多吃豆腐等脂肪含量低的食物有利于身体健康。

要想死嘞快，逗买一脚踹。

iau³¹²ɕiaŋ⁵⁵sʅ⁵⁵lɛ·k'uai³¹²　tou³¹²mai⁵⁵i²⁴tɕyo²⁴ts'uai³¹²

指骑摩托车非常危险。一脚踹：这里指摩托车。

要想收成好，逗得种嘞巧。
iau³¹² ɕiaŋ⁵⁵ sou²⁴ tsʻɤŋ²⁴ xau⁵⁵　tou³¹² tɛ²⁴ tsuɤŋ³¹² lɛ·tɕʻiau⁵⁵
指种庄稼不误农时才会有好收成。

要想台上走，先得心嘞有。
iau³¹² ɕiaŋ⁵⁵ tʻai⁴² saŋ·tsou⁵⁵　ɕian²⁴ tɛ²⁴ ɕin²⁴ nɛ·iou⁵⁵
指演员演戏上台之前应该做到心中有数。

要想武功高，从小练到老。
iau³¹² ɕiaŋ⁵⁵ u⁵⁵ kuɤŋ²⁴ kau²⁴　tsʻuɤŋ⁴² ɕiau⁵⁵ lian³¹² tau·lau⁵⁵
要想有一身好武艺，必须苦练一辈子。

要想学好戏，得先学好人。
iau³¹² ɕiaŋ⁵⁵ ɕyo⁴² xau⁵⁵ ɕi³¹²　tɛ²⁴ ɕian²⁴ ɕyo⁴² xau⁵⁵ zɤn⁴²
指演员要有良好的品德才能把戏学好。

要想真学会，得搁师傅睡。
iau³¹² ɕiaŋ⁵⁵ tsɤn²⁴ ɕyo⁴² xuei³¹²　tɛ²⁴ kɤ²⁴ sʅ²⁴ fu·sei³¹²
指想把是师傅的全部手艺学到手，必须跟师傅生活在一起。

要想种嘞好，三年两头儿倒。
iau³¹² ɕiaŋ⁵⁵ tsuɤŋ³¹² lɛ·xau⁵⁵　san²⁴ nian⁴² liaŋ⁵⁵ tʻor⁴² tau⁵⁵
指隔一两年就倒换庄稼的品种，才能把地种好。倒：倒茬。

爷待孙得儿亲。
iɛ⁴² taiʻ³¹² suɤn²⁴ tər·tɕʻin²⁴
指爷爷疼爱自己的孙子。

爷们儿走ᴰ哪儿都牵ᴰ老婆得嘞手嘞。
iɛ⁴² mər·tso⁵⁵ nɐr⁴² tou²⁴ tɕʻiɛ²⁴ lau⁴² pʻo⁴² tɛ·lɛ·sou⁵⁵ lɛ·
指丈夫的穿着打扮能显示妻子的手艺以及对丈夫的关心程度。动词"走"变韵表示"终点"义，"走ᴰ"可以替换为"走到"。动词"牵"变韵表示"持续"义。老婆得：妻子。也作："爷们儿街嘞走，穿嘞是老婆得嘞手。"

爷爷儿怕云云怕风，墙怕老鼠掏窟窿。
iɛ⁴² ior·pʻa³¹² yn⁴² yn⁴² pʻa³¹² fɤŋ²⁴　tɕʻiaŋ⁴² pʻa³¹² lau⁵⁵ ɕy·tʻau²⁴ kʻu²⁴

luɤŋ·

喻指事物之间环环相扣。爷爷儿：太阳。

夜嘞晴冇好天。

iɛ⁴²lɛ·tɕ'iŋ⁴²mou³¹²xau⁵⁵t'ian²⁴

指雨天夜里放晴，预示明天还会下雨。

一把剪得一把尺得，走到哪儿都有吃嘞。

i²⁴ pa⁵⁵ tɕian⁵⁵tɛ·i²⁴ pa⁵⁵ tsʅ²⁴tɛ· tsou⁵⁵ tau³¹² nɐr⁴² tou²⁴ iou⁵⁵ tsʅ²⁴lɛ·

指学习裁剪技术投入少用处广效益高。

一把钥匙开一把锁。

i²⁴ pa⁵⁵ yo²⁴ sʅ·k'ai²⁴ i²⁴ pa⁵⁵ǀ⁴² suo⁵⁵

喻指不同的问题，必须用不同的方法去解决。

一白遮百丑。

i²⁴ pɛ⁴² tsɛ²⁴ pɛ²⁴ ts'ou⁵⁵

指人只要皮肤白净，就会遮盖其他方面的缺陷。

一笔写不出来俩"李"字儿。

i²⁴ pei²⁴ ɕiɛ⁵⁵ pu·tɕ'y²⁴ lai⁴² lia⁵⁵ǀ⁴² li⁵⁵ tsə r³¹²

指只要是一个姓，都应该像一家人一样亲。

一辈得不着烟跟ᴅ酒，白来世上走一走。

i²⁴ǀ⁴² pei³¹² tɛ· pu²⁴ tsau²⁴ ian²⁴ kɐ²⁴ tɕiou⁵⁵ pɛ⁴² lai⁴² sʅ³¹² saŋ· tsou⁵⁵ i·tsou⁵⁵

指一辈子都不碰烟和酒，那就算白活了。着：接触，挨上。

一辈儿同学三辈儿亲。

i²⁴ǀ⁴² pər³¹² t'uɤŋ⁴² ɕyo⁴² san²⁴ǀ⁴² pər³¹² tɕ'in²⁴

指一代人是同窗，三代人都有往来交请。

一步错，步步错。

i²⁴ǀ⁴² pu³¹² ts'uo³¹² pu³¹² pu³¹² ts'uo³¹²

指开头关键的一步错了，往往就会一直错下去。

一步撵不上，步步儿撵不上。

i²⁴ǀ⁴² pu³¹² nian⁵⁵ pu·saŋ³¹² pu³¹² pur³¹² nian⁵⁵ pu·saŋ³¹²

指关键的一步落后了，就总也赶不上而陷入被动。

一场春雨一场暖。

i²⁴ts'aŋ⁵⁵ts'uɤn²⁴y⁵⁵i²⁴ts'aŋ⁵⁵｜⁴²nuan⁵⁵

指立春之后，每下一场雨就会暖和些。

一场秋雨一场寒。

i²⁴ts'aŋ⁵⁵tɕ'iou²⁴y⁵⁵i²⁴ts'aŋ⁵⁵xan⁴²

指立秋之后，每下一场雨增添一分寒意，天气会越来越冷。

一朝天子一朝臣。

i²⁴ts'au⁴²t'ian²⁴tsɿ⁵⁵i²⁴ts'au⁴²ts'ɤn⁴²

旧指皇帝登基要重新任用一批大臣。泛指不管哪个领导上台，都要重用自己的亲信。朝：某个帝王统治时期。天子：皇帝或国君。

一臣不保二主。

i²⁴ts'ɤn⁴²pu²⁴pau⁵⁵ər³¹²tsu⁵⁵

旧指作臣子的不能侍奉两个国君。

一寸光阴一寸金，寸金难买寸光阴。

i²⁴｜⁴²ts'uɤn³¹²kuaŋ²⁴in²⁴i²⁴｜⁴²ts'uɤn³¹²tɕin²⁴ ts'uɤn³¹²tɕin²⁴nan⁴²mai⁵⁵ts'uɤn³¹²kuaŋ²⁴in²⁴

喻指时间很宝贵，应当珍惜。一寸光阴：日影移动一寸的时间。

一打春逗冇ᴰ恁大寒气了。

i²⁴ta²⁴ts'uɤn²⁴tou³¹²ma³¹²nɤn³¹²ta³¹²xan⁴²tɕ'i·la·

指从立春开始，天气开始暖和，没有刺骨的寒气了。打春：立春，24节气之首，春季开始的节气。也作："打罢春喽逗冇恁大寒气了。"

一刀不伤二命。

i²⁴tau²⁴pu²⁴saŋ²⁴ər³¹²miŋ³¹²

古时宰杀牲畜时不杀带孕的母畜。后指伤人不能伤害孕妇。

一顿不动锅，两顿一板多儿。

i²⁴｜⁴²tuɤn³¹² pu²⁴｜⁴²tuɤŋ³¹²kuo²⁴ liaŋ⁵⁵tuɤn³¹²i²⁴pan⁵⁵tuor²⁴

指人一顿不吃饭，下一顿饭吃的就多，和吃两顿饭的数量一样。

一顿省一把，一年买匹马。

i²⁴｜⁴²tuɤn³¹² sɤŋ⁵⁵ i²⁴pa⁵⁵ i²⁴nian⁴²mai⁵⁵p'i·ma⁵⁵

指一顿饭省点，一年就能省下很多，甚至能买匹马。

一方水土养一方人。

i^{24}faŋ^{24} suei^{55} | ^{42} t'u^{55} iaŋ^{55} i^{24} faŋ^{24} zʅn^{42}

指一个地方的自然资源养活一个地方的人。也指水土不同，人的风俗习惯、爱好、情趣等都会不同。也作："一个地场儿嘞水土养一个地场儿嘞人。"

一分菜地三分粮。

i^{24}fɤn^{24}ts'ai^{312}ti^{312}san^{24}fɤn^{24}liaŋ^{42}

指种植蔬菜要比种粮食收益更好。

一分价钱一分货。

i^{24}fɤn^{24}tɕia^{312}tɕ'ian · i^{24}fɤn^{24}xuo^{312}

不同的价钱买不同等级的货物。指商品要按质论价。

一个巴掌儿拍不响。

i^{24} | ^{42}kɤ · pa^{24}tsɚ · p'iɛ^{24}pu · ɕiaŋ^{55}

喻指单方面的原因不会引起纠纷，出问题双方都有责任。

一个槽得里头拴不唠俩叫驴。

i^{24} | ^{42} kɤ · ts'au^{42} tɛ · liou^{55} suan^{24} pu · lau · lia^{55} tɕiau^{312} ly^{42}

喻指一个地方容不得两个互不相让的强者。槽得：喂牲畜盛食料的器具，用石或水泥制成。叫驴：公驴。

一个床上不能卧两条龙。

i^{24} | ^{42}kɤ · ts'uaŋ^{42}saŋ · pu^{24}nɤŋ^{42}uo^{312}liaŋ^{55}t'iau^{42}luɤŋ^{42}

旧指同属龙属相的男女不宜结婚。

一个烂梨能黵坏^{D}一筐。

i^{24} | ^{42}kɤ · lan^{312}li^{42}nɤŋ^{42}tsan^{55}xuɛ^{312}i^{24}k'uaŋ^{24}

喻指一个人的不端品行往往会给予身边之人不良影响。黵：污染。这里指"使烂"的意思。形容词变韵表示加强肯定语气义，"坏^D"也可以使用本韵形式。

一个老师儿一路拳。

i^{24} | ^{42}kɤ · lau^{55}sər^{24}i^{24} | ^{42}lu^{312}tɕ'yan^{42}

指每个师傅都有自己的传授方法。老师儿：师傅。

一个老鼠坏一锅汤。

i$^{24|42}$kɤ·lau^{55}ɕy·xuai^{312}i^{24}kuo^{24}t'aŋ^{24}

指一点坏东西就会殃及整体。喻指一人不好，会连累大家。也作："一块儿烂肉毁一锅汤。"

一个篱笆三个桩，一个好汉三个帮。

i$^{24|42}$kɤ·li^{42}pa·san^{42}kɤ·tsuaŋ^{24}　i$^{24|42}$kɤ·xau^{55}xan^{312}san$^{24|42}$kɤ·paŋ^{24}

指再有本事的人也离不开别人的支持和帮助。

一个女婿半个儿。

i$^{24|42}$kɤ·ny^{55}ɕy·pan^{312}kɤ·ər^{42}

旧指女婿虽不能顶立门户，但也能起到半个儿子的作用。

一个人甭进庙，俩人甭瞧井。

i$^{24|42}$kɤ·zɤn^{42}piŋ^{42}tɕin^{312}miau^{312}　lia^{55}zɤn^{42}piŋ^{42}tɕ'iau^{42}tɕiŋ^{55}

一个人进庙会，有被不良僧人暗害的危险；两个人观井有被另一个人推下去的危险。指人要有防范意识。

一个人不喝酒，俩人不赌钱儿。

i$^{24|42}$kɤ·zɤn^{42}pu^{24}xɤ^{24}tɕiou^{55}　lia^{55}zɤn^{42}pu^{24}tu^{55}tɕ'iar^{42}

指一个人喝闷酒容易醉，两个人赌钱容易耍赖。

一个人不作保。

i$^{24|42}$kɤ·zɤn^{42}pu$^{24|42}$tsuo^{312}pau^{55}

指一个人不能当担保人。

一个人一个命。

i$^{24|42}$kɤ·zɤn^{42}i$^{24|42}$kɤ·miŋ^{312}

旧指上天注定了每一个人的命运，各不相同。

一个人一个性儿。

i$^{24|42}$kɤ·zɤn^{42}i$^{24|42}$kɤ·ɕiɐr^{312}

指每个人的思想、性格、脾气都不相同，各有各的特点。也作："一个人一个性儿，一个麦籽儿一道缝儿。"

一个人一个长相儿。
i$^{24|42}$kɤ·zɤn^{42} i$^{24|42}$ kɤ·tsaŋ^{55} ɕieɹ·
指世间一人一个长相，没有绝对相同的。

一根竹竿容易断，三根竹竿当扁担。
i$^{24|42}$kɤn^{42}tsu^{24}kan·yŋ^{42}i·tuan^{312}　san^{24}kɤn^{24}tsu^{24}kan·taŋ^{24}pian^{55}tan·
喻指一个人的承受能力有限，大家团结一心就坚不可摧。

一圪挤眼儿逗是一辈得。
i^{24}kiɛ^{24}tɕi·iar^{55}tou^{312}sʅ^{312}i$^{24|42}$pei^{312}tɛ·
指人生几十年，眨眼就稀里糊涂就过去了。圪挤眼儿：眨眼。

一过二十逗冇^{D}天了。
i$^{24|42}$kuo^{312}ər^{312}sʅ^{42}tou^{312}ma^{312}t'iar^{24}la·
指到了农历腊月二十离春节就很近了。动词变韵表"完成"义。

一回生，二回熟。
i^{24}xuei^{42}sɤŋ^{24}　ər^{312}xuei^{42}su^{42}
指人交往头一次见面生疏，第二次就熟悉了。也喻指通过反复实践，会熟能生巧。

一家儿闺女百家儿问。
i^{24}tɕieɹ^{24}kuei^{24}ny·pɛ^{24}tɕieɹ^{24}uɤn^{312}
指闺女到了谈婚论嫁的年龄，就会有很多人来提亲。

一家人不说两家话。
i^{24}tɕia^{24}zɤn^{42}pu^{24}ɕyɛ^{24}liaŋ^{55}tɕia^{24}xua^{312}
指关系亲近的人，说话不用客气。

一家人，心连心，打断骨头还连^{D}筋嘞。
i^{24}tɕia^{24}zɤn^{42}　ɕin^{24}lian^{42}ɕin^{24}　ta^{55}tuan^{312}ku^{42}t'ou·xan^{42}liɛ^{42}tɕin^{24}nɛ·
指一家人总是心连着心，任何意外变故都不能使他们断绝关系。连^{D}：连着，动词变韵表示"持续"义。

一家儿一个门儿，一人一个心儿。
i^{24}tɕieɹ^{24}i$^{24|42}$kɤ·mər^{42}　i^{24}zɤn^{42}i$^{24|42}$kɤ·ɕieɹ^{24}
指每个人都有各自不同的想法。

一家儿喂猫，四邻安生。

i²⁴tɕiɐr²⁴uei³¹²mau⁴²　ʂʐ³¹²lin⁴²an²⁴sɤŋ·

指一家养猫可以使邻居不再有老鼠的危害。也喻指做公益事业既可以使自己受益，又能惠及别人。

一家儿有事儿，四邻不安生。

i²⁴tɕiɐr²⁴iou⁵⁵sər³¹²　ʂʐ³¹²lin⁴²pu²⁴an²⁴sɤŋ·

指一家出了事，邻居们都会焦虑不安。

一九二九不出手，三九四九沿凌走。

i²⁴ tɕiou⁵⁵ ə r³¹² tɕiou⁵⁵ pu²⁴ tɕ'y²⁴ sou⁵⁵　san²⁴ tɕiou⁵⁵ ʂʐ³¹² tɕiou⁵⁵ ian⁴² liŋ⁴² tsou⁵⁵

指一九二九天气寒冷，三九四九为最冷。九：从冬至开始数九，第一个九天为"一九"，以次类推到"九九"。

一车和二车。

i²⁴tɕy²⁴xuo⁴²ər³¹²tɕy²⁴

指下象棋时一方有战力的棋子只剩下两个"车"，对方只剩下一个"车"，且士象全，则有两个"车"的一方不能取胜。

一块儿砖垒不唠墙，一根木头盖不唠房。

i²⁴⁀⁴²k'uar³¹²tsuan²⁴luei⁵⁵pu·lau·tɕ'iaŋ⁴²　i²⁴kɤn²⁴mu²⁴t'ou·kai³¹²pu·lau·faŋ⁴²

喻指单个个体势单力薄，成不了事。

一口吃不唠个胖得。

i²⁴ k'ou⁵⁵ ts'ʐ²⁴ pu·lau·kɤ·p'aŋ³¹² tɛ·

喻指凡事都需要一个积累的过程，不能急于求成。也作："一嘴吃不唠个胖得。"

一命兑一命。

i²⁴⁀⁴²miŋ³¹²tuei³¹²i²⁴⁀⁴²miŋ³¹²

指杀人者必须以命抵命。兑：换。

一年算上两回命，冇病也得变有病。

i²⁴ nian⁴² suan³¹² saŋ·liaŋ⁵⁵ xuei⁴² miŋ³¹²　mou³¹² piŋ³¹² iɛ⁵⁵ tɛ²⁴ pian³¹² iou⁵⁵piŋ³¹²

指经常算命的人即使没有病也会被算命先生真的吓出病来。

一气三迷糊儿。

i²⁴⁼⁴² tɕʻi³¹² san²⁴ mi⁴² xur·

指人一生气往往会失去理智。

一人得道，鸡犬升天。

i²⁴ zɤn⁴² tɤ²⁴ tau³¹²　tɕi²⁴ tɕʻyan⁵⁵ sɤŋ²⁴ tʻian²⁴

一个人得道成仙，全家连鸡、狗也都随之升天。喻指一个人做官得了势，和他有关系的都得了势。

一人难称百人心。

i²⁴ zɤn⁴² nan⁴² tsʻɤn³¹² pɛ²⁴ zɤn⁴² ɕin²⁴

指一个人做的事情，难以使大家都满意。

一人有罪一人担。

i²⁴ zɤn⁴² iou⁵⁵ tsuei³¹² i²⁴ zɤn⁴² tan²⁴

指谁有罪谁受到惩罚，不能牵连别人。也作："一人犯法一人担。"

一人做事儿一人担。

i²⁴ zɤn⁴² tsuo²⁴ sə r³¹² i²⁴ zɤn⁴² tan²⁴

指自己做的事情，自己一人承担责任，不能往别人身上推。

一日夫妻百日恩。

i²⁴⁼⁴² zʅ³¹² fu²⁴ tɕʻi²⁴ pɛ²⁴ zʅ³¹² ɤn²⁴

即使做一夜夫妻，也有百日的恩爱。指夫妻之间情深义重。

一身戏在脸上，一脸戏在眼上。

i²⁴ sɤn²⁴ ɕi³¹² tai³¹² lian⁵⁵ saŋ·　i²⁴ lian⁵⁵ ɕi³¹² tai³¹² ian⁵⁵ saŋ·

指演员面部表情，尤其是眼神非常重要。

一顺百顺，一不顺百不顺。

i²⁴⁼⁴² suɤn³¹² pɛ²⁴ suɤn³¹²　i²⁴ pu²⁴⁼⁴² suɤn³¹² pɛ²⁴ pu²⁴⁼⁴² suɤn³¹²

指一件事情顺心，后面的许多事情也会顺心；相反，如果一件事情不顺心，后面许多不顺心的事情往往会随之而来。

一天吃仁枣，一辈得不显老。

i²⁴ tʻian²⁴ tsʻʅ²⁴ sa²⁴ tsau⁵⁵　i²⁴⁼⁴² pei³¹² tɛ· pu²⁴ ɕian⁵⁵⁼⁴² lau⁵⁵

指大枣具有保健功效。经常吃能使人体保持年轻。

一天省一口，一年省一斗。

i²⁴t'ian²⁴ sɤŋ⁵⁵i²⁴k'ou⁵⁵ i²⁴nian⁴²sɤŋ⁵⁵i²⁴tou⁵⁵

指一天节省一点，一年下来就会节省很多。

一天学会一招儿，一年学会一套儿。

i²⁴t'ian²⁴ ɕyo⁴² xuei³¹²i²⁴tsor²⁴ i²⁴nian⁴²ɕyo⁴²xuei³¹²i²⁴⁺⁴²t'or³¹²

指一天学会一点，一年下来就能学会很多。

一心不可二用。

i²⁴ɕin²⁴ pu²⁴k'ɤ⁵⁵ ər³¹²yŋ³¹²

指一个人的心思不能同时用在两件事上，即干事情须专注。

一样儿嘞客不能两样儿待。

i²⁴⁺⁴²iɐr³¹²lɛ・k'iɛ²⁴pu²⁴nɤŋ⁴²liaŋ⁵⁵iɐr³¹²tai³¹²

指一样的客人需一样对待，不能厚此薄彼。也喻指对人对事要公平。

一拃冇四指近。

i²⁴tsa²⁴ mou³¹²sʅ³¹²tsʅ⁵⁵ tɕin³¹²

一拃没有四指的距离近。喻指外人总没有自己人亲近。一拃：拇指和中指张开的长度，约五六寸。

一招儿鲜，吃遍天。

i²⁴tsor²⁴ɕian²⁴ ts'ʅ²⁴pian³¹²t'ian²⁴

指在技艺方面有一手绝活儿，走到哪里都吃香。

一只脚难走路儿，一个人难成户儿。

i²⁴tsʅ²⁴tɕyo²⁴nan⁴²tsou⁵⁵lur³¹² i²⁴⁺⁴²kɤ・zɤn⁴²nan⁴²ts'ɤŋ⁴²xur³¹²

喻指做事情需要一定的客观条件。也作："一条腿走不成路儿。"

一指浅，二指深，过喽四指逗会闷。

i²⁴ tsʅ⁵⁵⁺⁴² tɕ'ian⁵⁵ ər³¹² tsʅ⁵⁵ ts'ɤn²⁴ kuo²⁴ lou・sʅ³¹² tsʅ⁵⁵ tou³¹² xuei³¹² mɤn²⁴

指豆子的播种深度很浅，四指深就不会长出来了。

一针不补，十针难缝。

i²⁴tsɤn²⁴pu²⁴pu⁵⁵ sʅ⁴²tsɤn²⁴nan⁴²fɤŋ⁴²

喻指小的过错如果得不到及时纠正，就可能造成大的损失。

一争两不好看，净赚ᴅ不得劲。

i²⁴tsɤŋ²⁴liaŋ⁵⁵pu²⁴xau⁵⁵k'an³¹²　tɕiŋ³¹²tsuɛ³¹²pu²⁴tɛ²⁴tɕin³¹²

指遇到好事或利益分配时双方礼让比起争执好。

衣衣裳破，将就过，冇啥儿吃喽冇法儿过。

i²⁴·saŋ·p'o³¹²　tɕiaŋ²⁴tɕiou·kuo³¹²　mou³¹²sɐr·tsʅ²⁴lou·　mou³¹²fɐr·kuo³¹²

衣服破旧了能对付，没了粮食无法将就。指粮食对于人来说最重要。

艺多不压身。

i³¹²tuo²⁴pu²⁴ia²⁴sɤn²⁴

技艺压不垮身体。指技艺学得越多越有利于谋生。也作："技多不压身。"

艺高人胆大。

i³¹²kau²⁴zɤn⁴²tan⁵⁵ta³¹²

指技艺高强，人的胆子就大。

阴来阴去得下雨，病来病去得死人。

in²⁴lai⁴²in²⁴tɕ'y³¹²tɛ²⁴ɕia³¹²y⁵⁵　piŋ³¹²lai⁴²piŋ³¹²tɕ'y³¹²tɛ²⁴sʅ⁵⁵zɤn⁴²

指天阴的时间长了会下雨，人病的时间长了会死人。

阴天黑嘞早。

in²⁴t'ian²⁴xiɛ²⁴lɛ·tsau⁵⁵

指阴天人们感觉夜晚来得早。

阴天冇早晚。

in²⁴t'ian²⁴mou³¹²tsau²⁴⁴²uan·

指天色昏暗，人们觉得做什么已没有迟早。

阴天冇露水。

in²⁴t'ian²⁴mou³¹²lu⁴²suei·

指阴天不会下露水。

蝇得不叮冇缝儿嘞蛋。

iŋ⁴²tɛ·pu²⁴tiŋ²⁴mou³¹²fɐr³¹²lɛ·tan³¹²

喻指自身没有问题，别人就钻不了空子。

赢家儿走，输家儿糗。

iŋ⁴² tɕiɐr·tsou⁵⁵　y²⁴ tɕiɐr·tɕʻiou⁵⁵

指赌场上赢了钱的人会高兴地离去，而输了钱的人则迟迟不肯离去。糗：饭、粥成糊状。

油多喽不香，蜜多喽不甜。

iou⁴² tuo²⁴ lou·pu²⁴ ɕiaŋ²⁴　mi²⁴ tuo²⁴ lou·pu²⁴ tʻian⁴²

喻指事情做过了头，就会走向反面。

有把门儿嘞，冇把嘴嘞。

iou⁵⁵⁻⁴² pa⁵⁵ mə r⁴² lɛ·　mou³¹² pa⁵⁵⁻⁴² tsuei⁵⁵ lɛ·

门能把守，嘴不能把守。指任何人不能阻挡人们的议论。

有本儿不愁利儿。

iou⁵⁵ pər⁵⁵ pu²⁴ tsʻou⁴² liər³¹²

指有了本钱就不愁赚不到利润。

有病不能背，越背越吃亏。

iou⁵⁵ piŋ³¹² pu²⁴ nɤŋ⁴² pei⁵⁵　yɛ²⁴ pei⁵⁵ yɛ²⁴ tsʻɿ²⁴ kʻuei²⁴

指有病不能隐瞒，隐瞒的时间长了会耽误最佳治疗时间。

有病不能等，越等病越重。

iou⁵⁵ piŋ³¹² pu²⁴ nɤŋ⁴² tɤŋ⁵⁵　yɛ²⁴ tɤŋ⁵⁵ piŋ³¹² yɛ²⁴ tsuɤŋ³¹²

指有了病应该及时就诊，迟疑会使病情加重。

有病不能乱吃药。

iou⁵⁵ piŋ³¹² pu²⁴ nɤŋ⁴² luan³¹² tsʻɿ²⁴ yo²⁴

有了病不能盲目地胡乱吃药，否则，会适得其反加重病情。

有病不能乱求医。

iou⁵⁵ piŋ³¹² pu²⁴ nɤŋ⁴² luan³¹² tɕʻiou⁴² i²⁴

指生了病不能盲目地到处求医诊治。也喻指出了问题不能盲目地寻求助力。

有病得早瞧。

iou⁵⁵ piŋ³¹² tɛ²⁴ tsau⁵⁵ tɕʻiau⁴²

生了病必须得及时治疗。

有不孝顺嘞儿女，冇不疼儿女嘞爹娘。

iou⁵⁵ pu²⁴⁻⁴² ɕiau³¹² tsʻuɤn・lɛ・ər⁴² ny⁵⁵　mou³¹² pu²⁴ tʻɤŋ⁴² ər⁴² ny⁵⁵ lɛ・tiɛ²⁴ niaŋ⁴²

指儿女对父母的感情没有父母对子女的恩情深厚。

有初一，逗有十五。

iou⁵⁵ tsʻu²⁴ i²⁴　tou³¹² iou⁵⁵ sʅ⁴² u⁵⁵

指事情只要开了头，就会有更多次。也指一个人前边做了对不住人的事，后边别人一定会报复。

有得逗有失。

iou⁵⁵ tɛ²⁴ tou³¹² iou⁵⁵ sʅ²⁴

有所得必有所失。指世间没有不付出代价的收获。

有灯不愁火。

iou⁵⁵ tɤŋ²⁴ pu²⁴ tsʻou⁴² xuo⁵⁵

指做事基本条件具备，其他问题容易解决。

有地不愁嘞苗儿，有苗儿不愁嘞长。

iou⁵⁵ ti³¹² pu²⁴ tsʻou⁴² lɛ・mior⁴²　iou⁵⁵ mior⁴² pu²⁴ tsʻou⁴² lɛ・tsaŋ⁵⁵

指有土地就不愁没有收成。也喻指具备一定的基础事情就好办。

有点儿毛不能算秃。

iou⁵⁵⁻⁴² tiar・mau⁴² pu²⁴ nɤŋ⁴² suan³¹² tʻu²⁴

喻指事物只要条件或特征稍有出入就不能纳入涉及范围。带有调侃的意味。

有店不怕住不上客。

iou⁵⁵ tian³¹² pu²⁴⁻⁴² pʻa³¹² tɕy³¹² pu・saŋ³¹² kʻiɛ²⁴

指只要有需求，就不怕没有人来消费。

有掉嘞逗有拾嘞，有粜嘞逗有籴嘞。

iou⁵⁵ tiau³¹² lɛ・tou³¹² iou⁵⁵ sʅ⁴² lɛ・　iou⁵⁵ tʻiau³¹² lɛ・tou³¹² iou⁵⁵ ti⁴² lɛ・

指一切事物总是包含对立的两个方面。粜：卖出。籴：买入。

有多大儿嘞本儿，做多大儿嘞买卖。

iou⁵⁵ tuo⁴² tɤr³¹² lɛ・pər⁵⁵　tsu³¹² tuo⁴² tɤr³¹² lɛ・mai⁵⁵ mai・

有多大的本钱，就做多大的生意。指干什么事情都应量力而行。

有多大儿嘞脚，穿多大儿嘞鞋。

iou⁵⁵tuo⁴²tɐr³¹²lɛ·tɕyo²⁴ ts'uan²⁴tuo⁴²tɐr³¹²lɛ·ɕiɛ⁴²

喻指做事不能脱离自身的实际情况。

有儿不服穷。

iou⁵⁵ər⁴²pu²⁴fu⁴²tɕ'yŋ⁴²

指旧时人们认为，有儿子续香火，总有发家致富的那一天。

有儿能得济，冇儿免生气。

iou⁵⁵ər⁴²nɤŋ⁴²tɛ²⁴tɕi³¹² mou³¹²ər⁴²mian⁵⁵sʅ²⁴tɕ'i³¹²

指有儿子的会得到儿子的好处，没儿子也就免得生儿子的气。

有福不享是憨得。

iou⁵⁵fu²⁴pu²⁴ɕiaŋ⁴²sʅ³¹²xan²⁴tɛ·

旧时认为福是上天所赐，有福就应该享受。

有福不在忙，冇福瞎慌慌。

iou⁵⁵fu²⁴pu²⁴|⁴²tsai³¹²maŋ⁴² mou³¹²fu²⁴ɕia²⁴xuan²⁴xuaŋ·

旧时认为有无福气是命中注定，不在于忙忙碌碌；没有福气的话，再渴求也无用。

有福家儿年下生儿，冇福家儿年下死。

iou⁵⁵fu²⁴tɕiɐr·nian⁴²ɕia·sɐr²⁴ mou³¹²fu²⁴tɕiɐr·nian⁴²ɕia·sʅ⁵⁵

指有福人春节期间出生能使一家人快快乐乐过年，无福人春节期间死去不能享受过年的乐趣。家儿：相当于普通话中的"者"。年下：春节。

有个好当家嘞，不愁冇钱儿花。

iou⁵⁵kɤ·xau⁵⁵taŋ²⁴tɕia²⁴lɛ· pu²⁴ts'ou⁴²mou³¹²tɕ'iar⁴²xua²⁴

指家庭或单位有个善于管理的领导，就能带领大家致富。

有谷得不愁米。

iou⁵⁵ku²⁴tɛ·pu²⁴ts'ou⁴²mi⁵⁵

指田间播种了谷子，只要精心耕作就会获得丰收。

有闺女不愁小得。

iou⁵⁵kuei²⁴ny·pu²⁴ts'ou⁴²ɕiau⁵⁵tɛ·

指有女儿不愁找不到对象。

有借有还，再借不难。

iou⁵⁵ tɕiɛ³¹² xuan⁴²　tsai³¹² tɕiɛ³¹² pu²⁴ nan⁴²

见："好借好还，再借不难。"

有好面不喝黄糊涂。

iou⁵⁵ xau⁵⁵ mian·pu²⁴ xɤ²⁴ xuaŋ⁴² xu⁴² tu·

指人该享受时就享受。好面：白面。黄糊涂：由黄面做成的粥。

有好这嘞逗有好那嘞。

iou⁵⁵ xau³¹² tsɛ⁵⁵ lɛ·tou³¹² iou⁵⁵ xau³¹² na³¹² lɛ·

指人的爱好各不相同。也作："有好这一样儿嘞，有不好这一样儿嘞。"

有话儿摆ᴰ桌面儿上。

iou⁵⁵ xuɐr³¹² pɛ⁵⁵ tsuo²⁴ miar³¹² saŋ·

指有什么话当面说清，不要在背后乱说。动词变韵表示"终点"义，"摆ᴰ"可以替换为"摆到"。

有猪有牛，攒粪不愁。

iou⁵⁵ tɕy²⁴ iou⁵⁵ niou⁴²　tsan⁵⁵ fɤn³¹² pu²⁴ tsʻou⁴²

指养了猪、牛以后，积肥问题就解决了。因为养猪须有猪圈，养牛须有牛棚。

有懒人，冇懒地。

iou⁵⁵ lan⁵⁵ zɤn⁴²　mou³¹² lan⁵⁵ ti³¹²

指只要人勤劳，庄稼就会有收成。

有老不显少。

iou⁵⁵⁺⁴² lau⁵⁵ pu²⁴ ɕian⁵⁵ sau³¹²

旧指有父亲在，凡事不由儿子做主。

有嘞时候儿给一斗，不递冇嘞时候儿给一口。

iou⁵⁵ lɛ·sɿ⁴² xor·ki⁵⁵ i²⁴ tou⁵⁵　pu²⁴⁺⁴² ti³¹² mou³¹² lɛ·sɿ⁴² xor·ki⁵⁵ i²⁴ kʻou⁵⁵

指帮人需要在人困难的时候出手帮助。有：富有。冇：贫困。

有嘞时候儿省一口，冇嘞时候顶一斗。

iou⁵⁵ lɛ·sɿ⁴² xor·sɤŋ⁵⁵ i²⁴ kʻou⁵⁵　mou³¹² lɛ·sɿ⁴² xor·tiŋ⁵⁵ i²⁴ tou⁵⁵

指平时节省一点，到了穷困潦倒时就能顶大用。

有理不怕见官，心正不怕塌天。
iou⁵⁵⁻⁴²li⁵⁵ pu²⁴⁻⁴²pʻa³¹²tɕian³¹²kuan²⁴　ɕin²⁴tsʏŋ³¹²pu²⁴⁻⁴²pʻa³¹²tʻa²⁴tʻian²⁴
指有理不怕打官司，心底正直就不惧怕任何事情。

有理不在并你话儿多。
iou⁵⁵⁻⁴²li⁵⁵ pu²⁴⁻⁴²tsai³¹²piŋ·ni·xuɐr³¹²tuo²⁴
指占住道理并不在于说的话多。在并：在于。

有理不在并你会说不会说。
iou⁵⁵⁻⁴² li⁵⁵ pu²⁴⁻⁴² tsai³¹²piŋ·ni⁵⁵ xuei³¹² ɕyɛ²⁴ pu·xuei³¹² ɕyɛ²⁴
指占理不在于能说会道。

有理不在并你声儿高。
iou⁵⁵⁻⁴²li⁵⁵ pu²⁴⁻⁴²tsai³¹²piŋ·ni⁵⁵sɐr²⁴kau²⁴
指占住理由不在于嗓门高、声音大。

有理不在并谁是先告家儿。
iou⁵⁵⁻⁴² li⁵⁵ pu²⁴⁻⁴² tsai³¹² piŋ·sei⁴²sʅ³¹² ɕian²⁴ kau³¹² tɕiɐr·
指占理与否与原告、被告身份无关。

有理会说话，冇理光吵架。
iou⁵⁵⁻⁴²li⁵⁵xuei³¹²ɕyɛ²⁴xua³¹²　mou³¹²li⁵⁵kuaŋ²⁴tsʻau⁵⁵tɕia³¹²
指占理的一方陈述理由充分，理屈的一方说话往往会强词夺理。

有利儿冇利儿，离不唠行市儿。
iou⁵⁵liər³¹²mou³¹²liər³¹²　li³¹²pu·lau·xaŋ⁴²sər³¹²
指做生意有无利润，是由市场行情决定的。行市儿：市场行情。

有料冇料，四个角儿搅到。
iou⁵⁵liau³¹²mou³¹²liau³¹²　sʅ³¹²zʏ·tɕyor²⁴tɕiau⁵⁵tau³¹²
喂养牲口时把草先放在石槽里，然后加料，并用木棍搅拌。指即使没有料，也要搅到石槽的四个角，这样牲口吃得更欢实。

有喽千钱想万钱，当喽皇帝想成仙。
iou⁵⁵lou·tɕʻian²⁴tɕʻian⁴²ɕiaŋ⁵⁵uan³¹²tɕʻian⁴²　taŋ²⁴lou·xuaŋ⁴²ti³¹²ɕiaŋ⁵⁵tsʻʏŋ⁴²ɕian²⁴

指人的贪心是永远无法满足的。

有猫不知道猫好，冇ᴅ猫了才瞧着老鼠多⁰嘞。
iou⁵⁵mau⁴²pu²⁴tsʅ⁴²tau·mau⁴²xau⁵⁵　ma³¹²mau⁴²la·tsʻai⁴²tɕʻiau⁴²tsuo⁴²lau⁵⁵ɕy·tuo²⁴lɛ·

喻指拥有不觉得珍贵，一旦失去才发现它的真正价值。动词"冇"变韵表示"完成"义，形容词"多"以零形式和"嘞"呼应，表示"程度的夸张"义。

有苗儿不愁长，有粪不愁壮。
iou⁵⁵mior⁴²pu²⁴tsʻou⁴²tsaŋ⁵⁵　iou⁵⁵fɤn³¹²pu²⁴tsʻou⁴²tsuaŋ³¹²
指有了秧苗就不愁长不大，有了粪肥就不愁秧苗长得不茂盛。

有能耐嘞当掌柜，冇能耐嘞当伙计。
iou⁵⁵nɤŋ⁴²nai·lɛ·taŋ²⁴tsaŋ⁵⁵kuei³¹²　mou³¹²nɤŋ⁴²nai·lɛ·taŋ²⁴xuo⁵⁵tɕi·
指人干什么由个人的能力决定。

有妮儿不能算绝户。
iou⁵⁵niər²⁴pu²⁴nɤŋ⁴²suan³¹²tɕyɛ⁴²xu·
指有闺女的家庭不能算绝后。绝户：在内黄方言中原指没有后代延续香火。包括两种情况：一是家庭没有后代又没有过继子嗣；一是没有男孩且又没有招上门女婿。我国实行计划生育政策以来，"绝户"这一概念已有很大的改变。也作："有闺女不能算绝户。"

有牛甭嫌慢，冇牛知道难。
iou⁵⁵niou⁴²piŋ⁴²ɕian⁵⁵man³¹²　mou³¹²niou⁴²tsʅ⁴²tau·nan⁴²
喻指具备某种条件总比不具备强，不能嫌弃。

有屁股不愁嘞挨打。
iou⁵⁵pʻi³¹²ku·pu²⁴tsʻou⁴²lɛ·ai⁴²ta⁵⁵
喻指有便利条件会得到好处。

有钱冇钱，吃饺得过年。
iou⁵⁵tɕʻian⁴²mou³¹²tɕʻian⁴²　tsʅ²⁴tɕiau⁵⁵tɛ·kuo³¹²nian⁴²
指过年不论贫富都要吃饺子。

有钱冇钱，回家过年。

iou⁵⁵ tɕʻian⁴² mou³¹² tɕʻian⁴²　xuei⁴² tɕia²⁴ kuo³¹² nian⁴²

指无论挣到了钱还是没有挣到钱，过年时都应回家与家人团聚。

有钱冇钱，剃剃头过年。

iou⁵⁵ tɕʻian⁴² mou³¹² tɕʻian⁴²　tʻi³¹² tʻi·tʻou⁴² kuo³¹² nian⁴²

指无论穷富，春节前都应该理理发。

有钱冇钱，贴贴对得过年。

iou⁵⁵ tɕʻian⁴² mou³¹² tɕʻian⁴²　tʻiɛ²⁴ tʻiɛ·tuei³¹² tɛ·kuo³¹² nian⁴²

指无论穷富，春节前都要贴对联恭贺新年。对得：对联。

有钱冇钱，洗洗澡过年。

iou⁵⁵ tɕʻian⁴² mou³¹² tɕʻian⁴²　ɕi⁵⁵⁺⁴² ɕi·tsau⁵⁵ kuo³¹² nian⁴²

指人年前一般要洗洗澡，干净整齐地迎接新年。

有钱冇钱，一样过年。

iou⁵⁵ tɕʻian⁴² mou³¹² tɕʻian⁴²　i²⁴⁺⁴² iaŋ³¹² kuo³¹² nian⁴²

指不论穷富，新年都会来到每一个人面前。

有钱儿不花，掉喽白搭。

iou⁵⁵ tɕʻiar⁴² pu²⁴ xua²⁴　tiau³¹² lou·pɛ⁴² ta²⁴

指有钱就应该舍得花，丢了就白白浪费了。

有钱儿不置闲物件得。

iou⁵⁵ tɕʻiar⁴² pu²⁴ tsʅ³¹² ɕian⁴² u³¹² tɕian·tɛ·

有了钱也不要买与生产生活无关的东西。指花钱应该知道节制。置：置办。物件得：物件，东西。也作："有钱儿不买万年闲。"

有钱儿逗有势。

iou⁵⁵ tɕʻiar⁴² tou³¹² iou⁵⁵ sʅ³¹²

旧指有了钱就腰杆硬，势力就大。

有钱儿赶会，冇钱儿受罪。

iou⁵⁵ tɕʻiar⁴² kan²⁴ xuei³¹²　mou³¹² tɕʻiar⁴² sou³¹² tsuei³¹²

旧指有了钱赶会就能花钱享受，没钱只能在会上垂涎别人吃喝。

有钱儿过年吃肉，冇钱儿过年将就。

iou⁵⁵ tɕ'iar⁴² kuo³¹² nian⁴² ts'ʅ²⁴ zou³¹²　mou³¹² tɕ'iar⁴² kuo³¹² nian⁴² tɕiaŋ²⁴ tɕiou·

指旧时富人过年花天酒地，穷人缺衣少食，只好凑合着应对。

有钱儿话头儿硬，冇钱儿话儿不灵。

iou⁵⁵ tɕ'iar⁴² xua³¹² t'or⁴² iŋ³¹²　mou³¹² tɕ'iar⁴² xuɐr³¹² pu²⁴ liŋ⁴²

指有钱说话有底气，没钱说话不管用。

有钱儿叫过年，冇钱儿叫过"难"。

iou⁵⁵ tɕ'iar⁴² tɕiau³¹² kuo³¹² nian⁴²　mou³¹² tɕ'iar⁴² tɕiau³¹² kuo³¹² nan⁴²

指旧时过年，富人花天酒地，穷人难熬。

有钱儿嘞见啥吃啥，冇钱儿嘞啥贱吃啥。

iou⁵⁵ tɕ'iar⁴² lɛ· tɕian³¹² sa· ts'ʅ²⁴ sa·　mou³¹² tɕ'iar⁴² lɛ· sa⁵⁵ tɕian³¹² ts'ʅ²⁴ sa·

指旧时有钱人生活得好，没钱的人生活很艰难。贱：便宜。

有钱儿嘞气儿粗，冇钱儿嘞气儿短。

iou⁵⁵ tɕ'iar⁴² lɛ· tɕ'iər³¹² ts'u²⁴　mou³¹² tɕ'iar⁴² lɛ· tɕ'iər³¹² tuan⁵⁵

指有钱人说话底气足、嗓门大，没钱的人说话低声下气。

有钱儿嘞时候儿摆阔，冇钱儿嘞时候儿挨饿。

iou⁵⁵ tɕ'iar⁴² lɛ· sʅ⁴² xor· pai⁵⁵ k'uo³¹²　mou³¹² tɕ'iar⁴² lɛ· sʅ⁴² xor· ai⁴² ɤ³¹²

指有钱时挥霍无度，钱花完了就只能忍饥挨饿。

有钱儿楼上楼，冇钱儿搬砖头。

iou⁵⁵ tɕ'iar⁴² lou⁴² saŋ³¹² lou³¹²　mou³¹² pan²⁴ tsuan²⁴ t'ou·

指旧时有钱就能享受荣华富贵，没有钱只能靠出力谋生。

有钱儿买炮放，冇钱儿也听响。

iou⁵⁵ tɕ'iar⁴² mai⁵⁵ p'au³¹² faŋ³¹²　mou³¹² tɕ'iar⁴² iɛ⁵⁵ t'iŋ²⁴ ɕiaŋ⁵⁵

指过年时有钱的能买鞭炮燃放取乐，没钱只能听鞭炮的响声。

有钱儿买种儿，冇钱儿买苗儿。

iou⁵⁵ tɕ'iar⁴² mai⁵⁵｜⁴² tsuɐr⁵⁵　mou³¹² tɕ'iar⁴² mai⁵⁵ mior⁴²

指买种子比买秧苗更为合算。

河南内黄民谚汇释

有钱儿难买猪踩泥。

iou⁵⁵ tɕ'iar⁴² nan⁴² mai⁵⁵ tɕy²⁴ ts'ai⁵⁵ ni⁴²

指养猪沤的粪肥质量高。

有钱儿难买老来瘦。

iou⁵⁵ tɕ'iar⁴² nan⁴² mai⁵⁵ lau⁵⁵ lai⁴² sou³¹²

指老年人不胖有利于身体健康。

有钱儿难买临明觉。

iou⁵⁵ tɕ'iar⁴² nan⁴² mai⁵⁵ lin⁴² miŋ⁴² tɕiau³¹²

指黎明时刻睡觉最舒服。

有钱儿难买"□不卖"。

iou⁵⁵ tɕ'iar⁴² nan⁴² mai⁵⁵ niɛ³¹² pu⁻⁴² mai³¹²

指金钱不是什么东西都能买到。□：人家。

有钱儿难买五月旱，六月连阴吃饱饭。

iou⁵⁵ tɕ'iar⁴² nan⁴² mai⁵⁵ u⁵⁵ yɛ²⁴ xan³¹²　liou³¹² yɛ²⁴ lian⁴² in²⁴ ts'ɿ²⁴ pau⁵⁵ fan³¹²

指农历五月天气晴朗有利于夏收，六月多雨有利于秋苗生长。

有钱儿难买五月冷，一颗豆得打一捧。

iou⁵⁵ tɕ'iar⁴² nan⁴² mai⁵⁵ u⁵⁵ yɛ²⁴ lɤŋ⁵⁵　i²⁴ k'uo²⁴ tou³¹² tɛ·ta⁵⁵ i²⁴ p'ɤŋ⁵⁵

指五月气温低有利于豆子增产。

有钱儿能使动ᴰ鬼，冇钱儿叫不来人儿。

iou⁵⁵ tɕ'iar⁴² nɤŋ⁴² sɿ⁵⁵ tuo³¹² kuei⁵⁵　mou³¹² tɕ'iar⁴² tɕiau³¹² pu·lai⁴² zə r⁴²

指旧时有钱能做任何事情，没有钱就没有人搭理。

有钱儿能使鬼推磨。

iou⁵⁵ tɕ'iar⁴² nɤŋ⁴² sɿ⁵⁵ kuei⁵⁵ t'uei²⁴ mo³¹²

旧指有了钱可以做心里想做的任何事情。

有钱儿三十当宰相，冇钱儿八十当长工。

iou⁵⁵ tɕ'iar⁴² san²⁴ sɿ⁴² taŋ²⁴ tsai⁵⁵ ɕiaŋ³¹²　mou³¹² tɕ'iar⁴² pa²⁴ sɿ⁴² taŋ²⁴ ts'aŋ⁴² kuɤŋ²⁴

喻指有钱一切都好办。

有钱儿想做啥做啥，冇钱儿想说啥说啥。
iou⁵⁵ tɕ'iar⁴² ɕiaŋ⁵⁵ tsu³¹² sa・tsu³¹² sa・ mou³¹² tɕ'iar⁴² ɕiaŋ⁵⁵ ɕyɛ²⁴ sa・ɕyɛ²⁴ sa・
指旧时有了钱就能心想事成，没有钱就只能空想。

有权不使，过期作废。
iou⁵⁵⁻⁴² tɕ'yan⁵⁵ pu²⁴ sʅ⁵⁵ kuo³¹² tɕ'i²⁴ tsuo²⁴ fei³¹²
指权力在手就要谋取利益，一旦失势就不会再有机会。

有啥也甭有病，冇啥也甭冇钱儿。
iou⁵⁵⁻⁴² sa⁵⁵ iɛ⁵⁵ piŋ⁴² iou⁵⁵ piŋ³¹² mou³¹² sa⁵⁵ iɛ⁵⁵ piŋ⁴² mou³¹² tɕ'iar⁴²
指健康、钱财对于人来说都很重要。"啥"也可读作阳平调。

有拾钱儿嘞，冇拾捲儿嘞。
iou⁵⁵ sʅ⁴² tɕ'iar⁴² lɛ・ mou³¹² sʅ⁴² tɕyar⁵⁵ lɛ・
指人不能主动将别人没有指明对象的责骂揽到自己身上。捲儿：骂人的话。"捲"是"骂"的意思，本字不明。

有事儿不怕事儿，冇事儿甭找事儿。
iou⁵⁵ sər³¹² pu²⁴⁻⁴² p'a³¹² sər³¹² mou³¹² sər³¹² piŋ⁴² tsau⁵⁵ sər³¹²
有了事不能惧怕，没有事不去惹事。

有事儿不商量，买猪嘞买ᴅ个羊。
iou⁵⁵ sər³¹² pu³¹ saŋ²⁴ liaŋ・ mai⁵⁵ tɕy²⁴ lɛ・mɛ²⁴ kɤ²⁴ iaŋ⁴²
指有事应多商量，否则就会出差错。动词变韵表示"完成"义。

有事儿提前忙，临近不慌慌。
iou⁵⁵ sər³¹² t'i⁴² tɕ'ian⁴² maŋ⁴² lin⁴² tɕin³¹² pu²⁴ xuaŋ²⁴ xuaŋ・
指有事要提前着手做才会从容不迫。慌慌：着忙。

有生逗有死。
iou⁵⁵ sɤŋ²⁴ tou³¹² iou⁵⁵⁻⁴² sʅ⁵⁵
指生与死相连，有生必定有死。

有水苗得旺，冇水苗得黄。
iou⁵⁵⁻⁴² suei⁵⁵ miau⁴² tɛ・uaŋ³¹² mou³¹² suei⁵⁵ miau⁴² tɛ・xuaŋ⁴²
指庄稼苗有了水就会长得旺盛，没有水就会枯黄干死。

有天大嘞银得，不怕地大嘞官司。
iou⁵⁵ t'ian²⁴ ta³¹² lɛ·in⁴² tɛ·　pu²⁴⁻⁴² p'a³¹² ti³¹² ta³¹² lɛ·kuan²⁴ sʅ·
指旧时打官司只要钱多就会打赢。

有同行，冇同利。
iou⁵⁵ t'uɤŋ⁴² xaŋ⁴²　mou³¹² t'uɤŋ⁴² li³¹²
指有干同样买卖的人，但所获利润是大相同的。

有享不了嘞福，冇受不了嘞罪。
iou⁵⁵ ɕiaŋ⁴² pu·liau⁵⁵ lɛ·fu²⁴　mou³¹² sou³¹² pu·liau⁵⁵ lɛ·tsuei³¹²
指经历了生活磨炼的人，任何艰难困苦都能承受。

有小不愁大。
iou⁵⁵⁻⁴² ɕiau⁵⁵ pu²⁴ ts'ou⁴² ta³¹²
指只要生下小孩儿，就不愁长不大。

有小得不愁嘞媳妇儿。
iou⁵⁵⁻⁴² ɕiau⁵⁵ tɛ·pu²⁴ ts'ou⁴² lɛ·ɕi⁴² fur·
指旧时有儿子就不会发愁娶不上儿媳妇。

有心烧香，不说早晚。
iou⁵⁵ ɕin²⁴ sau²⁴ ɕiaŋ²⁴　pu²⁴ ɕyɛ²⁴ tsau⁵⁵⁻⁴² uan·
只要诚心信仰神灵就不在乎烧香的早晚。喻指只要一心一意做事情早晚都行。

有说有嘞话，冇说冇嘞话。
iou⁵⁵ ɕyɛ²⁴ iou⁵⁵ lɛ·xua³¹²　mou³¹² ɕyɛ²⁴ mou³¹² lɛ·xua³¹²
富做富的安排，穷做穷的打算。指做事要从自身条件出发。

有说有笑，阎王爷不要。
iou⁵⁵ ɕyɛ²⁴ iou⁵⁵ ɕiau³¹²　ian⁴² uaŋ·iɛ⁴² pu²⁴⁻⁴² iau³¹²
指人性格开朗、爱说爱笑有利于健康、长寿。

有一点法儿也不下煤窑。
iou⁵⁵ i²⁴ tian⁵⁵ fɐr²⁴ iɛ⁵⁵ pu²⁴⁻⁴² ɕia³¹² mei⁴² iau⁴²
指下井采煤十分危险，不是走投无路没人愿意干。

有一利逗有一害。

iou⁵⁵ i²⁴⁻⁴² li³¹² tou³¹² iou⁵⁵ i²⁴⁻⁴² xai³¹²

指事物都是相对而言的，从这一方面看有好处，从另一方面看就会有坏处。也作："有利逗有害。"

有再生嘞儿女，冇再生嘞爹娘。

iou⁵⁵ tsai³¹² sɤŋ²⁴ lɛ·ə r⁴² ny⁵⁵　mou³¹² tsai³¹² sɤŋ²⁴ lɛ·tiɛ²⁴ niaŋ⁴²

儿女没了可以再生再养，爹娘死去便永远不会再见面。劝人要善待老爹老娘。

有再一再二，冇再三再四。

iou⁵⁵ tsai³¹² i²⁴ tsai³¹² ər³¹²　mou³¹² tsai³¹² san²⁴ tsai³¹² sʅ³¹²

指一两次犯错或行为不端情有可原，重复多次就不可原谅了。

有志气不怕年高，冇志气空活百年。

iou⁵⁵ tsʅ³¹² tɕ'i·pu²⁴⁻⁴² p'a³¹² nian⁴² kau²⁴　mou³¹² tsʅ³¹² tɕ'i·k'uɤŋ²⁴ xuo⁴² pɛ²⁴ nian⁴²

有志气的人年纪小也能干大事，没有志气的人活一百岁也没有意义。指人的一生是否有作为，关键在于有没有志气。

有狀元徒弟，冇狀元师傅。

iou⁵⁵ tsuaŋ³¹² yan·t'u⁴² ti·　mou³¹² tsuaŋ³¹² yan·sʅ²⁴ fu·

指徒弟的成就往往要超过师傅。

玉黍黍稠喽长不好，不结穗得光长草。

y²⁴ ɕy⁴² ɕy·ts'ou⁴² lou·tsaŋ⁵⁵ pu·xau⁵⁵　pu²⁴ tɕiɛ²⁴ suei³¹² tɛ·kuaŋ²⁴ ts'aŋ⁵⁵⁻⁴² ts'au⁵⁵

指种玉米适宜间距大一点。

玉黍黍地嘞点绿豆，一亩多打好几斗。

y²⁴ ɕy⁴² ɕy·ti³¹² lɛ·tian⁵⁵ lu²⁴ tou·　i²⁴ mu⁵⁵ tuo²⁴ ta⁵⁵ xau⁵⁵⁻⁴² tɕi·tou⁵⁵

指玉米地里套种绿豆可以增加产量。玉黍黍：玉米。

输钱儿不能输点儿。

y²⁴ tɕ'iar⁴² pu²⁴ nɤŋ⁴² y²⁴ tiar⁵⁵

喻指干什么都要有气势。

鱼吃跳，猪吃叫。

y⁴²ts'ʅ²⁴ t'iau³¹² tɕy²⁴ ts'ʅ²⁴ tɕiau³¹²

指鱼饥饿时会跳出水面，猪饥饿时会乱哼哼。

鱼怕离水，草怕见霜。

y⁴²p'a³¹² li³¹²suei⁵⁵ ts'au³¹²p'a³¹²tɕian³¹²suaŋ²⁴

喻指任何事物都有自身难以克服的弱点。

鱼怕水浅，人怕护短。

y⁴²p'a³¹²suei⁵⁵⁼⁴²tɕ'ian⁵⁵ zɤn⁴²p'a³¹²xu³¹²tuan⁵⁵

指护短对于有短处或过失的人来说极为不利，就像鱼在浅水不能畅游一样。护短：袒护别人或自己的缺点或过失。

鱼生火，肉生痰，青菜豆腐保平安。

y⁴²sɤŋ²⁴xuo⁵⁵ zou³¹²sɤŋ²⁴t'an⁴² tɕ'iŋ²⁴ts'ai³¹²tou³¹²fu·pau⁵⁵p'iŋ⁴²an²⁴

指多吃蔬菜、豆类制品少吃肉类食品有益于身体健康。

鱼找鱼，虾找虾，老鳖找嘞是王八。

y⁴²tsau⁵⁵y⁴² ɕia²⁴tsau⁵⁵ɕia²⁴ lau⁵⁵piɛ²⁴tsau⁵⁵lɛ·sʅ³¹²uaŋ⁴²pa·

喻指人总是寻找与自己趣味投合的人相处。老鳖：王八。

榆钱儿饱，麦得好。

y⁴²tɕ'iar·pau⁵⁵ mɛ²⁴tɛ·xau⁵⁵

指榆树上榆钱饱满预示麦子有好收成。榆钱儿：榆荚。

榆钱儿黄，种谷得忙。

y⁴²tɕ'iar·xuaŋ⁴² tsuɤŋ³¹²ku²⁴tɛ·maŋ⁴²

指榆钱儿变黄的时节适宜播种谷子。

雨打一大片，冷得一条线。

y⁵⁵⁼⁴²ta⁵⁵i²⁴⁼⁴²ta³¹²p'ian³¹² lɤŋ⁵⁵tɛ·i²⁴t'iau⁴²ɕian³¹²

指下雨是大面积成片下的，下冰雹则是一天狭窄的线状。

雨夹雪，不停歇。

y⁵⁵tɕia²⁴ɕyɛ²⁴ pu²⁴t'iŋ⁴²ɕiɛ²⁴

指下雨夹杂着雪花预示天气一时不会变好。

雨声儿发喘，河水涨满。

y⁵⁵ sɚr²⁴ fa²⁴ tsʻuan⁵⁵   xɤ⁴² suei⁵⁵ tsaŋ³¹² man⁵⁵

下雨声音像人喘气的声音，河水就要满了。指雨下得很大，甚至会产生洪灾。

雨天不借伞，热天不借扇。

y⁵⁵ tʻian²⁴ pu²⁴⁼⁴² tɕiɛ³¹² san⁵⁵   zɛ²⁴ tʻian²⁴ pu²⁴⁼⁴² tɕiɛ³¹² san³¹²

喻指做事情不能强人所难。

雨天知了儿叫，晴天要来到。

y⁵⁵ tʻian²⁴ tɕi²⁴ lior·tɕiau³¹²   tɕʻiŋ⁴² tʻian²⁴ iau³¹² lai⁴² tau³¹²

指下雨的时候知了发出叫声，预示天气很快要变晴。知了儿：蚱蝉的通称，"知"读音特殊。

雨停喽猛晴，非还得下不中。

y⁵⁵ tʻiŋ⁴² lou·mɤŋ⁵⁵ tɕʻiŋ⁴²   fei²⁴ xan⁴² tɛ²⁴ ɕia³¹² pu²⁴ tsuŋ²⁴

指雨后晴得过快，预示还会下雨。

遇事儿不怕迷，逗ᴰ怕冇人儿提。

y³¹² sɚr³¹² pu²⁴⁼⁴² pʻa³¹² mi⁴²   to³¹² pʻa³¹² mou³¹² zɚr⁴² tʻi⁴²

指遇到事情的时候有人提醒就不会犯错。

遇着秃得甭说光。

y³¹² tsuo·tʻu²⁴ tɛ·piŋ⁴² ɕyɛ²⁴ kuaŋ²⁴

指为人处世不要说对方所忌讳的事物。

冤家宜解不宜结。

yan²⁴ tɕia·i³¹² tɕiɛ⁵⁵ pu²⁴⁼⁴² i³¹² tɕiɛ²⁴

指冤仇应当尽量化解消除，不可越结越深。

冤死ᴰ不告状，饿死ᴰ不当贼。

yan²⁴ sɛ·pu²⁴ kau³¹² tsuaŋ³¹²   ɤ³¹² sɛ·pu²⁴ taŋ²⁴ tsei⁴²

宁可冤屈死也不会告状，宁可饿死也不会去偷。指旧时衙门是盘剥百姓最狠毒的地方。动词变韵表示"完成"义。

冤有头，债有主。

yan²⁴ iou⁵⁵ tʻou⁴²   tsai³¹² iou⁵⁵⁼⁴² tsu⁵⁵

申冤要找对头，讨债要找欠主。指算账应找当事人，无关他人。

原汤儿化原食儿。

yan⁴²t'ɐr²⁴xua³¹²yan⁴²sər⁴²

指喝原锅汤汁有助于消化。原汤：煮熟某种食物用的原锅汤汁。

圆嘞不稳，方嘞不滚。

yan²⁴nɛ·pu²⁴uɤn⁵⁵　faŋ²⁴lɛ·pu²⁴kuɤn⁵⁵

圆的缺乏稳定性，方的缺乏灵活性。喻指圆滑的人办事不可靠，耿直的人办事不灵活。

远路儿嘞和尚会念经。

yan⁵⁵lur³¹²lɛ·xuo⁴²saŋ·xuei³¹²nian³¹²tɕiŋ²⁴

指人们习惯上往往认为外来的人比当地的人能干。也作："外来嘞和尚会念经。"

远亲不递近邻。

yan⁵⁵tɕ'in²⁴pu²⁴⁺⁴²ti³¹²tɕin³¹²lin⁴²

远亲戚再好，也不如邻居能随时照顾。指处好邻里关系很重要。

远水解不唠近渴。

yan⁵⁵⁺⁴²suei⁵⁵tɕiɛ⁵⁵pu·lau·tɕin³¹²k'ɤ²⁴

喻指缓慢的措施或迟来的救援，难解燃眉之急。

院得里头练不出来千里马。

yan³¹² tɛ·liou⁵⁵ lian³¹² pu·tɕ'y²⁴ lai⁴² tɕ'ian²⁴ li⁵⁵⁺⁴² ma⁵⁵

喻指只有经过风雨的洗礼，才能真正成为有才干的人。

愿意来嘞推不走，愿意走嘞拉不住。

yan³¹²i·lai⁴²lɛ·t'uei²⁴pu·tsou⁵⁵　yan³¹²i·tsou⁵⁵lɛ·la²⁴pu·tɕ'y³¹²

指人下定决心做什么事情，别人是无法强求的。

月得嘞病不好好。

yɛ²⁴ tɛ·lɛ·piŋ³¹² pu²⁴ xau⁵⁵⁺⁴² xau⁵⁵

指产妇坐月子期间落下的毛病不容易除根儿。月得：月子，妇女生下小孩儿的第一个月。

月得里头嘞小孩儿胖不算胖。

yɛ²⁴tɛ·liou⁵⁵lɛ·au·xar⁴²p'aŋ³¹²pu²⁴⁺⁴²suan³¹²p'aŋ³¹²

喻指开头时的成功不作数。

月亮儿不明，必定有风。

yɛ²⁴liɐr·pu²⁴miŋ⁴² pi⁵⁵tiŋ³¹²iou⁵⁵fɤŋ²⁴

指月亮昏暗预示第二天有风。

月亮儿明，星星稀，明ᴰ个必定好天气。

yɛ²⁴liɐr·miŋ⁴² ɕiŋ²⁴ɕiŋ·ɕi²⁴ miɛ⁴²kɤ·pi⁵⁵tiŋ³¹²xau⁵⁵t'ian²⁴tɕ'i·

指月明星稀预示明天天气好。

越吃越馋，越坐越懒。

yɛ²⁴ts'ʅ²⁴yɛ²⁴ts'an⁴² yɛ²⁴tsuo³¹²yɛ²⁴lan⁵⁵

指越贪吃就会越想吃好的，越不干活儿就会越懒惰。

越怕啥，越来啥。

yɛ²⁴p'a³¹²sa⁵⁵ yɛ²⁴lai⁴²sa⁵⁵

指人往往越担心什么，什么就越可能发生。

越怕死□得死，越不怕死□不死。

yɛ²⁴p'a³¹²sʅ⁵⁵k'ɛ³¹²tɛ·sʅ⁵⁵ yɛ²⁴pu²⁴|⁴²p'a³¹²sʅ⁵⁵k'ɛ³¹²pu²⁴sʅ⁵⁵

指怕死的人心态不佳，越是容易死去；不怕死的人心态好，反而不会死去。□：反而。

越穷越大手儿，越有越仔细。

yɛ²⁴tɕ'yŋ⁴²yɛ²⁴ta³¹²sor⁵⁵ yɛ²⁴iou⁵⁵yɛ²⁴tsʅ⁵⁵ɕi·

指越是贫穷的人越出手大方，越是有钱的人越小气。仔细：节俭，小气。

越是苦差事儿，越得卖气力。

yɛ²⁴sʅ³¹²k'u⁵⁵ts'ai²⁴sər· yɛ²⁴tɛ²⁴mai³¹²tɕ'i³¹²li·

指越是辛苦而又令人生厌的工作，越要尽力去做。

越捂越盖，传嘞越快。

yɛ²⁴u⁵⁵yɛ²⁴kai³¹² ts'uan⁴²nɛ·yɛ²⁴k'uai³¹²

指事情愈加隐瞒，传播的反而会越迅速。

越有家儿越尖，越冇家儿越憨。

yɛ²⁴iou⁵⁵tɕiɐr·yɛ²⁴tɕian²⁴ yɛ²⁴mou³¹²tɕiɐr·yɛ²⁴xan²⁴

指人越富越精明、小气，越穷越憨厚、大方。尖：斤斤计较。

越有越贪，越穷越懒。

yɛ²⁴iou⁵⁵yɛ²⁴t'an²⁴　yɛ²⁴tɕ'yŋ⁴²yɛ²⁴lan⁵⁵

指人越富有越贪得无厌，越贫穷就越懒惰。

越有越有，越冇越冇。

yɛ²⁴iou⁵⁵yɛ²⁴iou⁵⁵　yɛ²⁴mou³¹²yɛ²⁴mou³¹²

富的越富有，穷的越贫穷。指旧社会财富的分配呈现两极分化的态势。

移苗儿不伤根，栽嘞时候儿坑挖深。

yɛ²⁴mior⁴²pu²⁴saŋ²⁴kɤn²⁴　tsai²⁴lɛ·sʅ⁴²xor·k'ɤŋ²⁴ua²⁴ts'ɤn²⁴

指移栽树苗时尽量不要伤着、窝着根系才易于成活。第一个音节的本字我们推测可能是"移"。

云吃雾下雨，雾吃云天晴。

yn⁴²tsʅ²⁴u³¹²ɕia³¹²y⁵⁵　u³¹²tsʅ²⁴yn⁴²t'ian²⁴tɕ'iŋ⁴²

指云彩比雾浓预示天要下雨，雾比云彩浓预示天要放晴。

云往东，一场空；云往南，水漂船；云往西，马粘泥；云往北，冲粪堆。

yn⁴² uaŋ²⁴ tuɤŋ²⁴　i²⁴ ts'aŋ⁵⁵ k'uɤŋ²⁴　yn⁴² uaŋ²⁴ nan⁴²　suei⁵⁵ p'iau²⁴ ts'uan⁴²　yn⁴² uaŋ²⁴ ɕi²⁴　ma⁵⁵ tsan²⁴ ni⁴²　yn⁴² uaŋ²⁴ pei²⁴　ts'uɤŋ²⁴ fɤn³¹² tsuei²⁴

指云彩向东而去不会下雨；云彩向其他三个方向则会下大雨。

药不对方儿，再花钱儿也是白搭。

yo²⁴pu²⁴|⁴²tuei³¹²fɐr²⁴　tsai³¹²xua²⁴tɕ'iar⁴² iɛ⁵⁵sʅ³¹²pɛ⁴²ta²⁴

指药不对症，再治疗也不起什么作用。对方儿：对症。

药苦能治病。

yo²⁴k'u⁵⁵nɤŋ⁴²tsʅ³¹²piŋ³¹²

良药味苦能够治疗病症。

药里头都有甘草。

yo²⁴li⁵⁵t'ou·tou²⁴iou⁵⁵kan⁴²ts'au·

指中医不管开什么药方，里面往往含有甘草这一味药。也指许多中成药里含有甘草成分。甘草：中药名，药用广泛。

药再好也不递不得病。

yo^{24} tsai^{312} xau^{55} iɛ^{55} pu^{24}｜^{42} ti^{312} pu^{24} tɛ^{24} piŋ^{312}

指身体健康才是最为重要的。

Z

扎不好碱脚，盖不起来屋得。
tsa²⁴ pu·xau⁵⁵ tɕian⁵⁵ tɕyo·　kai³¹² pu·tɕʻi⁵⁵ lai⁴² u²⁴ tɛ·
打不好地基，就盖不起来房子。喻指只有打好基础，才能取得成功。碱脚：地基。

扎耧紧摇三下儿，停耧慢摇三下儿。
tsa²⁴ lou⁴² tɕin⁵⁵ iau⁴² san²⁴⁻⁴² xar³¹²　tʻiŋ⁴² lou⁴² man³¹² iau⁴² san²⁴⁻⁴² xar³¹²
指用耧开始播种时要快摇三下，以免下种过少；停耧时要慢摇三下，避免种子集中落地。

灾荒年景儿也饿不死手艺人。
tsai²⁴ xuaŋ²⁴ nian⁴² tɕiɐr·iɛ⁵⁵ ɤ³¹² pu·sʅ⁵⁵ sou⁵⁵ i·zɤn⁴²
指只要有一技之长，即使灾荒年也能维持生活。

栽嘞不递种嘞，要嘞不递亲嘞。
tsai²⁴ lɛ·pu²⁴⁻⁴² ti³¹² tsuɤŋ³¹² lɛ·　iau³¹² lɛ·pu²⁴⁻⁴² ti³¹² tɕʻin²⁴ nɛ·
栽的不如种的，要别人的（小孩儿）不如亲生的。指亲生的子女最为亲近。

栽蒜不出九，出九长独头。
tsai²⁴ suan³¹² pu²⁴ tɕʻy²⁴ tɕiou⁵⁵　tɕʻy²⁴ tɕiou⁵⁵ tsaŋ⁵⁵ tu⁴² tʻou⁴²
指栽蒜不能出农历九月，出了九月就不容易分瓣。

栽树带老土，肯活又发粗。
tsai²⁴ ɕy³¹² tai³¹² lau⁵⁵⁻⁴² tʻu⁵⁵　kʻɤn⁵⁵ xuo⁴² iou³¹² fa²⁴ tsʻu²⁴
指移栽树木时，根部带原来的土，树容易成活，且长得快。

栽树栽根，坑得挖深。
tsai²⁴ ɕy³¹² tsai²⁴ kɤn²⁴　kʻɤn²⁴ tɛ²⁴ ua²⁴ tsʻɤn²⁴
指栽树时坑不能挖得太浅，只有不窝着根部，树苗才容易成活。

栽ᴅ跟头喽甭怨石头。

tsɛ²⁴kɤn²⁴t'ou·lou·piŋ⁴²yan³¹²sʅ⁴²t'ou·

喻指犯了错误或遭受挫折不能一味地埋怨客观条件。动词变韵表示"完成"义。

宰相肚嘞能撑船。

tsai⁵⁵ɕiaŋ·tu³¹²lɛ·nɤŋ⁴²ts'ɤŋ²⁴ts'uan⁴²

指做宰相的人胸襟宽阔，气量大，能容人。泛指大人物或道德高尚的人，为人处世豁达大度。

再大嘞老鼠也怕猫。

tsɐi³¹²ta³¹²lɛ·lau⁵⁵ɕy·iɛ⁵⁵p'a³¹²mau⁴²

喻指邪恶势力再强大也忌惮正义的力量。

再刁滑嘞狐狸也有漏尾巴嘞时候儿。

tsai³¹²tiau²⁴xua⁴²lɛ·xu⁴²li·iɛ⁵⁵⁼⁴²iou⁵⁵lou³¹²i⁵⁵pa·lɛ·sʅ⁴²xor·

传说狐狸精能变成人来迷惑人，但它的尾巴没法变，总有漏出来的时候。喻指坏人的本来面目或阴谋等是掩盖不了的。

再好不递合适。

tsai³¹²xau⁵⁵pu²⁴⁼⁴²ti³¹²xɤ⁴²sʅ²⁴

指适宜才是最好的。

再好嘞儿女也不递半路儿嘞夫妻。

tsai³¹²xau⁵⁵lɛ·ər⁴²ny⁵⁵iɛ⁵⁵pu²⁴⁼⁴²ti³¹²pan³¹²lur³¹²lɛ·fu²⁴tɕ'i²⁴

儿女再好也抵不上夫妻之间的体贴照顾。指夫妻之间的感情远远超过儿女对父母的感情。

再好听嘞话儿也不能当饭吃。

tsai³¹²xau⁵⁵t'iŋ²⁴lɛ·xuɐr³¹²iɛ⁵⁵pu²⁴nɤŋ⁴²taŋ²⁴fan³¹²ts'ʅ²⁴

指话说得再好听都是空的，没有实际用处。也作："再好听嘞话儿也当不唠饭吃。"

再亲不过两口得。

tsai³¹²tɕ'in²⁴pu²⁴⁼⁴²kuo³¹²liaŋ⁵⁵⁼⁴²k'ou⁵⁵tɛ·

指夫妻之间最亲近。

债多喽不发愁。
tsai³¹² tuo²⁴ lou・pu²⁴ fa²⁴ tsʻou⁴²
指债务多得无法偿还，愁也无用，索性听之任之。

咱底下不说□谁，□也冇谁说咱。
tsan⁴² ti⁵⁵ ɕia・pu²⁴ ɕyɛ²⁴ niɛ・sei⁴²　niɛ³¹² iɛ⁵⁵ mou³¹² sei・ɕyɛ²⁴ tsan⁴²
指私下不说别人的闲话，人家也就不会对你说三道四。

占小便宜儿吃大亏。
tsan³¹² ɕiau⁵⁵ pʻian⁴² iər・tsʻʅ²⁴ ta³¹² kʻuei²⁴
指贪图小利反而会受到大的损失。也作："贪小便宜儿吃大亏。"

站嘞高，瞧嘞远。
tsan³¹² nɛ・kau²⁴　tɕʻiau⁴² lɛ・yan⁵⁵
喻指看问题的立足点高了，就能放宽眼光从长远考虑。

长嘴嘞得吃，有根儿嘞要肥。
tsaŋ⁵⁵⁻⁴² tsuei⁵⁵ lɛ・tɛ²⁴ tsʻʅ²⁴　iou⁵⁵ kər²⁴ lɛ・iau³¹² fei⁴²
指动物需要食物，植物需要肥料。

掌舵嘞不慌，坐船嘞才稳嘞。
tsaŋ⁵⁵ tuo³¹² lɛ・pu²⁴ xuaŋ²⁴　tsuo³¹² tsʻuan⁴² nɛ・tsʻai⁴² uɤn⁵⁵ nɛ・
喻指领头人头脑冷静，大伙才能得到实际好处。

掌勺儿嘞哪会儿也是吃稠嘞。
tsaŋ⁵⁵ suor⁴² lɛ・na⁵⁵ xuər・iɛ⁵⁵ sʅ³¹² tsʻʅ²⁴ tsʻou⁴² lɛ・
炊事员什么时候都是吃好的。喻指优越的条件，能使人得到特殊的好处。掌勺嘞：炊事员。

丈母娘得疼女婿。
tsaŋ³¹² mu・niaŋ⁴² tɛ・tʻɤŋ⁴² ny⁵⁵ ɕy・
指丈母娘喜爱自己的女儿，自然也就疼爱自己的女婿。

账得勤算，书得多念。
tsaŋ³¹² tɛ²⁴ tɕʻin⁴² suan³¹²　ɕy²⁴ tɛ²⁴ tuo²⁴ nian³¹²
指账目多打几遍算盘才不会出错，书多读几遍才能掌握。

账怕来回算。

tsaŋ³¹² pʻa³¹² lai⁴² xuei·suan³¹²

指算账最好一次算清楚，最怕来回核算。

糟糠养猪，粪草生鱼。

tsau²⁴ kʻaŋ²⁴ iaŋ⁵⁵ tɕy²⁴   fɤn³¹² tsʻau⁵⁵ sɤŋ²⁴ y⁴²

指糟糠可以养出肥猪，沤烂的粪、草可以生出鱼来。

早剔苗儿，密留苗儿，晚定苗儿。

tsau⁵⁵ tʻi²⁴ mior⁴²   mi²⁴ liou⁴² mior⁴²   uan⁵⁵ tiŋ³¹² mior⁴²

指剔苗宜早，且开始要留得稠些，最后再剔一遍确定留下来的。

早看东南，晚看西北。

tsau⁵⁵ kʻan³¹² tuɤŋ²⁴ nan⁴²   uan⁵⁵ kʻan³¹² ɕi²⁴ pei²⁴

指早晨看东南有红霞，是下雨的征兆；傍晚看西北方有红云，是晴天的征兆。

早起三光，迟起三慌。

tsau⁵⁵⁻⁴² tɕʻi⁵⁵ san²⁴ kuaŋ²⁴   tsʻŋ⁴² tɕʻi⁵⁵ san²⁴ xuaŋ²⁴

指早起床，能井然有序地把该办的的事情办好；晚起床则手忙脚乱，慌成一团。三：概数，表示多。光：净尽。

早起早睡，长命百岁。

tsau⁵⁵⁻⁴² tɕʻi⁵⁵ tsau⁵⁵ sei³¹²   tsʻaŋ⁴² miŋ³¹² pɛ²⁴ suei³¹²

指早点起床早点儿睡觉有利于身体健康。

早娶媳妇儿早抱孙得儿。

tsau⁵⁵⁻⁴² tɕʻy⁵⁵ ɕi⁴² fur·tsau⁵⁵ pu³¹² suɤn²⁴ tər·

旧时爷爷奶奶希望早日抱上孙子，总想给儿子早日娶媳妇。

早生孩得早得济，早娶媳妇儿早生气。

tsau⁵⁵ sɤŋ²⁴ xai⁴² tɛ·tsau⁵⁵ tɛ²⁴ tɕi³¹²   tsau⁵⁵⁻⁴² tɕʻy⁵⁵ ɕi⁴² fur·tsau⁵⁵ sɤŋ²⁴ tɕʻi³¹²

早生孩子早得到了好处，但也因早娶媳妇而早生气。喻指事情都是一分为二的。得济：得到晚辈的好处。

早生小得早得福。

tsau⁵⁵ sɤŋ²⁴ ɕiau⁴² tɛ·tsau⁵⁵ tɛ²⁴ fu²⁴

旧指早生儿子，就可以早得安闲。小得：儿子。

早死早托生。

tsau$^{55|42}$sη^{55}tsau^{55}t'uo^{24}ts'ɤŋ·

早死的人可以早转世。宽慰人死不可怕的常用语。托生：迷信认为人死后灵魂能转生世间。

早剃头，早凉快。

tsau^{55}t'i^{312}t'ou^{42}　tsau^{55}liaŋ^{42}k'uai·

喻指早一点把事情办好，省得再操心。

早栽一年树，早享一年福。

tsau^{55}tsai^{24}i^{24}nian^{42}çy^{312}　tsau^{55}çiaŋ^{42}i^{24}nian^{42}fu^{24}

指种树越早，树带来的效益就越早。

找着头儿，才能解开^{D}疙瘩嘞。

tsau^{55}tsuo^{42}t'or^{42}　ts'ai^{42}nɤŋ^{42}tçiɛ^{55}k'ɛ^{24}kiɛ^{24}ta·lɛ·

找到线头才能把缠绕一起的疙瘩解开。喻指找到问题产生的根源，才能顺利解决问题。动词变韵表示加强肯定语气义。

摘不净嘞花，打不净嘞芝麻。

tsɛ^{24}pu·tçiŋ^{312}lɛ·xua^{24}　ta^{55}pu·tçiŋ^{312}lɛ·tsη^{24}ma·

指棉花、芝麻不易收净。

这菜那菜，都不胜白菜。

tsɛ^{55}ts'ai^{312}na^{312}ts'ai^{312}　tou^{24}pu$^{24|42}$sɤŋ^{312}pɛ^{42}ts'ai·

指人大多喜爱吃白菜。中医认为，白菜不仅具有丰富的营养价值，而且具有很高的药用价值。

这山望住那山高。

tsɛ^{55}san^{24}uaŋ^{312}tç'y·na^{312}san^{24}kau^{24}

站在一座高山上看别的山，总觉得别的山更高。喻指人总觉得别的或未曾得到的比自己现有的要好。也指总是不知足，见异思迁。

这头那头，都不递猪头。

tsɛ^{55}t'ou^{42}na^{312}t'ou^{42}　tou^{24}pu$^{24|42}$ti^{312}tçy^{24}t'ou^{42}

指猪头肉最好吃。

贼不打三年自招。

tsei⁴² pu²⁴ ta⁵⁵ san²⁴ nian⁴² tsʅ³¹² tsau²⁴

指盗贼作案时间长了，即使官府不追究，也会无意中自我暴露。

贼偷贼，难防备。

tsei⁴² tʻou⁴² tsei⁴² nan⁴² faŋ⁴² pei³¹²

指知内情、懂行道的图谋同伙是很难防范的。

针往哪边儿穿，线往哪边儿走。

tsɤn²⁴ uaŋ²⁴ na⁵⁵ piar · tsʻuan²⁴ ɕian³¹² uaŋ²⁴ na⁵⁵ piar · tsou⁵⁵

针穿在哪里，线就会跟到哪里。喻指领头人怎样做，群众就跟着怎么做。

真话好说，瞎话难编。

tsɤn²⁴ xua³¹² xau⁵⁵ ɕyɛ²⁴ ɕia⁴² xua³¹² nan⁴² pian²⁴

指说实话不用编造容易说，说谎话不容易编得圆满。

真嘞假不唠，假嘞真不唠。

tsɤn²⁴ nɛ · tɕia⁵⁵ pu · lau · tɕia⁵⁵ lɛ · tsɤn²⁴ pu · lau ·

是真的，再掩盖也变不成假的；是假的，再编造也变不成真的。指真假不容混淆，最终会露出本相。

真金不怕火炼。

tsɤn²⁴ tɕin²⁴ pu²⁴⁻⁴² pʻa³¹² xuo⁵⁵ lian³¹²

纯金经得起烈火熔炼。喻指好样的能经得起任何考验。

真人不露相。

tsɤn²⁴ zɤn⁴² pu²⁴⁻⁴² lou³¹² ɕiaŋ³¹²

原指得道成仙的人不轻易显露真相。后指真正有才能有德的人不自我炫耀。真人：道教指得道或已成仙的人，也泛指有才德的人。

真人不说假话。

tsɤn²⁴ zɤn⁴² pu²⁴ ɕyɛ²⁴ tɕia⁵⁵ xua³¹²

指诚实的人心口如一，不说虚假的话。

真人面前说不唠假话。

tsɤn²⁴ zɤn⁴² mian³¹² tɕʻian⁴² ɕyɛ²⁴ pu · lau · tɕia⁵⁵ xua³¹²

指在有见识的人面前说假话容易被识破。常用来向人表白自己说的是实话。真人：有见识的明白人。

正月嘞富，二月嘞穷。

tsɤŋ²⁴ yɛ·lɛ·fu³¹² ər³¹² yɛ²⁴lɛ·tɕ'yŋ⁴²

指旧时农民过春节准备的好吃的非常丰盛，迎神祭祖，送往迎来；但一到二月（甚至不出正月），青黄不接，吃的很差。

正月嘞剃头妨舅舅。

tsɤŋ²⁴ yɛ·lɛ·t'i³¹² t'ou⁴² faŋ²⁴ tɕiou³¹² tɕiou·

旧时迷信认为，正月里小孩儿剃头，会给舅舅带来厄运。妨：妨碍。也作："正月嘞不剃头，剃头妨舅舅。"

正月里头都ᴰ年下。

tsɤŋ²⁴ yɛ·li⁵⁵ t'ou·to⁴² nian⁴² ɕia·

春节在内黄一般指农历一月初一到十六这一段时间，广义指整个一月份。都ᴰ：都是。年下：春节。

正月十五雪打灯，打嘞麦得冇地场儿盛。

tsɤŋ²⁴ yɛ·sʅ⁴² u⁵⁵ ɕyɛ²⁴ ta⁵⁵ tɤŋ²⁴ ta⁵⁵lɛ·mɛ²⁴tɛ·mou³¹² ti³¹² sɚ·ts'ɤŋ⁴²

指农历一月十五下雪，预示庄稼丰收。

争名夺利一场空。

tsɤŋ²⁴ miŋ⁴² tuo⁴² li³¹² i²⁴ ts'aŋ⁵⁵ k'uɤŋ²⁴

指名声、利益都是身外之物，争来争去最后什么也得不到。

芝麻锄嘞嫩，顶上一回粪。

tsʅ²⁴ ma·ts'u⁴²lɛ·luɤn³¹² tiŋ⁵⁵ saŋ³¹² i²⁴ xuei⁴² fɤn³¹²

指芝麻苗适宜早锄。

知热知冷结发妻。

tsʅ²⁴ zɛ²⁴ tsʅ²⁴ lɤŋ⁵⁵ tɕiɛ²⁴ fa²⁴ tɕ'i²⁴

指关心生活起居、照顾细致周到的还是原配夫人。

蜘蛛收网天有雨。

tsʅ²⁴ tɕy·sou²⁴ uaŋ⁵⁵ t'ian²⁴ iou⁵⁵⁻⁴² y⁵⁵

指蜘蛛收网预示天要下雨。

只要功夫深，铁棒磨成针。
tsʅ⁴²iau³¹² kuɤŋ²⁴fu・ts'ɤn²⁴　t'iɛ²⁴ paŋ³¹² mo⁴² ts'ɤŋ⁴² tsʅn²⁴
喻指只要持久地下功夫，再难的事都能做成。

只要勤动手，肥料哪儿都有。
tsʅ⁴²iau³¹² tɕ'in⁴² tuɤŋ³¹² sou⁵⁵　fei⁴² liau・nɐr⁴² tou・iou⁵⁵
指人只要勤快，就不愁积不到粪肥。

只要下功夫，一亩顶几亩。
tsʅ⁴²iau³¹² ɕia³¹²kuɤŋ²⁴fu・　i²⁴ mu⁵⁵ tiŋ⁵⁵⁴² tɕi⁵⁵⁴² mu⁵⁵
指人只要肯下功夫精耕细作，就能获得好收成。

只要有卖家儿，逗有买家儿。
tsʅ⁴²iau³¹²iou⁵⁵mai³¹² tɕiɐr・　tou³¹²iou⁵⁵ mai⁵⁵ tɕiɐr・
指有卖就有买。

只要有喽钱，弄啥都不难。
tsʅ⁴²iau³¹²iou⁵⁵ lou・tɕ'ian⁴²　nɤŋ³¹² sa⁴² tou²⁴ pu²⁴ nan⁴²
指只要资金到位，干什么事情都不难。

纸里头包不住火。
tsʅ⁵⁵⁴² liou⁵⁵ pau²⁴ pu²⁴⁴² tɕ'y³¹² xuo⁵⁵
喻指真相难以长久隐瞒，总会有暴露的一天。

字儿冇百日功。
tsər³¹² mou³¹² pɛ²⁴ zʅ³¹² kuɤŋ²⁴
指要写好字必须勤学苦练。

中医越老越值钱。
tsuɤŋ²⁴ i²⁴ yɛ²⁴ lau⁵⁵ yɛ²⁴ tsʅ⁴² tɕ'ian⁴²
指中医大夫的年龄越大，经验也就越丰富，找他看病的人会越发多。

忠臣不怕死。
tsuɤŋ²⁴ts'ɤn⁴² pu²⁴⁴² p'a³¹² sʅ⁵⁵
指忠义的臣子，不惜为国捐躯。

忠孝不能两全。
tsuɤŋ²⁴ɕiau³¹² pu²⁴ nɤŋ⁴² liaŋ⁵⁵ tɕ'yan⁴²

指为国尽忠和在家尽孝往往不能同时做到。

钟不敲不响，纸不点不透。
tsuɤŋ²⁴ pu²⁴ tɕ'iau²⁴ pu²⁴ ɕiaŋ⁵⁵　tsʅ⁵⁵ pu²⁴ tian⁵⁵ pu²⁴⁻⁴² t'ou³¹²
喻指人受到外界激励才会有所作为。

种不选好，满地长杂草。
tsuɤŋ⁵⁵ pu²⁴ ɕyan⁵⁵⁻⁴² xau⁵⁵　man⁵⁵ ti³¹² tsaŋ⁵⁵ tsa⁴² ts'au⁵⁵
指选种时没有选好，将来苗不会旺盛。

种好三分收。
tsuɤŋ⁵⁵⁻⁴² xau⁵⁵ san²⁴ fɤn²⁴ sou²⁴
指种子好的话，粮食丰收就有了几分把握。

种好一半儿收，苗儿好一半儿谷。
tsuɤŋ⁵⁵⁻⁴² xau⁵⁵·ɿ²⁴⁻⁴² par³¹² sou²⁴　mior⁴² xau⁵⁵·ɿ²⁴⁻⁴² par³¹² ku²⁴
指种子好、苗儿好才能获得丰收。

种买嘞贱，空地一大片。
tsuɤŋ⁵⁵ mai⁵⁵ lɛ·tɕian³¹²　k'uɤŋ³¹² ti³¹²·ɿ²⁴⁻⁴² ta³¹² p'ian³¹²
指种子的质量不好，就会有很多不发芽。

种地不上粪，等于瞎胡混。
tsuɤŋ³¹² ti³¹² pu²⁴⁻⁴² saŋ³¹² fɤn³¹²　tɤŋ⁴² y³¹² ɕia²⁴ xu⁴² xuɤn³¹²
指种庄稼肥料当先，没有肥料庄稼就不可能长好。

种地不选种，必定减收成。
tsuɤŋ³¹² ti³¹² pu²⁴ ɕyan⁵⁵⁻⁴² tsuɤŋ⁵⁵　pi⁵⁵ tiŋ³¹² tɕian⁵⁵ sou²⁴ ts'ɤŋ·
指种庄稼不筛选种子就会减产。

种地不用问，除唠功夫逗是粪。
tsuɤŋ³¹² ti³¹² pu²⁴⁻⁴² yŋ³¹² uɤn³¹²　tɕ'y⁴² lau·kuɤŋ²⁴ fu·tou³¹² sʅ³¹² fɤn³¹²
指种庄稼除了辛勤劳作外，粪肥是非常重要的。

种地选好种，一垅顶几垅。
tsuɤŋ³¹² ti³¹² ɕyan⁵⁵ xau⁵⁵⁻⁴² tsuɤŋ⁵⁵　ɿ²⁴ luɤŋ⁵⁵ tiŋ⁵⁵⁻⁴² tɕi⁵⁵⁻⁴² luɤŋ⁵⁵
指种庄稼需要选优良种子，这样才有丰收的保证。

种瓜得瓜，种豆得豆。

tsuɤŋ³¹²kua²⁴tɛ²⁴kua²⁴　tsuɤŋ³¹²tou³¹²tɛ²⁴tou³¹²

指撒什么种子结什么果实。也喻指干啥事情会得到啥报应。

种ᴰ上不管，只打一碗。

tsuɤŋ³¹²saŋ·pu²⁴kuan⁵⁵　tsʅ²⁴ta⁵⁵iˑ²⁴uan⁵⁵

指种庄稼管理非常重要，疏于管理则收获很少。打：收获。动词变韵仅作为单趋式中一个强制性形式成分，不表实际意义。

种庄稼讲节气，做买卖讲和气。

tsuɤŋ³¹²tsuaŋ²⁴tɕia·tɕiaŋ⁵⁵tɕiɛ⁵⁵tɕʻi·　tsu³¹²mai⁵⁵mai·tɕiaŋ⁵⁵xuo⁴² tɕʻi·

指种庄稼有季节限制，所以不能误了时间节点；做生意依靠人气，所以对待顾客要和蔼。

种庄稼怕误节气，嫁闺女怕寻叉女婿。

tsuɤŋ³¹²tsuaŋ²⁴tɕia·pʻa³¹²u³¹²tɕiɛ²⁴tɕʻi·　tɕia³¹²kuei²⁴ny·pʻa³¹²ɕin⁴² tsʻa³¹²ny⁵⁵ɕy·

种庄稼选择节气很重要，嫁姑娘选择女婿很重要。寻：与……订婚；与……结婚。叉：错。

种庄稼收一季儿，种树得几辈儿。

tsuɤŋ³¹²tsuaŋ²⁴tɕia·sou²⁴iˑ²⁴⁄⁴²tɕiər³¹²　tsuɤŋ³¹²ɕy³¹²tɛ²⁴tɕi⁵⁵pər³¹²

指植树可以造福后人。得：获益。

走路儿不用问，大路准冇小路儿近。

tsou⁵⁵lur³¹²pu²⁴⁄⁴²yŋ³¹²uɤn³¹²　ta³¹²lu³¹²tsuɤn⁵⁵mou³¹²ɕiau⁵⁵lur³¹²tɕin³¹²

指大路没有小道离目的地近。准：一定。也作："不用打听不用问，大路准冇小路近。"

走ᴰ哪儿说º哪儿。

tso⁵⁵nɐr⁴²ɕyɛ²⁴nɐr⁴²

指人做事情要根据情况灵活应变。动词变韵表示"终点"义。"走ᴰ"可以替换为"走到"，"说º"可以替换为"说到"。

"卒"不能拱老喽。

tsu⁴²pu²⁴nɤŋ⁴²kuɤŋ⁵⁵⁄⁴²lau⁵⁵lou·

中国象棋术语。指"卒"走到对方的底线就威力不大了，因为它只能向前或横向运动不能后退。也作："卒拱老喽逗冇ᴰ啥用了。"

妯娌多喽闲气儿多。

tsu⁴²li·tuo²⁴lou·ɕian⁴²tɕʻiər³¹²tuo²⁴

指妯娌多了会因家庭琐事或与自己家无关的事而生气。

做豆腐，赚渣得，养活一家得。

tsu³¹²tou³¹²fu·　tsuan³¹²tsa²⁴tɛ·　iaŋ⁵⁵xuo·i²⁴tɕia²⁴tɛ·

指旧时做豆腐只是能赚点豆腐渣养家糊口。

做买卖是碰时运嘞。

tsu³¹² mai⁵⁵ mai·sʅ³¹² pʻɤŋ³¹² sʅ⁴² yn³¹² nɛ·

指做买卖运气很重要。多用于安慰身边做生意赔本的人。

砖头瓦渣儿，凑成一家儿。

tsuan²⁴tʻou·ua⁵⁵tsɐr²⁴　tsʻou³¹²tsʻɤŋ³¹²i²⁴tɕiɐr²⁴

指组成一个家庭不容易。

庄户人不买半年闲。

tsuaŋ²⁴xu·zɤn⁴²pu²⁴mai⁵⁵pan³¹²nian⁴²ɕian⁴²

指老百姓一般不买多余的物件。半年闲：用处不大的东西。

庄稼不细管，场嘞干瞪眼。

tsuaŋ²⁴tɕia·pu²⁴˙⁴²ɕi³¹²kuan⁵⁵　tsʻaŋ⁴²lɛ·kan²⁴tɤŋ³¹²ian⁵⁵

指种庄稼不精心管理就不会有好收成。

庄稼不用问，水肥打头阵。

tsuaŋ²⁴tɕia·pu²⁴˙⁴²yŋ³¹²uɤn³¹²　suei⁵⁵fei⁴²ta⁵⁵tʻou⁴²tsɤn³¹²

指种庄稼水、肥十分重要。

庄稼活儿，学问多，谁家不学谁家摧。

tsuaŋ²⁴ tɕia·xuor⁴²　ɕyo⁴² uɤn·tuo²⁴　sei⁴² tɕia·pu²⁴ ɕyo⁴² sei⁴² tɕia·tɕʻyo²⁴

指种庄稼需学习技术、知识，否则不会有多大收获。摧：糟糕。

庄稼想好，三年一倒。

tsuaŋ²⁴ tɕia·ɕiaŋ⁵⁵˙⁴²xau⁵⁵　san²⁴ nian⁴²i²⁴ tau⁵⁵

指庄稼倒倒茬有利于丰收。倒：倒茬。

庄稼要扎根，全凭犁嘞深。

tsuaŋ²⁴ tɕia·iau³¹² tsa²⁴ kɤn²⁴　tɕ'yan⁴² p'iŋ⁴² li⁴² lɛ·ts'ɤn²⁴

指深犁地有利于庄稼扎根、生长。

装嘞不像，不递不唱。

tsuaŋ²⁴lɛ·pu²⁴⁻⁴² ɕiaŋ³¹²　　pu²⁴⁻⁴² ti³¹² pu²⁴⁻⁴² ts'aŋ³¹²

装扮得不好，还不如不唱戏。指戏曲演员扮相很重要。

嘴大吃四方。

tsuei³¹² ta³¹² ts'ɿ²⁴ sɿ³¹² faŋ²⁴

旧指嘴大有福，走到哪里吃到哪里。现在人们多视作玩笑话。

嘴勤谨少走冤枉路。

tsuei⁵⁵ tɕ'in⁴² tɕin·sau⁵⁵⁻⁴² tsou⁵⁵ yan²⁴ uaŋ·lu³¹²

指多问可以避免绕弯路。勤谨：勤快。

嘴上冇毛，办事儿不牢。

tsuei⁵⁵ saŋ·mou³¹² mau⁴²　　pan³¹² sə r³¹² pu²⁴ lau⁴²

指年轻人做事不太可靠。毛：胡须。

嘴是两层皮，咋说咋有理。

tsuei⁵⁵ sɿ³¹² liaŋ⁵⁵ ts'ɤŋ⁴² p'i⁴²　　tsa⁵⁵ ɕyɛ²⁴ tsa⁵⁵ iou⁵⁵⁻⁴² li⁵⁵

指话可以从不同的角度来说，怎么说都能说出一定的道理。

左眼跳财，右眼跳灾。

tsuo⁵⁵⁻⁴² ian⁵⁵ t'iau³¹² ts'ai⁴²　　iou³¹² ian⁵⁵ t'iau³¹² tsai²⁴

旧时迷信认为，左眼跳进财，右眼跳招灾。现在人们多作玩笑话来说。

坐轿嘞跟ᴅ抬轿嘞，哪会儿想嘞也不一样。

tsuo³¹² tɕiau³¹² lɛ·kɛ²⁴ t'ai⁴² tɕiau³¹² lɛ·　　na⁵⁵ xuər·ɕiaŋ⁵⁵ lɛ·iɛ⁵⁵ pu²⁴ i²⁴⁻⁴² iaŋ³¹²

指考虑问题的出发点差异太大，就不可能产生共识。哪会儿：任何时候。

坐能坐出来病。

tsuo³¹² nɤŋ⁴² tsuo⁴² tɕ'y·lai·piŋ³¹²

指人长时间不活动容易生病。

语目首字笔画索引

说　明

1. 本索引收录本书全部条目首字，右边的数字表示该字在条目正文中首次出现的页码。本字不明又没有同音字可以替代的附于索引的最后面。

2. 本索引按条目首字笔画由少到多排列，笔画相同的，按起笔笔形横、竖、撇、点、折的顺序排列。起笔相同的按第二笔笔形排列。

3. 横、竖、撇、点、折以外的笔形作如下处理：提作横，捺作点，笔形带顺钩的作竖，笔形带逆钩或曲折的作折。

一画
一 ………… (272)

二画
二 ………… (64)
十 ………… (220)
七 ………… (172)
八 ………… (3)
人 ………… (191)
儿 ………… (63)
九 ………… (115)
刀 ………… (51)

三画
三 ………… (208)
干 ………… (74)
下 ………… (248)
大 ………… (43)
丈 ………… (301)
万 ………… (242)

寸 ………… (40)
上 ………… (213)
口 ………… (121)
山 ………… (211)
千 ………… (174)
个 ………… (77)
凡 ………… (67)
门 ………… (148)
弓 ………… (78)
女 ………… (166)
马 ………… (140)
小 ………… (254)
习 ………… (246)

四画
王 ………… (243)
井 ………… (114)
开 ………… (119)
夫 ………… (70)
天 ………… (231)

无 ………… (244)
云 ………… (297)
艺 ………… (280)
木 ………… (157)
五 ………… (244)
不 ………… (12)
冇 ………… (153)
太 ………… (229)
车 ………… (116)
车 ………… (27)
扎 ………… (299)
比 ………… (10)
牙 ………… (266)
瓦 ………… (241)
少 ………… (214)
中 ………… (306)
内 ………… (167)
见 ………… (109)
牛 ………… (165)
气 ………… (174)

手 ………… (225)
长 ………… (25)
长 ………… (301)
从 ………… (31)
今 ………… (112)
公 ………… (78)
月 ………… (295)
风 ………… (70)
六 ………… (134)
文 ………… (244)
火 ………… (104)
为 ………… (243)
心 ………… (258)
丑 ………… (32)
劝 ………… (189)
书 ………… (260)
水 ………… (227)

五画
玉 ………… (292)

巧 …… (178)	对 …… (59)	杀 …… (207)	声 …… (218)
正 …… (305)	台 …… (229)	爷 …… (271)	花 …… (99)
功 …… (79)		各 …… (76)	严 …… (267)
本 …… (9)	**六画**	名 …… (150)	村 …… (37)
可 …… (120)	老 …… (125)	多 …… (60)	杨 …… (268)
左 …… (310)	地 …… (53)	争 …… (305)	权 …… (25)
龙 …… (135)	耳 …… (64)	庄 …… (309)	豆 …… (58)
平 …… (170)	芒 …… (144)	齐 …… (173)	两 …… (133)
灭 …… (150)	芝 …… (305)	衣 …… (280)	来 …… (123)
打 …… (41)	再 …… (300)	忙 …… (144)	忒 …… (235)
东 …… (56)	西 …… (246)	问 …… (244)	扶 …… (71)
北 …… (9)	在 …… (47)	羊 …… (268)	找 …… (303)
占 …… (301)	有 …… (281)	关 …… (85)	扳 …… (4)
只 …… (306)	灰 …… (102)	米 …… (149)	抢 …… (177)
叫 …… (111)	死 …… (222)	灯 …… (52)	求 …… (187)
叨 …… (51)	成 …… (31)	守 …… (225)	卤 …… (135)
四 …… (223)	扫 …… (214)	安 …… (1)	旱 …… (91)
生 …… (218)	过 …… (88)	字 …… (306)	时 …… (222)
仨 …… (207)	师 …… (219)	许 …… (261)	县 …… (251)
白 …… (6)	光 …… (86)	论 …… (138)	男 …… (158)
瓜 …… (84)	当 …… (49)	农 …… (166)	听 …… (236)
犯 …… (67)	早 …… (302)	尽 …… (113)	吹 …… (36)
处 …… (35)	虫 …… (32)	阴 …… (280)	财 …… (25)
外 …… (241)	同 …… (236)	防 …… (68)	囫 …… (99)
冬 …… (55)	吃 …… (27)	好 …… (93)	针 …… (304)
鸟 …… (163)	回 …… (103)	戏 …… (247)	告 …… (76)
包 …… (6)	肉 …… (206)	买 …… (142)	乱 …… (137)
市 …… (223)	年 …… (162)	红 …… (98)	利 …… (132)
立 …… (128)	先 …… (249)	孙 …… (228)	秃 …… (239)
半 …… (5)	丢 …… (55)		秀 …… (260)
头 …… (236)	伏 …… (70)	**七画**	兵 …… (10)
宁 …… (163)	伤 …… (212)	弄 …… (161)	你 …… (162)
礼 …… (131)	自 …… (107)	麦 …… (145)	坐 …… (310)
民 …… (150)	向 …… (251)	进 …… (113)	谷 …… (82)
出 …… (187)	后 …… (99)	远 …… (295)	肚 …… (59)
奶 …… (158)	行 …… (92)	坏 …… (102)	条 …… (235)
发 …… (67)	会 …… (103)	走 …… (308)	刨 …… (169)

饭 …… (67)	到 …… (51)	炒 …… (27)	挑 …… (235)
床 …… (36)	果 …… (88)	学 …… (264)	挤 …… (107)
这 …… (303)	国 …… (86)	浅 …… (177)	挖 …… (241)
快 …… (122)	明 …… (151)	河 …… (97)	背 …… (9)
闲 …… (251)	忠 …… (306)	油 …… (281)	点 …… (54)
闷 …… (148)	岸 …… (1)	官 …… (85)	临 …… (133)
弟 …… (54)	账 …… (301)	空 …… (121)	是 …… (224)
冻 …… (57)	图 …… (239)	肩 …… (109)	哑 …… (266)
冷 …… (128)	钓 …… (54)	话 …… (100)	星 …… (259)
穷 …… (182)	知 …… (305)	该 …… (73)	贵 …… (88)
灾 …… (299)	物 …… (245)	妯 …… (309)	蚂 …… (140)
初 …… (33)	刮 …… (84)	妮 …… (162)	咱 …… (301)
识 …… (222)	季 …… (107)	虱 …… (219)	响 …… (252)
君 …… (117)	使 …… (222)	细 …… (247)	咬 …… (269)
鸡 …… (106)	货 …… (104)	绊 …… (5)	哪 …… (158)
纸 …… (306)	爬 …… (168)	经 …… (113)	贱 …… (110)
驴 …… (136)	舍 …… (214)		骨 …… (83)
	金 …… (112)	**九画**	钝 …… (59)
八画	命 …… (151)	春 …… (37)	钟 …… (307)
玩 …… (242)	受 …… (225)	帮 …… (5)	缸 …… (75)
武 …… (245)	贪 …… (229)	草 …… (27)	拜 …… (4)
苦 …… (122)	朋 …… (169)	胡 …… (99)	看 …… (120)
苗 …… (149)	肥 …… (69)	南 …… (160)	选 …… (262)
茄 …… (179)	昏 …… (103)	药 …… (297)	种 …… (307)
茅 …… (145)	鱼 …… (293)	柳 …… (133)	秋 …… (186)
松 …… (264)	兔 …… (239)	柿 …… (224)	重 …… (32)
枪 …… (177)	狐 …… (99)	树 …… (261)	俩 …… (132)
画 …… (102)	狗 …… (80)	要 …… (269)	保 …… (6)
事 …… (223)	饱 …… (6)	歪 …… (241)	信 …… (259)
雨 …… (293)	店 …… (54)	甭 …… (10)	鬼 …… (87)
卖 …… (143)	夜 …… (272)	砖 …… (309)	待 …… (48)
妻 …… (173)	庙 …… (150)	砘 …… (59)	胆 …… (48)
拔 …… (4)	底 …… (53)	面 …… (150)	胜 …… (219)
抽 …… (32)	放 …… (68)	牵 …… (175)	饺 …… (111)
势 …… (224)	性 …… (260)	残 …… (25)	弯 …… (242)
抱 …… (24)	怕 …… (168)	拱 …… (79)	疥 …… (112)
拉 …… (123)	单 …… (48)	拾 …… (222)	疮 …… (36)

疤 …… (4)	捎 …… (214)	流 …… (133)	犁 …… (130)
亲 …… (179)	捆 …… (122)	浪 …… (125)	移 …… (297)
闺 …… (86)	热 …… (190)	家 …… (107)	做 …… (309)
养 …… (268)	挨 …… (1)	剜 …… (242)	偷 …… (236)
姜 …… (110)	顿 …… (60)	宰 …… (300)	偏 …… (170)
烂 …… (124)	晒 …… (208)	请 …… (182)	得 …… (51)
浇 …… (111)	剔 …… (231)	谁 …… (215)	船 …… (35)
洗 …… (247)	哭 …… (121)	冤 …… (294)	脚 …… (117)
活 …… (103)	圆 …… (295)	剥 …… (11)	脸 …… (132)
穿 …… (35)	贼 …… (304)	屙 …… (62)	猪 …… (116)
客 …… (121)	钱 …… (176)	娘 …… (163)	猫 …… (145)
神 …… (217)	铁 …… (235)	能 …… (161)	猛 …… (149)
说 …… (263)	缺 …… (189)	难 …… (160)	麻 …… (140)
屋 …… (244)	秤 …… (31)		望 …… (243)
屎 …… (222)	秧 …… (268)	**十一画**	情 …… (182)
院 …… (295)	债 …… (301)	理 …… (131)	惯 …… (86)
娃 …… (241)	借 …… (112)	教 …… (111)	阎 …… (267)
姥 …… (128)	倒 …… (51)	培 …… (169)	盖 …… (73)
娇 …… (110)	臭 …… (32)	娶 …… (188)	粗 …… (33)
结 …… (112)	爹 …… (55)	黄 …… (102)	清 …… (181)
孩 …… (90)	胳 …… (78)	萝 …… (138)	添 …… (235)
	胶 …… (111)	梦 …… (149)	淋 …… (138)
十画	脑 …… (160)	曹 …… (27)	淹 …… (266)
秦 …… (180)	狸 …… (130)	雪 …… (264)	深 …… (30)
栽 …… (299)	狼 …… (124)	掉 …… (54)	婆 …… (171)
赶 …… (75)	饿 …… (62)	推 …… (240)	密 …… (149)
起 …… (174)	高 …… (75)	救 …… (116)	婶 …… (217)
盐 …… (267)	席 …… (246)	常 …… (26)	骑 …… (173)
耽 …… (50)	病 …… (11)	眼 …… (267)	
恶 …… (62)	离 …… (132)	晚 …… (242)	**十二画**
真 …… (304)	站 …… (301)	唱 …… (26)	越 …… (296)
桃 …… (230)	旁 …… (169)	唾 …… (240)	堤 …… (52)
根 …… (77)	烧 …… (214)	啥 …… (207)	喜 …… (247)
孬 …… (160)	烟 …… (266)	赊 …… (214)	惹 …… (191)
夏 …… (249)	涝 …… (128)	圈 …… (117)	葡 …… (171)
破 …… (171)	凉 …… (132)	铲 …… (25)	敬 …… (114)
原 …… (295)	酒 …… (115)	梨 …… (131)	葱 …… (31)

语目首字笔画索引

朝 ……… (26)	强 ……… (178)	新 ……… (259)	蝼 ……… (128)
棋 ……… (173)	隔 ……… (77)	数 ……… (225)	靠 ……… (120)
棍 ……… (88)	媒 ……… (148)	煤 ……… (148)	鲤 ……… (132)
雁 ……… (268)	编 ……… (10)	满 ……… (144)	熟 ……… (226)
揞 ……… (1)	**十三画**	窟 ……… (121)	糊 ……… (99)
掌 ……… (301)	瑞 ……… (206)	媳 ……… (247)	憨 ……… (91)
晴 ……… (182)	鼓 ……… (83)	嫁 ……… (109)	
量 ……… (133)	蒜 ……… (226)		**十六画以上**
遇 ……… (294)	椿 ……… (40)	**十四—十五画**	劈 ……… (170)
喊 ……… (91)	楚 ……… (35)	熬 ……… (2)	嘴 ……… (310)
跑 ……… (169)	楝 ……… (132)	墙 ……… (177)	镜 ……… (115)
蛤 ……… (98)	想 ……… (252)	墒 ……… (213)	磨 ……… (152)
喝 ……… (97)	槐 ……… (102)	愿 ……… (295)	瘸 ……… (189)
喂 ……… (243)	榆 ……… (293)	摘 ……… (303)	懒 ……… (123)
赌 ……… (58)	雷 ……… (137)	蜡 ……… (123)	犟 ……… (110)
赔 ……… (169)	零 ……… (133)	蝇 ……… (280)	霜 ……… (226)
黑 ……… (98)	雾 ……… (245)	蜘 ……… (305)	瞧 ……… (178)
铺 ……… (171)	摸 ……… (151)	稳 ……… (244)	穗 ……… (228)
锄 ……… (34)	搬 ……… (5)	管 ……… (86)	赢 ……… (281)
锅 ……… (88)	输 ……… (292)	鼻 ……… (10)	糟 ……… (302)
稀 ……… (246)	睡 ……… (217)	敲 ……… (178)	糠 ……… (120)
傍 ……… (5)	歇 ……… (258)	瘦 ……… (225)	蹦 ……… (9)
猴 ……… (98)	路 ……… (135)	慢 ……… (144)	翻 ……… (67)
馋 ……… (25)	锣 ……… (139)	精 ……… (114)	蠓 ……… (148)
装 ……… (310)	锯 ……… (117)	滴 ……… (53)	爥 ……… (1)
善 ……… (212)	稠 ……… (32)	寡 ……… (84)	魔 ……… (152)
粪 ……… (69)	催 ……… (36)	横 ……… (98)	露 ……… (135)
湿 ……… (219)	躲 ……… (61)	豌 ……… (242)	
温 ……… (244)	衙 ……… (266)	撑 ……… (31)	**本字不明的字**
割 ……… (77)	腰 ……… (269)	瞌 ……… (120)	□liou^{24} ……… (133)
寒 ……… (91)	腿 ……… (240)	瞒 ……… (143)	□tɕ'y^{42} ……… (188)
富 ……… (71)	馍 ……… (152)	瞎 ……… (248)	

主要参考文献

段亚广：《河南话与中原文化》，中国国际广播出版社2014年版。

李行健主编：《现代汉语规范词典》，外语教学与研究出版社、语文出版社2004年版。

李学军：《河南内黄方言研究》，中国社会科学出版社2016年版。

马建东、温端政主编：《谚语辞海》，上海辞书出版社2017年版。

内黄县地方史志编委会：《内黄县民俗志》，中州古籍出版社2015年版。

内黄县民间文学集成编委会：《中国歌谣集·河南内黄县卷》，安阳市内部资料准印通字第061号，1990年版。

内黄县民间文学集成编委会《中国民间故事集成·河南内黄县卷》，安阳市内部资料准印通字第063号，1990年版。

内黄县民间文学集成编委会：《中国谚语集成·河南内黄县卷》，安阳市内部资料准印通字第062号，1990年版。

汤阴县人民政府史志办公室：《汤阴风物民俗志》，光明日报出版社2009年版。

王勤：《谚语歇后语概论》，湖南人民出版社1980年版。

温端政、张书祥：《忻州俗语志》，语文出版社1986年版。

温端政主编：《谚语10000条》，上海辞书出版社2012年版。

温端政主编：《新华语典》，商务印书馆2014年版。

中国社会科学院语言研究所：《方言调查字表》（修订本），商务印书馆1999年版。

中国社会科学院语言研究所词典编辑室：《现代汉语词典》（第5版），商务印书馆2005年版。

后　　记

应安志伟博士的邀请，我于2017年8月参加了由山西省社会科学院、商务印书馆等六家单位联合主办，天水师范学院文学与文化传播学院承办的"第六届全国汉语语汇学暨中华谚语研究学术研讨会"。这是我第一次参加全国语汇学会议，以前对这一领域关注不多。尽管在调查内黄方言时搜集了一些语汇，但那主要是为了完成"语料标音"的任务。

会议期间，每一位与会人员获赠一部由马建东、温端政主编的《谚语辞海》（上海辞书出版社，2017）。该辞海洋洋310万字，重达2.8千克（据说有几位与会者收到赠书后嫌坐车携带不便，直接从天辰大酒店出来到隔壁的邮局办了手续，寄回单位）。接到手上，我就立刻打开包装翻看，当看到177页一条与老家内黄县有关的谚语时，顿时来了精神。"倒了裴村塔，黄河回老家"，这是多么眼熟的文字啊！但总觉得有些不对头的地方，仔细一想，问题是显而易见的。因为内黄话根本就不存在单纯的"了$_1$"，当地人只能将第二个音节读作"喽[lou·]"。

我在调查内黄方言搜集标音语料时已经注意到了这一问题，但因搜集规模不大，未引起足够的认识。这次从天水回来，仔细翻阅了手头上几本有关内黄的资料《中国谚语集成·河南内黄县卷》（安阳市内部资料准印通字第062号，1990）、《内黄县志》（中州古籍出版社，1993）、《内黄县民俗志》（中州古籍出版社，2015）等有关内黄方言的章节，发现"失真"问题已经成为一个不可忽视的问题。除了"歌谣"部分保持原貌较好外，"故事""民谚""歇后语"等语料"失真"程度很高。具体表现在四个方面：（1）方言虚词、词缀被更换。如：多功能词"嘞"常被替换为普通话助词"的""得""地"、方位词"里"等，"得"尾常被替换为"子"尾等。（2）谓词变韵句去掉变韵词或被更换为"动词+了/着"句。如：淹死会水的，打死犟嘴的。/淹死嘞都^{D}会水嘞，打死嘞都^{D}犟嘴嘞（/前为资料所记，/后为实际语料，下同）。（3）方言土语为普通话通用词替换。如：没有金刚钻，别揽瓷器活。/冇那金刚钻，甭揽那瓷器活。（4）照搬普通话书面语。如谚语"勤俭是幸福之本"等。这种加了工的方言文化读本"失色"不少，许多内容只能看作是内黄话的普通话对译形式。

我由此产生了整理内黄语汇的强烈想法，并着手搜集。一开始想把谚语、成语、歇后语、惯用语等"一网打尽"，但读了安志伟博士会前赠送的《新华语典》（商务印书馆，2014）后，我改变了主意。这本由著名语汇学家温端政先生主编的语典，编写队伍多达31人，耗时12年历经艰辛才最终完成。虽说一个方言点的语汇不会像普通话那么浩繁，但要想在不长的时间里凭一己之力编一本方言语典又谈何容易！释义、编排等问题姑且不说，光是搜集语料，没有个三年五载怕是做不好。

鉴于手头的资料以及对内黄方言的调查实践，从2017年9月开始，我着重调查、记录内黄民谚，并得到了许多朋友、亲人的支持。2017届研究生班的原梦同学利用在内黄工作的便利条件，为本书的写作积极搜集语料；妻子宋相清女士提供了数十条具有重要参考价值的林州民谚；内黄县地方史志编委会办公室主任王基勋同志提供了多部地方史料；安阳师范学院文学院院长焦会生教授、工商管理学院院长王慧娟教授、计科学院院长刘永革教授、内黄第一中学教导主任张学军副教授、办公室主任陈琳副教授等也为本书的筹划提出了很好的建议。

书初稿完成之时，承蒙我校科研处陈静处长的关心，并积极鼓励申报河南省社会科学普及读物后期资助项目；承蒙物电学院副院长贾拴稳教授手把手般的细心指导，使版面设计、目录排列等技术方面的问题得以顺利解决；承蒙山西省社会科学院语言研究所所长安志伟博士审阅了全稿，并指出多处释义不妥之处；承蒙2017级研究生班郝艳君、姜兰雅、郭小婷、于礼萍同学承担了书前按拼音字母顺序排列以及书后按首字笔画索引语目的任务，承蒙2018级研究生班张新玥、刘苏伟两位同学承担了部分校对工作。最令人感到鼓舞的是，因为有安志伟博士的热心牵线，山西省社会科学院终身研究员、语言所名誉所长温端政先生以87岁高龄欣然答应为本书作序。在此，谨对为汉语语汇学做出杰出贡献的温端正先生表达我们由衷的敬意！谨对安志伟博士以及以上帮助过我的所有人表示最诚挚的谢意！

实话实说，调查之初绝对没有想到能在一年内基本成书，更没有想到会在今年出版。之所以能做到如此"高效"，主要得益于两点：一是内黄县地方史志编委会办公室主任王基勋先生提供的那几本有关内黄方言的丰富资料，（仅《中国谚语集成·河南内黄县卷》中可以直接使用的谚语已达二百多条，一部分不能直接使用的也提供了清晰的线索，稍加修改即可恢复方言原貌），让我少走了许多弯路；二是中国社会科学出版社政治与法律出版中心主任任明先生"有求必应"的宽容态度、雷厉风行的办事作风使得编辑工作格外顺利。在此，谨对长期生活在黄河故道并热爱内黄这片黄沙地的前辈学者们表达我们由衷的敬意！谨对长期致力于文化出版事业且热心扶持后学的任明先生表示最诚挚的谢意！

由于时间仓促，加上水平所限，缺点和疏漏在所难免，衷心期盼专家、学者多提宝贵的批评意见。

李学军　敬识
2018 年 10 月 26 日于安阳师范学院　园鼎苑